FRAUEN – ZEITEN – SPUREN

FRAUEN – ZEITEN – SPUREN

herausgegeben von

Bärbel Auffermann

und Gerd-Christian Weniger

NEANDERTHAL MUSEUM

GEDRUCKT MIT UNTERSTÜTZUNG DER STIFTUNG HABRIS

Die Deutsche Bibliothek - CIP-Einheitsaufnahme

Frauen – Zeiten – Spuren / Neanderthal-Museum. Hrsg. von Bärbel Auffermann und Gerd-Christian Weniger. – Mettmann : Neanderthal-Museum, 1998

ISBN 3-9805839-1-0

Redaktion: Stefanie Krull
Satz und Gestaltung : LINDEN SOFT Verlagsges. mbH, Köln
Umschlaggestaltung: Eva M. Möhle
Druck: Druckerei Hans Kock Gmbh, Bielefeld

ZUM GELEIT

„Hinter jedem Mann, der erfolgreich ist, steht eine Frau, die ihn stützt. Und hinter jeder Frau, die erfolgreich ist, stehen drei Männer, die sie zurückhalten wollen"... Ist dieser Spruch nur eine typische Übertreibung emanzipierter Frauen? Ich finde nein, es wirft humorvoll ein Schlaglicht auf unsere Gesellschaft – eine Gesellschaft, die lange Zeit gemeint hat, sie könne auf die (weibliche) Hälfte ihres Potentials an Wissen und Kreativität verzichten. Diese Zeiten sind zum Glück vorbei, das Bild und das Selbstbild von Frauen haben sich in den vergangenen Jahrzehnten schon gewaltig verändert.

Dennoch: Auch heute werden die Leistungen von Frauen in unserer Gesellschaft noch nicht immer angemessen honoriert, Männer sind in der Politik, in den Führungsetagen der Wirtschaft, in den Professorenämtern unserer Hochschulen in der Überzahl.

War das schon immer so? Das Neanderthal Museum wirft jetzt in der Ausstellung „Frauen Zeiten Spuren" den Blick zurück auf die Rolle der Frau im Laufe der Menschheitsgeschichte. Ein ehrgeiziges Projekt, das gerade durch die immense Zeitspanne, die hier betrachtet werden soll, interessante Einblicke und Aufschlüsse erwarten läßt. Die beteiligten Forscherinnen und Forscher haben nach den Spuren gesucht, die Frauen hinterlassen haben. Die Aufgabe, die sie sich gestellt haben, ist wahrhaftig keine Selbstverständlichkeit – schließlich herrschte in vielen Köpfen und in den meisten Geschichtsbüchern lange Zeit die Maxime „Männer machen Geschichte". Richtiger hätte es allenfalls heißen müssen: „Männer *schreiben* Geschichte" – denn bisher sind die Leistungen von Frauen vielfach nicht sichtbar gemacht und nicht angemessen gewürdigt worden.

Doch heute überlassen Frauen die Geschichte nicht mehr allein den Männern. Und das heißt keineswegs, nun einfach den Spieß umzudrehen und eine neue, frauenzentrierte oder gar matriarchalische Menschheitsgeschichte aufzutischen. Im Gegenteil, das Forscherteam (dem übrigens nicht nur Frauen, sondern auch Männer angehören) wollte mit einer neuen Fragestellung den Blick öffnen für neue Sichtweisen und neue Interpretationen. Tatsächlich gibt diese Ausstellung Einblicke, die die Geschichte in einigen Punkten ergänzen und in manchen Punkten auch zurechtrücken können. Alles in allem zeigt sie: Zu allen Zeiten – von den frühesten Zeugnissen der Urzeit über die Römerzeit bis in unsere Zeit – haben Frauen Spuren ihres Wirkens hinterlassen, und allzeit hat es Frauen gegeben, die Bedeutendes geleistet haben.

Denkanstöße gibt es hier reichlich. Zum Beispiel lohnt es sich darüber nachzudenken, woher die hartnäckige Vorstellung vom „schwachen Geschlecht" kommt oder die Überzeugung, daß Frauen für technische und naturwissenschaftliche Berufe kein „Händchen" hätten. Die Fähigkeiten und Fertigkeiten von Frauen stehen denen der Männer in nichts nach, das wird im Neanderthal Museum einmal mehr deutlich.

Trotzdem haben Männer bestimmte „Domänen" erobert und verteidigt, während Frauen in einigen Berufen fast gar nicht anzutreffen sind. Hier gilt es Tabus zu knacken und den Frauen neue Chancen zu eröffnen. Das Wissenschaftsministerium unterstützt deshalb gezielt Frauen in Ausbildung und Beruf. So wollen wir Frauen ermutigen, bei der Wahl ihrer Studienfächer auch die traditionellen „Männer-Domänen" nicht zu scheuen, und wir fördern gezielt Frauen in der Wissenschaft – zum Beispiel durch unser Lise-Meitner-Habilitationsstipendium. Denn heute wissen wir, daß wir es uns nicht leisten können, auf die Hälfte unseres Potentials an Wissen und Können zu verzichten.

Ich wünsche mir, daß dieser neue und sicherlich auch ein wenig ungewöhnliche Gang durch die Zeiten bei vielen Besucherinnen und Besuchern nachhaltige Spuren hinterläßt. Und vor allem, wenn Frauen in dieser Ausstellung Frauen als Akteurinnen der Geschichte betrachten, dann ist das vielleicht eine Ermutigung mehr, auch in der Gegenwart selbstbewußt aufzutreten, erfolgreich zu agieren – und sich nicht davon zurückhalten zu lassen. In diesem Sinne wünsche ich den Organisatorinnen und Organisatoren von „Frauen Zeiten Spuren" und den beteiligten Wissenschaftlerinnen und Wissenschaftlern die verdiente Anerkennung und große Resonanz.

Anke Brunn
Ministerin für Wissenschaft und Forschung des Landes NRW

INHALT

SPURENSUCHE – EINE EINLEITUNG

VON GERD-CHRISTIAN WENIGER

Vier Millionen Jahre Menschheitsgeschichte das sind vier Millionen Jahre Geschichte von Frauen und Männern. Betrachten wir im forschungsgeschichtlichen Rückblick die wissenschaftlichen Hypothesen und Interpretationen anhand derer unsere Entwicklungsgeschichte erläutert wird, entsteht allerdings leicht der Eindruck, daß Frauen an diesem Prozeß gar nicht teilgenommen haben. Ist die deutsche Sprache hier noch scheinbar unverfänglich, wird im Englischen sofort klar das Menschheitsentwicklung eigentlichen nur „Descent of Man" meint. Die Rekonstruktion von Vergangenheit – historischer oder prähistorischer – ist auch immer Spiegel aktueller gesellschaftlicher Verhältnisse und gleichzeitig natürlich der Versuch ihrer Legitimation.

Wenn Frauen in den evolutionsgeschichtlichen Szenarien der vergangenen 100 Jahre überhaupt Erwähnung finden, werden sie gerne als Repräsentantinnen des Naturhaften, des Biologischen beschrieben. Dem archaischen Erbe, das alle Menschen in sich tragen, sollen sie näher stehen als die Männer. Männer gelten in diesen Szenarien als fortschrittlich, als der innovative Teil der Menschheit, der durch seine Dynamik Kultur erst ermöglicht hat.

Ein flüchtiger Blick auf die aktuellen gesellschaftlichen Verhältnisse in Europa und auf die jüngere Geschichte scheint dies zu bestätigen: Bahnbrechende Erfindungen, technische Meisterleistungen, künstlerische Geniestreiche, atemberaubende Entdeckungsreisen – fast alles Taten von Männern. Können wir in einer von Männern dominierten Gesellschaft anderes erwarten? Vielen Männern und auch Frauen dienen heute ihre persönlichen Alltagserfahrungen und die tradierten Kenntnisse des kulturellen Gedächtnisses immer noch als Beweise für eine natürliche Vorherrschaft des Mannes.

Vergleichen wir biologische Profile und Leistungsvermögen von Frauen und Männern, so kann nach dem aktuellen Stand der Wissenschaft daraus allerdings keine besondere Wertigkeit oder natürliche Dominanz eines Geschlechtes abgeleitet werden. Unterschiede bei primären und sekundären Körpermerkmalen wie den Geschlechtsorganen der Körpergröße, der Muskelmasse oder der Fettverteilung dürfen nicht darüber hinwegtäuschen, daß mit Ausnahme des reproduktiven Geschehens die Aufgaben von Frauen und Männern weitgehend austauschbar sind. Der Mythos von der Frau als dem „schwachen Geschlecht" ist in der Tat eine kulturelle Erfindung.

Mit dem neuen Wissen über die Entwicklungsgeschichte der Menschheit reifte im ausgehenden 19. Jahrhundert die Erkenntnis, daß auch gesellschaftliche Bedingungen und Lebensformen einen tiefgreifenden Wandel erfahren haben. Der Schweizer Rechtshistoriker Johann Jakob Bachofen veröffentlichte 1861 seine Buch „Das Mutterrecht". Er vertrat darin die These von einer Vorherrschaft der Frau in weiten Phasen der menschlichen Vorgeschichte. Erst spät rissen nach Bachofens Überzeugung Männer die Herrschaft in der Gesellschaft an sich. Die Diskussion über Bachofens These und über die daraus abgeleitete Idee des Matriarchats ist bis heute nicht verstummt. Gab es dieses „goldene Zeitalter" der Frau ? Die Lesbarkeit der archäologischen Quellen ist überaus schwierig und Vorsicht ist beim Spurenlesen daher wichtiger als Leidenschaft.

Hinzu kommt ein forschungsgeschichtliches Problem. Für mehr als 100 Jahre hatte die Forschung kein Interesse daran, Zeugnisse der Geschlechter und ihrer gesellschaftlichen Rollen im archäologischen Fundkontext eingehender zu analysieren. Funde und Befunde wurden kurzerhand nach dem Rollenverständnis des jeweiligen wissenschaftlichen Bearbeiters interpretiert. Dieser „männliche Faktor" hat zweifellos ganz bestimmte Wahrnehmungs- und Interpretationsmuster erzeugt. Dies gilt für die Archäologie ebenso wie für die Geschichte oder die Völkerkunde. Der Frauenbewegung der späten 60er und der 70er Jahre verdanken wir ein neues Erkenntnisinteresse. Heute sind Fragen nach dem Verständnis von Geschlechtern, ihrer jeweiligen gesellschaftlichen Funktion, ein wichtiger Forschungsgegenstand.

Nehmen wir diesen Ansatz ernst, wird sofort klar, daß Rollenverteilungen möglich sind, die weitab von den uns vertrauten abendländischen Vorstellungen liegen. Geschlechterrollen sind soziale Konstrukte und damit Zeugnisse kultureller Kreativität. Die vorhandenen archäologischen Zeugnisse aus den prähistorischen Gesellschaften sind in vielen Fällen nicht mehr als verwischte Spuren. Manchmal scheinen sie fast vollständig getilgt zu sein. Der entwicklungsgeschichtliche Pfad ist dann unterbrochen und erst später unter günstigeren Erhaltungsbedingungen können wir die Spur wieder deutlich erkennen.

Über die Anfänge der Frauenrolle bei den frühen Hominiden in der afrikanischen Savanne sind wir kaum informiert. Das aktuelle Beispiel unserer engsten Verwandten im Tierreich der Schimpansen und der Zwergschimpansen mahnt zur Vorsicht. Beim gemeinen Schimpansen gelten die Männchen als dominante Tiere. Beim Zwergschimpansen sind die Weibchen das bestimmende Geschlecht. Ein interessantes Phänomen ist, das Weibchen bei der Werkzeugherstellung und -nutzung erheblich größeres Geschick aufweisen als ihre männlichen Gruppenmitglieder. Weibchen sind die „Technikerinnen" in der Schimpansengemeinschaft, die dieses Know -how als Lerninstanzen auch an den Nachwuchs weitergeben.

Nahrungsteilen ist für das soziale Miteinander beider Schimpansenarten bedeutend. Hierin liegt wohl auch ein bestimmender Faktor für die Entwicklung der frühen Hominiden. Besonders intensive elterliche Fürsorge war für die „Frühgeburt" Mensch unabdingbar. Hierbei waren Beiträge des Mannes sowie die Erfindung der „Omarolle" sicher von Bedeutung. In dieser frühen Phase der Entwicklung begegnen uns Frauen als Sammlerinnen und Jägerinnen. Über Jahrmillionen hinweg haben sie so einen zentralen Beitrag zur erfolgreichen Anpassung des Menschen an die verschiedenen Habitate der Erde geleistet.

In den künstlerischen Darstellungen der letzten Eiszeit wird eine besondere Wertigkeit von Frauen bzw. ein besonderes Interesse an Frauen dokumentiert. Wie dieses Phänomen letztendlich verstanden werden kann, entzieht sich einer seriösen Auseinandersetzung. Sicher wäre es auch vermessen, für alle diese verschiedenen Frauendarstellungen aus einem Zeitraum von knapp 20 000 Jahren dieselben sozialen Motive zu vermuten. An den kulturellen Hinterlassenschaften wie etwa den Grabbeigaben ist keine unterschiedliche Behandlung oder Ausstattung der Geschlechter ablesbar. Dies könnte ein Hinweis auf eine weitgehend gleiche Behandlung und auf eine gleichwertige Stellung von Frauen und Männern sein.

Der bisher bedeutsamste Wandel in unserer Entwicklungsgeschichte, der Wechsel vom Jagen und Sammeln zu Feldbau und Viehzucht, hatte direkte Auswirkungen auf das Leben der Frauen. Am Ende der letzten Eiszeit vollzog sich dieser dramatische Prozeß der sogenannten „neolithischen Revolution", dessen Folgen uns bis zum heutigen Tag begleiten. Mit dem Feldbau und der damit verbundenen Produktion neuer Nahrungsressourcen wurden Menschen seßhaft. Die Intervalle zwischen den Geburten wurden kürzer. Das demographische Problem der Menschheit begann. Wahrscheinlich haben Frauen diesen Wandel aktiv beeinflußt - waren vielleicht die Trägerinnen dieser Entwicklung. Mit Sicherheit hatten sie die Folgen zu tragen: Feldarbeit und mehr Kinder. Die starke Arbeitsbelastung der Frauen ist an den Grabbefunden abzulesen - ein hoher sozialer Status dagegen nicht. Das von Bachofen postulierte und nach ihm immer wieder zitierte vermeintlich „goldene Zeitalter" der neolithischen Frauen war ein hartes Zeitalter. Haben sich Frauen nach dem Ende der letzten Eiszeit unter dem Druck der neuen Arbeitsbelastungen allmählich aus dem „offiziellen" Gruppenleben zurückgezogen und so ungewollt den Weg in die politische Unmündigkeit angetreten?

In den europäischen Gesellschaften der ausgehenden Steinzeit und der frühen Metallzeit wird kriegerisches Auftreten in Grabausstattung und Darstellung immer bedeutsamer. Eine deutliche Hierarchisierung innerhalb der Gesellschaften und die Zunahme interkultureller Auseinandersetzungen schränkten den sozialen Spielraum von Frauen offenbar immer weiter ein. Je mehr sich gesellschaftliche Macht in kriegerischer Gewalt manifestierte, desto stärker wurden Frauen marginalisiert. Dieser generelle Trend scheint aus der europäischen Vorgeschichte bis in die Gegenwart hineinzureichen. Die Entwicklung staatlicher Systeme vollzog sich dann auch in der Regel ohne erkennbare weibliche Beteiligung. Komplexe politische Systeme wurden weitgehend zur Domäne der Männer. Allerdings gelang es Frauen aufgrund dynastischer Überlegungen, sehr wohl als Herrscherinnen politische Macht auszuüben und Staaten zu lenken. Darüberhinaus verstanden sie es immer wieder günstige soziale oder besondere gesellschaftliche Umstände zu nutzen, um gesellschaftliche Bedeutung zu erlangen. Es blieben aber häufig Episoden.

Ihre besondere Leistungsfähigkeit stellen Frauen täglich unter Beweis. Sie arbeiten heute weltweit im Durchschnitt immer noch zwei bis zehn Stunden länger als Männer, verdienen aber trotzdem 25 Prozent weniger. Von den Armen auf dieser Erde sind 70 Prozent Frauen. In Ausbildung und Beruf sind sie weiterhin benachteiligt.

Unser demographisches Problem, das die Tragfähigkeit des Planeten bereits gefährdet, kann nur von den Frauen gelöst werden. Die Zahlen der letzten Jahrzehnte dokumentieren eindeutig, daß Ausbildung von Frauen die wirksamste Waffe gegen Bevölkerungswachstum ist. Wie lange kann es sich die Menschheit noch leisten, die eine Hälfte der Spezies vom freien Zugang zu den wirtschaftlichen, politischen und kulturellen Ressourcen fernzuhalten?

FRAUEN- UND GESCHLECHTERFORSCHUNG IN DER UR- UND FRÜHGESCHICHTLICHEN ARCHÄOLOGIE

von Helga Brandt, Linda R. Owen und Brigitte Röder

Im Zuge der „Neuen Frauenbewegung“ der späten 60er und frühen 70er Jahre wurde neben vielen anderen Aspekten auch die Benachteiligung von Frauen in der Wissenschaft thematisiert. Als Gegengewicht zu der von Männern dominierten Forschung entwickelte sich in vielen Wissenschaftsbereichen eine spezielle „Frauenforschung“, die Frauen und ihre Lebenszusammenhänge betont in den Mittelpunkt stellte.

Darüber hinaus erwachte ein starkes Interesse daran, was es eigentlich bedeutet, eine Frau oder ein Mann zu sein. Welche Kriterien bestimmen darüber, ob jemand als Frau oder als Mann angesehen wird? Wie verändern sich die Ansichten über Frauen und Männer, über ihre Aufgaben und Eigenschaften im Laufe der Zeit? Was sagen die Begriffe „weiblich“ und „männlich“ aus? Diese und andere Fragen ließen „Geschlecht“ selbst zu einer wissenschaftlich erforschbaren, sozialen Kategorie werden – die Forschungsrichtung „Geschlechterforschung“ entstand.

Frauen- und Geschlechterforschung werden in der ur- und frühgeschichtlichen Archäologie stark von der entsprechenden Forschung in den Fächern Geschichte und Völkerkunde (Ethnologie bzw. Ethnographie) beeinflußt. Ur- und Frühgeschichte befaßt sich mit schriftlosen Kulturen bzw. mit solchen, von denen kein regelmäßiger, dauerhafter Schriftgebrauch bekannt ist. Ihre Quellensituation ist daher eine besondere, da sie fast ausschließlich auf „stumme“ archäologische Zeugnisse angewiesen ist. Abgesehen von dieser besonderen Quellensituation entsprechen sich archäologische und historische Frauenforschung in ihrer Zielsetzung, Frauen historisch „sichtbar“ zu machen. Die Völkerkunde wiederum macht deutlich, wie groß das Spektrum menschlicher Verhaltensweisen und Kulturäußerungen ist. So kann uns ethnologische Frauen- und Geschlechterforschung z. B. eine Vorstellung von den zahlreichen möglichen Aufgabenbereichen von Frauen vermitteln.

Frauenforschung

Bei der Entwicklung historischer Frauenforschung („Frauengeschichte") übten Historikerinnen zunächst einmal deutliche Kritik an der bisherigen Forschungspraxis. Obwohl Frauen die Hälfte der Menschheit ausmachen und ebenso wie Männer immer schon gesellschaftliche und historische Prozesse beeinflußt haben, waren sie aus der europäischen Geschichtsschreibung lange Zeit ausgeschlossen. Nicht nur, daß die Forschung sich sehr lange hauptsächlich mit der Geschichte von politischen Ereignissen, Kriegen, Staats- und Nationenbildung beschäftigt hat, in der die Erfahrungen ganzer Bevölkerungsschichten vernachlässigt wurden. Dadurch, daß vorwiegend Männer als Historiker arbeiteten bzw. Historikerinnen nicht wahrgenommen wurden, hatten sich männliche Sichtweisen allmählich als „allgemeingültig" durchgesetzt. Wissenschaftlerinnen bezeichnen dies als einen *male bias*, auf deutsch etwa „männliche Befangenheit" oder „Voreingenommenheit". Die Lebensräume und Lebenserfahrungen von Frauen sind jedoch nicht identisch mit denen von Männern – also ist es auch ihre Sicht von Geschichte nicht.

In den letzten Jahrzehnten hat sich in der Geschichtsforschung einiges getan, um diese Defizite aufzuarbeiten. Man konzentrierte sich z. B. vermehrt auf herausragende Frauen wie Herrscherinnen, Regierungschefinnen oder auch Künstlerinnen und Wissenschaftlerinnen. Solche Frauen waren zwar in der Geschichtsschreibung schon immer vertreten – wie etwa Kleopatra, Hildegard von Bingen, Clara Schumann u. v. a. m. –, doch verfolgte die neue Frauengeschichte andere Ziele. Es sollte natürlich auch deutlich gemacht werden, daß Frauen Macht ausübten, wichtige Erfindungen machten oder Kunstwerke schufen. Es war jedoch ebenso wichtig, darauf hinzuweisen, daß viele Frauen trotz großer Leistungen nicht berühmt wurden oder im Schatten von Ehemännern standen, deren Karrieren sie förderten, indem sie ihnen zuarbeiteten und die Familie versorgten. Es waren auch nicht nur diese außergewöhnlichen Frauen, denen das Interesse der Frauengeschichte galt. Darüber hinaus machten sich Historikerinnen und Historiker auch auf die Suche nach „weiblicher Sozialgeschichte". Sie untersuchten z. B. verschiedene Aspekte der Erwerbstätigkeit von Frauen oder die vielfältigen Rollen und Aufgaben, die von Frauen in Haushalt und Familie wahrgenommen wurden. Ihr Interesse galt der Beteiligung von Frauen am politischen und gesellschaftlichen Geschehen ebenso wie der Erforschung frauenfeindlicher gesellschaftlicher Tendenzen, wie z. B. den Hexenverfolgungen der frühen Neuzeit. Auch die Erfahrungen und der Umgang von Frauen mit ihrem Körper und ihrer Sexualität gehörte zu diesen neuen Untersuchungsschwerpunkten, um nur einige zu nennen.

Die Aufdeckung eines *male bias* fand jedoch nicht nur im Rahmen der Frauengeschichte, sondern auch in der Völkerkunde statt. Die meisten der frühen ethnographischen Berichte waren nämlich von weißen europäischen oder amerikanischen Männern verfaßt worden. Diese hatten bei ihren Feldforschungsaufenthalten oft nur männliche Informanten über die zu erforschende Kultur befragt – entweder, weil sie ganz selbstverständlich davon ausgingen, daß Männer im Besitz der gesellschaftlichen Macht seien und über die wichtigsten Informationen verfügten, oder weil sie Frauenarbeit für uninteressant oder irrelevant hielten. Die Frauen selbst wurden nur sehr selten überhaupt befragt. War dies doch einmal der Fall, dann waren sie oft nicht bereit, mit männlichen Ethnographen und männlichen Dolmetschern über Frauenrollen und Frauendenkweisen zu reden; einige hatten auch bei früheren Gelegenheiten schlechte Erfahrungen mit weißen Männern gemacht. So wurde auch hier die männliche Perspektive behandelt, als sei sie repräsentativ für eine Kultur, während die weibliche Sicht in der Regel als peripher oder außergewöhnlich dargestellt wurde. In den letzten Jahrzehnten wurden neue ethnographische Studien durchgeführt sowie Neu-Analysen von früheren Arbeiten vorgenommen. Sie machen deutlich, daß Frauen ein enormes Spektrum an Tätigkeiten ausübten und ziehen stereotype Vorstellungen über weibliche Aufgaben und Leistungen in Zweifel. Erkenntnisse über bestimmte Kulturen, die früher nur aus der Sicht von männlichen Forschern untersucht worden waren, wurden dadurch in Frage gestellt.

In den Jahren seit Beginn der Neuen Frauenbewegung konnten also in vielen Bereichen – Geschichte und Völkerkunde stellen davon nur einen Teil dar – neue wissenschaftliche Erkenntnisse gewonnen werden. Seitdem ist aber auch das Bewußtsein dafür gewachsen, daß Frauen (genausowenig wie Männer) zu keiner Epoche der Menschheitsgeschichte eine homogene Gruppe waren und daß sich deshalb die Forderungen und Sichtweisen einer Bewegung, die sich zuerst in den USA und in Westeuropa formiert hatte, nicht ohne weiteres auf Frauen anderer Kulturen oder Kontinente übertragen lassen.

Vor allem die Ergebnisse der historischen Frauenforschung haben eine erhebliche Breitenwirkung erzielt, die sich deutlich auf dem Buchmarkt niederschlägt. Mittlerweile gibt es auch eine – wenn auch noch sehr geringe – Zahl von Museen und Ausstellungen, die sich dieser Thematik widmen oder die Ergebnisse der Frauenforschung in ihre Konzeption einbeziehen. Es steht zu hoffen, daß die Ergebnisse der Frauen- und Geschlechterforschung in Zukunft noch stärker bei der Konzeption von Ausstellungen berücksichtigt werden.

Somit fügt sich die Ausstellung „Frauen – Zeiten – Spuren" gut in einen bereits bestehenden Trend ein. Beispielhaft ist jedoch, daß es sich zu einem großen Teil um eine archäologische Ausstellung handelt. Denn anders als in den USA, England oder Skandinavien, wo archäologische Frauenforschung mittlerweile eine recht große Rolle spielt, haben sich ihre Ideen und Ansätze in der deutschen Ur- und Frühgeschichtsforschung bisher nicht wirklich etablieren können. Dies hat verschiedene Gründe, die hier nicht im einzelnen aufgezählt werden sollen. Seit einigen Jahren gibt es jedoch auch in der deutschen Ur- und Frühgeschichte Bemühungen, diesen Fragen innerhalb des Faches ein größeres Gewicht zu verschaffen. Daß die Anfänge gemacht sind, zeigen neben dieser Ausstellung auch neuere deutschsprachige Veröffentlichungen auf dem Buchmarkt, zu denen u. a. die Tagungsberichte des „Netzwerks archäologisch arbeitender Frauen" gehören.

Geschlechterforschung

Bisher war hauptsächlich die Rede von Frauenforschung. Welche Rolle spielt nun die Geschlechterforschung? Man könnte es folgendermaßen ausdrücken: Frauenforschung hat sich entwickelt. Mittlerweile geht es nicht mehr nur darum, Frauen „sichtbar" zu machen – obwohl dies weiterhin ein wichtiger Aspekt ist. Das Forschungsinteresse geht jetzt auch dahin, die in jeder Gesellschaft mit dem Aspekt Geschlecht verbundenen Vorstellungen, Bewertungen, Eigenschaften und Vorurteile von verschiedenen Seiten her zu untersuchen. Wie eingangs bereits erwähnt, hat sich daher im Laufe der Zeit in den unterschiedlichsten Wissenschaftszweigen (Soziologie, Geschichte, Ethnologie, Volkskunde u. a.) eine als Geschlechterforschung bezeichnete Forschungsrichtung entwickelt, die untersucht, wie Konzepte von „Weiblichkeit" und „Männlichkeit" in einer Gesellschaft entstehen, wie sie sich historisch verändern und wie sie sozial konstruiert werden. Dabei geht es nicht nur um erwachsene Frauen und Männer, sondern ebenso um Jugendliche und Kinder.

„Gender" und „sex"

In der Geschlechterforschung wurde Geschlecht zunächst in zwei Komponenten getrennt: in eine kulturbedingte und eine biologische Seite. Im englischsprachigen Raum werden dafür die Begriffe *gender* (soziales Geschlecht) und *sex* (biologisches Geschlecht) verwendet. Sie haben sich der umständlichen Übersetzung wegen auch in der deutschsprachigen Forschung durchgesetzt. Mit *sex* sind die körperlichen Merkmale gemeint, die zur Geschlechtsdifferenzierung herangezogen werden. *Gender* bezeichnet ein komplexes, aus mehreren Einzelkomponenten bestehendes soziales Phänomen. Es beschreibt sowohl die gesellschaftlichen Erwartungen als auch die Verhaltensweisen und das Selbstverständnis von Personen in bezug auf ihr Geschlecht.

Unter *gender* werden beispielsweise Geschlechterrolle, -identität, -varianz, -zuordnung, -status und -ideologie zusammengefaßt. Die Geschlechterrolle umfaßt eine Vielzahl von Verhaltensweisen und Tätigkeiten, die in einer Gesellschaft als jeweils kennzeichnend für ein bestimmtes Geschlecht gelten. Die Geschlechteridentität bezieht sich auf die Selbstwahrnehmung einer Person, d. h., ob sie sich als Frau, Mann oder jemand anderes fühlt, ohne Beachtung ihres biologischen Geschlechts. Die Geschlechtervarianz beschreibt, wieviele Geschlechterkategorien in einer Gesellschaft existieren und bezeichnet die Möglichkeiten einer Person, ihre Geschlechterrolle und -identität im Laufe ihres Lebens zu verändern. Die Geschlechterzuordnung bezieht sich auf die biologischen, sozialen und/oder materiellen Kriterien, die Menschen einer bestimmten sozialen Gruppe dazu benutzen, um andere Personen als Frauen, Männer oder

Angehörige einer anderen, kulturell definierten Geschlechterkategorie (z. B. Transsexuelle) zu identifizieren. Die Geschlechterideologie schließlich umfaßt sämtliche Bedeutungen von Frau, Mann, weiblich und männlich in einer bestimmten Kultur. Sie kann z. B. Regeln über angemessenes, d. h. rollenspezifisches Verhalten von Frauen und Männern oder Definitionen der sozialen und politischen Beziehungen zwischen den Geschlechtern (wie z. B. Ehevorschriften) enthalten. Aus dieser Aufzählung geht bereits hervor, daß *gender* und *sex* einer Person nicht unbedingt übereinstimmen müssen, daß eine Person im Laufe ihres Lebens ihr Geschlecht wechseln kann (und zwar sowohl auf der *sex*- als auch auf der *gender*-Ebene) bzw. daß es Gesellschaften gibt, die – anders als unsere – mehr als zwei Geschlechter kennen.

Geschlechterforschung bewirkt demzufolge zweierlei: dadurch, daß viele unterschiedliche Gesellschaften untersucht werden, gewinnen wir einen Eindruck davon, daß es vielfältige – auch von unseren abweichende – Möglichkeiten gibt, Geschlecht zu bestimmen und zu erleben. Dadurch, daß genauso unsere eigene, westeuropäische Gesellschaft erforscht wird, gewinnen wir ein Verständnis dafür, daß auch unsere Vorstellungen von Geschlecht stärker mit sozialen und kulturellen Faktoren zusammenhängen, als uns vielleicht bewußt ist.

Für Geschichte und Archäologie sind dies wichtige Aspekte, machen sie doch deutlich, daß es viele Möglichkeiten gibt, das „Verhältnis der Geschlechter" in vergangenen Epochen zu deuten. Gleichzeitig warnen sie davor, unsere eigenen Vorstellungen über die Aufgaben, Fähigkeiten, Tätigkeiten und Beziehungen von Frauen und Männern einfach auf die Vergangenheit zu übertragen.

In der englischen, skandinavischen und US-amerikanischen Archäologie werden nicht nur die Ansätze der Frauengeschichte, sondern auch die der Geschlechterforschung schon seit längerer Zeit diskutiert. Im deutschen Sprachraum hat sich vor allem die Archäologin Sibylle Kästner ausführlich mit der Kategorie Geschlecht und ihrer Variabilität in unterschiedlichen Kulturen auseinandergesetzt (vgl. Beitrag Kästner). Die folgenden Beispiele ethnologischer und soziologischer Geschlechterforschung wurden z. T. in Anlehnung an ihre Magisterarbeit zusammengestellt.

Beispiele ethnologischer und soziologischer Geschlechterforschung

Geschlechterrollen und -unterschiede gab und gibt es in allen Gesellschaften. Sie variieren jedoch von Kultur zu Kultur und haben keine universelle Gültigkeit. Auch können sich die verschiedenen, oben aufgezählten Aspekte von *gender* unabhängig voneinander und mit unterschiedlicher Geschwindigkeit historisch verändern. Wie ethnographische Studien deutlich machen, können die Geschlechterkategorien einer bestimmten Kultur nicht einfach auf andere Gesellschaften übertragen werden. Auch existieren in manchen Kulturen Geschlechterkategorien, die uns z. B. völlig fremd sind. Sehr wichtig ist es festzustellen, daß biologische Unterschiede allein nichts über deren soziale Bedeutung aussagen.

Geschlechterrollenwechsel und Geschlechtervarianz

Eine Veränderung oder Übertretung der Geschlechterrolle ist sowohl zeitlich begrenzt als auch dauerhaft möglich. In verschiedenen nordamerikanischen Indianergesellschaften bestand für Frauen die Möglichkeit der zeitweiligen Übertretung ihrer Geschlechterrolle, indem sie als Kriegerinnen *(warrior women)* an Kriegszügen teilnahmen. Sie strebten dadurch zwar nach männlichem Prestige, verließen ihre Geschlechterrollen als Frauen jedoch nicht. Beispiele für dauerhaften Geschlechterrollenwechsel, der mit bestimmten Lebensumständen von Frauen verbunden ist, nennt der Historiker Jaques Revel: Bei den Piegan-Indianern Kanadas z. B. genossen Frauen „mit dem Herz eines Mannes" *(manly-hearted-women)* gleiche soziale und kulturelle Vorrechte wie Männer in einer ansonsten „streng patriarchalisch organisierten Gesellschaft". Die meisten dieser Frauen waren kinderlos oder befanden sich in den Wechseljahren. Bei den Nuer am oberen Nil kehrten in der Ehe kinderlose Frauen zu ihren Familien zurück und wurden von da an „als Männer" angesehen, d. h. sie übernahmen in wirtschaftlicher und sozialer Hinsicht Aufgaben, die sonst Männern vorbehalten waren, heirateten z. B. auch Frauen. Diese als Gynaegamie (Ehe einer Frau mit einer oder mehreren anderen Frauen) bezeichnete Institution ist bisher hauptsächlich aus Afrika bekannt. Der Begriff „Ehe" bezieht sich hier auf die wirtschaftliche Seite einer solchen Verbindung und schließt nicht per se – wie bei unserem Ehebegriff – eine sexuelle Beziehung der Eheleute ein.

Die Beschreibung sexueller Beziehungen in anderen Kulturen gestaltet sich ohnehin schwierig. Wir verwenden zur Bezeichnung sexueller Beziehungen die Begriffe Heterosexualität, Homosexualität und Bisexualität, ausgehend von unserer Auffassung von der Existenz zweier Geschlechter. Es ist fraglich, ob damit das Sexualverhalten in Kulturen mit anderen Geschlechterkategorien überhaupt angemessen beschrieben werden kann.

In solchen Kulturen, in denen mehr als zwei Geschlechter existieren, wird Geschlecht hauptsächlich anhand sozialer und nicht anhand körperlicher Merkmale bestimmt. Dies wurde bislang vor allem bei nordamerikanischen Kulturen festgestellt; es ist dabei die Rede von drei, vier oder bis zu sieben Geschlechtern. Das wohl bekannteste Beispiel für die Existenz mehrerer Geschlechter sind die *berdaches*, die es in fast allen nordamerikanischen Indianerkulturen gibt bzw. gab. Ein *berdache* ist nach der Definition der Ethnologin Sabine Lang eine Person, deren körperliches Geschlecht eindeutig feststeht und die freiwillig und dauerhaft kulturell definierte Verhaltensweisen und Tätigkeiten des anderen Geschlechts übernimmt. Sie bekommt dafür von ihrer Gesellschaft einen besonderen Geschlechterstatus zugewiesen, der sie weder als Frau noch als Mann beschreibt.

Intersexualität und Transsexualität

In den bisherigen Beispielen wurden körperlich eindeutig weibliche oder männliche Personen beschrieben, die ihr jeweiliges Geschlecht auch ihr ganzes Leben lang beibehalten. Es gibt jedoch auch Personen, deren körperliches Geschlecht bei der Geburt nicht eindeutig entwickelt ist bzw. im Laufe ihres Lebens auf medizinischem Wege verändert wird. Hier sind jeweils beide Ebenen – *sex* und *gender* – beteiligt. Werden die äußeren Geschlechtsorgane aufgrund hormoneller Störungen bei der Entwicklung der Kinder im Mutterleib nicht eindeutig ausgebildet, bezeichnet man dies als Intersexualität. Sie kommt bei einem von 10 000 Neugeborenen vor und betrifft in der Bundesrepublik jährlich ca. 750 Kinder. Der gesellschaftliche Umgang mit Intersexualität ist unterschiedlich. Während hier auf medizinischem Weg versucht wird, den Kindern die Ausbildung einer eindeutigen Geschlechteridentität als Frauen oder Männer zu ermöglichen, gibt es aber auch Gesellschaften, die aufgrund dieser körperlichen Unterschiede eine dritte Geschlechterkategorie kennen. Hier sind z. B. die *nadle* der Navajo-Indianer zu nennen, die weder Frauen noch Männer sind. Die *nadle* werden mit Glück und Wohlstand in Verbindung gebracht. Bei anderen Gesellschaften wiederum gibt es für diese Personen keine eigene Geschlechterkategorie; sie werden als soziale Außenseiter behandelt oder sogar z. T. bei der Geburt getötet.

Auch Transsexualität ist ein Phänomen, das sich sowohl auf der sozialen als auch auf der körperlichen Ebene bewegt. Als Transsexuelle werden Personen bezeichnet, die davon überzeugt sind, im Körper des falschen Geschlechts auf die Welt gekommen zu sein, d. h. Frauen, die sich als Männer und Männer, die sich als Frauen fühlen. In letzter Konsequenz ist in unserer Gesellschaft auch für diese Personen eine chirurgische und hormonelle Geschlechtsumwandlung durchführbar, die es ihnen ermöglicht, ihre Geschlechtsidentität mit dem „richtigen" Körper zu leben.

Die Arbeit mit transsexuellen Personen zeigt deutlich, wie stark Geschlecht sozial konstruiert ist. Hier wird der Prozeß der kulturellen Darstellung und Wahrnehmung von Geschlecht durch Aussehen, Kleidung, Mimik, Gestik, Sprachverhalten u. a. sehr deutlich. Denn obwohl Transsexuelle sich ihrer Geschlechteridentität sicher sind, müssen sie die dazu „passende" Geschlechterrolle meist erst mühsam erlernen. Im Gegensatz dazu läuft das Darstellen und Wahrnehmen von Geschlecht im Alltag der meisten Menschen unbewußt ab und wird als selbstverständlich angesehen. Studien über transsexuelle Personen machen jedoch deutlich, daß Geschlecht auch in unserer Gesellschaft eine kulturelle Konstruktion ist und die gesellschaftlich erwarteten Verhaltensweisen erworben werden müssen.

„Alltagstheorie der Zweigeschlechtlichkeit"

In unserer Gesellschaft sind folgende Auffassungen über Geschlecht verbreitet: Die Menschheit ist zweigeschlechtlich organisiert, d. h. es gibt nur zwei Geschlechter (weiblich und männlich). Die Zugehörigkeit zu einem Geschlecht wird durch körperliche Merkmale entschieden und ist exklusiv (d. h. eine Person ist entweder eine Frau oder ein Mann und das ist deutlich zu sehen). Abweichungen von diesem System wie inter- oder transsexuelle Personen werden als Ausnahmen von der Regel gesehen – die Regel wird dadurch bestätigt. Ein Geschlechterwechsel im Laufe des Lebens ist daher im Normalfall ausgeschlossen.

Ebene	Ausdruck dieser Ebene bei Mann	Frau
Chromosomales Geschlecht	XY-Gonosomen	XX-Gonosomen
Gonadales Geschlecht	Hoden	Eierstöcke
Hormonales Geschlecht (nur Gonaden)	mehr Androgene, z. B. Testosteron; Östradiol durch periphäre Konversion von Testosteron	Östrogene und Androgene, aber Östradiol höherer Serumspiegel als Testosteron
Morphologisches Geschlecht	Penis und sekund. Geschlechtsmerkmale wie Bart, tiefe Stimme, Muskelverteilung	Vagina, Klitoris, Brüste und sekundäre Gerschlechtsmerkmale im Körperbau

Abb. 1. Ebenen der biologischen Geschlechtsdifferenzierung.

Daß durchaus auch andere Auffassungen über Geschlecht möglich sind, haben die oben angeführten Beispiele von Geschlechterrollenwechseln und zusätzlichen Geschlechterkategorien gezeigt. In unserer Gesellschaft herrscht jedoch die Vorstellung einer „natürlichen" und deutlich festgelegten Zweigeschlechtlichkeit vor. SoziologInnen sprechen deshalb regelrecht von einer „Alltagstheorie der Zweigeschlechtlichkeit". Mit dieser „Alltagstheorie" sind auch Vorstellungen darüber verbunden, was „typisch Frau" oder „typisch Mann" ist, wie Frauen und Männer denken, sich verhalten und welche Aufgaben sie zu erfüllen haben.

Dadurch wird aber nicht nur der Ungleichheit der Geschlechter in unserer Gesellschaft Vorschub geleistet – eine derart strikte Trennung in zwei Geschlechter widerspricht auch ganz klar naturwissenschaftlichen Erkenntnissen. So wird immer wieder darauf hingewiesen, daß gerade in der Biologie Geschlechtsbestimmung auf mehreren Ebenen möglich ist, die sich nicht unbedingt alle entsprechen müssen (Abb. 1).

Auch sieht z. B. die Biologin Kerrin Christiansen weiblich und männlich nicht als zwei einander ausschließende Pole, sondern als eine Variationsreihe mit fließendem Übergang zwischen der weiblichen und der männlichen Seite. Der Biologe Norbert Bischof weist ebenfalls darauf hin, daß die gesellschaftlichen Interpretationen und Wertungen von Geschlechtsunterschieden viel rigoroser in „weiblich" und „männlich" trennen, als es Ergebnisse biologischer Untersuchungen rechtfertigen. Er vertritt jedoch auch ganz ausdrücklich die Meinung, daß nur die gründliche Erforschung der biologischen Geschlechtsunterschiede dazu beitragen kann, das gesellschaftliche Ungleichgewicht zwischen den Geschlechtern aufzulösen und bezeichnet eine einseitige Betonung sozialer Faktoren als Realitätsverleugnung.

Die Bedeutung biologischer Geschlechtsunterschiede ist jedoch ein höchst strittiger Punkt in der Geschlechterdebatte, die hierin weit von einer Annäherung der Standpunkte entfernt ist. Da die Argumente von biologischer Seite in zwei eigenen Artikeln behandelt werden (vgl. Beiträge Henke/Rothe), soll der Schwerpunkt hier auf die Argumentation von sozialwissenschaftlicher Seite gelegt werden.

„Biologie" oder „Kultur"?

Wie wir bereits weiter oben festgestellt haben, reichen biologische Fakten alleine nicht aus, um gesellschaftliche Unterschiede zwischen den Geschlechtern zu begründen. Auch die auf naturwissenschaftlichem Wege gewonnenen Forschungsergebnisse aus der Biologie unterliegen der Interpretation. Sie beginnt vielfach bereits bei der Auswahl der zu untersuchenden Personengruppe, wird jedoch noch wirkungsvoller bei der Auswertung der gewonnenen Daten.

Sehr deutlich wird dies z. B. im Bereich Geburt und Kinderbetreuung. Es ist unbestritten, daß nur Frauen Kinder austragen, gebären und stillen können. Häufig werden jedoch ihre gesellschaftlichen Aufgaben und die ihnen zugeschriebenen „typischen" Eigenschaften (wie etwa Einfühlsamkeit und soziales Engagement) auf diese biologischen Funktionen zurückgeführt; Männer dagegen werden nicht im selben Maß über ihre Biologie definiert. So herrscht z. B. vielfach die Vorstellung, daß Frauen wegen der mit Schwangerschaft, Geburt und Kinderbetreuung verbundenen Belastungen „schon immer" eher an das Haus bzw. an häusliche Tätigkeiten gebunden waren.

Abgesehen davon, daß gegen eine derart vereinfachende Argumentation auch Stimmen aus der Biologie laut werden, kann die

Allgemeingültigkeit dieser Aussage durch zahlreiche Argumente aus den Sozialwissenschaften angefochten werden. Die Auffassung, der Frau sei die häusliche Sphäre vorbehalten – im Gegensatz zu der öffentlichen Sphäre des Mannes –, wurde z. B. ganz wesentlich durch die bürgerlichen Geschlechterideologie des ausgehenden 18. und des 19. Jahrhunderts geprägt. Es war eine Zeit gesellschaftlicher Veränderungen, des Umbaus von der feudalen Stände- zur modernen Industriegesellschaft mit ihrem bürgerlichen Mittelstand; eine Zeit, in der die Trennung von Arbeits- und Familienleben, von öffentlicher und privater Sphäre gerade begonnen hatte. Die Familie als Grundpfeiler der bürgerlichen Gesellschaft bedurfte einer stabilen ideologischen Absicherung durch die klare Festlegung der Aufgabenbereiche von Frau und Mann. Die Begriffe „weiblich" und „männlich" erfuhren in dieser Zeit eine sehr starke Polarisierung. Diese spiegelt sich auch in den medizinischen, anthropologischen und psychologischen Schriften dieser Zeit wider. Männer wurden als aktiv und rational, Frauen als eher passiv und gefühlsbetont beschrieben. Diese Auffassung beeinflußt zum Teil noch immer unser Denken, obwohl sich die starren Rollenvorstellungen mittlerweile gelockert haben. Die bürgerliche Geschlechterideologie des 18./19. Jahrhunderts jedenfalls verwies Frauen aufgrund ihrer Fähigkeit, Kinder zu gebären, und aufgrund ihrer vermeintlich geschlechtstypischen Wesenszüge an Heim und Herd.

Nun sind „die Frauen" keine homogene Gruppe und sind es auch nie gewesen. Es gab z. B. mit Sicherheit immer schon Frauen, die keine Kinder bekommen konnten, durften (z. B. aus religiösen Gründen) oder wollten. Außerdem können Kinder durchaus in die Obhut anderer Gruppenmitglieder gegeben werden, sie müssen also nicht zwangsläufig immer von der leiblichen Mutter versorgt werden. Frauen sozialer Oberschichten z. B. stillten ihre Kinder häufig nicht selber, sondern beschäftigten Ammen und/oder Kindermädchen.

Auch waren die Erfahrungen von Frauen, die Kinder hatten, sicher nicht zu allen Zeiten und in allen Kulturen die selben, da sie jeweils mit dem in der Gesellschaft vorhandenen Körperbewußtsein, der Einstellung zu Schwangerschaft und Geburt, der Wertschätzung von Kindern u. v. a. zusammenhingen. Untersuchungen zur Geschichte der Körperwahrnehmung haben gezeigt, daß Menschen vergangener Epochen nicht das gleiche Körperempfinden bzw. die gleiche Körperwahrnehmung hatten, wie wir heutzutage (vgl. Beitrag Schulte-Dornberg).

Absolut strittig ist, welchen und einen wie großen Einfluß biologische bzw. kulturell bedingte Geschlechtsunterschiede auf das Verhalten haben. Von biologischer Seite gelten körperlich feststellbare Geschlechtsunterschiede durchaus als Erklärung für unterschiedliches Verhalten von Frauen und Männern bzw. auch bereits von Mädchen und Jungen. Von sozialwissenschaftlicher Seite wird dagegen häufig kritisiert, daß der kulturelle Aspekt der Geschlechterkonstruktion dabei nicht genügend berücksichtigt werde, daß die biologische Forschung selber nicht frei sei von unseren kulturellen Vorstellungen von Zweigeschlechtlichkeit und von daher gar nicht objektiv über „natürliche Tatsachen" berichten könne.

Tatsächlich ist überhaupt nicht klar, was biologisch festgestellte Unterschiede wirklich bedeuten, in welcher Weise sie sich auf das Verhalten auswirken, in welcher Intensität dies geschieht und wie diese biologischen Faktoren mit den jeweiligen kulturellen Faktoren interagieren (welche Auffassungen über Geschlecht hat die untersuchte Gesellschaft? Welche Eigenschaften werden welchem Geschlecht zugeschrieben? Wie werden Kinder auf ihre jeweilige Rolle in dieser Gesellschaft vorbereitet? usw.). Als Beispiel sei hier das unterschiedlich aggressive Verhalten von Frauen und Männern herausgegriffen. Die amerikanische Psychologin Anne Campbell vertritt z. B. die These, daß Frauen und Männer Aggression unterschiedlich empfinden und sie auch unterschiedlich einsetzen. Sie akzeptiert zwar, daß die Unterschiede in den Aggressionsraten (d. h. wie oft und heftig Aggression geäußert wird) eine biologische Ursache haben, hält jedoch die Unterschiede, wie aggressives Verhalten erworben, empfunden und eingesetzt wird, für eindeutig kulturell bedingt. So gibt es beispielsweise genug Nachweise dafür, daß Frauen Wut ebenso oft und tief erleben wie Männer. Da sie jedoch in einer Kultur erzogen werden, die männliche Aggression rationalisiert, weibliche dagegen abwertet, entwickeln sie A. Campbell zufolge ein anderes Verhältnis zu Aggressivität, und das bereits in der Kindheit. Zu ähnlichen Ergebnissen wie Campbell gelangte auch die deutsche Psychoanalytikerin Margarete Mitscherlich („Die friedfertige Frau").

Neue Wege?

Bei der wissenschaftlichen Diskussion um den Anteil biologischer und kultureller Faktoren für die Entstehung, Bewertung und Bedeutung von Geschlechterunterschieden scheint weder ein Ende noch eine Lösung in Sicht. In jüngster Zeit wird die in der Geschlechterforschung lange Zeit so wichtige Unterscheidung in *sex* und *gender* von einigen WissenschaftlerInnen sogar ganz abgelehnt. Sie meinen, es sei gar nicht möglich, Geschlecht in eine kulturelle und eine biologische und damit „natürliche" Komponente zu zerlegen. Da wir alle – ob WissenschaftlerInnen oder nicht – die in unserer jeweiligen Kultur geltenden Werte und Sichtweisen verinnerlicht haben, bezweifeln sie, daß es möglich sei, kulturunabhängige Fakten herauszufinden. Daher plädieren sie dafür, die Unterscheidung *sex/gender* abzuschaffen bzw. nur noch mit dem Begriff *gender* zu arbeiten. Doch auch dagegen gibt es mittlerweile Widerspruch.

Zu ergründen, was Geschlecht ist bzw. was die Begriffe weiblich und männlich bedeuten, das stellt offensichtlich auch jetzt noch, 30 Jahre nach Beginn ihrer systematischen Erforschung, eine wissenschaftliche Herausforderung dar.

Frauenforschung, Geschlechterforschung und Archäologie

Wie können nun die hier geschilderten Ansätze der Frauen- und Geschlechterforschung in der archäologischen Forschung umgesetzt werden?

Dadurch, daß die Fragestellungen der Frauen- und ganz besonders der Geschlechterforschung sehr komplex, die Aussagemöglichkeiten archäologischer Quellen jedoch begrenzt sind, ist dies leider nur eingeschränkt möglich. Informationen über das Leben der Menschen aus prähistorischen Epochen können nur aus den materiellen Überresten ihrer Kulturen bzw. aus den Überresten der Menschen selbst gewonnen werden. Die damals Lebenden können weder befragt werden noch haben sie schriftliche Zeugnisse hinterlassen, die uns Aufschluß über ihre Lebensweisen und Gesellschaftsstrukturen geben könnten.

Dennoch bemüht sich die archäologische Forschung, Aussagen über Lebensweisen und Sozialstrukturen prähistorischer Menschen zu treffen. Dies beinhaltet auch Aussagen zu Geschlechterrollen und Geschlechtersystemen und hier setzt archäologische Frauen- und Geschlechterforschung an.

Vordergründig betrachtet, kann die zu Beginn der neuen Frauenbewegung erhobene Kritik, Frauen kämen in der Geschichte nicht vor, so nicht auf die Archäologie übertragen werden. Bereits seit den Anfängen archäologischer Forschung im 19. Jahrhundert wurde bei Gräbern – die eine der wichtigsten Quellengattungen archäologischer Forschung darstellen – in Frauen- und Männergräber unterschieden. Auch heute noch gehört die Unterscheidung in Frauen- und Männergräber zu den grundlegenden Forschungszielen, um auf dieser Grundlage weitere Aussagen zu sozialen Strukturen machen zu können.

Frauen sind also bereits seit den Anfängen archäologischer Forschung durchaus im Quellenmaterial „sichtbar" gewesen – wenn auch nicht im Sinne der Frauen- und Geschlechterforschung. Allzuoft standen oder stehen auch bei der Beschreibung prähistorischer Gesellschaften Männer und ihre Lebensbereiche im Vordergrund, oder es tauchen Klischeevorstellungen über Geschlechterrollen auf, die in der archäologischen Literatur nicht diskutiert oder hinterfragt werden. Archäologische Frauen- und Geschlechterforschung bemüht sich, diese Klischees aufzudecken und Frauen aus ihrer Anonymität herauszuholen. Mit Hilfe ethnologischer und historischer Analogien soll einerseits die Bedeutung der Lebens- und Arbeitsbereiche von Frauen herausgehoben werden, andererseits soll deutlich gemacht werden, welche alternativen Interpretationsmöglichkeiten es neben den traditionellen Geschlechterrollen noch geben könnte.

Dazu müssen jedoch zunächst einige grundsätzliche Fragen geklärt werden: Wie kann überhaupt festgestellt werden, ob es sich bei einem Skelett um das einer Frau oder eines Mannes handelt oder ob bestimmte Objekte von Frauen oder Männern benutzt wurden?

Anthropologische Geschlechtsbestimmung

An menschlichen Skelettresten können – vorausgesetzt sie sind gut genug erhalten – Geschlecht, Alter, Krankheiten und sogar Verwandtschaftsbeziehungen festgestellt werden. Die entsprechende Wissenschaft – ein Teilgebiet der Biologie – heißt Anthropologie. Der zur Geschlechtsbestimmung am besten geeignete Teil des Skeletts ist das Becken, das bei Frauen aufgrund ihrer Fähigkeit zu Schwangerschaft und Geburt etwas anders geformt ist als bei Männern. Außerdem werden bestimmte Merkmale am Schädel, Maße von verschiedenen Knochen des Körpers und neuerdings DNS-Analysen herangezogen. Bis vor kurzem konnte eine relativ sichere

Geschlechtsbestimmung erst im Erwachsenenalter gewährleistet werden, doch sind mittlerweile auch Methoden zur Geschlechtsbestimmung von Kindern und Jugendlichen in der Erprobung. Die Sicherheit der anthropologischen Geschlechtsbestimmung ist u. a. abhängig von der Knochenerhaltung. Ist die Bestimmung der Knochen durch schlechte Erhaltungsbedingungen im Boden oder durch zerstörende Bestattungssitten wie beispielsweise das Verbrennen der Toten erschwert, nimmt die zu erreichende Sicherheit bei der Bestimmung entsprechend ab. Weiterhin kann es sein, daß die geschlechtsdifferenzierenden Merkmale bei manchen Knochen einfach nicht genügend deutlich ausgeprägt sind oder daß methodische Fehler bei der Bestimmung auftreten.

So wird manchmal, besonders, wenn andere geschlechtsbestimmende Merkmale an Becken oder Schädel fehlen, die Robustheit der Knochen als bestimmendes Merkmal herangezogen. Große, kräftige Knochen mit deutlichen Muskelansatzstellen gelten als „eher männlich", leichtere und kleinere Knochen ohne auffällige Muskelansatzstellen werden als „eher weiblich" eingestuft. Die an menschlichen Knochen erkennbaren Geschlechtsunterschiede unterliegen jedoch einer großen Variationsbreite. Sie sind nicht nur regionalen Unterschieden unterworfen, sondern auch von vielen anderen Faktoren abhängig, wie z. B. von Ernährung, körperlicher Betätigung, sozialer Stellung usw. Daher ist es bei der anthropologischen Geschlechtsbestimmung immer von großer Bedeutung, wieviele Skelette jeweils für eine Untersuchung zur Verfügung stehen. Je größer die untersuchte Skelettserie ist, desto besser kann die Variationsbreite von Frauen- und Männerskeletten eingeschätzt werden. Aus diesem Grund ist z. B. die Geschlechtsbestimmung bei den Skeletten von frühen Hominiden oder von Menschen der Altsteinzeit sehr schwierig, da insgesamt nur sehr wenige gefunden wurden.

Obwohl es also – wie in jeder Wissenschaft – gewisse methodische Probleme zu beachten gilt, ist die anthropologische Geschlechtsbestimmung unerläßlich, da sie uns direktere Auskunft über das Geschlecht einer toten Person geben kann als ihre Grabbeigaben, die immer kulturspezifisch und daher eher ein Ausdruck dessen sind, was die jeweilige Gesellschaft über Frauen und Männer dachte.

Frauenwelten – Männerwelten oder was sagen archäologische Funde über Arbeitsteilung aus?

Geschlecht wird in der Archäologie dennoch häufig anhand der Beigaben, die einer Person ins Grab mitgegeben wurden, bestimmt. Diese „archäologische Geschlechtsbestimmung" läßt sich, wie die schwedische Archäologin Tove Hjørungdal für Norddeutschland festgestellt hat, bis in die ersten Jahrzehnte des 19. Jahrhunderts zurückverfolgen. Sie weist darauf hin, daß das im 19. Jahrhundert vorherrschende Bild der gegensätzlichen „Geschlechtscharaktere" und die damit verbundenen Vorstellungen (häusliche Sphäre der Frau versus öffentliche Sphäre des Mannes und alle damit in Verbindung gebrachten „geschlechtsspezifischen" Charaktereigenschaften) sicherlich Einfluß auf die archäologische Forschung hatten. Dies manifestierte sich in der Vorstellung, daß die gegensätzlichen Sphären von Frauen und Männern auch in den Grabbeigaben unterschieden werden könnten. Zum wohl deutlichsten Unterscheidungskriterium avancierte das Gegensatzpaar Schmuck (in Frauengräbern) versus Waffen (in Männergräbern).

Von der archäologischen Geschlechterforschung wird die im Fach gängige Praxis kritisiert, daß in Zweifelsfällen meist der archäologischen Geschlechtsbestimmung der Vorrang gegeben wird – ein Vorgehen, das häufig mit dem Hinweis, daß auch bei der Anwendung anthropologischer Methoden Fehlbestimmungen nicht ganz auszuschließen seien, gerechtfertigt wird. Der Einwand ist zwar prinzipiell richtig, doch erstens dürfte die Sicherheit einer anthropologischen Geschlechtsbestimmung in der Regel deutlich über einer archäologischen liegen; zweitens ist es bezeichnend, daß eine anthropologische Bestimmung nur dann in Zweifel gezogen wird, wenn sie von der archäologischen – d. h. von den klischeebehafteten Vorstellungen, die ArchäologInnen von „Frauen-" und „Männerbeigaben" haben – abweicht.

Das Festhalten an den Rollenklischees unseres kulturellen Umfeldes ist in der archäologischen Forschung verbreitet. Ihr Überdenken und Hinterfragen ist dagegen leider ebenso selten wie Ansätze zur dringend notwendigen theoretischen Auseinandersetzung mit der Kategorie Geschlecht. Statt dessen verläßt man sich bei der Einordnung von Grabbeigaben als „weiblich" oder „männlich" stark auf die Intuition. Damit werden aber nicht nur unsere Rollenklischees auf die Vergangenheit übertragen, sondern es wird darüber hinaus

Abb. 2. Heim und Herd als Betätigungsfeld der Frau – eine Klischeevorstellung.

auch das kulturelle Konstrukt der Zweigeschlechtlichkeit zementiert. Andere Geschlechterkonzepte (s. o.) finden dagegen nur selten Eingang in Interpretationen.

Besonders deutlich wird die Übertragung unseres Geschlechterkonzeptes und unserer Rollenklischees bei dem Versuch, anhand archäologischer Quellen die Lebens- und Arbeitswelten von Frauen und Männern in der Ur- und Frühgeschichte zu rekonstruieren. Bei den meisten Rekonstruktionen dieser Art fällt auf, daß Frauen gemäß dem traditionellen Schema unserer Gesellschaft mit Heim und Herd – also mit der Privatsphäre, mit Familie, Kindererziehung und allen in diesem Bereich verorteten Tätigkeiten – verbunden werden (Abb. 2). Männern dagegen werden der öffentliche Sektor sowie alle physisch anstrengenden Arbeiten zugeordnet. Nach der gängigen Vorstellung sind sie es, die die Machtpositionen der Gemeinschaft besetzen, Krieg führen, Handel treiben, harte Arbeiten übernehmen und das spezialisierte Handwerk (im Gegensatz zum sogenannten Hauswerk der Frauen) ausüben (Abb. 3 u. 4).

Solche Interpretationen sind ein Ansatzpunkt für archäologische Geschlechterforschung, die sie hinterfragt und gegebenenfalls Al-

Abb. 3. Spezialistentum als Männersache: Kupfergießer bei der Arbeit.

Abb. 4. Das „Hauswerk" der Frauen im Gegensatz zum „Handwerk" der Männer.

ternativvorschläge erarbeitet. Damit sind wir bei den methodischen Möglichkeiten, die Frage nach geschlechtsspezifischen Aktivitätsmustern anzugehen. Eine grundsätzliche Schwierigkeit ist dabei, daß es nur wenige archäologische Quellen gibt, an denen diese Frage direkt zu beantworten ist. So sind Darstellungen, die Frauen und/oder Männer bei irgendwelchen Tätigkeiten zeigen, äußerst selten und können deshalb auch nicht als repräsentativ gelten. Am aufschlußreichsten sind meist die Bestattungssitten einer Kultur – speziell geschlechtsspezifische Grabbeigaben, die nicht nur sogenannte Trachtbestandteile (Schmuck, Gürtelschließen etc.), sondern auch Werkzeuge und Geräte umfassen. Falls von den Skeletten eine naturwissenschaftliche Geschlechtsbestimmung vorliegt und die Beigaben in Männer- und Frauengräbern bestimmte Regelhaftigkeiten erkennen lassen (z. B. Mühlsteine in Frauen-, Waffen in Männergräbern), ist es möglich, einzelne geschlechtsspezifische Tätigkeitsfelder auszumachen. Zu bedenken ist hier allerdings, daß die Wahl der Beigaben keineswegs den Zweck hatte, die Arbeitsteilung der Geschlechter für die Nachwelt zu dokumentieren; vielmehr folgte sie rituellen Regeln, die für uns heute kaum noch nachvollziehbar sind. Die Tätigkeiten, die wir aus bestimmten Beigaben erschließen können, spiegeln allenfalls einen kleinen Ausschnitt aus dem Spektrum der tagtäglich verrichteten Arbeiten wider. Daß sie im Bestattungsritual eine Rolle spielten, spricht jedoch dafür, daß es wichtige Tätigkeiten waren, die vermutlich auch eine symbolische Bedeutung – z. B. die Darstellung des sozialen Status einer Person – hatten. Insofern handelt es sich um wichtige Hinweise, die auch für die Einschätzung des Geschlechterverhältnisses von Bedeutung sind.

Mit der Auswertung entsprechender Darstellungen und geschlechtsspezifischer Beigaben sind die rein archäologischen Möglichkeiten, der Arbeitsteilung der Geschlechter auf die Spur zu kommen, schon weitgehend erschöpft. Die Zusammenarbeit mit Nachbarwissenschaften eröffnet jedoch weitere Möglichkeiten: Bei Studien zu den frühen Menschen bietet es sich an, mit Modellen zu arbeiten, die von der Primatenforschung entwickelt wurden (vgl. Beitrag Rothe/Henke). Ethnologische Untersuchungen zu geschlechtsspezifischen Aktivitätsmustern sind dann für die Interpretation archäologischer Quellen aus späteren Zeiten (d. h. ab den eiszeitlichen Wildbeutern bis zum Frühmittelalter) von großer Bedeutung. So wurde beispielsweise die bei allen historisch bekannten Wildbeutern beobachtete Arbeitsteilung, daß Frauen die meiste pflanzliche, Männer das Gros der fleischlichen Nahrung beschaffen, im Analogieschluß auch für die urgeschichtlichen Wildbeuter postuliert (vgl. Beitrag Owen). Neben kulturübergreifenden Phänomenen wie dem geschilderten arbeitet die ethnologische Forschung aber auch die große Variationsbreite der geschlechtsspezifischen Arbeitsteilung heraus. Diese Vielfalt kann Archäologinnen und Archäologen eine Warnung sein, unsere traditionelle Vorstellung von Aufgabenfeldern der Geschlechter vorschnell auf ur- und frühgeschichtliche Gesellschaften zu übertragen.

Sind Primatenforschung und Ethnologie vor allem auf der Ebene der Interpretation sehr hilfreich, erschließt die anthropologische Untersuchung von Skeletten direkte Informationen zur Arbeitsteilung. So ist es in manchen Fällen sogar möglich, von krankhaften Veränderungen am Skelett auf eine häufig ausgeübte Tätigkeit

(z. B. Getreide mahlen oder reiten) zu schließen, die sie verursacht hat. Interessant sind auch Studien zu geschlechtsspezifischen Unterschieden in der Häufigkeit und Art von Knochenbrüchen. Sie geben Aufschluß über das seit dem Neolithikum unterschiedliche Verletzungsrisiko von Männern und Frauen und beleuchten auch die jeweiligen Ursachen der Knochenbrüche. Das Hauptergebnis dieser breit angelegten Untersuchungen ist, daß sich mit dem Übergang zur Landwirtschaft (Neolithisierung) eine Arbeitsteilung einstellte, bei der Frauen im Laufe der Zeit immer weniger gefährdet und immer weniger Gewalteinwirkungen ausgesetzt waren. Über die Arbeitsbelastung der Geschlechter sagen diese Daten jedoch nichts aus. In dieser Hinsicht sind das mittlere Sterbealter sowie die Ausprägung der Muskelmarken an den Knochen wesentlich aufschlußreicher. Entgegen aller Erwartung belegen sie, daß Frauen in manchen Zeiten außerordentlich harte und schwere Arbeiten verrichteten.

Trotz der angerissenen Möglichkeiten, Informationen über die geschlechtsspezifische Arbeitsteilung in vergangenen Gesellschaften zugänglich zu machen, wird unser Bild immer verschwommen bleiben: Die wenigen vorhandenen Quellen sind allenfalls Versatzstücke, die wir mit Analogieschlüssen zum eigenen – reflektierten! – Erfahrungshintergrund und zu ethnologischen Daten interpretieren. Eigene Erfahrungen und ethnologische Daten sind es denn auch, die helfen, die Leerstellen zu füllen und ein (vorläufiges) Gesamtbild zu entwerfen.

Interpretation und Kritik

Die folgenden Beispiele aus zwei verschiedenen vorgeschichtlichen Epochen sollen das bisher Gesagte illustrieren und die Arbeitsweisen und Kritikpunkte archäologischer Frauen- und Geschlechterforschung noch einmal verdeutlichen. Eine nahezu auf jede Epoche zutreffende allgemeine Kritik richtet sich dagegen, daß in der Wissenschaftssprache der Archäologie Menschen generell zu wenig vorkommen, daß – bedingt durch das archäologische Quellenmaterial – viel eher Dinge im Mittelpunkt stehen als Personen.

Archäologische Geschlechterforschung bemüht sich dagegen um eine differenzierte, facettenreiche Darstellung der Lebensbereiche prähistorischer Menschen. In den letzten Jahren haben ArchäologInnen begonnen, die Erkenntnisse der Frauen- und Geschlechterforschung u. a. auf archäologische Forschungen und Funde der Altsteinzeit zu übertragen. Zunächst setzten sie sich mit den äußerst einseitigen Vorstellungen über Geschlechterrollen der Altsteinzeit auseinander, nach denen es die Männer waren, die auf Großwildjagd gingen, Werkzeuge und Waffen herstellten, Kunstwerke schufen und religiöse Zeremonien abhielten. Schon die menschliche Stammesentwicklung wird meist nur anhand von Männern illustriert. Die Frauen dagegen sorgten im Hintergrund für die Kinder, bereiteten das Essen zu oder bearbeiteten die Häute, die die Männer auf der Jagd erbeutet hatten. Die Großwildjagd durch die Männer wurde als fast ausschließliche Quelle für prähistorische Nahrungsmittel und Rohmaterialien angesehen und diente als Basis für die Rekonstruktion der Werkzeugverwendung und der jahreszeitlichen Wanderungen.

Nachdem die ForscherInnen auf diese Mißstände aufmerksam gemacht hatten, stellten sie in einem zweiten Schritt den Beitrag von Frauen in den Mittelpunkt. Sie konnten zeigen, daß ethnographische Analogien zur Rekonstruktion des Lebens in der Altsteinzeit äußerst selektiv benutzt wurden. Tätigkeiten wie das Sammeln und Verarbeiten von Pflanzen, die in rezenten Wildbeutergruppen gewöhnlich von Frauen erledigt werden, wurden oft nicht in Betracht gezogen. Vorurteile über die Bedeutung von Pflanzen als Nahrungsmittel und Rohmaterial sowie über den Wert von Frauenarbeit im allgemeinen beeinträchtigten Untersuchungen zum prähistorischen Werkzeuggebrauch, zur Gebrauchsspurenanalyse, zur Archäobotanik und damit ganz allgemein unsere Erkenntnisse über das Leben in prähistorischer Zeit. Es wurden ganz einfach deshalb keine Hinweise auf das Sammeln, die Verarbeitung und den Gebrauch von Pflanzen und Pflanzenmaterialien im archäologischen Material gefunden, weil die Möglichkeit solcher Aktivitäten anfangs gar nicht in Betracht gezogen wurde!

Die Berücksichtigung von Frauen und der von ihnen ausgeführten Arbeit eröffneten dagegen ganz neue Perspektiven. Bisher nicht beachtete ethnographische Berichte über Frauen lieferten Hinweise auf andere Möglichkeiten des Werkzeuggebrauchs und auf Tätigkeiten, die in der archäologischen Forschung bis dahin unberücksichtigt geblieben waren. Es konnte z. B. festgestellt werden, daß die Überbewertung der Großwildjagd sich auch in der Interpretation des prähistorischen Werkzeuggebrauchs zeigt. Neue Studien, die auch den Gebrauch von Pflanzen in Betracht ziehen, zeigen, daß

Werkzeuge der Altsteinzeit nicht nur bei der Jagd, sondern ebenso beim Sammeln und bei der Bearbeitung von Pflanzen benutzt wurden.

All dies läßt vermuten, daß prähistorische Frauen ein enormes Spektrum an Tätigkeiten erledigt haben (vgl. Beitrag Owen). Das Hinterfragen typischer Geschlechter-Stereotype hat dazu geführt, daß Frauen der Altsteinzeit nun als aktive Mitglieder ihrer Gesellschaft gesehen werden können, die nicht nur durch das Sammeln von Pflanzen, Fischfang und Jagd erheblich zur Ernährung und Gewinnung von Rohmaterialien beitrugen, sondern auch Werkzeuge hergestellt und diese für eine Vielzahl von Tätigkeiten benutzt haben.

Das Leben in der Steinzeit kann durch die Ergebnisse der Frauen- und Geschlechterforschung aus einer anderen Perspektive betrachtet werden. Durch sie ist ein neues Bild der Menschen in der Steinzeit entstanden, in dem alle als aktive Mitglieder der Gesellschaft einen Beitrag zur Erhaltung des Lebens leisteten. In diesem Bild wird die Bedeutung aller Menschen für die Gruppe und ihre Abhängigkeit voneinander betont.

Auch in den beiden folgenden Beispielen geht es um Alternativen zu den bisher in der Archäologie üblichen Interpretationen. Im Gegensatz zur Altsteinzeit aber, wo die Forschungsergebnisse aus der Ethnographie eine Entsprechung im archäologischen Fundmaterial haben, bewegen wir uns in diesem Fall gänzlich auf der Ebene der Interpretation. Historische und ethnographische Beispiele können hier nur das Spektrum möglicher Interpretationen vergrößern und weitere denkbare Geschlechterrollen ins Bewußtsein rücken. Mit archäologischen Quellen beweisen lassen sie sich nicht.

Es handelt sich um zwei Beispiele aus der Bronzezeit. Die archäologische Forschung verbindet mit dem Aufkommen des neuen Werkstoffes Bronze erhebliche soziale Veränderungen, u. a. deutlichere soziale Unterschiede als in den vorhergehenden steinzeitlichen Perioden. Eine große Rolle in der Bronzezeitforschung spielen Untersuchungen zum Bergbau und zum bronzezeitlichen Metallhandwerk. So gut wie nie wird jedoch darüber nachgedacht, welche Rolle Frauen dabei gespielt haben könnten. Im allgemeinen wird der gesamte Produktionsprozeß ohne weitere Diskussion mit Männern assoziiert. Es gibt in ganz Europa ca. 200 bronzezeitliche Gräber mit Werkzeug- und Gerätefunden, die auf eine deutliche Arbeitsteilung (Erzsuchen, Schmelzen, Gießen, Schmieden, Metall-, Holz- und Lederhandwerk sowie Töpferei) hinweisen. Unklar ist jedoch, wieviele dieser Gräber eindeutig anthropologisch als Männergräber bestimmt werden konnten. Allein auf dieser Materialbasis erscheint es jedenfalls nicht gerechtfertigt, die Metallverarbeitung ausschließlich als Männerdomäne darzustellen. Doch selbst wenn das Metallhandwerk in erster Linie solche Tätigkeiten umfaßt haben sollte, die von Männern ausgeübt wurden, stellt sich die Frage, ob Frauen (und/oder Kinder!) nicht an der Prospektion, im Bergbau, bei der Versorgung der Bergleute, an der Herstellung von Gußformen o. ä. beteiligt waren. Beispiele für die Beschäftigung von Frauen und Kindern im Bergbau sind sowohl aus der jüngeren Geschichte als auch aus der Ethnologie bekannt.

Siedlungsgrabungen in Nord- und Westeuropa zeigten, daß die Metallverarbeitung Bestandteil der allgemeinen Siedlungsaktivitäten war. Abweichend von der Auffassung, das Metallhandwerk sei der Tätigkeit einzelner „Wanderhandwerker" (auch diese werden immer als Männer interpretiert) zuzuschreiben, stellt es sich hier als Gruppenaktivität dar. Es ist somit durchaus denkbar, daß Männer *und* Frauen an der in den Siedlungen stattfindenden Metallverarbeitung beteiligt waren.

Ein weiteres aktuelles Thema in der Bronzezeitforschung ist die Mobilität von Frauen in der Mittleren Bronzezeit. In dieser Periode lassen sich deutlich mehrere Kleinregionen voneinander abgrenzen, in denen jeweils eine spezifische Tracht getragen wurde. In einigen Fällen konnte beobachtet werden, daß Frauen nicht in der in ihrer Region üblichen, sondern in einer „fremden" Tracht bestattet worden waren. Im allgemeinen wird dies mit „Heiratsmigration" erklärt, d. h. es wird angenommen, daß die Frauen ihre Heimat verließen, um einen Mann aus einer anderen Regionalgruppe zu heiraten. Insgesamt ist dies jedoch eher selten. Es konnte außerdem festgestellt werden, daß der Bewegungsradius dieser Frauen immer nur die jeweilige Nachbarregion umfaßte und nicht über eine Entfernung von ca. 250 km hinausging.

Heirat ist mit Sicherheit eine plausible Möglichkeit, die Migration von Frauen in der Vorgeschichte zu erklären. Da wir aber die Sozialstrukturen der jeweiligen bronzezeitlichen Gesellschaften nicht kennen, wissen wir nicht, welchen Anteil die betreffenden Frauen selbst am Zustandekommen solcher Verbindungen hatten, ob sie die Möglichkeit zur Mitsprache besaßen oder ob „Ehen" von den jeweiligen Familien arrangiert wurden. Der Ausdruck „Frauentausch", der in vielen Publikationen vorkommt, sollte auf jeden Fall vermieden werden!

Da es jedoch in der archäologischen Frauen- und Geschlechterforschung ebenfalls darum geht, neben „Ehefrau" (welches Rollenverständnis und welche Aufgaben in der Mittleren Bronzezeit oder anderen prähistorischen Epochen auch immer damit verbunden worden sein mögen) weitere Rollenmodelle für Frauen zu erschließen, sollten alternative Interpretationsmöglichkeiten zur Mobilität von Frauen angedacht werden. Möglich wäre z. B., sich Frauen als Händlerinnen vorzustellen, was allerdings im archäologischen Fundmaterial (genausowenig übrigens wie eine konkrete „Eheschließung"!) nicht nachzuweisen ist. Auch für Händlerinnen gibt es ethnologische und historische Beispiele.

Letztendlich sollte an diesen Überlegungen klar werden, daß auf dieser Ebene der Interpretation die Gefahr sehr groß ist, eigene Vorstellungen und Rollenbilder auf die Vergangenheit zu übertragen und daß der Verdienst unterschiedlicher Ansätze letztendlich nur sein kann, die Bandbreite plausibler Interpretationsansätze zu vergrößern.

Ausblick

Wir hoffen, daß die Anliegen der archäologischen Frauen- und Geschlechterforschung auf den vorherigen Seiten deutlich wurden. Bei aller berechtigten Kritik an der traditionellen Forschung darf jedoch nicht vergessen werden, daß eine Geschlechterforschung, wie sie beispielsweise in der Völkerkunde, in der Geschichtswissenschaft oder in der Soziologie betrieben wird, in der Urgeschichtsforschung gar nicht möglich ist. Hier setzt der Charakter der urgeschichtlichen Quellen, die ja ausschließlich Hinterlassenschaften der materiellen Kultur darstellen, enge Grenzen. Daß manche Funde eine symbolische Bedeutung hatten, ist zwar häufig offensichtlich, doch – ohne Schriftquellen – ist sie in ihrer ursprünglichen Form für uns heute nicht zu verstehen. Hinzu kommt, daß die Überlieferung insgesamt bruchstückhaft und auch nicht für alle archäologischen Kulturen gleich ist.

Konkret bedeutet das, daß wir etliche Fragen, die die Geschlechterforschung anderer Fachbereiche erfolgreich bearbeitet (z. B. wieviele Geschlechter eine bestimmte Gesellschaft kennt bzw. kannte), zwar stellen können, daß uns eindeutige Quellen für ihre Beantwortung jedoch häufig fehlen. Da Geschlecht nun einmal eine zentrale soziale und historische Kategorie ist, ist es dennoch wichtig, daß sich die Urgeschichtsforschung von den Fragen der Geschlechterforschung leiten und sich bei Interpretationen von den in anderen Fächern erzielten Ergebnissen inspirieren läßt.

Literatur

Brandt, H./Fries, J. E./Mertens, E.-M. (Hrsg.) (1995): Frauen – Forschung – Archäologie. Bericht über die 2. Tagung des Netzwerks archäologisch arbeitender Frauen vom 23. – 24. April 1994 in Tübingen (Münster).

Brandt, H./Koch, J. K. (Hrsg.) (1996): Königin, Klosterfrau, Bäuerin. Frauen im Frühmittelalter. Frauen – Forschung – Archäologie 2. Bericht der dritten Tagung des Netzwerks archäologisch arbeitender Frauen vom 19. – 22. Oktober 1995 in Kiel (Münster).

Campell, A. (1995): Zornige Frauen, wütende Männer. Wie das Geschlecht unser Aggressionsverhalten beeinflußt (Frankfurt a. M.).

Cristiansen, K. (1995): Biologische Grundlagen der Geschlechterdifferenz. In: Pasero, U./Braun, F. (Hrsg.): Konstruktion von Geschlecht. Frauen. Männer. Geschlechterverhältnisse. Schriftenreihe des Zentrums für interdisziplinäre Frauenforschung der Christian-Albrechts-Universität zu Kiel Band 1 (Pfaffenweiler) 13–28.

Karlisch, S. M./Kästner, S./Mertens, E.-M. (Hrsg.) (1997): Vom Knochenmann zur Menschenfrau. Feministische Theorie und archäologische Praxis (Münster).

Lang, S. (1990): Männer als Frauen – Frauen als Männer. Geschlechtsrollenwechsel bei den Indianern Nordamerikas (Hamburg).

Mertens, E.-M./Koch, J. K./Fries, J. (Hrsg.) (1993): Bericht zur Tagung der Archäologinnen 1992 in Kiel. 1. Tagung des Netzwerks archäologisch arbeitender Frauen vom 16.–18.10.1992 in Kiel (Kiel).

Mitscherlich, M. (1987): Die friedfertige Frau. Untersuchungen zur Aggression der Geschlechter (Frankfurt a. M.).

Owen, L. R. (1995): Menschen in der Steinzeit – Neue Perspektiven von Wissenschaftlerinnen. In: Pilz, P./Oedekoven, C./Zinßmeister, G. (Hrsg.): Forschende Frauen. Frauen verändern die Naturwissenschaften (Mössingen-Talheim) 82–101.

Revel, J. (1989): Geschlechterrollen in der Geschichtsschreibung. In: Perrot, M. (Hrsg.): Geschlecht und Geschichte. Ist eine weibliche Geschichtsschreibung möglich? (Frankfurt a. M.) 95–120.

BIOLOGISCHE GRUNDLAGEN DER GESCHLECHTSDIFFERENZIERUNG

VON WINFRIED HENKE UND HARTMUT ROTHE

ZWEIGESCHLECHTLICHKEIT, ZWEIHÄUSIGKEIT UND INNERE BEFRUCHTUNG

In der Evolution der Organismen ist zunächst die Fortpflanzung aus nur einem Elternteil – durch Knospung oder einfache Zellteilung – entwickelt worden (uniparentale Fortpflanzung). Erst mit der Evolution moderner und komplexerer Organismen wurde die uniparentale durch die Fortpflanzung aus beiden Eltern – abgelöst (biparentale Fortpflanzung). Bis auf wenige Ausnahmen pflanzen sich alle Wirbeltiere biparental fort. Lediglich die Entstehung eineiiger Mehrlinge erfolgt uniparental durch Teilung der befruchteten Eizelle (Zygote), auch beim Menschen.

Trotz erheblicher logistischer Probleme bei der zweigeschlechtlichen Fortpflanzung – z. B. müssen sich die beiden Individuen zunächst finden, sie müssen in der Lage sein, das Geschlecht des Partners und seine Zugehörigkeit zur selben Art zu erkennen, die Individuen müssen schon bzw. noch fortpflanzungsfähig sein, sich also im richtigen Alter befinden, ihre Fortpflanzungsorgane müssen aufeinander abgestimmt sein usw. Unter diesen Aspekten betrachtet, ist biparentale Fortpflanzung sehr störanfällig, so daß sich sogleich die Frage erhebt, durch welche Vorteile ihre offensichtlichen Nachteile ausgeglichen werden. Zweigeschlechtliche Fortpflanzung erhöht durch Rekombination der Gene und Stückaustausch zwischen den homologen [1] Chromosomen die genetische Variabilität

[1] Die einander entsprechenden vom Vater bzw. von der Mutter stammenden Chromosomen nennt man homolog.

der Nachkommen und schafft hierdurch eine größere Anpassungsfähigkeit der betreffenden Art, insbesondere im Hinblick auf ihr präadaptives Potential [2,3]. Die Vorteile, die sich hieraus für eine Art mit biparentaler Fortpflanzung ergeben, überwiegen die Nachteile, denn Spezies mit uniparentaler Fortpflanzung produzieren Nachkommen, die sich genetisch nicht vom Elter unterscheiden, so daß sie Gefahr laufen, neuen bzw. anderen Herausforderungen durch die Umwelt nicht oder nur unzureichend begegnen zu können. Nicht geklärt ist hingegen, ob der Vorteil genetischer Variabilität Ursache der Evolution von Sexualität war oder nur positives Beiprodukt anderer Mechanismen.

Biparentale Fortpflanzung ist im Tierreich im allgemeinen mit 'Zweihäusigkeit' (Gonochorismus) verbunden, d. h. die Individuen sind entweder männlich oder weiblich, also keine Zwitter [4]. Entsprechend produziert jedes Individuum entweder Samen- oder Eizellen, die verschieden groß und unterschiedlich strukturiert sind (Anisogamie). Ferner unterscheiden sich die beiden Individuengruppen im Bau ihrer Geschlechtsorgane – diese müssen wegen der inneren Befruchtung wie Schloß und Schlüssel zueinander passen –, in anderen primären und sekundären Körper- bzw. Geschlechtsmerkmalen, wie Größe, Körperbehaarung, Muskelprofil, Fettverteilung, Stimmlage, Brustbildung, Prachtkleider bei Vögeln, Körperanhänge, z. B. Hörner, Geweihe, Zahnbildungen, sowie im Verhalten. Zweihäusigkeit ist daher in der Regel mit genetisch bedingten Merkmalsunterschieden zwischen den Geschlechtern verbunden, aus denen sich, zumindest für Tiere, biologisch begründete Geschlechterrollen herleiten lassen.

Eng verknüpft mit Zweihäusigkeit und innerer Befruchtung ist bei Säugetieren die Differenzierung des elterlichen Investments in die Nachkommen. Unabhängig von der sozialen Organisation einer Art ist mit der Evolution der inneren Befruchtung dem weiblichen

[2] Unter präadaptiv versteht man die Fähigkeit eines Organismus, aufgrund bestimmter Merkmalskonfigurationen bereits im voraus an künftige, noch nicht realisierte Umwelten angepaßt zu sein.

[3] Es gibt zu diesem Aspekt neuerdings auch konträre Auffassungen, auf die hier aber nicht eingegangen werden soll.

[4] Bei niederen Pflanzen – Algen, Farne, Moose, Nadelbäume – tritt ebenfalls Zweihäusigkeit auf; höhere Pflanzen sind dagegen einhäusig (=Zwitter); Zwittertum ist bei Wirbeltieren auf wenige Arten beschränkt, z. B. bei Fischen.

Geschlecht sogleich ein nicht zu umgehender, z. T. sehr erheblicher, vorgeburtlicher und infolge von Säugen und anderen Formen der Nachkommenversorgung auch ein großer nachgeburtlicher Beitrag an mütterlichem Aufwand für die Nachkommen auferlegt, den das männliche Geschlecht nicht leisten muß. Der minimale Beitrag, den ein weibliches Individuum zu investieren gezwungen ist, ist immer wesentlich größer als der des männlichen. Dies führt ferner zu einem erheblichen Unterschied in der Anzahl der möglichen Nachkommen, die die beiden Geschlechter haben können. Sie wird bei weiblichen Organismen aufgrund der 'inneren Brutpflege', die bei einigen Säugetieren, z. B. Elefanten, pro Nachkommen bis zu zwei Jahren dauern kann, naturgemäß geringer sein, als die Anzahl von Nachkommen männlicher Individuen. Sie ist theoretisch unbegrenzt. Die Investition von Männchen je Kind ist demnach wesentlich geringer als diejenige der Weibchen. Daraus folgt schließlich auch, daß bei höheren Säugetieren, insbesondere bei Primaten, die in der Regel wenige Nachkommen haben, der Verlust nur eines Jungtieres für den Reproduktionserfolg der Mutter wesentlich schwerwiegender ist als für den Vater.

Geschlechtschromosomen und Keimzellenbildung

Zwei Formen von Keimzellen werden unterschieden: Samenzellen (Mensch: 22 Autosomen [5] plus Y-Chromosom) und Eizellen (Mensch: 22 Autosomen und X-Chromosom). Eizellen sind die größten Körperzellen, sie sind unbeweglich und enthalten für die ersten Entwicklungsstadien Vorratsstoffe (Dotter). Samenzellen (Spermien) sind klein und sehr beweglich, sie suchen aktiv die Eizelle zur Befruchtung auf. Bei der Entwicklung der Eizelle liegt das Schwergewicht auf der Speicherung von Vorratsstoffen, d. h. auf Erlangung von Vitalität zu Lasten von Beweglichkeit. Demgegenüber stand bei Samenzellen die Entwicklung eines effizienten Bewegungsapparates im Vordergrund der Evolution (Abb. 1).

Die Geschlechtschromosomen haben sich im Laufe der Evolution aus einem Autosomenpaar entwickelt. Eines dieser beiden Chromo-

[5] Alle Chromosomen eines Chromosomensatzes mit Ausnahme der Geschlechtschromosomen (= Gonosomen; bei Säugetieren X und Y).

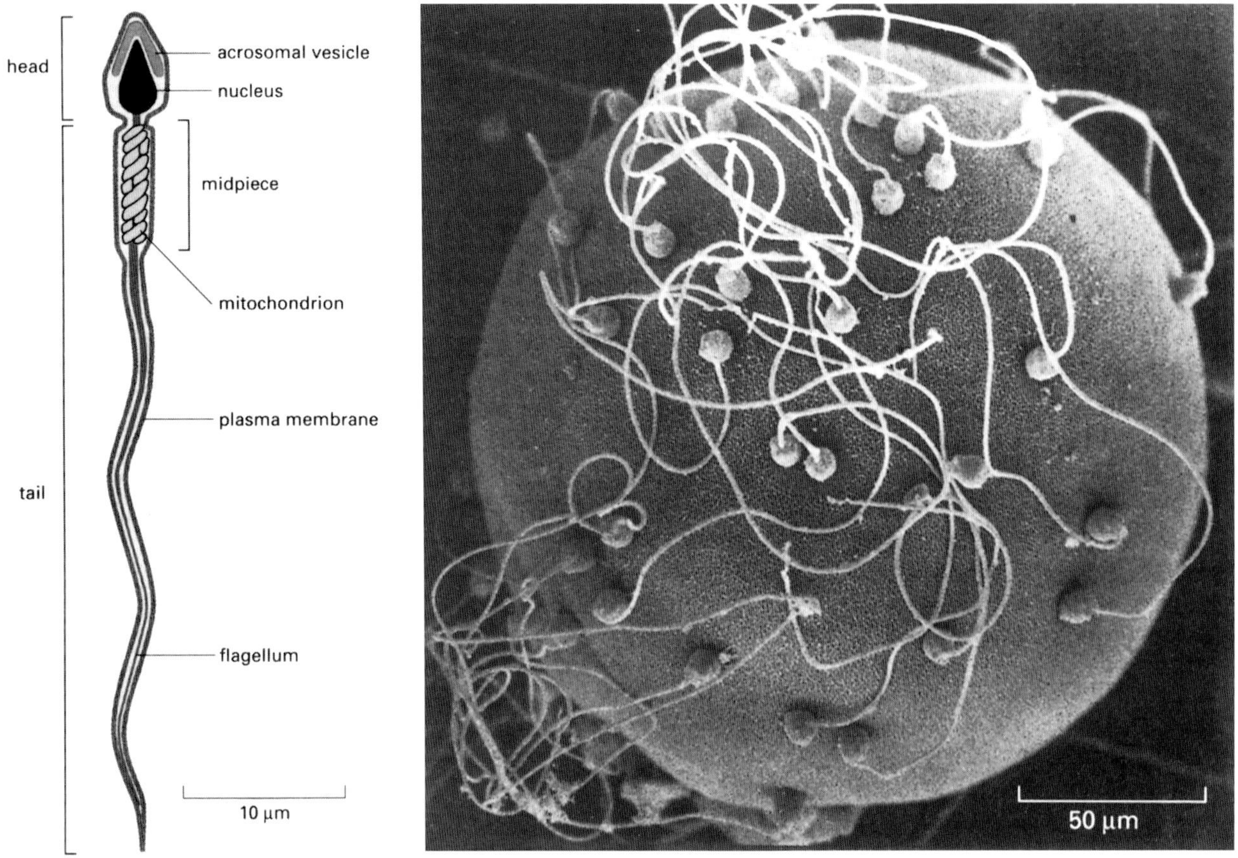

b a

Abb. 1. Ei- und Samenzelle; a: rasterelektronenmikroskopische (REM) Aufnahme eines Spermiums auf der Oberfläche eines Seeigeleies; b: menschliches Spermium im Längsschnitt, head – Kopf des Spermiums, tail – Schwanz des Spermiums, acrosomal vesicle - Akrosom, midpiece – Mittelstück, mitochondrion – Mitochondrium, plasma membrane – Plasmamembran, Flagellum – Geißel.

somen sonderte sich von seinem homologen Partner durch Verlust autosomaler Gene und Ansammlung geschlechtsbestimmender Faktoren ab und wurde zum Y-Chromosom. Das andere, das X-Chromosom, trägt noch die aus der 'autosomalen Vergangenheit' stammenden 'geschlechtsgebundenen' Gene. Da die Dosis der meisten X-chromosomalen Genprodukte zwischen männlichem und weiblichem Geschlecht gleich ist, muß demnach ein Mechanismus zur Dosiskompensation X-chromosomaler Genprodukte bei den Individuen mit zwei X-Chromosomen (weibliches Geschlecht) vorliegen. Diese Dosiskompensation wird durch Inaktivierung eines X-Chromo-

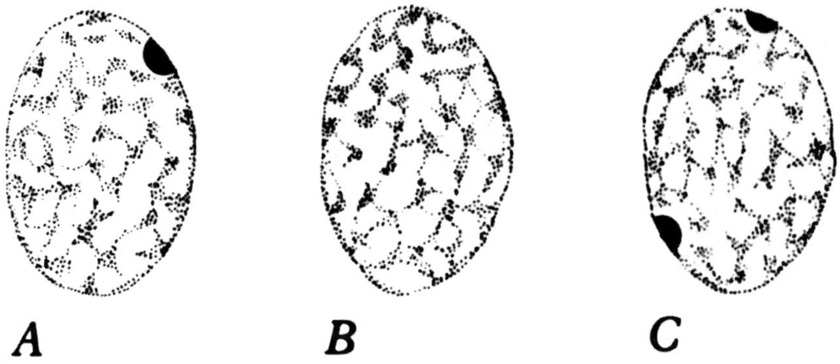

Abb. 2. BARR-Körper; A: der nicht geteilte Zellkern normaler Frauen enthält ein einzelnes BARR-Körperchen; B: der Zellkern normaler Männer besitzt kein BARR-Körperchen; C: die Zellkerne von Individuen, die drei X-Chromosomen haben (XXX oder XXXY), besitzen zwei BARR-Körperchen.

soms in den Körperzellen (Somazellen) erreicht. Das inaktivierte X-Chromosom ist in den weiblichen Somazellen als sog. BARR-Körper [6] nachweisbar. Das inaktive X-Chromosom kann in verschiedenen Zellen desselben Individuums entweder väterlicher oder mütterlicher Herkunft sein. Wie die Befunde zum Turner-Syndrom [7] zeigen, ist die Inaktivierung nicht vollständig. Sie tritt aber früh in der Embryonalentwicklung auf und bleibt für das betreffende X-Chromsom in allen von dieser Zelle abstammenden Zellen bestehen. Die Inaktivierung des X-Chromosoms wird durch ein sog. Inaktivierungszentrum (Xist), welches sich auf dem langen Arm des X-Chromosoms in der Region Xq13 befindet, gesteuert. In den weiblichen Keimzellen sind beide X-Chromosomen aktiv (Abb. 2).

Die Bildung der Keimzellen wird in beiden Geschlechtern durch mitotische [8] Teilung der Stammzellen (Geschlechtsmutterzellen) eingeleitet. Anschließend erfolgt durch meiotische [9] Teilungen die Re-

[6] Benannt nach dem kanadischen Anatom BARR.

[7] Benannt nach einem der Entdecker; Frauen mit Turner-Syndrom enthalten aufgrund eines Fehlers bei der Entstehung der Keimzellen nur ein X-Chromosom (X0-Konstellation).

[8] Mitose: Zellteilung, bei der die Tochterzellen den vollständigen (diploiden) Chromosomensatz enthalten.

[9] Meiose: Zellteilung, bei der die Tochterzellen (Keimzellen) nur den halben (haploiden) Chromosomensatz enthalten. Erst nach Befruchtung der Eizelle durch die Samenzelle entsteht wieder der vollständige Chromosomensatz. Die Meiose wird auch als Reife- oder Reduktionsteilung bezeichnet.

Abb. 3. Keimzellentstehung; A: Entstehung der Samenzellen (Spermatogenese), B: Entstehung der Eizellen (Oogenese); primordiale Keimzellen – Urkeimzellen, Gonaden – Keimdrüsen, Testis – Hoden, Ovar – Eierstock, Mitose – Zellteilung, Meiose – Reduktionsteilung, Spermatogonien, Spermatocyten, Spermatiden – Entwicklungsstadien der Spermien (= Spermatozoen); Oogonien, Oocyten – Entwicklungsstadien der Eizelle; Diktiotän (Ruhestadium), Prophase – Abschnitte in der Meiose.

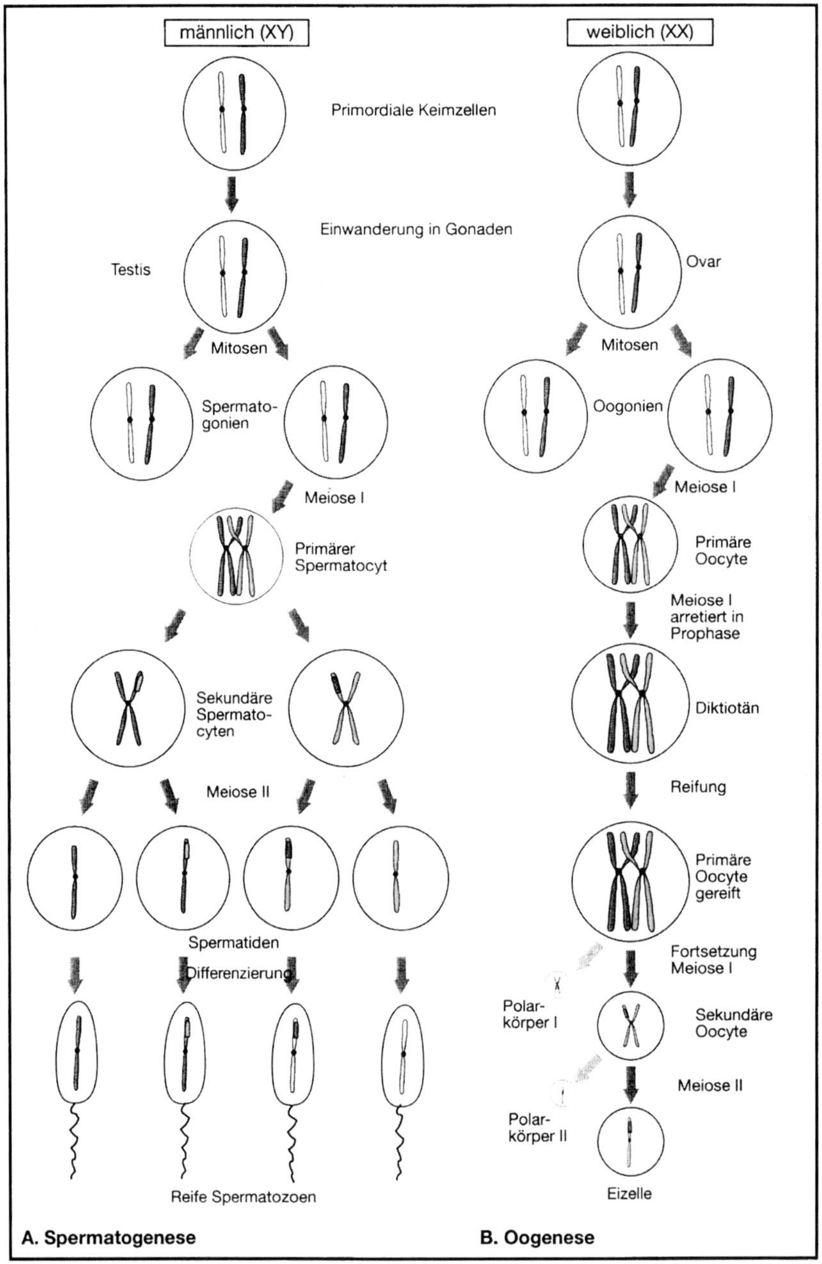

duktion der Chromosomenzahl der (menschlichen) Zelle auf den einfachen Satz (n = 22 plus Y oder X). Der Reifungsprozeß der Keimzellen ist bei Männern und Frauen verschieden.

Samenzellen können in sehr großer Menge von der Pubertät bis ins Greisenalter des Individuums produziert werden, insgesamt viele Hundert Millionen. Die Reifeteilungen erfolgen sehr schnell in den Hodenkanälchen. Die fertigen Samenzellen werden im Nebenhoden bis zu ihrem Ausstoß gespeichert. Die Vermehrungsperiode der Eizellen ist dagegen schon vor der Geburt bzw. spätestens im frühen Säuglingsalter abgeschlossen, d. h. alle im späteren Leben vollständig ausreifenden Eizellen sind als separate Zellen in den Primärfollikeln enthalten, insgesamt ca. 400 000, von denen aber nur etwa 300 in Anspruch genommen werden (25 Reproduktionsjahre zu je 12 Zyklen). Mit der Geburt des weiblichen Säuglings sind die Eizellen bereits in die Reifeteilung eingetreten. Diese wird erst nach der Pubertät fortgesetzt, wobei in jedem Eireifungszyklus (Ovulationszyklus) zwischen zwei Menstruationen in der Regel jeweils nur eine Eizelle reift und durch den Follikelsprung den Eierstock (Ovar) verläßt (Abb. 3). Mit Einsetzen der postreproduktiven Phase (Menopause) der Frau erlischt ihre Fähigkeit, befruchtungsfähige Eizellen zu produzieren. Die Eierstöcke werden allmählich abgebaut.

Ebenen der Geschlechtlichkeit

Mit der Befruchtung der Eizelle durch eine Samenzelle (Spermium) erfolgt die Festlegung des chromosomalen oder genetischen Geschlechts des sich entwickelnden Individuums. Durch Verschmelzung einer Eizelle mit einer das Y-Chromosom tragenden Samenzelle entsteht bei Säugetieren ein männliches Individuum (Geschlechtschromosomen: XY), aus einer Eizelle und einem das X-Chromosom tragenden Spermium ein weibliches (Geschlechtschromosomen: XX)[10]. Die Festlegung des chromosomalen Geschlechts ist ein zufälliges Ereignis. Je nach dem, ob ein Y- oder ein X-tragendes Spermium als erstes die Eizelle erreicht und mit ihr verschmilzt,

[10] Bei anderen Wirbeltieren, z. B. Vögeln, Reptilien, Amphibien, werden die Geschlechtschromosomen der Männchen mit ZZ, die der Weibchen mit WZ bezeichnet.

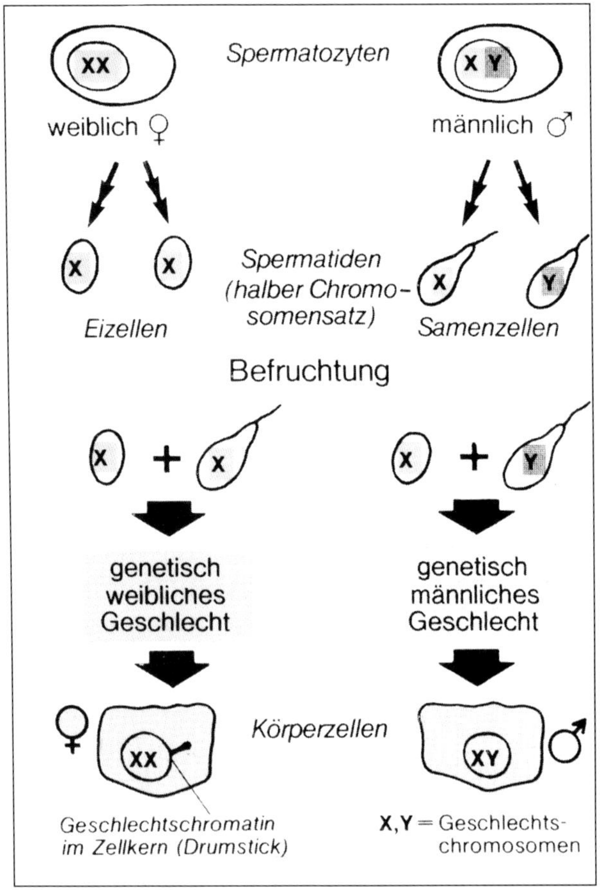

Abb. 4. Genetische Geschlechtsbestimmung.

entsteht ein genetisch männliches oder weibliches Individuum (Abb. 4).

Die Ausprägung der Keimdrüsen (Gonaden) – Hoden oder Eierstöcke – bestimmt das gonadale oder Keimdrüsen-Geschlecht. Die Ausbildung der äußeren Geschlechtsorgane – Penis bzw. Vulva und Vagina – legt das körperliche (somatische) Geschlecht fest.

Das psychische Geschlecht gibt an, ob sich ein Individuum männlich oder weiblich fühlt (Geschlechtsidentifikation).

Das legale, bürgerliche, standesamtliche, Erziehungs- oder Hebammen-Geschlecht ist das Geschlecht, welches dem neugeborenen Kind (gemäß §21, Abs. 1, Nr. 3 des Personenstandsgesetzes) vom Arzt oder der Hebamme zugewiesen und in das Geburtenbuch eingetragen werden muß. Da das deutsche Recht den Begriff des Zwitters (Hermaphrodit) nicht kennt, darf ein Neugeborenes nur als Junge oder Mädchen bezeichnet werden. Sofern am Geschlecht des Kindes Zweifel bestehen, wird die Eintragung des Geschlechts bis zur medizinischen Klärung verschoben. Die Festlegung des standesamtlichen Geschlechts fußt im Zweifelsfalle letztlich auf der Festlegung des sog. praktikablen Geschlechts, welches die Geschlechtsrolle beschreibt, in welcher das Kind später voraussichtlich sozial und sexuell am besten eingeordnet ist. Das praktikable Geschlecht hängt weitgehend von der Ausprägung des somatischen Geschlechts ab, so daß zum Beispiel bei guter Ausprägung der Vagina und rudimentärer Entwicklung des Penis (Transsexualität) die Eintragung des weiblichen legalen Geschlechts angezeigt ist, unabhängig vom chromosomalen und gonadalen Geschlecht.

Die genannten Geschlechter müssen nicht übereinstimmen, d. h. ein genetisch weibliches Individuum kann gonadal männlich sein oder ein somatisch männliches Individuum kann sich als weiblich empfinden (Transvestismus). Bei Transsexualität ist durch das Gesetz „... über die Änderung der Vornamen und die Feststellung der Geschlechtszugehörigkeit in besonderen Fällen ..." die Änderung des standesamtlichen Geschlechts möglich (Transsexuellengesetz von 1980). Psychisches, legales und praktikables Geschlecht haben nur für den Menschen praktische Bedeutung bzw. Gültigkeit.

Ausprägung des gonadalen Geschlechts

Nach der Vereinigung der Keimzellen und Festlegung des genetischen oder chromosomalen Geschlechts erfolgt die Differenzierung von Eierstöcken und Hoden. Die primären Anlagen für die männlichen und weiblichen Keimdrüsen unterscheiden sich nicht, sie sind indifferent bzw. bisexuell. Bereits in der vierten Woche der Embryonalentwicklung sind sie in Gestalt von Epithelverdickungen auf beiden Seiten der sog. Genitalleiste erkennbar. Die ursprünglichen Gonadenanlagen enthalten zunächst keine Keimzellen. Diese wandern erst später als Urkeimzellen aus dem inneren Keimblatt des Dottersackes (Entoderm) in die primäre Keimdrüsenanlage ein, bei

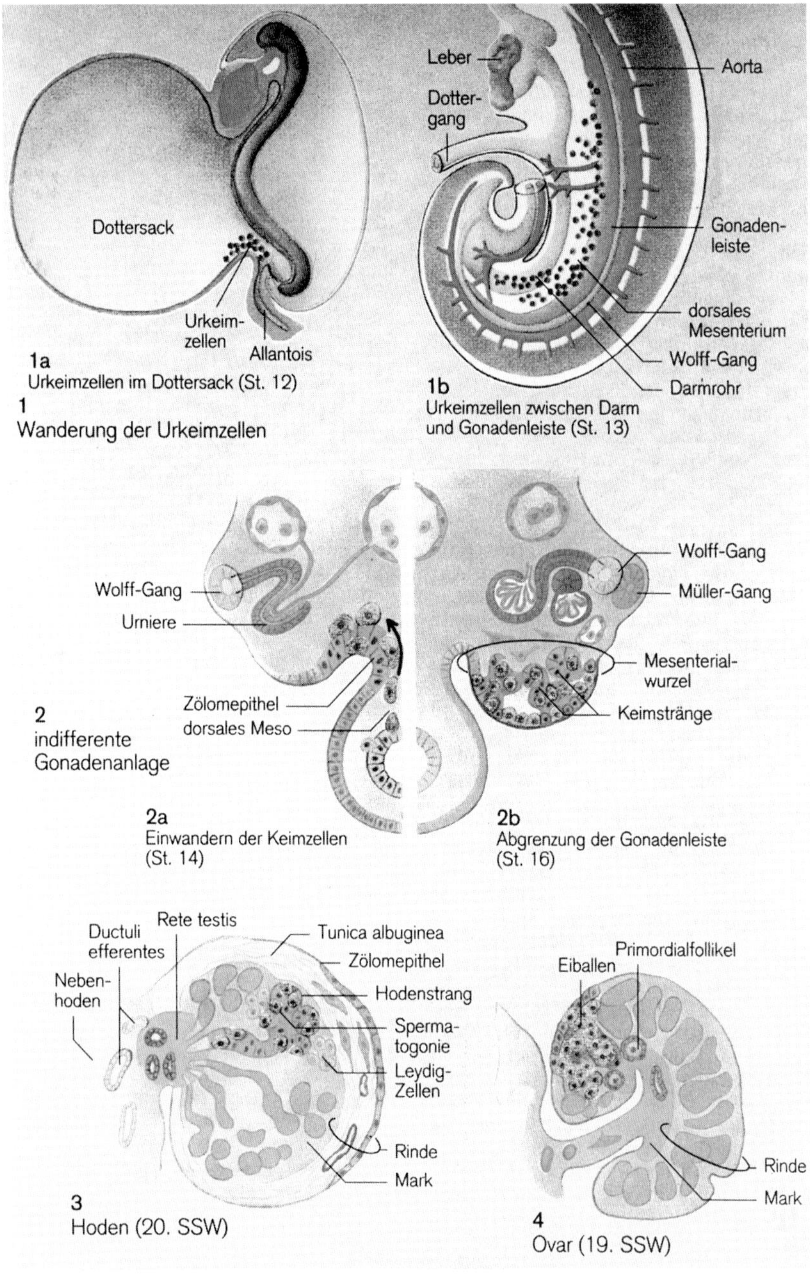

Abb. 5. Differenzierung der Gonaden.

weiblichen Individuen in die Rinde, bei männlichen in das Mark der Gonadenanlage (Abb. 5).

Die An- bzw. Abwesenheit des Y-Chromosoms bestimmt bei Säugetieren die Weiterentwicklung des indifferenten Gonadengewebes. Die erst kürzlich entdeckten Gene SRY auf dem Y-Chromosom (sex-determining region on the Y-chromosom) und SOX (SRY box related gene) auf dem Chromosom 17 werden über Synthese von Regulatorproteinen, z. B. Testes Determining Factor (TDF), für die Initiierung und Differenzierung der Gonadenanlage zum Hoden mit Sertoli- und Leydigzellen [11] verantwortlich gemacht. Fehlt der Faktor TDF, entwickelt sich die Gonade zum Eierstock.

Die sich von der Urniere ableitenden Ausführungsgänge der Geschlechtsorgane – Wolff'sche und Müller'sche Gänge – sind beim Menschen bis etwa zur fünften Lebenswoche des Embryos erhalten und bilden sich ungefähr ab der achten Schwangerschaftswoche je nach Geschlecht unterschiedlich weit zu-

[11] Sertolizellen dienen der Ernährung der Samenzellen im Hoden; Leydigzellen produzieren männliche Keimdrüsenhormone.

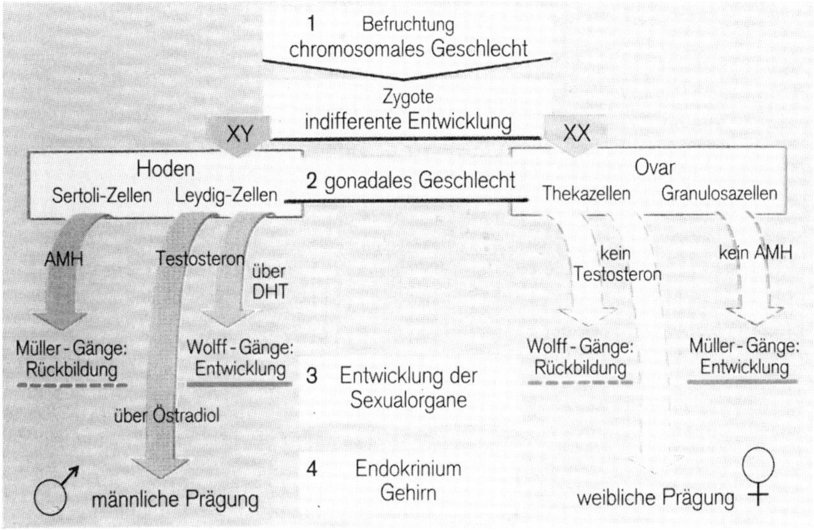

Abb. 6. Stufen der Geschlechtsdetermination.

rück. Bei männlichen Individuen geht der Müller'sche Gang infolge der Wirkung des in den Sertolizellen des fetalen Hodens gebildeten Oviduct-Repressors, der sog. Müller-inhibierenden Substanz (MIS), und dem Protein SF-1 bis auf kleine Reste zugrunde. Eine Störung in der Sekretion von MIS hat die Weiterexistenz der Müller'schen Gänge im männlichen Individuum zur Folge. Die Wolff'schen Gänge differenzieren sich unter anderem zum Ausführungsgang des Hodens, zum Samenleiter und zu Samenblasen. Bei weiblichen Individuen wird der Wolff'sche Gang funktionslos, die Müller'schen Gänge entwickeln sich zu Uterus, Eileiter und Teilen der Vagina (Abb. 6). Für die endgültige Ausdifferenzierung einer Gonadenanlage zum Ovar sind zwei X-Chromosomen, jedoch keine speziellen Induktoren erforderlich. Fehlt ein X-Chromosom infolge eines Verteilungsfehlers der Chromosomen bei der Keimzellreifung, wie z. B. beim Turner-Syndrom, so entwickelt sich kein vollständiges Ovar. Je nach Geschlecht werden im Zuge der Ausdifferenzierung der Gonaden große Bereiche der ursprünglichen Gonadenanlage reduziert: im männlichen Individuum der Rindenanteil, beim weiblichen der Markanteil.

Da das Vorhandensein oder Fehlen des Y-Chromosoms die Differenzierung der Keimdrüsenanlage beeinflußt, entwickelt sich auch bei Überzahl des X-Chromosoms, z. B. bei Schimären [12] (XX/XY) oder bei männlichen Individuen mit Klinefelter-Syndrom (XXY), die Gonadenanlage stets zu Hoden, doch sind in der Regel die Keimzellreifung und Entwicklung der Leydigzellen gestört, so daß die Fertilität der betreffenden Individuen herabgesetzt ist. Sobald sich die Hoden entwickelt haben, wird über eine spezielle Substanz in den Leydigzellen (Protein SF-1) die Produktion von männlichen Hormonen (Androgenen, z. B. Testosteron) eingeleitet. Während die ausdifferenzierten Hoden sich sehr stark von der ursprünglichen Gonadenanlage unterscheiden, ist ihr das Ovar noch sehr ähnlich. Daraus läßt sich ableiten, daß das Ovar die primäre Anlage ist. Das ist allerdings bereits aus dem Umstand, daß ungeschlechtliche Vermehrung lange vor der 'Erfindung' der zweigeschlechtlichen Fortpflanzung praktiziert wurde, von vornherein zu erwarten. Die Umkonstruktionen der primären Gonadenanlage in Ovar bzw. Hoden sind bei allen Säugetieren, mit Ausnahme des zeitlichen Ablaufs, identisch.

Ausprägung des somatischen Geschlechts

Die Ausdifferenzierung der Geschlechtsorgane erfolgt beim Menschen im fünften und sechsten Schwangerschaftsmonat. Sie ist unabhängig vom genetischen und gonadalen Geschlecht, so daß das somatische Geschlecht mit dem genetischen oder gonadalen nicht übereinstimmen muß. Die äußeren männlichen und weiblichen Geschlechtsorgane lassen sich von gleichartigen Strukturen der undifferenzierten Gonadenanlage ableiten. Penis und Hodensack entstehen aber nur, wenn Androgene des sich entwickelnden (fetalen) Hodens wirksam werden (s. u.), andernfalls entstehen weibliche Genitalien (Klitoris, Schamlippen).

Für die Ausbildung der inneren und äußeren Geschlechtsorgane der männlichen Individuen sind wesentlich umfassendere Umbauvorgänge notwendig als im weiblichen Geschlecht. Die weiblichen Geschlechtsorgane unterscheiden sich wenig von der undifferenzierten Gonadenanlage. Diese Tatsache sowie die Beobachtung, daß zur Ausprägung der weiblichen Geschlechtsorgane keine Induktoren notwendig sind, werden als weitere Indizien gewertet, daß das weibliche somatische Geschlecht das ursprüngliche ist.

[12] Unter Schimären versteht man Individuen, die sowohl weibliche als auch männliche Körperzellen aufweisen.

Einfluß von Hormonen auf die Differenzierung des Geschlechts und die Geschlechtsidentität

Das im Hoden produzierte Testosteron regt die Wolff'schen Gänge zur Ausbildung von Nebenhoden, Samenleitern und Samenbläschen an, ist für die Entwicklung des äußeren Genitales und der sekundären Geschlechtsmerkmale, z. B. Körperbau, Haarwuchs, Stimmlage, verantwortlich und wirkt auf Sexual-, aggressives und anderes Verhalten. Gleichzeitig unterdrücken Androgene die Anlage einer Vagina. Störungen in den komplizierten Prozessen, die zur Ausprägung des männlichen Geschlechts führen, können die Entwicklung in Richtung 'weiblich' verändern. Für die Testosteronwirkung ist die Aktivität des Androgen-Rezeptor-Gens (AR) notwendig, das auf dem X-Chromosom lokalisiert ist (Xcen-q13) und die Körperzellen mit einem Androgen-Rezeptor ausstattet. Bei endogener oder exogener Testosteronzufuhr, z. B. medikamentös der Mutter während der Schwangerschaft, können daher auch weibliche Individuen wegen der Empfindlichkeit ihrer Zellen für Testosteron männliche Geschlechtsmerkmale ausbilden. Androgene werden auch vom weiblichen Individuum in der Nebennierenrinde produziert, jedoch in wesentlich geringerer Menge, so daß die für das männliche Geschlecht charakteristischen Wirkungen nicht entfaltet werden können. Wenn nicht Androgene aus dem fetalen Hoden die Entwicklung des Geschlechts in männliche Richtung lenken, wird das weibliche Geschlecht angelegt (Abb. 7).

Androgene sind ferner für die Prägung derjenigen Zentren im Hypothalamus [13] verantwortlich, die die Sekretion von Keimdrüsenhormonen und das Sexualverhalten regulieren. Ein Zentrum liegt im mittleren Hypothalamus. Es reguliert die dauerhafte (tonische) Ausschüttung des luteotrophen Hormons (LH). Nur eine pulshafte Ausschüttung von LH ist im männlichen Geschlecht ausreichend, um die Hodenfunktion aufrechtzuerhalten. Das zweite Zentrum liegt in der präoptischen Region des Hypothalamus und reguliert die zyklusgerechte LH-Ausschüttung, d. h. es ist im weiblichen Organismus für die Ovulationsauslösung verantwortlich. Androgene unterdrücken im weiblichen Individuum die Ausprägung des in der präoptischen Region gelegenen Kerngebietes und damit auch die Fähigkeit zur

[13] Region im Zwischenhirn, die für die Steuerung vieler Stoffwechselvorgänge verantwortlich ist.

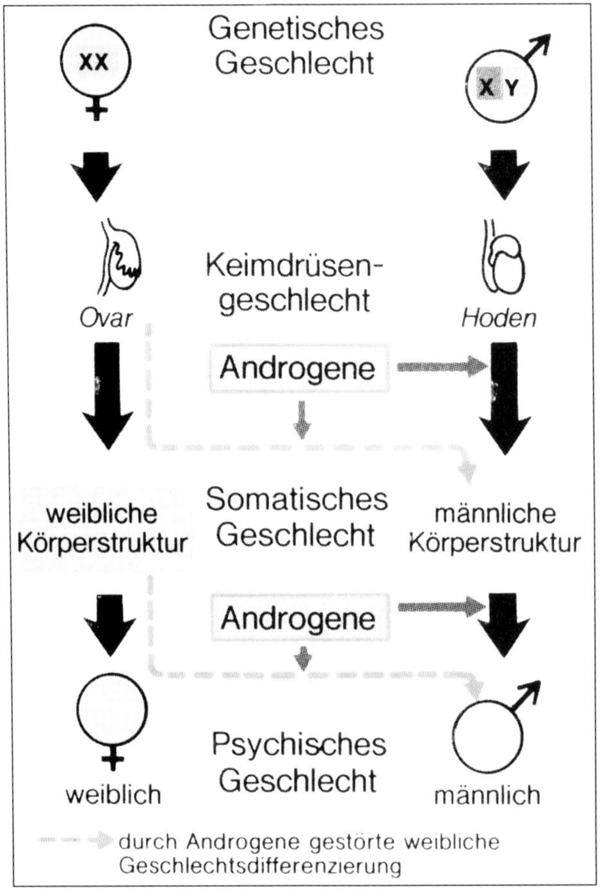

Abb. 7. Einfluß der Androgene auf die Geschlechtsdifferenzierung.

Ovulation. Die präoptische Region ist bei männlichen Individuen deutlich größer als bei weiblichen. Ihre Größe scheint direkt von der Wirkung von Androgenen abzuhängen.

Die Differenzierungsphase des Hypothalamus beim menschlichen Feten fällt in eine Zeit der vorgeburtlichen Entwicklung, in der die männlichen Individuen die 8–9fache Testosteronkonzentration von weiblichen Feten aufweisen (vierter bis siebenter Schwangerschaftsmonat). Die geschlechtsunterschiedliche Differenzierung neuraler Zentren schließt sich unmittelbar an die somatische Geschlechtsdifferenzierung an, d. h. sie erfolgt sehr früh in der Entwicklung eines

Individuums. Da Testosteron sowohl in Dihydrotestosteron als auch in Östrogen umgewandelt (aromatisiert) werden kann, wird die Wirkung beider Sexualhormone auf die Maskulinisierung von Hirnregionen verantwortlich gemacht. Tierversuche haben gezeigt, daß bei der männlichen Entwicklung ein Defeminisierungsprozeß – durch Östrogene bewirkt – und ein Maskulinisierungsprozeß – durch Testosteron hervorgerufen – durchlaufen werden. Bei weiblichen Jungtieren schützt eine als alpha-Fetoprotein bezeichnete Substanz das Hirn vor der maskulinisierenden Wirkung des körpereigenen Östrogens. Der gleiche Wirkmechanismus ist für den Menschen anzunehmen.

Die Disposition für männliches oder weibliches Verhalten, einschließlich Sexualverhalten, wird ebenfalls sehr früh in der Ontogenese eines Individuums vorbestimmt. Die Wirkung von Androgenen führt zur Prägung auf männliches Verhalten und verhindert die Entwicklung von weiblichem Verhalten. Nach Abschluß der somatischen Geschlechtsdifferenzierung bewirken Androgene im weiblichen Individuum eine Prägung auf männliches (Sexual)Verhalten, d. h. psychisches und somatisches Geschlecht stimmen nicht überein. Offenbar ist auch die spätere sexuelle Orientierung des Individuums von der Ausprägung eines neuralen Substrates abhängig. So konnte gezeigt werden, daß im vorderen Hypothalamus ein sog. interstitieller Kern bei heterosexuellen Männern größer ist als bei Frauen, bei homosexuellen Männern jedoch kleiner als bei heterosexuellen. Weitere Untersuchungen müssen aber abgewartet werden, um aus diesem Befund definitive Schlüsse ziehen zu können.

Die Mehrzahl derjenigen Mädchen, die infolge exogener Hormonzufuhr an die Mutter während der Schwangerschaft fetal androgenisiert wurden (z. B. gestagen-induzierter Hermaphrodismus oder adrenogenitales Syndrom) zeigen mehr solche Interessen, die im allgemeinen mit dem Verhalten von männlichen Individuen in Verbindung gebracht werden. Auch von ihrer Umgebung, d. h. Eltern, Geschwistern, Spielkameraden, werden sie entsprechend eingeschätzt. Das eher jungenhafte Verhalten der Mädchen ist offensichtlich eine Folge der Maskulinisierung des fetalen Hirns durch Dihydrotestosteron und Östrogen. Die Vermännlichung betrifft offenbar diejenigen Regionen des Limbischen Systems [14], die Domi-

[14] Das sog. Limbische System besteht aus phylogenetisch sehr alten Hirnteilen, dem Palaepallium und Archipallium (s. auch Beitrag Rothe & Henke, dieser Katalog).

nanzverhalten beeinflussen. Die Mädchen zeichnen sich zwar durch eine Zunahme kräftemessender Aktivitäten, nicht aber von Aggression und Kampfverhalten aus. Die Maskulinisierung hemmt wohl auch diejenigen Regionen des sich entwickelnden Hirns, die später mütterliches Verhalten bewirken bzw. steuern. Hirnregionen, die nachfolgend die Richtung der psychosexuellen Orientierung beeinflussen, werden durch fetale Androgenisierung offenbar nicht maskulinisiert. Ob sich ein Mensch später einmal durch Männer oder durch Frauen erotisch angezogen fühlt, hängt demnach wahrscheinlich von postnatalen und nicht von praenatalen Faktoren ab. Während bei Säugetieren geschlechtstypisches Verhalten weitgehend von der Wirkung bzw. dem Fehlen von Androgenen während der vorgeburtlichen Entwicklung bestimmt wird, scheint es dieses Diktat der Hormone beim Menschen nicht zu geben.

Die Wirkung exogen verabreichter weiblicher Hormone (Östrogene, Progesterone) auf das nachgeburtliche Verhalten von Kindern ist nach jetzigem Stand der Kenntnis weniger stark als im Falle von Androgenen. Das geschlechtstypische Verhalten von Jungen und Mädchen ist kaum beeinflußt, die Verhaltenseffekte sind sehr gering. Es handelt sich um feine Abstufungen innerhalb des normalen Verhaltens von Jungen und Mädchen.

Sexualdimorphismus des Menschen

Neben den bereits genannten Unterschieden primärer (innere und äußere Geschlechtsorgane) und sekundärer Körpermerkmale (Größe, Behaarung, Muskelmasse, Fettverteilung u. a. m.) lassen sich eine Reihe weiterer Eigenschaften finden, in denen weibliche Individuen von männlichen biologisch differieren, während sie sich in vielen Bereichen, in denen sie als dem männlichen Geschlecht unterlegen dargestellt wurden, ohne daß allerdings immer empirische Befunde vorlägen, dem männlichen Geschlecht ebenbürtig oder sogar überlegen sind. Es muß heute nicht mehr besonders vermerkt werden, daß Frauen Dauer- und Höchstleistungen im täglichen Leben erbringen, sich im Intelligenzgrad nicht von Männern unterscheiden, also weit davon entfernt sind, als 'schwaches Geschlecht' bezeichnet werden zu dürfen. Quantitative Unterschiede in diesen Bereichen ließen sich, unter evolutiven Gesichtspunkten betrachtet, auch nicht begründen.

Lebenserwartung

Anders verhält es sich mit der unterschiedlichen Lebenserwartung und der postreproduktiven Lebensspanne von Frauen und Männern. Die durchschnittliche Lebenserwartung beträgt 78 Jahre für Frauen und 74 Jahre für Männer (Angaben gelten für Mitteleuropa). Die postreproduktive Lebensspanne ist im weiblichen Geschlecht relativ lang, ca. ein Drittel der Lebenserwartung, im männlichen Geschlecht erheblich kürzer, wenige Jahre, oder sie fehlt vollständig. Das Höchstalter des Menschen liegt zwischen 110 und 115 Jahren. Die erst kürzlich verstorbene Französin, die ein Alter von 122 Jahren erreicht hatte, stellt eine absolute Ausnahme dar. Teleomere, aus kurzen repetitiven DNA-Sequenzen bestehende 6-Nukleotid-Blöcke an den Chromosomenenden, die im Verlauf der vielen Replikationsrunden von normalen Säugetierzellen in der Zellkultur und im erwachsenen Tier respektive Menschen kürzer werden, könnten einen unvermeidlichen Alterungsprozeß kennzeichnen und sind im Zusammenhang mit maximalen Altersgrenzen in Diskussion.

An die Lebenserwartung knüpft sich auch die moderne Definition von 'alt' für Männer und Frauen. Während früher 'alt' als etwas angesehen wurde, was sich leicht festlegen läßt, z. B. eine Frau ist mit 60 Jahren alt, ein Mann mit 70 oder beide mit 65 Jahren, so bezieht sich neuerdings die Definition von 'alt' auf die Lebenserwartung, d. h. eine Frau oder ein Mann ist alt, wenn die Lebensspanne, die beide statistisch noch vor sich haben, zehn oder weniger Jahre beträgt. Diese Festlegung von 'alt' führt wegen der unterschiedlichen Lebenserwartung von Männern und Frauen dazu, daß ein an Lebensjahren jüngerer Mann bereits als 'alt' gilt, während eine wenige Jahre ältere Frau dieses 'Prädikat' noch nicht erhalten muß. Inwieweit genetisch programmierter Zelltod (Apoptose [15]), wie er in Tierversuchen nachgewiesen worden ist, generell die Lebenserwartung beeinflußt, oder ob lediglich die begrenzte Teilungsfähigkeit (ca. 50mal) somatischer Zellen für die Altersbegrenzung verantwortlich gemacht werden muß, ist noch nicht geklärt. Nach jetzigem Stand der Kenntnis haben programmierter Zelltod und Teilungs-

[15] Apoptose (griechisch): das Abfallen (von Blättern), das Abstoßen und allmähliche Abfallen von Knochen bei gebrochenen Gliedmaßen.

fähigkeit somatischer Zellen mit aller Wahrscheinlichkeit jedoch nichts miteinander zu tun. Es gibt derzeit keine Belege dafür, daß in alternden Zellen apoptotische Gene aktiv sind. Insofern läßt sich die unterschiedliche Lebenserwartung für das weibliche und männliche Geschlecht nicht hiermit in Verbindung bringen. Seit wenigen Jahren ist bekannt, daß auch der Mensch ein sog. 'Todesgen', das Gen bcl-2, besitzt. Möglicherweise werden künftig noch weitere entdeckt, zumal Apoptose-Gene für Formdifferenzierungsprozesse, die Entwicklung des Immunsystems und bei der Entstehung bestimmter Tumoren, in den Zellen genetisch umprogrammiert und dadurch quasi unsterblich werden, von Bedeutung sind.

Die unterschiedliche Lebenserwartung der beiden Geschlechter und die lange postreproduktive Lebensspanne der Frau lassen sich mit dem sehr hohen maternalen prae- und postnatalen Investment in die Nachkommen, letzteres vor allem in zeitlicher Hinsicht, (biologisch) begründen. Da die Meßlatte für den Erfolg eines Lebewesens in der biologischen Evolution der Fortpflanzungserfolg ist, hängen Lebenserwartung und Reproduktionserfolg eng zusammen. Eine lange Lebenserwartung ist erforderlich, um ein Maximum an Reproduktionserfolg zu erzielen, also möglichst viele der ohnehin schon begrenzten Anzahl weiblicher Keimzellen einer Befruchtung zuzuführen, d. h. möglichst viele überlebende und sich selbst wieder fortpflanzende Nachkommen zu produzieren. Andererseits verhindert die lange Menopause, eine Lebensphase, in der die Vitalität der Frau bereits deutlich vermindert und der Alterungsprozeß des Teilungsapparates der Keimzellen bereits weit fortgeschritten und die genetische Information möglicherweise fehlerhaft geworden ist, eine energetische Überbelastung des weiblichen Organismus sowie die Entstehung nicht ausreichend vitaler Nachkommen. Da das väterliche Investment in die Nachkommen deutlich geringer ist, stellen sich diese Probleme für das männliche Geschlecht nicht. Daß das skizzierte biologische 'Grundprogramm' beim Menschen in erheblicher Weise kulturell überformt ist, bedarf keiner besonderen Erwähnung. Interessant sind in diesem Zusammenhang Befunde zur Lebenserwartung von Amerikanern (Kalifornien). Danach hatten eine hohe Lebenserwartung, vor allem bei Männern, jene, die bei Persönlichkeitstests im Schulalter als bedachtsam, gewissenhaft, wahrheitsliebend und nicht eitel beschrieben worden sind. Als fröhlich charakterisierte Kinder hatten dagegen eine geringere Lebenserwartung. Die Erklärung dieses nicht erwarteten Resultates wird darin gesehen, daß Fröhlichkeit häufig mit Impulsivität, Egozentrismus, Überheblichkeit sowie mit Rauchen, Trinken und höherer Risikofreudigkeit gekoppelt ist.

Verhalten

Der herausragende Geschlechtsunterschied im Verhalten betrifft die Bereitschaft zu aggressivem Handeln und Denken. Zahlreiche Untersuchungen an verschiedenen Säugetieren, Menschenkindern und -erwachsenen haben nachgewiesen, daß sich männliche Individuen aggressiver und weniger sozial verhalten als weibliche. Diese Unterschiede sind in allen Altersklassen, selbst bereits im Kleinkindalter, zu beobachten. Aggressivität ist jedoch keine geschlechtsspezifische, also ausschließlich männliche Verhaltensweise, sondern eine geschlechtstypische, d. h. die Häufigkeitskurven aggressiver Aktionen und Interaktionen überschneiden sich, die Verteilung ist zweigipfelig. Aus der Tatsache, daß sich bei allen bisher untersuchten Säugetierspezies die Männchen aggressiver verhalten als die Weibchen, läßt sich eine biologische, also genetisch tradierte Grundlage aggressiven Verhaltens nicht ausschließen. Hierbei muß die direkte Wirkung der Geschlechtschromosomen auf das Verhalten mit äußerster Zurückhaltung betrachtet werden. Dagegen ist der Zusammenhang zwischen der Wirkung von Androgenen und Aggressivität nachgewiesen.

Die in der pränatalen Entwicklung während besonders sensibler Phasen (= Organisationsphasen) durch Androgene sensibilisierten bzw. geprägten Hirnregionen bleiben in der vorpubertären Entwicklung des Individuums weitgehend inaktiv. Mit dem Einsetzen der Pubertät und dem Anstieg der Konzentration von Sexualhormonen werden die vorgeburtlich organisierten Hirnbezirke erneut aktiviert und die geschlechtstypischen Verhaltensweisen induziert bzw. beeinflußt.

Gehirn

Männer und Frauen unterscheiden sich nicht in der Gesamtintelligenz, wohl aber in spezifischen kognitiven Fähigkeiten. Diese Unterschiede sind wiederum auf die früh in der praenatalen Entwicklung erfolgende Prägung spezifischer Hirnregionen durch Sexualhormone zurückzuführen. Das bewirkt letztlich, daß von Geburt an die Umwelteinflüsse von männlichen und weiblichen Individuen unterschiedlich wahrgenommen werden.

Tests belegten, daß Männer sich besser räumlich orientieren können und zielgerichteter motorisch agieren, während Frauen in Wahrnehmungs- und Rechengeschwindigkeit, Erinnerungsfähigkeit an markante Punkte im Gelände, Wortflüssigkeit und Ausführung komplizierter manueller Präzisionsaufgaben den Männern überlegen sind. Diese Unterschiede sind bereits im vorpubertären Alter manifest. Während eindeutige Beziehungen zwischen Testosteronspiegel und räumlichem Vorstellungsvermögen und mathematischem Schlußfolgern nachgewiesen werden konnten, wobei es offenbar einen optimalen Androgenspiegel gibt, ließen sich bei der Wahrnehmungsgeschwindigkeit keine solchen Beziehungen aufdecken. Interessanterweise schnitten Männer mit einem niedrigen Testosteronspiegel besser ab als ihre Geschlechtsgenossen mit einer höheren Androgenkonzentration, bei Frauen war es umgekehrt.

Auch in der Arbeitsweise bestimmter Hirnstrukturen gibt es Geschlechtsunterschiede. So scheint das Hirn bei Männern bezüglich Sprache und räumlichem Vorstellungsvermögen wesentlich stärker asymmetrisch organisiert zu sein als bei Frauen. Der sog. Balken, ein Nervenfaserbündel, welches beide Hirnhälften miteinander verbindet, ist bei Frauen stärker entwickelt als bei Männern. Verletzungen einer Hirnhälfte wirken sich bei Frauen daher häufig weniger gravierend aus als bei Männern. Auch der Teil des Balkens, der optische Informationen zwischen den Hirnhälften überträgt, das Splenium, ist bei Frauen stärker entwickelt. Unter der Voraussetzung, daß die Anzahl der Nervenfasern im Balken von Männern und Frauen divergiert und die Größe des Balkens kognitive Geschlechtsunterschiede signalisiert, läßt sich annehmen, daß die beiden Hemisphären bei weiblichen Individuen stärker kommunizieren. Weitere Befunde müssen aber unter allen Umständen abgewartet werden. Gesichert scheint jedoch jetzt schon zu sein, daß Androgene die Rinde der linken Hemisphäre im männlichen Individuum offenbar hemmen. Ferner konnte gezeigt werden, daß Frauen in ihren motorischen Fähigkeiten sehr viel stärker vom intakten Funktionieren vorderer Bezirke des Neocortex abhängen als Männer, die sich mehr auf hintere Rindenbezirke 'verlassen'. Das mag eine der Ursachen sein für unterschiedlich häufiges Auftreten bestimmter Ausfallserscheinungen nach Verletzungen des Hirns, die wiederum für bestimmte Hirnbezirke unterschiedlich wahrscheinlich sind (Abb. 8).

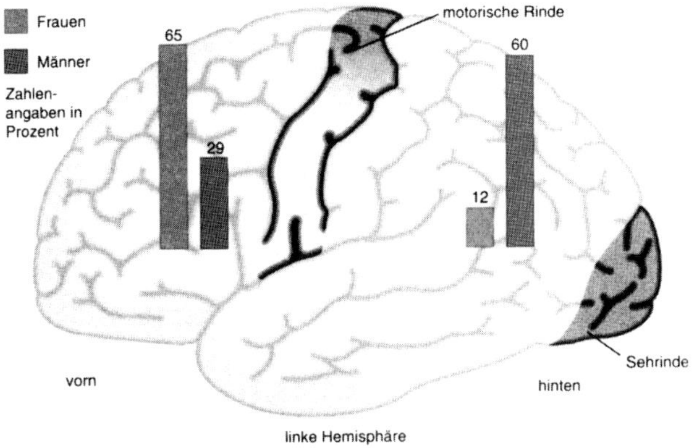

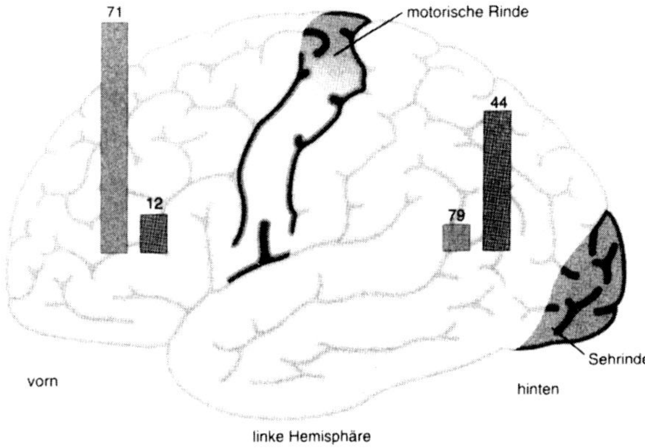

Abb. 8. Links: Sprachstörungen bei der Wortwahl (Aphasien) treten bei Frauen am häufigsten auf, wenn vordere Hirnteile verletzt sind; bei Männern sind sie häufiger bei Verletzungen der hinteren Bereiche. Rechts: Schwierigkeiten, angemessene Handbewegungen auszuführen (Apraxien) werden bei Frauen hauptsächlich bei Schädigungen der vorderen linken Hirnhälfte hervorgerufen und bei Männern bei solchen der hinteren Hirnregionen; sie gehen ferner mit Sprachstörungen einher.

Die unterschiedliche Hirnorganisation und die sich daraus ergebenden Geschlechtsunterschiede im kognitiven Verhalten sind als Adaptationen an unterschiedliche Selektionsdrücke zu werten, die weit in die menschliche Stammesgeschichte zurückreichen.

SCHLUß

Die vorgetragenen Facetten aus den unterschiedlichen Bereichen der Biologie, Psychologie und Soziologie lassen erkennen, daß die insbesondere in den siebziger Jahren vertretene Auffassung, daß nur die Erziehungs- und Sozialisationsumstände für die Unterschiede zwischen Frauen und Männern im Denken und Handeln verantwortlich seien, nicht haltbar ist. Gegenwärtige Befunde begründen nachdrücklich die Annahme, daß mentale, emotionale und psychische Unterschiede auch eine biologische Komponente aufweisen, die es zu erforschen und zu reflektieren gilt, sofern wir die Chance wahrnehmen wollen, uns von ihr zu emanzipieren.

Die bisher bekannten Zusammenhänge zwischen Chromosomen, Hormonen, somatischen Merkmalen und primären und sekundären geschlechtstypischen Verhaltensweisen sollten nicht als Determinismus mißverstanden werden; sie lassen ebenso deutlich erkennen, daß das Lernen im Sozialverband von großer Bedeutung ist. Vor einer ideologischen Vereinnahmung und Vulgarisierung der Biologie sei daher dringend gewarnt, da wir als stammesgeschichtliche

Wesen aufgrund unserer phylogenetisch erworbenen Kulturfähigkeit hinreichende Möglichkeiten und Freiheitsgrade des Handelns besitzen, um gesellschaftlich hinderliche, evolutiv entstandene Verhaltenstendenzen zu beherrschen; dies bedarf jedoch ständiger Anstrengungen.

Literatur

Bischof, N./Preuschoft, H. (Hrsg.) (1980): Geschlechtsunterschiede. Entstehung und Entwicklung. Mann und Frau in biologischer Sicht (München).

Drews, U. (1993): Taschenatlas der Embryologie (Stuttgart).

Kimura, D. (1992): Weibliches und männliches Gehirn. Spektrum der Wissenschaft, Spezial: Gehirn und Geist, 66–75.

Knippers, R. (1997): Molekulare Genetik. 7. Aufl. (Stuttgart/New York).

Laqueur, T. (1996): Auf den Leib geschrieben. Die Inszenierung der Geschlechter von der Antike bis Freud (München).

Passarge, E. (1994): Taschenatlas der Genetik (Stuttgart).

Reimers, T. (1994): Die Natur des Geschlechterverhältnisses. Biologische Grundlagen und soziale Folgen sexueller Unterschiede (Frankfurt a. M.).

Silbernagl, S./Despopoulos, A. (1991): Taschenatlas der Physiologie (Stuttgart).

Springer, S. P./Deutsch, G. (1995): Linkes Rechtes Gehirn. 3. Aufl. (Heidelberg/Berlin/Oxford).

FRAUEN – KÖRPER – SICHTEN

Ansichten über Weiblichkeit in der abendländischen Naturwissenschaft

VON GISELA SCHULTE-DORNBERG

> *„Es gibt im Leben Augenblicke, da die Frage, ob man anders denken kann, als man denkt, zum Weiterschauen unentbehrlich ist."*
> (Michel Foucault)

Obwohl es in diesem Artikel um Frauen*körper* geht, handelt er *nicht* davon, wie Frauen ihren Körper erlebt und empfunden haben. Ebensowenig wird behandelt, welchen Einschränkungen Frauen in Bezug auf ihren Körper unterworfen waren und welche Rechte sie über ihn hatten. Es geht um *theoretische Konzepte*, um der jeweiligen Zeit entsprechende *Ansichten* über Weiblichkeit. Insofern geht es nicht um den Frauenkörper, sondern um die *Vorstellungen* davon, wie sie in den Köpfen von zumeist männlichen Philosophen und Wissenschaftlern gezeichnet wurden.

DREI GRUNDANNAHMEN

Bezogen auf das Geschlecht scheinen uns drei Annahmen so selbstverständlich, daß sie so gut wie nie hinterfragt werden:

1. Ein Mensch ist *entweder* Frau *oder* Mann.
2. *Was* sie oder er ist, *steht* von Geburt an *fest* und ändert sich nicht.

3. Das Geschlecht liegt *im Körper* begründet, es ist von der Natur vorgegeben.

Wenn das so ist, ist es auch immer und überall so, in allen Gesellschaften und durch alle Zeiten. Geschlecht ist außerkulturell und ahistorisch, es ist *natürlich*. Ausnahmen von den genannten Regeln bestätigen diese letztendlich nur. Wo also liegt das Problem?

Die Vorstellungen von Geschlecht waren und sind aber, so unumstößlich sie uns auch scheinen, zu anderen Zeiten und in anderen Kulturen andere als die, die wir heute gewöhnlich haben. Die drei genannten Grundannahmen sind für uns nur selbstverständlich auf der Grundlage unserer spezifischen historischen und kulturellen Entwicklung. Daraus folgt, daß Geschlecht nicht einfach natürlich vorgegeben ist, sondern eine Interpretation erfährt, die von der jeweiligen Gesellschaft bestimmt ist.

Aristoteles und der Mangel der Frauen an Wärme

Das Körperbild der Antike war geprägt durch eine Theorie der Körpersäfte. Das Wohlbefinden eines Menschen war abhängig von der Ausgewogenheit der Säfte. Diese Körpersäfte waren nicht strikt gegeneinander abgegrenzt, sondern konnten durch verschiedene Prozesse ineinander umgewandelt werden. Ein Mangel des einen konnte durch einen Überschuß des anderen ausgeglichen werden. Ein Ablassen von Körpersäften diente der Erleichterung, z. B. galt das Menstruationsblut als überschüssiger Rest von Nahrung, der in Form von Blut den Körper verließ.

Die vier Körpersäfte hatten eine Entsprechung in den Elementen der Erdsphäre: Feuer, Wasser, Luft und Erde. Diese Elemente hatten bestimmte Eigenschaften oder Temperamente entlang der Gegensätze heiß/kalt und trocken/feucht. Sie waren zudem hierarchisch geordnet: heiß und trocken stand an oberster Stelle, kalt und feucht an der untersten Stelle der Hierarchie. Heiß und trocken war das Prinzip der Männlichkeit, kalt und feucht das Prinzip der Weiblichkeit. Das Geschlecht lag also nicht im Körper begründet, sondern stellte sich ein in einer Mischung verschiedener Eigenschaften, die das Geschlecht *bewirkten*, anstatt umgekehrt daraus zu resultieren. Es gab nicht zwei verschiedene Geschlechter, sondern *einen* Körper mit einem unterschiedlichen Grad von Vollkommenheit.

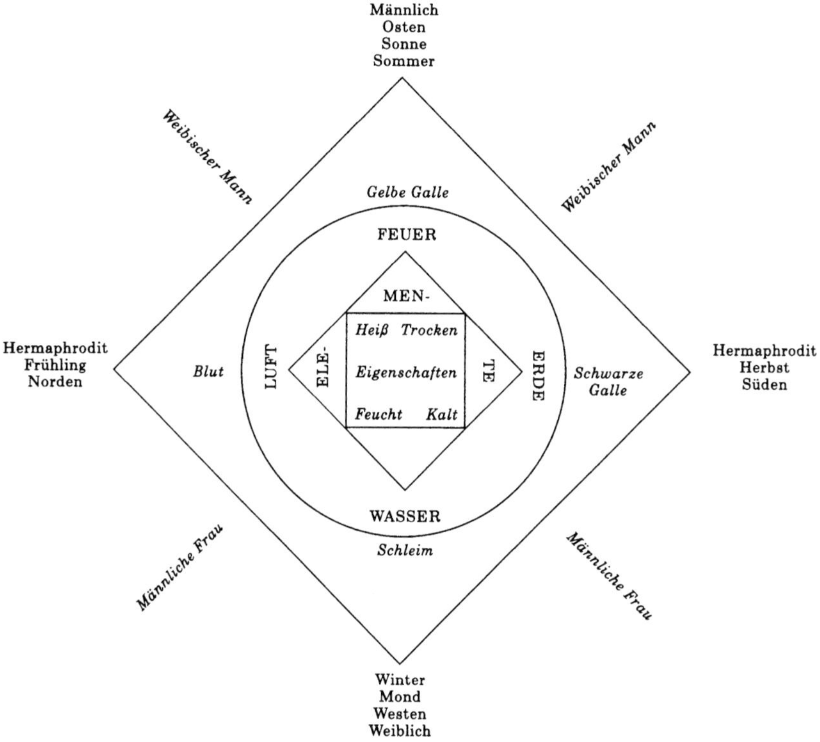

Abb. 1. Diagramm der vier Körpersäfte und Elemente.

Die Mischung der Eigenschaften sorgte für eine Vielzahl von Möglichkeiten zwischen heiß/trocken und feucht/kalt und für entsprechend viele Möglichkeiten zwischen männlich und weiblich. Es gab also kein „entweder – oder" und Änderungen waren möglich. Dabei wurden die Eigenschaften heiß/kalt und feucht/trocken nicht als im Körper wirklich fühlbare Eigenschaften aufgefaßt, sondern als Prinzipien verstanden, ebenso wie Weiblichkeit und Männlichkeit.

Wärme hatte in der Naturauffassung des Aristoteles (384–322 v. u. Z.) und seiner Zeit eine ganz besondere Bedeutung: Sie war das Mittel zur Entwicklung von Lebewesen, die grundlegende Substanz des Lebens. Das Ausmaß von Hitze war ein Maß für die Vollkommenheit. Da aber das weibliche Prinzip durch die Eigenschaften feucht/kalt gekennzeichnet war, folgte daraus, daß Frauen wegen ihres Mangels an Wärme weniger vollkommen waren als Männer. In der Hierarchie der Temperamente fand sich die soziale Hierarchie zwischen Mann und Frau in der antiken Gesellschaft wieder, die aristotelische Naturphilosophie lieferte die systematische Begründung.

Das, was Frauen von Männern unterschied, war auf einen Defekt, auf mangelnde Hitze zurückzuführen. Dieser Defekt führte laut Aristoteles unter anderem zu einem kleineren und weniger entwickelten Gehirn der Frauen. *„Am meisten Gehirn hat aber im Verhältnis zu seiner Größe der Mensch und unter den Menschen die Männer mehr als die Weiber"* (Aristoteles, Über die Teile der Tiere, zitiert nach Tuana 1995: 204). Zudem hatte der Hitzemangel Konsequenzen für die Rolle der Frauen bei der Fortpflanzung.

Aristoteles brachte männlichen Samen und Menstruationsblut als weibliche Form des Samens in einen Zusammenhang mit der Zeugung. Das weiße Aussehen männlichen Samens führte er auf eine durch Hitze verursachte Umwandlung von Blut zurück, ein Prozeß, bei dem auch die Menge des Blutes reduziert wurde. Das Blut erfuhr durch die Wärmebehandlung eine Veredelung, demgegenüber blieb der weibliche Anteil an der Zeugung, das Menstruationsblut, minderwertig, „halbgar". Aber die Veredelung des Samens ging noch weiter: weg vom (niedrigen) Stofflichen hin zu einem (höheren) Geistigen. Die Frau lieferte lediglich den Stoff für den Fötus, während der Mann diesem Stoff Form und Seele verlieh (ähnlich wie in der christlichen Schöpfungsgeschichte Gott aus Lehm den Körper Adams formt und ihm die Seele einhaucht). *„Der Körper aber kommt vom Weibchen, die Seele dagegen vom Männchen; denn die Seele ist die Grundlage und Wesenheit eines Körpers"* (Aristoteles, Von der Zeugung der Tiere, zitiert nach Tuana 1995: 209). Der stoffliche Bestandteil des Samens spielte dabei keine Rolle, er „verdampfte" förmlich, übrig blieb die geistige Substanz. Dieses schon fast göttliche Prinzip fehlte den Frauen: *„Das Weibchen ist nämlich gleichsam ein verstümmeltes Männchen, und der Monatsfluß Samen, der aber nicht rein ist; denn es fehlt ihm nur noch eines, das Prinzip der Seele"* (Aristoteles, Von der Zeugung der Tiere, zitiert nach Tuana 1995: 209).

Welche Erklärung aber lieferte Aristoteles für den Mangel an Wärme bei Frauen? In seinen Augen lag die Ursache in einem durch Mißgeschick oder andere Gründe verursachten Mangel an Wärme bei der Zeugung, so daß die eigentlich menschliche Gestalt

– das Männliche – nicht erreicht wurde. Da die Natur nach Aristoteles immer nach Vollkommenheit strebt, war damit die Frau nichts weiter als ein mißglückter Mann. So begründete Aristoteles die eine Behauptung mit einer anderen und blieb eine Erklärung schuldig.

GALEN: DAS ÄUßERE NACH INNEN

Einige hundert Jahre später faßte der römische Arzt Claudius Galenus von Pergamon (ca. 130–200 n. u. Z.) das anatomische Wissen der Antike zusammen und ergänzte es um eigene Vorstellungen. Er unterstütze die Theorie der Unvollkommenheit von Frauen wegen geringerer Wärme, kritisierte aber Aristoteles Begründung dafür.

Nach Galens Theorie waren die *Geschlechtsorgane* die Hauptursache für die Minderwertigkeit von Frauen. Männer und Frauen hatten nach seiner Vorstellung zwar die gleichen Geschlechtsorgane, nur waren die der Frau nach innen gekehrt, die des Mannes aber dort, wo sie hingehörten: außen. Der Gebärmutterhals war der nach innen gestülpte Penis, die Gebärmutter der nach innen gekehrte Hodensack. *„Betrachte zunächst einen beliebigen Teil, wende ihn bei der Frau nach außen, wende den des Mannes nach innen und falte ihn doppelt, und du wirst sie bei beiden in jeder Hinsicht gleich finden"* (Galen, Opera Omnia, zitiert nach Tuana 1995: 213).

Für Galen war das der Beweis für die Minderwertigkeit von Frauen, die nicht Wärme genug erzeugten, um die Genitalien an den „richtigen" Platz zu schleudern. *„So wie der Mensch von allen Geschöpfen das vollkommenste ist, ist unter den Menschen wiederum der Mann vollkommener als die Frau. Der Grund aber dieser Vollkommenheit ist sein Überfluß an Hitze . . . so ist die Frau auch in ihren Zeugungsorganen weniger vollkommen als der Mann. Denn diese Teile wurden in ihrem Innern gebildet, als sie noch im Uterus war. Und aus Mangel an Hitze konnten sie nicht nach vorn treten und frei nach außen gelangen"* (Galen, De usu partium corporis humani libri XVII, zitiert nach Schiebinger 1993: 234).

Galen lieferte dafür auch eine im Körper liegende Begründung. Nach seiner Auffassung nahm das Blut der linken Arterie und Vene, das den Samen bildete, den Weg zu den linken Keimdrüsen bei Männern und Frauen, bevor es die Nieren passierte. Deshalb war es ungereinigt, weniger warm und konnte demzufolge nur minderen,

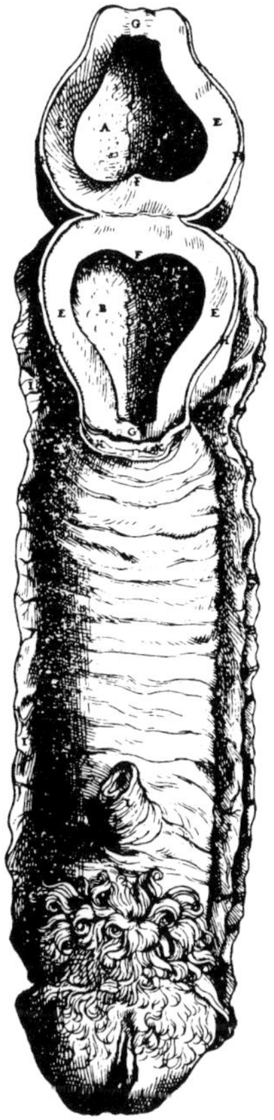

Abb. 2. Die weiblichen Fortpflanzungsorgane nach der Vorstellung von Galen, gezeichnet von Vesalius im Jahr 1543. Scheide und Gebärmutterhals wurden zum Penis, die Schamlippen zur Eichel.

d. h. weiblichen Samen hervorbringen. Anders beim Blut der rechten Vene und Arterie: Es traf unterhalb der Nieren auf die rechten Keimdrüsen und war entsprechend gereinigt und vollkommen, also männlich. Das reine bzw. unreine Blut, das in die Keimdrüsen gelangte, entschied über Vollkommenheit oder Unvollkommenheit des daraus entstehenden Nachwuchses. Da die weiblichen Geschlechtsorgane unvollkommen waren (Galen verglich sie mit den blinden Augen des Maulwurfs), konnten sie auch nur minderwertigen Samen liefern. *„Die Frau muß kleinere, weniger vollkommene Keimdrüsen haben und der in ihnen erzeugte Samen muß kärglicher, kälter und feuchter sein (denn diese Dinge folgen zwangsläufig aus dem Mangel an Wärme)"* (Galen, Opera omnia, zitiert nach Tuana 1995: 213). Anders als Aristoteles ging Galen jedoch davon aus, daß auch Frauen bei der Zeugung Samen zur Verfügung stellten. Im Unterschied zu Aristoteles, der das Herz für das wichtigste Organ hielt, waren es bei Galen die Hoden als Quelle der Wärme, die das Blut in Wallung brachten.

Wenn nur die Lage der Geschlechtsorgane Männer und Frauen unterscheidet, kann es nicht verwundern, wenn Frauen, sobald sie nur genügend Hitze entwickeln, plötzlich einen Penis nach außen kehren und sich in Männer verwandeln. Darauf konnte z. B. der Lebenswandel Einfluß nehmen. Dem entsprechend gab es sowohl von Galen als auch von anderen Autoren eine ganze Reihe von Berichten über solche Geschlechtswechsel. Den umgekehrten Weg, die Verwandlung eines Mannes in eine Frau, gab es nicht, denn auch Galen war der Auffassung, daß die Natur Vollkommenheit anstrebt und deshalb diese Möglichkeit nicht vorsieht.

Die Theorie des *einen* Körpers erfuhr bei Galen eine Verstärkung. Durch seine Vorstellung gleicher Geschlechtsorgane wurden die Geschlechter verbunden, nicht getrennt. Gemeinsamkeiten wurden hervorgehoben anstatt nur Differenzen wahrzunehmen.

Und Gott schuf den Menschen ihm zum Bilde . . .

Galens auf den Vorstellungen von Aristoteles basierende Lehre behielt über viele Jahrhunderte Gültigkeit, paßte doch die Auffassung von der Zeugungskraft der Männer und der Minderwertigkeit von Frauen gut in die christliche wie jüdische Glaubenslehre mit ihrem männlichen göttlichen Schöpfer.

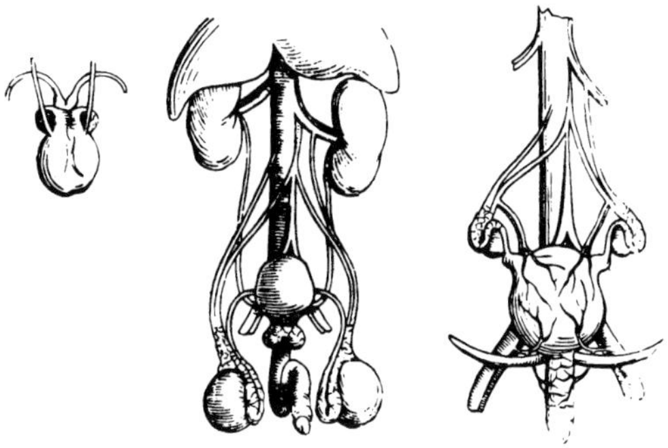

Abb. 3. Darstellung männlicher (links) und weiblicher Geschlechtsorgane (rechts) zum Vergleich. Hiermit sollte ihre Übereinstimmung gezeigt werden. Vesalius, Tabulae sex, 1538.

Der Kirchenlehrer Albertus Magnus (1193–1280) war wie Aristoteles der Auffassung, daß die Rolle des weiblichen Samens darin bestehe, *„den Stoff dazu zu befähigen und darauf vorzubereiten, das Werk des Wirkenden, das heißt des männlichen Samens, zu empfangen"* (Albertus Magnus, De animalibus libri XXVI, zitiert nach Tuana 1995: 217). Dem folgte auch Thomas von Aquin, der die menschliche Zeugung mit der Erschaffung der Welt verglich. Die Rolle der Frau war die der Passiven, der Empfangenden. Der Mann wirkte nicht nur, er war auch das eigentliche Ziel der Empfängnis, wie Albertus Magnus schreibt: *„Im einzelnen zielt die Natur darauf ab, etwas ihr ähnliches hervorzubringen, und weil bei der Zeugung eines Sinneswesens die Kraft des Mannes das Wirkende ist und nicht die Kraft der Frau, deswegen zielt sie im besonderen auf die Hervorbringung des Männlichen ab"* (Albertus Magnus, Ausgewählte Texte, zitiert nach Fischer 1995: 63).

Vesalius Blick in das Innere des Körpers

Im 16. Jahrhundert bahnten sich Änderungen in der Wissenschaft der Anatomie an. Nicht mehr die Schriften der alten Gelehrten, sondern der Blick in den geöffneten Körper wurde zur maßgeblichen Quelle der Erkenntnis. Sezierungen, die vorher mehr im Verborgenen stattfanden, wurden im 16. Jahrhundert zu öffentlichen Inszenierungen im anatomischen Theater. Die Beschreibung von Körper und Skelett wurde zur Hauptaufgabe der Anatomie. Zum ersten Mal gab es Illustrationen vom Inneren des Körpers.

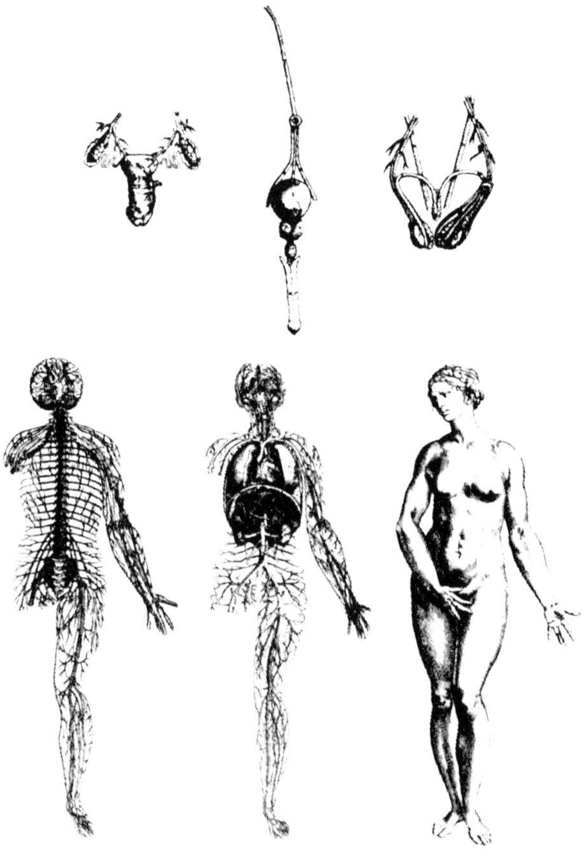

Abb. 4. In dem Lehrbuch „Epitome" von Vesalius wurden die Studenten angehalten, die abgebildeten Organe zusammenzusetzen. Oben links ist „der Uterus mit den Testikeln und den Samenleitern" abgebildet, in der Mitte das männliche Geschlechtsorgan, auf das die Hoden (rechte Abbildung) gesetzt werden sollen. Weibliches und männliches Organ passen in die Figur unten links, darüber kommt die mittlere und dann die rechte Figur. Vesalius, Epitome, 1543.

Die Methode änderte sich, die Theorie des einen Geschlechts änderte sich dadurch nicht. Der Brüsseler Arzt Andreas Vesalius (1514–1564) gilt als Wegbereiter der modernen Anatomie. Der Blick in den Körper bestätigte in den Augen Vesalius die Galensche Auffassung der Gleichheit der Geschlechtsorgane. Das wird durch die Abbildungen in seinen Büchern illustriert.

Die Unterschiede zwischen Mann und Frau beschränkten sich auf die Lage der Genitalien und den Körperbau, alles andere war austauschbar. In seinem Lehrbuch „Epitome" z. B. zeigte Vesalius das Nervensystem an einem weiblichen, die Muskeln an einem männlichen Modell und verwies auf die Austauschbarkeit der Figuren. Auch das Skelett faßte Vesalius als neutral auf, ohne männliche und weibliche Eigenheiten.

Der Unterschied der Geschlechter blieb an der Oberfläche, ohne den ganzen Körper zu durchdringen. Daran änderte auch der Blick in den Körper nichts, vielmehr sah man dort im Blick auf das Geschlecht ein Spiegelbild des Bildes, das man im Kopf hatte. Das Weibliche blieb eine Abart des Männlichen.

Descartes Trennung von Körper und Geist

Zu wirklichen Änderungen kam es erst im Zuge der Umwälzungen, die im 17. und 18. Jahrhundert das gesellschaftliche Denken erfaßten. Die bisher allgemein gültige Lehre der antiken Philosophen und Kirchenlehrer wurde von Philosophen wie René Descartes (1596–1650) und John Locke (1632–1704) von Grund auf in Frage gestellt.

Für Descartes lag das Wesentliche der menschlichen Natur im Denken: *„Cogito ergo sum" – „ich denke, also bin ich"*. Er hielt Körper und Geist für grundsätzlich verschieden: *„Der Körper enthält nichts, was dem Geist zugerechnet werden könnte, und der Geist beinhaltet nichts, was zum Körper gehörig wäre"* (Rene Descartes, zitiert nach Capra 1983: 58). Wenn der Geist aber unabhängig vom Körper ist, spielt die Stärke oder Schwäche des Körpers keine Rolle für die geistigen Fähigkeiten, und Frauen haben die gleichen Voraussetzungen wie Männer. In der Philosophie von Descartes war die Natur eine Maschine, die nach mechanischen Gesetzen funktionierte. Jedes komplexe Phänomen ließ sich auf mechanische Vorgänge reduzieren. Diese mechanistische Anschauung der Natur übertrug er auch auf lebende Organismen und damit auf den menschlichen Körper: *„Für mich ist der menschliche Körper eine Maschine. In Gedanken vergleiche ich einen kranken Menschen und eine schlecht gemachte Uhr mit meiner Idee von einem gesunden Menschen und einer gut gemachten Uhr"* (Rene Descartes, zitiert nach Capra 1983: 61). Diese Sicht war der alten Auffassung vom Körper als lebendem Organismus mit einem Wechselspiel der Temperamente und Körpersäfte völlig entgegengesetzt. Der Mensch war nicht mehr eingebettet in ein weltumfassendes Ganzes, sondern stand außerhalb davon. Er sollte, wie Descartes schrieb, wissenschaftliche *„Kenntnisse nutzen, um uns zu Herren und Besitzern der Natur zu machen"* (Rene Descartes, zitiert nach Capra 1983: 60).

Welche Folgen hatten diese neuen Gedanken für das Bild, das man sich von den Geschlechtern machte? Descartes selber äußerte sich nicht ausdrücklich zur Frage von Stellung und Wesen der Frau. Er sah Unterschiede nur in Bezug auf die Fortpflanzungsorgane, dort allerdings blieb er den Galenschen Vorstellungen von der Vagina als umgekehrtem Penis verhaftet. Unterschiede im Verstand von Männern und Frauen sah Descartes nicht, und ebensowenig ging er von unterschiedlichen moralischen Eigenschaften aus.

Ähnlich sah es John Locke. Nach seiner Theorie waren alle Menschen bei Geburt gleich, der Geist einer *tabula rasa* (leeren Tafel) vergleichbar. Diese *tabula rasa* wurde durch Sinneseindrücke gefüllt, die Entwicklung des Geistes hing also vollständig vom Einfluß der Umwelt ab. Unterschiede der geistigen Fähigkeiten waren für Locke die Folge unterschiedlichen sozialen Standes, nicht des Geschlechts. Wenn er auch gleiche Erziehung von Mädchen und Jungen befürwortete, hielt er es dennoch für rechtens, daß Frauen sich ihren Männern unterordneten.

Selbst wenn Descartes und Locke keineswegs offensiv für die Frauen eintraten, so verstärkten ihre Thesen die Argumente für die Gleichheit statt Minderwertigkeit von Frauen.

Der Wandel in der Anatomie: vom mißlungenen Mann zur vollkommenen Frau

Während die Gleichheit des Geistes postuliert wurde, vollzog sich auch in der Anatomie ein tiefgreifender Wandel. Die Methode empirischer und experimenteller Forschung setzte sich durch. Das Gehirn als Sitz der Vernunft wurde zum wichtigsten Organ erklärt, nicht mehr Herz oder Hoden wie bei Aristoteles und Galen. Krankheiten wurden nicht länger auf eine Unausgewogenheit der Körpersäfte zurückgeführt, statt dessen wurden Organe als Krankheitsursachen ausgemacht. Es vollzog sich ein Abschied von der Theorie der Körpersäfte.

Jetzt wurde auch der weibliche Körper zum eigenständigen Objekt wissenschaftlicher Forschung. Sowohl die weiblichen Geschlechtsorgane als auch die Rolle der Frau bei der Fortpflanzung wurden neu bewertet. Der Körper der Frau galt nicht mehr als eine mißglückte Form des männlichen, sondern als etwas Eigenständiges. Gleichzeitig bekam er eine Bestimmung.

Im medizinischen Vokabular tauchten um 1700 die ersten eigenständigen Bezeichnungen für die weiblichen Geschlechtsorgane auf.

Die Eierstöcke wurden nicht länger als weibliche Hoden bezeichnet und die Begriffe Scheide und Vagina wurden zur eindeutigen Bezeichnung für das weibliche Organ. Galens Vorstellungen gleicher Geschlechtsorgane galten nunmehr als veraltet und die weiblichen Fortpflanzungsorgane nicht mehr als minderwertig, sondern als vollkommen, in dem Sinne, daß sie in einzigartiger Weise dazu eingerichtet seien, Nachwuchs hervorzubringen.

Infolgedessen wurde auch die Rolle der Frau bei der Fortpflanzung neu diskutiert. Zwei theoretische Richtungen stritten um ihre Anerkennung. Die sogenannten *Präformisten* gingen davon aus, daß bei der Zeugung der Mensch schon als vollständiger Mikroorganismus entwickelt sei. Innerhalb dieser Richtung gab es Streit darum, ob Ei oder Spermium (beides gerade entdeckt) das entwickelte Leben enthalte. Die *Epigenisten* gingen dagegen davon aus, daß sich der Fötus vom einfachen zum komplexen Organismus entwickele und beide Elternteile ihren Beitrag dazu leisten.

Die festgestellte Unterschiedlichkeit der Geschlechtsorgane warf die Frage nach weiteren Unterschieden auf. Wie weit reichte der Unterschied der Geschlechter unter die Haut, wie weit durchdrang er den Körper? Jetzt wurde gemessen, gewogen, zerlegt, gezeichnet und verglichen, bis am Ende dieses Unterfangens Mann und Frau gänzlich verschieden dastanden.

Dem Skelett kam dabei besondere Aufmerksamkeit zu. Wenn sich im innersten und härtesten Bestandteil des Körpers Unterschiede zwischen den Geschlechtern feststellen ließen, wäre erwiesen, daß das Geschlecht den Körper durch und durch prägt und weder durch Wärme zu erklären noch als oberflächliche Erscheinung aufgefaßt werden könne.

Soemmering und die Venus von Mainz

Im Jahr 1734 hatte der Leidener Anatom Bernhard Siegfried Albinus (1697–1770) die nach seinem eigenen Maßstab vorbildliche Darstellung eines männlichen Skeletts veröffentlicht. Nicht nur seine Methode der maßstäblichen Zeichnung der Knochen hielt er für ideal, auch das Skelett selbst entsprach Idealvorstellungen des männlichen Körperbaus, wie sie die Antike vorgegeben hatte. Durch die Auswahl des Skelettes sorgte Albinus dafür, daß dieses Schönheitsideal bei seiner Illustration erfüllt wurde. *„Da Skelette sich nicht nur nach*

Abb. 5. Das perfekte menschliche (männliche) Skelett von Bernhard Albinus (1747).

Alter, Geschlecht, Wuchs und Vollkommenheit der Knochen unterscheiden, sondern ebenso nach Merkmalen von Kraft, Schönheit und ihrer Beschaffenheit im ganzen, wählte ich eines aus, das wohl männliche Kraft und Beweglichkeit ausdrükken könnte; das in allen seinen Teilen von gefälliger Anmut ist, doch nicht übermäßig; so daß nicht der Eindruck einer kindlichen oder weiblichen Gerundetheit und Zartheit, noch der Gegensatz einer ungeschlachten Grobheit und Plumpheit entstünde" (Albinus, Tabula sceleti, zitiert nach Schiebinger 1993: 283). Albinus selber verglich seine Aufgabe mit der eines Künstlers, der Makel am Modell auf dem Bild ausbessern soll.

Dem makellosen Mann, den Albinus geschaffen hatte, fehlte die weibliche Ergänzung. In den nächsten 50 Jahren machten sich einige Anatomen daran, dieses Bild einer makellosen Frau zu erschaffen. In Deutschland widmete sich Samuel Thomas Soemmering (1755–1830) dieser Aufgabe. Die Geschichte der Entstehung dieser Illustration eines weiblichen Skeletts zeigt, daß er ähnlich wie Albinus nicht einfach abbildete, was er sah, sondern sein Material dem klassischen Schönheitsideal und den Vorstellungen von Weiblichkeit anpaßte. Aus ästhetischen Gründen beseitigte er an seinem Bild alles, was an den Tod erinnerte, d. h. alle Spuren von Zerfall einerseits und alle Spuren des technischen Vorgangs der im Labor erfolgten medizinischen Präparation andererseits. Der Eindruck einer Abbildung des Lebendigen sollte vermittelt werden. Außerdem sollte das typisch Weibliche dargestellt werden und zwar in seiner idealen Form. Die entsprach für Soemmering, seiner Zeit gemäß, dem antiken Schönheitsideal. Die Auswahl des Modells trug dem Rechnung. Da die weiblichen Skelette seiner eigenen Sammlung allesamt starke Abweichungen von diesem Schönheitsideal zeigten, bildete er schließlich das Skelett einer 20jährigen Mainzerin ab, die nicht nur zu ihren

Lebzeiten als schön galt, sondern auch ein Kind geboren hatte. Soemmering konnte somit *„mit einiger Sicherheit behaupten . . . , daß der Bau von Becken und Brust, wie wir ihn auf unserer Tafel zeigen, zur Fruchtbarkeit vorzüglich geeignet ist"* (Soemmering, Tabula sceleti femini, zitiert nach Schiebinger 1993: 281). Soemmering selber schilderte seine Absicht bei der Auswahl des Modells so: *„Vor allem lag mir daran, den Körper einer Frau zu finden, die sich nicht nur durch Jugend und Gebärfähigkeit auszeichnen sollte, sondern auch durch Zierlichkeit, Wohlgestaltetheit und Anmut, durch Liebreiz und Schönheit ihrer Glieder, einen Körper, wie ihn die Alten der Venus zuschrieben"* (Soemmering, Tabila sceleti femini, zitiert nach Schiebinger 1993: 285). Zur Verstärkung verlieh er dem Abbild auch die Pose einer klassischen Venus.

Sowohl Albinus als auch Soemmering nahmen für sich Wissenschaftlichkeit in Anspruch. Sie wollten nach eigener Aussage darstellen, was die Natur vorgibt. Die Bilder, die sie schufen, waren aber deutlich von dem geprägt, wie die Natur in ihren Augen sein *sollte*. Die individuelle Vielfalt der Körper, die den beiden Anatomen in dem ihnen vorliegenden Material begegnete, wurde der Vorstellung, wie Männer und Frauen sein sollen, geopfert.

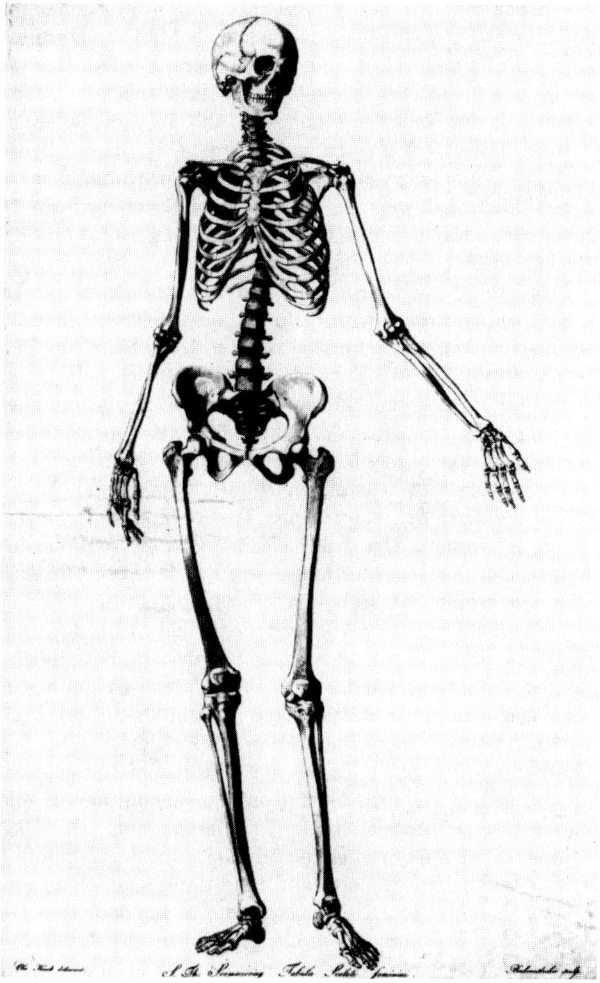

Abb. 6. Das perfekte Frauenskelett von Soemmering. Samuel Thomas Soemmering (1796).

DIE ENTDECKUNG DES FREMDEN: FRAUEN UND ANDERE EXOTEN

Einmal festgestellt, wurde der Unterschied zwischen den Geschlechtern immer größer. Frauen wurden zu Exoten, zum *„anderen"* Geschlecht. Sie wurden ebenso zum Objekt der Forschung wie die fremden „Rassen", denen sich die europäischen Forschungsreisenden und „Entdecker" bei ihren zunehmenden Reisen im 17. und 18. Jahrhundert in Afrika, Asien und der neuen Welt gegenübersahen. Der Maßstab, an dem alles andere gemessen wurde, war der weiße, europäische Mann. Mit ihm wurden weiße Frauen und schwarze Männer verglichen. Die minderwertige Stellung schwarzer Frauen stand nicht in Frage.

Zwei Begriffspaare erlangten in diesen Vergleichen eine neue, gegensätzliche Bewertung. Der Trennung von Körper und Geist entsprach die Gegenüberstellung von Natur und Kultur. In der Gegenüberstellung zum weißen Mann erfuhren Frauen wie Fremde eine Reduzierung auf Körper und Natur. So stand „Kulturvolk" gegen „Naturvölker" und „Mann" gegen „Frau". Argumente für die höhere Bewertung von Geist und Kultur lieferten die männlichen europäischen Naturwissenschaftler.

Im 18. Jahrhundert gab es neben der hauptsächlich vertretenen Vorstellung von Arten*konstanz* (die Arten sind unveränderlich so, wie Gott sie erschaffen hat) die durch Leibnitz formulierte widerstreitende Theorie eines *Stufenmodells*, nach der die Arten sich stufenweise vom niederen zum höheren Lebewesen entwickelt haben. Auf der höchsten Sprosse der angenommenen Stufenleiter stand der Mensch: der weiße Mann. Diese Stufentheorie hatte noch nichts zu tun mit der erst ein Jahrhundert später von Charles Darwin aufgestellten Evolutionstheorie, führte aber, verstärkt durch Fossilfunde, zu einem Bewußtsein, daß auch die Natur eine Geschichte hat.

Auch Soemmering wurde durch diese Stufentheorie beeinflußt. Er beschäftigte sich nicht nur mit der Darstellung der idealen Frau, sondern auch mit dem Vergleich von Europäern und Afrikanern. Sein Hauptaugenmerk richtete er auf Skelett, Schädel und Gehirn sowie die Nerven. Seine Untersuchungen führten ihn zu der Schlußfolgerung, *„daß im allgemeinen, im Durchschnitt, die afrikanischen Mohren doch in etwas näher ans Affengeschlecht, als die Europäer gränzen"*, und daß die Unterschiede zum Europäer Schwarzen *„eine niedrigere Staffel am Thron der Menschheit anzuweisen scheinen"* (Soemmering, Über die körperliche Verschiedenheit des Mohren vom Europäer, zitiert nach Stolzenberg-Bader 1989: 758). Soemmering argumentierte, daß die Nerven der Afrikaner etwas dicker und der Teil des Gehirns, der über die Versorgung der körperlichen Bedürfnisse hinausreiche, kleiner sei als bei Europäern. Körper und Geist waren für Soemmering zwei gegensätzliche Dinge: *„Der Verstand wird oft zum Nachtheil des Körpers, und umgekehrt, der Körper zum Nachtheil des Verstandes, kultiviert"* (Soemmering, Über die körperliche Verschiedenheit des Mohren vom Europäer, zitiert nach Stolzenberg-Bader 1989: 762). Wenn er schwarzen Afrikanern körperliche Vollkommenheit bescheinigte, so meinte er, daß sie sich durch die Entwicklung *körperlicher* Fähigkeiten, insbesondere der Fähigkeit intensiver Sinneswahrnehmung, die Europäer jedoch durch die Entwicklung *geistiger* Fähigkeiten an ihre jeweilige Umwelt angepaßt hätten.

Im Vergleich von Afrikanern und Europäern ergab sich eine Hierarchie, in der, an der Größe des Schädels gemessen, der weiße Mann an oberster Stelle stand, an der Größe des Beckens dagegen die weiße Frau. Das konnte nicht verwundern, war es doch nichts weiter als eine Anpassung des Beckens der europäischen Frauen an den großen Schädel der europäischen Männer.

Ähnlich wie den Afrikanern bescheinigte Soemmering Frauen körperliche Vollkommenheit, allerdings nur bezogen auf die Funktion des Gebärens. Geistige Vollkommenheit, wie der (weiße) Mann, erreichten sie nicht, sondern blieben auf einer kindlichen Stufe der Entwicklung stehen. Auch dafür lieferte die vermeintliche Hirngröße das Argument: im Vergleich eines Frauenskeletts mit einem Männerskelett stellte Soemmering fest, daß der Frauenschädel proportional größer sei als der des Mannes und folgerte daraus eine größere Kindnähe, also geringere Entwicklung von Frauen. Ein weiterer Maßstab war die *Beschaffenheit* des Hirns. Frauen und Kinder hatten nach seiner Vorstellung ein weiches Hirn, zwar gut geeignet für die Einprägung von Sinneseindrücken (analog zu Afrikanern), aber nicht fest genug für Urteilskraft und Vernunft. Dafür hatte lediglich das erwachsene männliche Gehirn die ausreichende Festigkeit. Nach Soemmerings Theorie wird im Alter die Hirnsubstanz dann hart und verliert alle Denkkraft. Wie alte Frauen diesen Zustand erreichen, ohne vorher das Stadium fester Gehirnsubstanz zu durchlaufen, bleibt im Dunkeln.

ROUSSEAU: DER SPRUNG VOM KÖRPER ZUM WESEN

Der französische Philosoph Jean-Jacques Rousseau (1712–1778) verband wieder, was zuvor durch Descartes getrennt worden war. Für ihn lag das Wesen und der Geist eines Menschen im körperlichen, im Geschlecht begründet, wenngleich *„durch Zusammenhänge, die zu bemerken wir außerstande sind“* (Rousseau, Emile, zitiert nach

Schiebinger 1993: 310). Angeborene physische Unterschiede waren bestimmend für moralische und letztendlich gesellschaftliche Unterschiede zwischen den Geschlechtern, die damit ebenso unveränderlich waren wie etwa der Knochenbau. *„Der Mann ist nur in gewissen Augenblicken Mann, die Frau ist ihr ganzes Leben lang Frau, oder wenigstens während ihrer ganzen Jugend; alles erinnert sie unablässig an ihr Geschlecht . . ."* (Rousseau, Emile, zitiert nach Schiebinger 1993: 439).

Die körperliche Verschiedenheit wurde verstanden als das Streben der Natur nach *sozialer* Stabilität, in der die Frau einen festgelegten Platz hatte: *„sie muß alles besitzen, was der Konstitution ihrer Gattung und ihres Geschlechts entspricht, um ihren Platz in der physischen und geistigen Ordnung einnehmen zu können"* (Rousseau, Emile, zitiert nach Schiebinger 1993: 309). Die Geschlechter wurden als komplementär, als sich ergänzend, aufgefaßt. Jedes für sich konnte Vollkommenheit erlangen, aber nur dann, wenn es *„nach seiner besonderen Bestimmung den von der Natur vorgesehenen Zwecken zustrebt"* (Rousseau, Emile, zitiert nach Schiebinger 1993: 314). Selbst diese Vollkommenheit war hierarchisch, wie Immanuel Kant formulierte: *„Kein Mann aber wird ein Weib sein wollen"* (Immanuel Kant, Anthropologie in pragmatischer Hinsicht).

Welche Bestimmung „die Natur" der Frau vorgab, erklärten wiederum Mediziner. Das wird deutlich anhand der Schilderung der körperlichen Entwicklung der Frau durch den französischen Arzt Moreau. Er machte im Leben der Frau verschiedene Phasen aus. Die erste ist die kindliche Phase mit wenig unterscheidbaren Merkmalen, gefolgt vom Jungfernstadium mit dem Eintritt der Menstruation als Zeichen von „Mannbarkeit". In dieser Phase ist alles Weibliche darauf ausgerichtet, dem Mann zu gefallen. Die Jungfrau erblüht in höchster Schönheit, um dann in der dritten Phase ihre weibliche Erfüllung in „ehelicher Liebe und mütterlicher Zärtlichkeit" zu finden. Die Schönheit beginnt zu verblühen, wird aber durch mütterliche Werte ersetzt. In der vierten Phase ist die Bestimmung der Frau erfüllt, die Schönheit dahin, der Körper verfällt und mit ihm der Wert der Frau. Alle Lebensphasen der Frau sind darauf ausgerichtet, dem Mann zu gefallen, ihm Kinder zu gebären und den Haushalt zu führen. All das ist unabhängig vom Willen oder der Vernunft der Frau, es liegt in ihrem Körper begründet.

Der körperliche Verfall trifft Frauen in ganz besonderer Weise, weil sie mit dem Verlust der Fähigkeit zur Fortpflanzung ihren

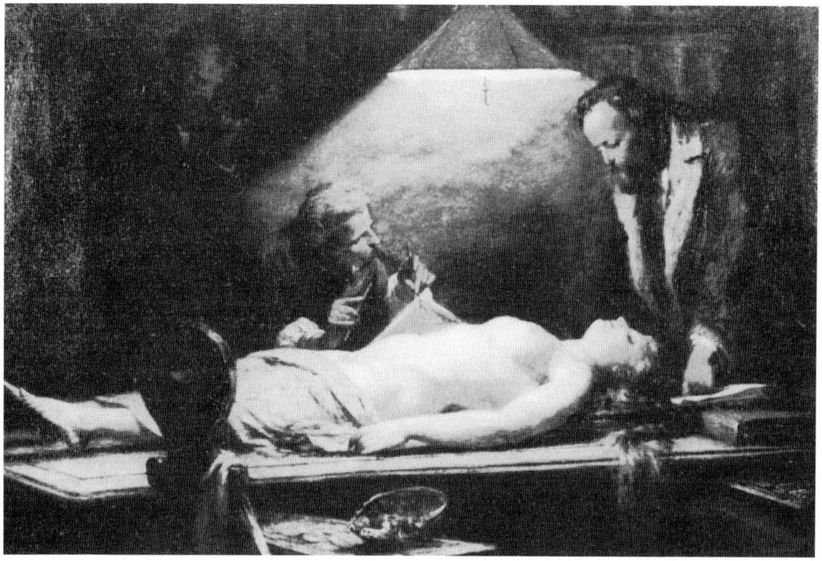

Abb. 7. „Sektion der schönen Frankfurterin". H. Hasselbach (1864).

Lebenszweck verlieren: *„Wir erkennen an jedem Alter eine besondere und eigene Schönheit. Wir haben auch alle eine gewissen Hochachtung und Ehrerbietung für die Miene eines alten Mannes, wahrscheinlich aus einem moralischen Grunde. . . . Und gleichwohl wird dieselbe Veränderung der Form, die von dem zunehmenden Alter unzertrennlich ist, an einer alten Frau für häßlich und verächtlich gehalten. Gewiß bloß deshalb, weil sie keine Liebe einflößt, und ihre Fruchtbarkeit, diesen hohen und glänzenden Vorzug in den Augen der Männer, das ist, den wahren Zweck ihrer Bestimmung, die Fähigkeit zur Fortpflanzung, durch das Alter verloren hat"* (Peter Camper, Vorlesungen über den Ausdruck der verschiedenen Leidenschaften durch die Gesichtszüge).

WEIBLICHKEIT ALS KRANKHEIT

Mit der weiblichen körperlichen Vollkommenheit, die Ärzte wie Soemmering konstatiert hatten, war es bald wieder vorbei. Die weiblichen Geschlechtsorgane wurden als die Ursache aller möglichen Krankheiten ausfindig gemacht. Auch Soemmering war zum

Beispiel der Auffassung, die Menstruation würde das gesamte Nervensystem in Mitleidenschaft ziehen und sei damit Ursache weiblicher Nervenleiden. Andere seiner Zeitgenossen, wie der Professor für Geburtshilfe in Leipzig, Johann Chr. Jörg, sprachen gleich von der Unvollkommenheit des weiblichen Geschlechtsapparates: *„Da aber der männliche Körper an und für sich vollkommener, einfacher und beständiger gebaut ist, da er mit einer unvollkommenen Geschlechtsvorrichtung, wie die Menstruation nicht versehen . . . worden ist . . ."* (Johann Christian Jörg, Handbuch der Krankheiten des Weibes nebst einer Einleitung in die Physiologie und Psychologie des weiblichen Organismus).

Abweichungen von der gesellschaftlich gesetzten Norm wurden bekämpft. Wenn, wie der Arzt Gardien es 1816 ausdrückte, *„Frauen . . . ihre Seinsweise ihren Fortpflanzungsorganen, und besonders dem Uterus (verdanken)"*, war es folgerichtig, daß Störungen in der Weiblichkeit (und damit waren *Verhaltens*störungen gemeint!) durch die Entfernung dieser Organe therapiert wurden. Die den Frauen zugeschriebene verstärkte Reizbarkeit, die Hysterie, „undamenhaftes Verhalten", sexuelle Begierden und dergleichen mehr wurden ab der zweiten Hälfte des 19. Jahrhunderts so behandelt (zitiert nach Laqueur).

Freiheit, Gleichheit, Schwesterlichkeit?

Wie ist es zu erklären, daß im Verlauf des 18. Jahrhunderts die *Unterschiede* der Geschlechter so in den Vordergrund gerückt wurden, daß am Ende Männer und Frauen nicht nur in Körper, Geist und Wesen verschieden, sondern als nicht mehr *vergleichbar* galten? War nicht im Gegenteil die Gleichheit der Menschen einer der wesentlichen Gedanken der Aufklärung?

Ein Grund für das verstärkte medizinische Interesse am Frauenkörper war, daß die bis dato für Fragen der Frauengesundheit zuständigen Hebammen von den sich etablierenden Ärzten unter dem Hinweis auf mangelnde Wissenschaftlichkeit verdrängt wurden. Gleichzeitig wurde, nicht nur von Rousseau, Mütterlichkeit zum Ideal erklärt und zur Staatsangelegenheit erhoben. *„Ein Staat ist nur insoweit mächtig, als er bevölkert ist . . . als die Zahl der Arme wächst, die ihn bilden und verteidigen"* erklärte Alphonse Didelot (zitiert nach Schiebinger). Da bestand Handlungsbedarf, denn die

Mütterlichkeit der Adeligen und aufstrebenden Bürgersfrauen ließ in den Augen des Staates zu wünschen übrig. Viele Frauen der höheren Stände zogen es vor, ihre Kinder kurz nach der Geburt zu Ammen zu geben und sich anderen Aufgaben zuzuwenden. Eine Reihe von Gesetzen sollte dem entgegenwirken.

Die Propagierung einer Frauenrolle, die die Bestimmung der Frau in der Erziehung der Kinder und der Pflege der Häuslichkeit sah, entsprach den Interessen des aufstrebenden Bürgertums. Das fühlte sich einerseits bedroht durch die seit jeher privilegierten, gebildeten, adeligen Frauen und andererseits durch die Frauen des eigenen Standes, die die Forderung nach Freiheit, Gleichheit, Brüderlichkeit für sich selbst wörtlich nahmen. Das brachte die ganze Gesellschaft in Gefahr, denn: *„Was würde aus der menschlichen Gesellschaft, was aus dem Glücke von Familien werden, wenn die Weiber, welche Kinder gebähren, säugen, und erziehen, so wie das innere Hauswesen leiten sollen, wenn diese, Häuser, Kinder und Gesinde verlassen, und mit den Männern entweder Volksversammlungen besuchen oder in Gerichten und anderen Collegien sitzen, oder gar in den Krieg ziehen sollten?"* formulierte der Göttinger Philosoph und Historiker Christoph Meiners die bestehenden Ängste (zitiert nach Schiebinger).

Unter der Prämisse der Gleichheit der Menschen konnte man aber den Ausschluß der Frauen von Politik und öffentlichem Leben nur dann moralisch rechtfertigen, wenn es dafür „objektive" Gründe gab. Schon lange bestehende *gesellschaftliche* Unterschiede wurden unter Zuhilfenahme der als objektiv und geschlechtsneutral angesehenen Naturwissenschaften zu „natürlichen" und deshalb unabänderlichen Unterschieden erklärt. So konnte die französische Revolutionsregierung Frauen die politischen Rechte und das Versammlungsrecht verweigern mit der Begründung, ihnen fehle die *„. . . moralische und physische Kraft, die für die Ausübung der . . . [bürgerlichen] Rechte erforderlich ist."* Frau und Mann unterlägen einer natürlichen Bestimmung und *„die Natur, die dem Menschen diese Grenzen auferlegt hat, diktiert gebieterisch und läßt sich nicht befehlen"* (zitiert nach Schiebinger).

Die Naturwissenschaftler, in diesem Fall die Anatomen, füllten durch ihre Ergebnisse eine Argumentationslücke, die durch die Aufgabe der alten Lehren entstanden war. Sie trugen dadurch zur Aufrechterhaltung der sozialen Unterschiede zwischen den Geschlechtern bei. Die (männlichen) Naturwissenschaftler trafen Aussagen über Frauen auf der Grundlage des Frauenbildes, das sie im Kopf hatten. Dieses Frauenbild rechtfertigte nicht nur die Verweigerung politischer Rechte, sondern auch den Ausschluß der Frauen aus der Wissenschaft, von Universitäten usw. Ausnahmen, die es vorher für Frauen der höheren Stände gegeben hatte, wurden nicht länger zugelassen, hätte doch die Zulassung einzelner Frauen dem demokratischen Prinzip „Gleiches Recht für alle!" widersprochen. Der Ausschluß aus der Wissenschaft beraubte Frauen gleichzeitig der Möglichkeit, deren Ergebnisse „wissenschaftlich" zu kritisieren und in Frage zu stellen.

Das alles geschah unter dem durchaus ernst gemeinten Anspruch der Wissenschaftler, objektiv und unparteiisch ihre Arbeit zu betreiben, ohne eigene Absichten zu verfolgen. Das machte sie zu einer übergeordneten Instanz und entzog sie jeglicher moralischer Anfechtung. Die Minderwertigkeit von Frauen wurde so neu konstruiert.

DARWIN, FRAUEN UND PFAUEN

Nachdem die Frauenfrage zunächst einmal politisch entschieden war, wurde die Rolle der Frau als Hausfrau und Mutter im 19. Jahrhundert weiter zementiert. Dem entsprach in der bürgerlich-kapitalistischen Gesellschaft eine zunehmende Trennung von Öffentlichkeit und Produktion als männlicher Domäne und der häuslichen Reproduktion als der weiblichen Domäne.

Die mütterlich-häusliche Rolle der Frau, aus der Natur abgeleitet und gesellschaftlich festgeschrieben, wurde zurückübertragen in die naturwissenschaftliche Theorie. Charles Darwin (1809–1882) veröffentlichte im Jahr 1859 das Buch „Über die Entstehung der Arten". Nach Darwins Theorie sind die bestehenden *Arten* von Lebewesen das Ergebnis einer historischen Entwicklung, die nach bestimmten Naturgesetzen abläuft. Die *Individuen* einer Art sind Teil einer Fortpflanzungsgemeinschaft *(Population)*, in der individuelle Unterschiede *(Variationen)* zwischen den einzelnen Mitgliedern Wettbewerbsvorteile im Kampf ums Überleben bewirken. Diesen Prozeß bezeichnete Darwin als *natürliche Zuchtwahl (Selektion).* Die Entwicklung der Art und ihre Anpassung an die natürliche Umwelt ist der Variation und Konkurrenz geschuldet. Der „Kampf ums Dasein" bekommt hier eine neue Ebene: Neben das „Fressen und Gefressen werden" *verschiedener* Arten tritt die Konkurrenz, das „jeder gegen jeden", *innerhalb* einer Art.

Wesen und Rolle von Frau und Mann sind dabei festgelegt: *„Die Frau scheint dem Manne in Bezug auf geistige Anlagen hauptsächlich in ihrer größeren Zartheit und geringeren Selbstsucht verschieden zu sein . . . In der Folge ihrer mütterlichen Instincte entfaltet die Frau diese Eigenschaften gegen ihre Kinder in einem außerordentlichen Grade. Es ist daher wahrscheinlich, daß sie dieselben häufig auch auf ihre Mitgeschöpfe ausdehnen wird. Der Mann ist der Nebenbuhler anderer Männer; er freut sich der Concurrenz und diese führt zu Ehrgeiz, welcher nur zu leicht in Selbstsucht übergeht. Die letzteren Eigenschaften scheinen sein natürliches und angeborenes Recht zu sein. Es wird meist zugegeben, daß beim Weibe die Vermögen der Anschauung, der schnellen Auffassung und vielleicht der Nachahmung stärker angesprochen sind als beim Mann. Aber mindestens einige dieser Fähigkeiten sind für die niederen Rassen charakteristisch und daher auch für einen vergangenen und niederen Zustand der Civilisation"* (Charles Darwin, Die Abstammung des Menschen). Die Aufgaben sind verteilt: die Frau ist zuständig für die (konservative) *Erhaltung* der Art, der Mann als Konkurrent anderer Männer für ihre *Weiterentwicklung.* Wer dabei auf welcher Stufe der Entwicklung steht, wird aus dem zuletzt zitierten Satz deutlich.

Das Prinzip der natürlichen Selektion durch die Auseinandersetzung mit der Umwelt wird nach Darwin ergänzt durch das Prinzip der geschlechtlichen Zuchtwahl. Dabei tritt neben die Konkurrenz (von Männchen um die Weibchen) die Auswahl von geeigneten Sexualpartnern durch die Weibchen. Dieses Prinzip der sexuellen Selektion übertrug Darwin auch auf die Menschen, allerdings kehrte er es hier um: Aus völkerkundlichen Beispielen leitete er ab, daß bei den Menschen die Frauen durch die Männer ausgewählt werden. Damit lagen sowohl Auswahl als auch Konkurrenz in männlicher Hand. Für die Frauen blieb nur noch übrig, den Mann zu akzeptieren, der sie erwählt und seine Konkurrenten aus dem Feld geschlagen hatte.

In der Entwicklungsgeschichte der Menschen lag nach Darwins Vorstellungen der Selektionsvorteil bei intelligenten, mutigen, werkzeug-benutzenden Männern. *„So wurden die Männer schließlich den Frauen überlegen. Glücklicherweise setzt sich das Gesetz der gleichen Weitergabe von Charakteren an beide Geschlechter bei* *den Säugetieren durch. Andernfalls wären die Männer wahrscheinlich in ihrer geistigen Ausstattung den Frauen so überlegen geworden, wie es die Pfauen in ihrem Schmuckgefieder ihren Hennen sind"* (zitiert nach Fedigan, Übers. Schulte-Dornberg).

SCHLUßFOLGERUNGEN

Mit der Evolutionstheorie setzte sich die Erkenntnis durch, daß Natur sich historisch entwickelt hat und daß der Mensch dieser Entwicklung ebenso unterliegt wie jedes andere Lebewesen. Als Naturwesen mußte er seine Stellung neu definieren. Statt gottgegebener Vernunft wurde die Benutzung von Werkzeugen, der Fortschritt in der Produktion, zur Grenzziehung gegenüber anderen Lebewesen benutzt. Frauen hatten daran nicht teil. Sie wurden als Repräsentantinnen des Naturhaften im Menschen angesehen, Männer als Träger der Kultur und damit des Fortschritts. In dieser Sichtweise hat zur Evolution der Menschheit nur ihr männlicher Teil beigetragen, Frauen wurden davon ausgeschlossen: Sie hatten keine Geschichte, sondern eine immer gleichbleibende biologische Funktion. Ein doppelter Widerspruch: Obwohl Natur Geschichte hatte und obwohl Frauen „Natur" waren, waren sie geschichtslos: *ahistorisch, außerkulturell*.

Hier sind wir wieder bei den anfänglichen Grundannahmen angekommen. Es hat sich gezeigt, daß diese Grundannahmen wert sind, hinterfragt zu werden. Ob ein Mensch Frau oder Mann ist, oder etwas anderes, ob das von Geburt an feststeht oder sich im Verlauf des Lebens ändern kann – alles das ist nicht „natürlich", sondern hängt von den Vorstellungen ab, die sich die jeweilige Gesellschaft darüber macht, wie sie Geschlecht *konstruiert*.

Wenn wir versuchen, in der Vergangenheit *„Frauen – Zeiten – Spuren"* zu finden, sollten wir uns bewußt sein, daß unser Bild der Geschlechter ein historisch in bestimmten Zusammenhängen geschaffenes ist. Je weiter wir in die Vergangenheit zurückgehen, desto schwieriger wird ein solches Bild zu erfassen. Wir können Vermutungen anstellen und versuchen, uns dem Bild anzunähern, aber sicher ist nur eins: es war *anders*.

Literatur:

Bettex, A.: Die Entdeckung der Natur (Herrsching).

Capra, F. (1983): Wendezeit. Bausteine für ein neues Weltbild (Bern/München/Wien).

Eifert, Ch./Epple, A./Kessel, M. u. a. (Hrsg.) (1996): Was sind Frauen? Was sind Männer? Geschlechterkonstruktionen im historischen Wandel (Frankfurt a. M.).

Fischer, E. P. (1995): Aristoteles, Einstein & Co. Eine kleine Geschichte der Wissenschaft in Porträts (München).

Honegger, C. (1996): Die Ordnung der Geschlechter. Die Wissenschaften vom Menschen und das Weib 1750–1850 (München).

Jahn, I. (1990): Grundzüge der Biologiegeschichte (Jena).

Laqueur, T. (1996): Auf den Leib geschrieben. Die Inszenierung der Geschlechter von der Antike bis Freud (München).

Martin, J./Zoepfel, R. (Hrsg.) (1989): Aufgaben, Rollen, Räume von Frau und Mann. Bd. 2 (München).

Orland, B./Scheich, E. (Hrsg.) (1995): Das Geschlecht der Natur. Feministische Beiträge zur Geschichte und Theorie der Naturwissenschaften (Frankfurt a. M.).

Schiebinger, L. (1993): Schöne Geister. Frauen in den Anfängen der modernen Wissenschaft (Stuttgart).

MODJADJI – RAIN-QUEEN DER LOVEDU (NORD-OST-TRANSVAAL)

VON ALMUTH LEMKE

Die Lovedu sind eine fusionierte Gruppe von Sotho-Völkern, mit einer herrschenden Gruppe, die ihre Ursprünge auf das Rozwi-Königtum im heutigen Zimbabwe zurückführt. Im 19. Jahrhundert vereinigten sie sich unter Modjadji I und ihrer royalen Gruppe, die ca. 10% der Bevölkerung ausmachten. Die Gesellschaft organisierte sich in patrilinearen Haushalten mit sowohl männlichen als auch weiblichen und royalen sowie nicht-royalen chiefs.

Die wichtigsten Ereignisse in der Geschichte des Transvaal im 19. Jahrhundert sind weitverbreitete Kriege, Aufstände und Vertreibungen einer großen Anzahl afrikanischer Völker während der Zulu-Revolution. Die erste Hälfte des 19. Jahrhunderts erlebte eine Inkorporation vieler kleiner Gruppen von Flüchtlingen in die Lovedu-Gesellschaft. Dann kam die Expansion der Buren mit Kriegen und Enteignung von Land. 1894 verloren die Lovedu schließlich ihre Unabhängigkeit.

DER WECHSEL ZU WEIBLICHEN REGENTINNEN

Die erste Rain-Queen der Lovedu, Modjadji I (alle Nachfolgerinnen werden den gleichen Namen tragen), folgte 1800 auf eine Reihe männlicher Herrscher. Sie war die erste weibliche Regentin und ihr folgten ausschließlich Frauen auf den Thron. Es entstand eine ausdrückliche Bevorzugung weiblicher Regentinnen, obwohl gerade das 19. Jahrhundert eine Periode großer Unruhe im südlichen Afrika war. Die Eroberungszüge Shaka Zulus brachten viele Gruppen dazu, ihre Gebiete zu verlassen und plündernd ihren Weg in neue Gebiete

Abb. 1. Modjadji mit zwei Räten.

anzutreten. Die Lovedu waren diesen Gruppen militärisch unterlegen. Es gelang ihnen, unter weiblicher Führung, in Opposition zu dem als so überaus männlich charakterisierten Shaka Zulu, nicht nur ihre Position in der Region zu behaupten, sondern auch, im Gegensatz zu vielen ihrer benachbarten Gruppen, einer Vertreibung Stand zu halten.

Kurz vor dem Tod des letzten männlichen Herrschers, Mogodo, begann das Königtum bereits zu zerfallen. Nach seinem Tode brach ein erbitterter Kampf zwischen dem ältesten Sohn seiner ersten Frau und seiner Tochter Modjadji I um die Thronfolge aus. Mogodo hatte, da er seine Söhne für regierungsunfähig hielt, die *rain charms* bereits an seine Tochter gegeben. Der Besitz der *rain charms* (Objekte, die sich im Besitz der Rain-Queen befinden und die sie zum Regenmachen benötigt) bestätigte Modjadjis Thronfolge, da auch in allen zuvor ausgetragenen Disputen um die Nachfolge des Königs unter den bis dahin ausschließlich männlichen Bewerbern die Macht, Wolken in Regen zu verwandeln, eine zentrale Rolle spielte. Diese Macht und die Abstammung von der royalen Königslinie waren entscheidende Kriterien bei der Wahl der Nachfolge des Königs.

Mogodo ging ein inzestuöses Verhältnis mit Modjadji I ein, um die royale Abstammung ihrer Nachfolgerin zu garantieren. So gesehen war es nicht weiter verwunderlich, daß eine Frau auf den Thron folgte, da sie die beiden wichtigsten Kriterien (*rain charms* und royale Abstammung) erfüllte.

Nichtsdestotrotz muß Modjadji I einen großen Eindruck hinterlassen haben, da sich schnell eine Legendenbildung um ihre Person entwickelte. (Modjadji II diente dem Schriftsteller Rider Haggard als Vorlage für seinen bekannten Roman „She"). In der Perzeption des benachbarten Zulu-Volkes galt Modjadji als eine der größten Magierinnen überhaupt und wurde als unsterblich betrachtet. Einen Teil ihrer Reputation verdankte sie der Tatsache, daß sie keine Ehe mit einem Mann einging. Somit umging sie erstens das Risiko, daß sich zu viel politische Macht auf seine Person konzentrierte, und zweitens mußte sie sich keinem Ehemann unterordnen, wie es von anderen Lovedu-Frauen erwartet wurde und ihrer Rolle als Regentin ihres Volkes nicht entsprochen hätte bzw. ihrer Autorität widersprochen hätte. Sie wurde als auf der Straße schlafend (wie eine Prostituierte), als Witwe ohne Ehemann und als zölibatär lebende Herrscherin dargestellt.

Militärische Strategien

Das Fehlen einer Militärmaschinerie, wie sie zum Beispiel Shaka Zulu vorweisen konnte, glich Modjadji I auf andere Weise aus. Sie ließ nicht mit Waffengattungen wie etwa Speer und Schild oder Assegai kämpfen, sondern kämpfte mit rituellen Waffen. Sie besaß nicht nur die Macht, Wolken in Regen zu verwandeln, sondern auch Regen vom Gebiet ihrer politischen Gegner fern zu halten, was sie in der Tat zu einer gefährlichen Gegnerin werden ließ. Darüber hinaus wurde ihr nachgesagt, daß sie Heuschrecken kontrollieren konnte und somit auch entsprechende Plagen.

Eine zweite wichtige militärische Strategie gründete sich in der geographischen Lage des Lovedu-Gebietes. Für die viehzüchtenden, marodierenden Gruppen im 19. Jahrhundert war das eher bergige, am Fuße der Drakensberge gelegene Lovedu Land weniger attraktiv als andere Gebiete. In der Regenzeit wurde die dicht-bewaldete Region in einen Morast verwandelt und von Malaria und Tsetse-Fliegen heimgesucht. Man konnte sich mehr oder weniger in die dicht-bewaldeten Gebiete zurückziehen und auf Regen und Krankheiten warten, die den Gegner, erst einmal so weit vorgedrungen, schwächten oder aufhielten.

Die Frauen der Rain-Queen (*vatanoni*)

Eine weitere wichtige politische Strategie, die Modjadji I einsetzte, um ihr Königinnenreich zu verteidigen, war die Frauenheirat. Zu ihrer Diplomatie gehörten also der Einsatz ritueller Waffen und das geschickte Zueigenmachen geographischer Faktoren. Hinzu kam außerdem die Integration aller Teile ihres Königinnentums und teilweise der von außen hinzukommenden Schutzsuchenden und Flüchtlinge des 19. Jahrhunderts durch die Heirat mit Frauen und die Distribution von Frauen. Fehlte es ihrem Vater Mogodo an einer solchen integrierenden Funktion und sah er deshalb der drohenden Auflösung seines Königtums entgegen, so gelang es Modjadji I durch das *vatanoni*-System (Sg. *motanoni*) ihre Position in diesen turbulenten Zeiten zu behaupten und sogar auszubauen. Die Rain-Queen verwandelte, im Gegensatz zu ihren männlichen Vorgängern, das System der *vatanoni* in eine Grundlage von ökonomischem Nutzen für die Gesellschaft und schuf Möglichkeiten für Frauen in das politische Geschehen mit einzugreifen.

Die *vatanoni* als Frauen der Königin wurden bestimmt. Es wurde ihnen nicht gestattet Kinder zu bekommen, bevor es ihnen die Königin erlaubt hatte. Der Genitor (biologischer Vater) wurde ausgewählt und in den meisten Fällen war es ein royaler Verwandter der Königin. Die aus diesen Verbindungen hervorgehenden Kinder nannten die Rain-Queen „Vater" und wurden als Brüder und Schwestern der eigenen Kinder der Rain-Queen betrachtet. War es der Rain-Queen auch nicht gestattet zu heiraten, sondern wie bereits erwähnt, wurde großer Wert darauf gelegt, daß kein einzelner Ehemann zuviel Einfluß auf politischer Ebene gewann, so wurde doch erwartet, daß sie Kinder gebar.

Wurde das biologische Geschlecht der Rain-Queen in ihrer Rolle als Regentin betont, da die Lovedu davon ausgehen, daß eine Frau nicht kämpft, zumindest nicht mit militärischen Waffen, so wird hier ihre wechselnde Geschlechtlichkeit deutlich. Die Kinder der *vatanoni* sehen die Rain-Queen als Vater. Ihr soziales Geschlecht ist in ihrer Rolle als Vater dieser Kinder männlich. In ihrer Rolle als Mutter ihrer eigenen (biologischen) Kinder ist ihr soziales wie auch biologisches Geschlecht weiblich.

Die *vatanoni* erkannten die Rolle der Rain-Queen als ihren Ehemann ebenso an. Von jeder Mahlzeit, die sie zubereiteten, wurde ein Teller zur Rain-Queen gebracht, wie zu einem 'gewöhnlichen' Ehemann. Für die Rain-Queen bestand allerdings kein Versorgungszwang gegenüber ihren Ehefrauen. Die *vatanoni* versorgten sich und ihre Kinder weitgehend selbst. In ihrer Rolle als Ehemann wird auch hier die wechselnde Konzeption des Geschlechts der Rain-Queen deutlich.

Es wurde seit Beginn der 'Herrschaft' von Modjadji I immer mehr zur Norm, daß die Tochter eines Bruders einer *motanoni* dieser in die Heirat mit der Rain-Queen folgte, ihre Rolle also übernahm. Das System der *vatanoni* wurde immer mehr zum integrativen Faktor bei den Lovedu. Es entstanden nicht nur Verwandtschaftsbeziehungen zwischen der Rain-Queen und der Familie einer *motanoni*, sondern auch zwischen der Familie der *motanoni* und der Familie ihres Ehemannes, an den die Rain-Queen ihre Frauen geben konnte.

Die Möglichkeit nicht-royaler Personengruppen, Frauen als *vatanoni* mit der Rain-Queen zu verheiraten, eine affinale Beziehung (durch Heirat miteinander verbundene Personen) zu ihr aufzubauen und somit das eigene Prestige zu vergrößern, wurde häufig genutzt. Auf diese Weise wurde das gesamte Königinnentum überzogen mit einem Netzwerk von affinalen Beziehungen. Die soziale Mobilität, gerade auch nicht-royaler Personengruppen, wurde durch die *vatanoni* extrem gesteigert und die zuvor (zu Zeiten Mogodos) so streng befolgten endogamen Heiratsregeln der royalen Familie wurden modifiziert. Auf diese Weise wurden die Familien royaler Abstammung nie zu einer geschlossenen Elite, wie zum Beispiel bei den Tutsi in Rwanda, wo sich die Mitglieder der royalen Linien durch großen Reichtum und hohes Prestige von der nicht-royalen Bevölkerung abhoben.

Die Rain-Queen selbst konnte das *vatanoni*-System dazu nutzen, Beziehungen zu ihren affinalen Verwandten zu verstärken oder neu zu etablieren, indem sie eine *motanoni* an einen nahen Verwandten verheiratete und sich somit dessen Unterstützung und Loyalität in politischen Angelegenheiten, wie zum Beispiel Dispute über Nachfolge in bestimmte Ämter, sicherte. Darüber hinaus konnte die Rain-Queen diejenigen mit einer *motanoni* 'auszeichnen', die sich in ihrer Gunst besonders hervortaten.

Ein weiterer wichtiger Aspekt des *vatanoni*-Systems hing mit der Aufteilung der 140 Distrikte zusammen. Distrikte wurden entweder von Mitgliedern der royalen Familie verwaltet, an *vatanoni* gegeben oder an Gruppen, die in das Lovedu-Gebiet immigriert waren. Es gab also auch auf anderer Ebene der Gesellschaft für Frauen die Möglichkeit, wichtige politische Ämter auszuüben. Zwar waren 1930 offiziell nur 14% der Chiefs weiblich, aber wenn man die Fälle hinzunahm, in denen Söhne in Konsultation mit ihren Müttern Distrikte führten, stieg die Zahl deutlich an.

Jede dieser drei Gruppen von Personen, die Distrikte verwalteten, sandte Frauen zur Rain-Queen, die somit die Rolle eines Schwiegersohnes übernahm, und indem sie wiederum diese Frauen an andere Chiefs (weiblich und männlich) anderer Distrikte sandte, wurde sie so zur 'Schwiegermutter'. Der Wechsel der Geschlechtlichkeit, der sich in der einzelnen Person der Rain-Queen darstellte, wurde durch die Annahme und Redistribution der Frauen deutlich.

Insbesondere das *vatanoni*-System der Lovedu ermöglichte die Etablierung reziproker Beziehungen zwischen der Lovedu-Gesellschaft und den Gruppen, die von außen in das Lovedu-Gebiet vordrangen. Es entstand in der *moshate* (Hauptstadt) ein weitreichendes Netzwerk, dessen Dreh- und Angelpunkt von der Person Modjadjis ausging. Auf diese Weise gelang es Modjadji I auch, die große Anzahl der Flüchtlinge dieser Zeit in die Lovedu-Gesellschaft zu integrieren und in das Verwandtschaftssystem miteinzubeziehen.

Der Wechsel zu weiblichen Regentinnen (eindeutig weiblich nur das biologische Geschlecht), um deren rituelle Macht, vor allem die Macht, Wolken in Regen zu transferieren, sich eine geheimnisvolle Sphäre etablierte, trug dazu bei, daß sich eine Mischung aus Furcht und Respekt vor der Rain-Queen durchsetzte.

Ein weiteres Charakteristikum dieses Königinnentums war, daß es keinen zentralisierten Aufbau der Gesellschaft gab (wie etwa in den Königtümern Buganda oder Bunyoro in Uganda). Der relativen Autonomie der 140 Distrikte wurde mit subtilen Mitteln der Rain-Queen entgegengewirkt, in dem sie sie in dem Netz hielt, daß von ihrer *moshate* ausging. Aber die theoretische Autorität Modjadji's wurde selten im Alltagsleben der Bevölkerung spürbar. Sie schien vielmehr kraft Überzeugung anstelle von Unterdrückung zu regieren. (Obwohl auch in einigen Fällen von Tötungen ihrer Ratgeber, mit denen Modjadji I und Modjadji II unzufrieden waren, berichtet wurde).

Ein Merkmal der Autorität der Rain-Queen und auch der Wertevorstellungen der Lovedu-Gesellschaft war eine Aversion gegen militärische Institutionen (es gab zum Beispiel keine Armee), und so scheint eine relativ große Kompromißbereitschaft in Konfliktsituationen vorherrschend gewesen zu sein. Dies zog auf gewisse Weise die Flüchtlinge der Umgebung in den Bann der Rain-Queen, da sie sich beschützt und sicher fühlten, nicht nur gegen ihre Feinde, sondern auch gegen die Unwägbarkeiten der Natur, durch die Macht der Rain-Queen, Wolken in Regen zu transformieren oder diesen von bestimmten Gebieten fern zu halten. Im Gegenzug für diese Sicherheit und den Schutz schickten sie Frauen an den Hof der Rain-Queen.

Wenn Konflikte auftraten, griff Modjadji I selten ein. Sie überließ die Schlichtung den betroffenen Parteien selbst. Die Rain-Queen war vielmehr relativ abgeschieden von ihrem Volk und lebte zurückgezogen in ihrer *moshate*, wo ihre Räte für die Tagespolitik zuständig waren und Modjadji selbst nur über besondere Fälle zu Gericht saß und ansonsten ihre rituellen Aufgaben wahrnahm (Abb. 1). Für die Lovedu selbst war sie nur über ihre Räte und die Distrikt-Chiefs erreichbar, ansonsten aber unnahbar.

Das von Modjadji I (sie regierte von 1800 bis 1845) etablierte System der *vatanoni*, wurde von ihren drei Nachfolgerinnen (Modjadji II 1845–1894, Modjadji III 1896–1959, Modjadji IV 1960–1981) übernommen und fortgeführt. Mit Modjadji V, die 1982 ihr Amt antrat, endete das *vatanoni* System, da sie sich weigerte, Frauen anzunehmen und nur Geld- und Warengeschenke akzeptierte.

Literatur

Höckner, E. (1992): Gottgewollte Grenzen: Enteignung der Lobedu (SA) und ihre Legitimierung am Beispiel des Missionars Friedrich Reuter. In: Wagner, W. (Hrsg.), Rassendiskriminierung, Kolonialpolitik und ethnisch-nationale Identität. Bd. 2 (Münster/Hamburg) 555–571.

Kramer, F. (1987): Ethno-Fiction. Zu Rider Haggards "She". In: Duerr, H. P. (Hrsg.), Authentizität und Betrug in der Ethnologie. (Frankfurt a. M.) 87–94.

Krige, E. J./Krige, J. D. (1943): The realm of a Rain-Queen (London).

Krige, E. J./Krige, J. D. (1954): The Lovedu of the Transvaal. In: Forde, D. (ed.): African Worlds. Studies in the cosmological ideas and social values of African peoples (London) 55–82.

Krige, E. J. (1975): Divine kingship, change and development. In: M. Fortes u. S. Patterson (eds.), Studies in African Social Anthropology, 55–74.

Krige, E. J. (1985): Descent and descent groups in Lovedu social structure. In: African Studies 44.1, 1–45.

Mönnig, H. O. (1963): The structure of Lovedu social and political organization. In: African Studies 22.2, 49–64.

Reuter, F. (1907): Modjadje. A native Queen in northern Transvaal: An ethnological study. In: Southern African Journal of Science 3–4, 242–250.

Rider Haggard, H. (1886): She (London).

Sacks, K. (1982): Lovedu. In: K. Sacks (ed.): Sisters and wives. (London) 139–162.

ZUR STEUERBARKEIT VON GESCHLECHT, REGIONALE BEISPIELE AUS CHINA UND INDIEN

VON ARIANE KEMKES-GROTTENTHALER

Eine 1981 in den Vereinigten Staaten durchgeführte Studie brachte Erstaunliches zutage: 91% der befragten Frauen und 94% der Männer würden in bezug auf das Wunschgeschlecht ihres erstgeborenen Kindes, einen Knaben einem Mädchen vorziehen. Dies allein als antiquierten Zeitgeist abzutun, scheint angesichts der Tatsache unhaltbar, daß selbst eine überwiegende Mehrheit von Frauen mit höherem Bildungsgrad – zudem geprägt durch eine emanzipierte Gesellschaftsreform – sich ähnlich entscheiden würde. Ist die mangelnde Wertschätzung für Töchter also gleichsam ein überregionales, ein alle Zeitschranken überwindendes Phänomen, dem sich selbst unsere moderne, aufgeklärte Gesellschaft nicht entziehen kann? Gibt es kulturunabhängige, eventuell biologisch gesteuerte Muster, die eine Präferenz des männlichen Geschlechts von vornherein begünstigen, oder sind es nur traditionelle, archaisch geprägte Normen, die eine Verharrung auf hoffnungslos konservativen Denkmodellen bewirken? Fragen, auf die man nur bei Berücksichtigung des Gesamtspektrums biologisch und sozio-kulturell gesteuerter Verhaltensweisen eine Antwort finden kann. Gerade die Anthropologie mit ihrer Mittlerrolle zwischen Bio- und Sozialwissenschaften scheint hier prädestiniert, neue Erkenntnisse zu schaffen oder doch zumindest Akzente zu setzen.

Angesichts der oben genannten – und nicht nur für Bevölkerungswissenschaftler – erschreckenden Statistik, ist es Abtreibungsgegnern und Menschenrechtlern nicht zu verdenken, daß sie die Fortschritte der Reproduktionsmedizin mit Sorge beurteilen. Zeigen denn nicht gerade die gesellschaftlichen und bevölkerungspolitischen Probleme Chinas und Indiens, daß die Hoffnung auf das

Wunschgeschlecht nicht nur Wunschdenken bleiben muß? Die Frage drängt sich auf, ob die Auswirkungen einer selektiven Fortpflanzungspolitik auch bald bei uns zu verspüren sein werden, und ob die Pränataldiagnostik mit ihren routinemäßig eingesetzten Verfahren (Ultraschall, Amnioskopie, Amniozentese oder Chorionbiopsie) auch zum Steuerinstrument für das Wunschgeschlecht avanciert. Bislang dienen alle Verfahren vornehmlich der Früherkennung von Defekten des ungeborenen Kindes. Seit den 80er Jahren allerdings haben sich zunehmend auch Institute etabliert, die das ihnen zur Verfügung stehende Methodenrepertoire einzig zur pränatalen Feststellung des Geschlechts einsetzen. Auch der Einsatz der In-vitro-Fertilisation muß unter diesem Gesichtspunkt sorgfältig geprüft werden, heißt es von seiten der Kritiker.

Behördlicherseits können Gesetze nur juristisches Regulativ sein. Somit gilt es, die gesellschaftlichen Hintergründe der Geschlechtspräferenz zu erfassen und zu verstehen. Erst im ganzheitlichen Zusammenspiel sozioökonomischer und soziokultureller Faktoren läßt sich auch das bevölkerungspolitische Ausmaß erkennen. Entsprechend ist dieser Beitrag mit der Hoffnung verknüpft, daß die Einsicht in die zugrunde liegenden Mechanismen mehr zum Schwinden dieses Phänomens beitragen kann, als es die Rechtsprechung allein vermag.

Die demographische Bedeutung des Geschlechtsverhältnisses

Das numerische Verhältnis der beiden Geschlechter zueinander wird in der Demographie als Sexualproportion bezeichnet. Da die Anzahl der weiblichen Nachkommen der limitierende Faktor bei der Ausprägung der sog. Reproduktionsziffern darstellt, also der Maßzahlen, die für den Geburtenertrag eines Frauenlebens stehen, kommt diesen Werten eine übergeordnete Bedeutung bei der Betrachtung des Bevölkerungswachstums zu. Während die Fruchtbarkeitsziffer nur die Anzahl der Geburten auf 1000 Frauen im gebärfähigen Alter zugrunde legt – und somit nur Querschnittsangaben ermöglicht – kann die Reproduktionsziffer Aufschluß über den hypothetischen Gesamtgeburtenertrag eines einzelnen, wenngleich fiktiven Frauenlebens geben. Dies ist einmal über die Berechnung der Bruttoreproduktionsziffer möglich, die die Zahl der Mädchen, die eine Frau im Laufe ihrer fertilen Phase gebären würde, angibt. Zum anderen aber auch über die Nettoreproduktionsrate, die die Tatsache, daß nicht alle Frauen das gebärfähige Alter durchleben, in ihre Berechnung einbezieht.

Wachstumstrends – sowohl hinsichtlich ihrer Richtung als auch ihres Ausmaßes – werden mittels dieser demographischen Kerndaten prognostizierbar. Liegt der Wert über „eins", ist ein Bevölkerungszuwachs zu verzeichnen. Liegt er aber unter „eins", wird die Gesamtbevölkerung entsprechend abnehmen – allein weil weniger Mädchen geboren würden.

Tabelle 1 Fertilität und Reproduktionsraten im Vergleich (Stand: 1985, wenn nicht anders angegeben)

Land (Jahr)	Frau-Kind-Verhältnis	Fertilitäts rate	Brutto-reproduktionsrate	Netto-reproduktionsrate
BRD	191,1	1,295	0,625	0,604
Chile	423,0	2,361	1,160	1,080
China (1983)	–	2,365	1,148	1,054
Dänemark	207,7	1,444	0,708	0,697
DDR	276,8	1,756	0,841	0,827
Frankreich	283,8	1,831	0,888	0,873
Grönland	346,3	2,234	1,098	1,021
Hongkong	295,8	1,470	0,706	0,695
Indien (1983)	–	4,305	2,100	1,610
Japan	241,8	1,729	0,858	0,848
Kanada	273,0	1,673	0,811	0,792
Kuba	284,9	1,881	0,937	0,910
Niederlande	229,8	1,512	0,739	–
Österreich	236,7	1,480	0,714	0,702
USA (1984)	288,0	1,805	0,880	0,863

(Quelle: Demographic Yearbook 1986)

DIE NATÜRLICHE GESCHLECHTSRELATION

Je nachdem, ob das numerische Verhältnis männlich/weiblich bei der Befruchtung der Eizelle, bei der Geburt oder in einer gegebenen Altersklasse betrachtet wird, können eine primäre, sekundäre und eine tertiäre Sexualproportion unterschieden werden. Diese Differenzierung läßt auf einen Blick die Eigenheiten, aber auch Unterschiede der genannten Maßzahlen erkennen. Für den vorliegenden Themenkomplex scheint es in diesem Sinne besonders wichtig, daß unter natürlichen Gegebenheiten die primäre und sekundäre Geschlechtsrelation genetisch fixiert sind, die tertiäre hingegen durch künstliche Eingriffe manipuliert werden kann.

Überraschend mag zunächst einmal sein, daß eine der Maßzahlen, die die Geschlechtsrelation zum Ausdruck bringt – der sog. Maskulinitätsindex (MI) oder analog dazu Femininitätsindex [1] (FI) – bei der Geburt (sekundärer MI) bei 1050 liegt und nicht, wie man gemeinhin annehmen möchte, bei 1000. Der MI kann auf populationsspezifischer Ebene sogar Werte bis 1130 aufweisen, ohne daß von einer künstlichen Beeinflussung auszugehen ist. Die Faktoren, die sich für dieses Phänomen verantwortlich zeichnen, sind entsprechend vielschichtig. Ganz offensichtlich aber sind es die biologischen, genetischen und psychischen parentalen Grundeigenschaften sowie die Lebensweise der Eltern, die hier eine entscheidende Rolle spielen. Ganz neue Aspekte werden von Reproduktionsphysiologen in die Diskussion eingebracht, die darauf verweisen, daß vor allem die mütterliche Physiologie für das Geschlecht des Kindes verantwortlich ist. Aber auch exogene Faktoren wie Umwelteinflüsse, Stadt-Land-Unterschiede, Auswirkungen von Krisensituationen sind nicht zu vernachlässigen.

Tendenziell liegt also bereits von vornherein ein geringer Männerüberschuß vor. Wieso aber scheint die Natur einen Männerüberschuß zu dulden, man könnte sogar meinen, zu fördern? Die Antwort liegt in der hohen Sterblichkeit männlicher Feten durch natürliche Aborte, Fehl- und Totgeburten begründet, und ist somit als Kompensationsmechanismus zu verstehen. Ein Regulativ, das die um 2,8% erhöhte Knabensterblichkeit überaus großzügig ausgleicht.

Differentielles Elterninvestment

Wie bereits angeklungen, kann die tertiäre Geschlechtsrelation durch künstliche Eingriffe im Sinne von Elternstrategien manipuliert werden – ein Phänomen, das Darwin bereits 1871 ansatzweise erkannte. Seit Trivers wird Elterninvestment als jeglicher elterlicher Aufwand in die Aufzucht von Nachkommen definiert. Wenn dieses Investment einseitig und zu Lasten von Geschwistern erfolgt, wird

[1] Maskulinitätsindex = Männer * 1000/Frauen;
Femininitätsindex = Frauen * 1000/Männer.

dies als differentielles Elterninvestment bezeichnet. Übergeordnetes Ziel aller Elternstrategien ist es, die Überlebenswahrscheinlichkeit und somit ultimativ auch den Fortpflanzungserfolg des Nachwuchses zu sichern. Die Formen, die dieses Elterninvestment annehmen kann, sind sehr unterschiedlich und können sowohl zeitals auch kostenintensiv verlaufen und oftmals auch Risiken in sich bergen. Infolge der relativ langen Lebensdauer der menschlichen Spezies hat das Elterninvestment eine zusätzliche Anpassung in Richtung geringer Nachkommenzahl und vergrößertem pro-Kopf-Aufwand erfahren.

Dieses – ursprünglich der Zoologie entlehnte – soziobiologische Konzept des differentiellen Elterninvestments kann nicht nur auf menschliche Gesellschaften übertragen werden, sondern erklärt darüber hinaus die unterschiedlichen Wertvorstellungen, die mit männlicher bzw. weiblicher Nachkommenschaft verknüpft sind. Welches der beiden Geschlechter letztendlich gefördert wird, hängt nämlich von zwei Faktoren ab: dem pro-Kopf-Aufwand, der für Söhne bzw. Töchter betrieben werden muß, und dem Reproduktionserfolg des jeweiligen Geschlechts. So befremdlich diese Kosten-Nutzen-Rechnung angesichts des Ideals aufopfernder Mutter- bzw. Vaterliebe erscheinen mag, so zeigt sich doch, daß gerade selektives Elterninvestment zu Ungunsten des weiblichen Nachwuchses zum sozialen Kontrollrepertoire von über einem Drittel aller vorindustriellen Gesellschaften gehört. Allerdings ist dabei anzumerken: *„Elterliche Liebe und Fürsorge wie Kindesvernachlässigung einschließlich Abtreibung oder Tötung sind Ausdruck derselben konditionalen Elternstrategie und dienen demselben gen-egoistischen Zweck. In beiden zeigt sich das biogenetische Prinzip Eigennutz"* (Voland 1995: 76). Soziobiologische Erklärungsmodelle gehen somit nicht von einer generellen Männerpräferenz aus, sondern betrachten den Kosten-Nutzen-Effekt beider Geschlechter im soziokulturellen Kontext.

Derartige Verhaltensstrategien aber immer nur in exotischen oder als „unzivilisiert" etikettierten Ethnien zu vermuten, ist ein fataler Trugschluß. Kindstötung (Infantizid) hat von Anbeginn der Menschheitsgeschichte eine Rolle gespielt und ist in Europa bis ins 19. Jahrhundert nachweisbar. Einige wenige Beispiele mögen hierzu genügen. Gerade bei archäologischem Fundmaterial – so z. B. (prä)historischen Gräberfeldern – wird die Erfassung von differentiellen Sterbemustern häufig, wenngleich kontrovers, diskutiert. Angesichts des vielerorts faßbaren „Frauendefizits", d. h. einer scheinbaren Unterrepräsentanz weiblicher Skelette in archäologischem Material, erscheint eine geschlechtsspezifische Mortalität zunächst durchaus plausibel. Anlaß ist dabei auch immer der Aspekt der enormen Säuglingssterblichkeit, der im historischen Kontext vielfach nachweisbar ist. Allerdings sind von methodischer Seite einige Bedenken anzumerken, die einerseits mit der Stichprobenrepräsentanz zusammenhängen, andererseits mit der Tatsache, daß Kleinkindskelette nicht einwandfrei geschlechtsbestimmt werden können. Darüber hinaus lassen sich Faktoren wie erhöhte Krankheitsbelastung infolge hygienischer Defizite und mangelnder medizinischer Versorgung nur unzulänglich von der aktiven oder passiven Kindstötung im eigentlichen Sinne trennen. Der Zusammenhang zwischen elterlicher Fürsorge und erhöhtem Mortalitätsrisiko des sozial unerwünschten Geschlechts ist daher nur sehr vage zu fassen. Unbestritten ist aber, daß Kindern gleich welchen Geschlechts eine sorgfältige Jenseitsvorsorge angediehen wurde. Gerade auch Totgeborenen kommt in dieser Hinsicht ein Sonderstatus zu, wie das Beispiel der Traufkinder anschaulich zeigt, die im engeren Kirchenbezirk beigesetzt wurden und denen das an der Dachtraufe herablaufende Regenwasser die heilsnotwendige Taufe ersetzte.

Wesentlich aufschlußreicher sind hingegen schriftliche Quellen wie Tauf-, Sterbe-, Ehe- und Familienregister. Genealogische Daten aus dem 19. und 20. Jahrhundert zeigen im überregionalen Vergleich, daß differentielles Elterninvestment auch immer eine Funktion der demographisch-ökonomischen Gegebenheiten ist. So konnte der Nachweis erbracht werden, daß in den gehobeneren Schichten eine eindeutige Präferenz für männliche Nachkommen oder genauer gesagt, für einen einzigen männlichen Nachkommen bestand; in den niedrigeren sozialen Klassen hingegen für beide Geschlechter gleichermaßen. Gerade zwischen Großbauern und Arbeiterfamilien zeigen sich frappante Unterschiede in der Sterblichkeit von Söhnen. Zu erklären ist dieses Phänomen durch das herrschende Erbrecht. Denn machen sich zu viele Söhne das Erbe streitig, wird dieses allein aufgrund der Zahl der Anwärter für jeden einzelnen dezimiert bzw. müßte der Erbberechtigte alle weiteren Brüder entschädigen. Eine finanzielle Bürde, die die Konkurrenzfähigkeit des Hofs stark gemindert hätte. Schwestern waren hingegen bei ihrer Hochzeit auszuzahlen. Allerdings lag die Mitgift nur bei etwa 50% der Kosten, die für einen Bruder hätten aufgebracht werden müssen. Töchter hatten daher ein geringeres Sterberisiko, da sie einerseits keine so große finanzielle Belastung darstellten, andererseits aber auch den Fortbestand des Clans sicherten. Das Sterberisiko für Bauernsöhne nahm hingegen zu, je mehr Brüder bereits lebten. In diesem Kontext hat sich sicherlich auch das Jüngsten-Anerbenrecht, welches den Familienbesitz möglichst lange intakt hielt, etabliert.

Ressourcenknappheit also als Zünglein an der Waage, ob und in welcher Form differentielles Elterninvestment zum Tragen kommt. Durch gesellschaftliche Normen, die u. a. die Abstammung und somit die Zugehörigkeit zur Gruppe des Vaters (Patrilinearität), der Mutter (Matrilinearität) oder beider Eltern (Bilateralität) festlegen, wird häufig auch die Weitergabe von Besitztümern definiert. Gilt patrilineares Erbrecht, werden Söhne gegenüber Töchtern gefördert. Dies ist vor allem vor dem Hintergrund relevant, daß das männliche Erbrecht mit 84% eindeutig dominiert und es keine Gesellschaft gibt, in der Reichtum einzig über die Töchter weitergegeben wird. Als Erklärungsmodell mag die Hypothese von Goody dienen, die besagt, daß in arbeitsintensiven Sozialsystemen die Männer fast ausschließlich über die zu vererbenden Ressourcen verfügen, während in kapitalintensiven Sozialsystemen auch die Töchter am Reichtum der Familie partizipieren. Entsprechend ist in Sozialverbänden, in denen das Erbrecht sowohl Söhne als auch Töchter berücksichtigt, keine Manipulation der Geschlechtsrelation zu erwarten. Dort, wo Frauen außerdem eine große Rolle bei der Nahrungsbeschaffung spielen, wird ihnen entsprechend auch ein hoher sozialer Wert zugesprochen. Tötung des männlichen Nachwuchses hingegen ist eher selten zu finden und scheint immer nur dann in Erscheinung zu treten, wenn die Mutter einen großen Einflußbereich in der kulturellen Tradierung einnimmt.

Dies darf aber nicht zu der landläufigen Meinung führen, die direkte Beeinflussung des Geschlechtsverhältnisses, also aktiver Infantizid – die rohe zum Tod führende Gewaltanwendung – sei allerorten artikuliert, akzeptiert oder gar praktiziert worden. Allein schon das herrschende Moralverständnis schob einem derartig offen zur Schau gestellten Verhalten einen Riegel vor. Vielmehr ist an ein Vernachlässigungssyndrom zu denken. Eine verkürzte Stillzeit oder hinter Unfällen verborgene Todesfälle, wie das versehentliche Erdrücken des Kindes im elterlichen Bett, sind somit als ursächliche Mechanismen anzusprechen. Auch das Aussetzen des unerwünschten Nachwuchses wird dieser Denkart gemäß als Lauf des Schicksals interpretiert, wiewohl häufig mit dem Wunsch verbunden, das Kind möge aufgefunden werden und überleben.

Kritiker werden hingegen anführen, daß die hohe Sterblichkeitsrate möglicherweise nicht durch die Eltern, sondern vielmehr durch das soziale Umfeld – also die mangelnde medizinische Versorgung, schlechte Ernährung, horrende Arbeitsbelastung der Mutter und lebensbedrohliche Krisensituationen forciert wurde. Dem ist entgegen zu halten, daß Sozialhistoriker, die gerne nur die externen ökologischen und ökonomischen Gegebenheiten anführen, nicht in der Lage sind, die beobachtete, statistisch signifikante geschlechtsspezifische Sterbehäufigkeit innerhalb von Familien zu erklären, so daß dieses Argument nur bedingt greift.

KINDSTÖTUNG (*INFANTIZID*) – ETHNOHISTORISCHE BEFUNDE

„Infantizid ist jedes nicht-pathologische Verhalten, durch das Individuen zu einem unmittelbar nach der Geburt erfolgenden Tod eines ihnen im biologischen Sinn verwandten Neugeborenen aktiv oder passiv beitragen, indem sie entweder den Tod des Neugeborenen oder Umstände, die ihn mit großer Wahrscheinlichkeit verursachen, selbst herbeiführen oder indem sie deren Herbeiführung durch Dritte initiieren oder zulassen. Die Entscheidung für oder gegen den Tod des Kindes kann dabei von äußeren Merkmalen des Kindes abhängig sein" (Schuler 1993: 16).

Seit den 70er Jahren hat die Infantizid-Forschung einen Boom erfahren, wobei vor allem die bevorzugte Kindstötung von Mädchen im Vordergrund steht. Dieses neu erwachte Bewußtsein hat zu weitreichenden Quellenanalysen und Neuinterpretationen dieses Phänomens geführt. Besonders hervorgetan hat sich die fruchtbare interdisziplinäre Kooperation von Kultur- und Biowissenschaften. Aber nicht nur die interkulturelle Gegenüberstellung, auch der Tier-Mensch-Vergleich hat zu neuen Erkenntnissen geführt. Besondere Beachtung verdient hier der Aspekt, daß im Tierreich die Kindstötung häufig von Nichtverwandten durchgeführt wird, bei *Homo sapiens* hingegen in der Regel von der Kindsmutter.

Ethnologen nennen vier Umstände, die zur Ausübung von Kindstötung führen: reduzierte Überlebenschancen durch Krankheitsbelastung, zu kurze Geburtenintervalle, Überlastung der Mutter durch zu viele Nachkommen und Illegitimität. Evolutionsbiologisch lassen sich alle genannten Beweggründe gemäß des soziobiologischen Paradigmas mit der Fitnessmaximierung der verbleibenden Nachkommenschaft erklären; eine Interpretation, die mit dem Postulat, Infantizid sei einzig Mittel zur Bevölkerungsregulierung in Zeiten, in denen Verhütungsmittel nicht bekannt waren, zumindest nicht grundsätzlich bricht.

Aktuelle Bezüge : China und Indien

Indien und China halten in bezug auf die Tötung von Mädchen (Femizid) einen traurigen Rekord. Trotz ihrer sehr unterschiedlichen kulturellen und politischen Systeme haben beide Länder ein gemeinsames Problem: ihr enormes Bevölkerungswachstum (vergl. Tab. 2). Bildlich gesprochen heißt das z. B. für China, das allein im Jahre 1993 tagtäglich 58 000 Babys geboren wurden. Das entspricht einem Geburtenertrag von 40 Babys pro Minute! Für ein Land wie China, das etwa 22% der Weltbevölkerung mit 7% des zur Verfügung stehenden Farmlandes ernähren muß, ist eine staatlich gesteuerte Familienpolitik zwangsläufig vorrangiges Ziel. Um diesen Bevölkerungsboom in den Griff zu kriegen, haben sich sowohl die chinesische als auch die indische Regierung zu einer rigorosen Bevölkerungsregulierung entschlossen, die – wie die Statistiken eindrucksvoll belegen – auch äußerst erfolgreich ist.

Tabelle 2 Zur demographischen Situation von Mutter und Kind in China und Indien. Alle Daten gelten, wenn nicht anders angegeben, für das Jahr 1992.

	China	Indien
Gesamtbevölkerung	1,2 Mrd.	883,6 Mio.
Frauenanteil	550 Mio.	409 Mio.
Geschlechtsrelation	100 Frauen/108 Männer	100 Frauen/116 Männer
Heiratsalter der Frau	22,4 Jahre	18,7 Jahre
Fruchtbarkeitsziffer	2,5	3,9 (1991)
Maternale Sterblichkeit	114 pro 100.000 (Land, 1989) 50 pro 100.000 (Stadt, 1989)	460 pro 100.000
Kindersterblichkeit	31 pro 1000	79 pro 1000
Abtreibungen	632 pro 1000 (1989)	6,7 Mio. (600.000 legal)

Quelle: Demographic Yearbook 1994

Seit 1980 schreibt die chinesische Verfassung die Familienplanung im „Ehegesetz" vor und verfolgt damit vorrangig zwei Ziele: einmal die Bevölkerungskontrolle und zum anderen die Hebung des Lebensstandards. Besonders unterstützt wird dabei, neben Verhütungsmaßnahmen, die späte Heirat und Fortpflanzung (meist nach dem 25. Lebensjahr). Außerdem wird festgelegt, daß eine Frau das Recht hat, kinderlos zu bleiben. Das propagierte Prinzip der Ein-Kind-Ehe sowie die Geburtenabstandsregelung in bäuerlichen Gemeinden werden entsprechend hoch subventioniert. Um diesem Anspruch gerecht zu werden, ist auch das Abtreibungsrecht sehr liberal. Gerade aber die empfohlene Ein-Kind-Ehe führt viele Paare in eine Gewissenskrise, da nach traditioneller Anschauung ein Sohn vorzuziehen ist. Sowohl das „Ehegesetz" als auch das „Gesetz zum Schutze der Frau" versuchen dem entgegenzuwirken. So wird z. B. der Versuch unternommen, Diskriminierung gegen Frauen, die eine Tochter geboren haben, zu unterbinden und das 1994 geschaffene „Mutterschutzgesetz" stellt außerdem den Einsatz jeglicher medizinischer Technologie unter Strafe, wenn sie einzig der fötalen Geschlechtsbestimmung dient.

Auch der derzeit in Indien wirksame 5-Jahres-Plan macht die Regulierung des Bevölkerungswachstums zu einem seiner Hauptziele. Angestrebt wird eine Nivellierung der Nettoreproduktionsrate für den Eintritt in das nächste Jahrtausend. Um dies zu erreichen, werden sowohl den Provinzen, Gemeinden als auch dem Privatbürger Anreize in Form von Zusatzleistungen und Prämien geboten. Auch der Sterilisation wird von staatlicher Seite ein hoher Stellenwert eingeräumt. Eine gesetzliche Initiative, die eine Beschränkung auf 2 Kinder pro Ehepaar vorsieht, wird sporadisch in Erwägung gezogen, konnte aber bislang nicht ratifiziert werden. Was das konkrete Problem der Kindstötung betrifft, sieht die indische Legislative mehrere Gesetze vor, die dieser Praxis Einhalt gebieten sollen. Der Schwangerschaftsabbruch ist zwar seit 1971 legal, aber ein speziell ausgerichtetes Gesetz stellt die Abtreibung von Feten des unerwünschten Geschlechts und die Tötung bzw. Aussetzung von Mädchen nach der Geburt unter Strafe. In beiden Fällen kann das Delikt mit bis zu 10 Jahren Haftstrafe geahndet werden.

Die aufgeführten familienplanerischen Maßnahmen sind also per se keine Advokaten staatlich sanktionierter Kindstötung, sondern scheinen der einseitig auf ein Geschlecht bezogenen Kindstötung sogar entgegenwirken zu wollen. Die Ursache der unterschiedli-

Abb. 1. Das Aussetzen und Ertränken von Kindern in einer chinesischen Darstellung.

chen Sterblichkeit muß also im Wirkungsgeflecht soziokultureller Einflüsse gesucht werden.

China – „big happiness" und „small happiness"

In China wird die Geburt eines Sohnes mit dem Attribut der „großen Freude" bedacht, die Geburt einer Tochter hingegen nur als „kleine Freude" tituliert. Diese Denktradition geht auf den Konfuzianismus zurück, zu dessen Grundfesten auch die Identifikation von Familie und Staat sowie der Ahnenkult gehören. Das Bewußtsein um die eigene genealogische Herkunft war von jeher von großer Bedeutung, erleichterte sie doch dem einzelnen den Umgang mit der Vergänglichkeit des Lebens. Gleichzeitig lieferte es aber auch ein Fruchtbarkeitsideal, nach dem es zu streben galt. Das Ideal – fünf Söhne und zwei Töchter – war Zeugnis eines pietätvollen, sündenlosen Lebens und Altersversorgung zugleich. In bezug auf die Familienstruktur gilt für weite Teile des Landes auch heute noch das Konzept der sog. „uterinen Familie“. Uterin – also von der Gebärmutter ausgehend – meint eine Familienstruktur, die allein von der besonderen Beziehung der Mütter zu ihren leiblichen Kindern und insbesondere ihren Söhnen getragen wird. Ein auf praktischen Erwägungen aufbauendes Verwandtschaftssystem, das die traditionell über den Vater zurückverfolgten Blutsbande umgeht. Also ein allein von Frauen getragenes Beziehungsgeflecht, welches vor allem die Altersversorgung der Mutter garantieren soll. Die Fürsorge, die eine Mutter ihrem Sohn zukommen läßt, konkurriert entsprechend mit der Zuneigung und Sorge, die dem Ehemann aber auch der Schwiegertochter zustehen. Sinologen und Anthropologen gleichermaßen sehen in diesem einzigartigen Konzept, welches das Ansehen und den Einfluß der paternalen Großmutter stärkt, eines der Hauptelemente gesellschaftlichen Handelns in China.

Die Kampagnen zur Familienplanung rütteln somit an tradiertem Gedankengut. Dennoch ist in China das traditionelle Bewußtsein einer Arbeits- und Aufgabenteilung, die die Existenzsicherung der Kernfamilie und Altersversorgung der erweiterten Familie primär dem Manne zuschreibt, trotz kommunistischer Propaganda Basis des gesellschaftlichen Zusammenspiels. Und obwohl das Problem der Mädchentötung sowohl in der in- als auch ausländischen Presse immer wieder angeprangert wird, wird die Praxis trotz eindeutiger und das Gegenteil beweisender Statistiken geleugnet. Selbst die Tatsache, daß sich in einem Ort mit 7500 Einwohnern keine Mädchen unter 12 Jahren auffinden lassen, wird eher als zufällige Abweichung der Geschlechtsrelation abgetan, denn als Hinweis auf differentielles Elterninvestment, so daß zu der traditionsträchtigen sozialen Ungleichheit der Geschlechter möglicherweise auch noch ein Verdrängungsaspekt hinzu kommt.

Bei aller Beachtung aktueller Bezüge, darf dennoch eines nicht vernachlässigt werden – das kulturhistorische Erbe. Gerade in der Geschichte Chinas hat die Kindstötung schon immer eine große Rolle gespielt. Armut, Krisen- und Notsituationen bilden sicherlich den Hauptaspekt dieses Handelns. Aber aus schriftlichen Quellen läßt sich auch ableiten, daß Kinder den Göttern und Dämonen geopfert wurden oder aber auch Tötung aus rein wirtschaftlichen Aspekten betrieben wurde – so z. B. um aus Kinderleichen Arzneien zu gewinnen.

INDIEN – „MAY YOU BE THE MOTHER OF A HUNDRED SONS"

Die Tragik der Mädchentötung ist in Indien durch zwei Faktoren bedingt: einmal durch die niedrige soziale Stellung der Frau in allen Lebens- und Entscheidungsbereichen und zum anderen durch die enormen Kosten, die mit der Mitgift verknüpft sind. Wenngleich diese Tradition originär der finanziellen Absicherung der neuvermählten Frau bzw. dem Aufbau einer gemeinsamen Existenz dienen sollte, birgt das Aussteuersystem ein zweischichtiges Dilemma in sich – einerseits den selektiven Mädcheninfantizid, andererseits die sprunghaft angestiegene Rate der sog. „Mitgiftmorde". Obwohl bereits 1961 und 1984 entsprechende Gesetze erlassen wurden, die das Mitgiftsystem verbieten, ist dieses nach wie vor gesellschaftlich sanktioniert und verankert.

Das hinduistische Gesetzbuch Manu sieht vor, daß eine Frau zeit ihres Lebens einem Mann untergeordnet ist – zuerst dem Vater, dann dem Ehemann und schließlich dem Sohn. Die höhere gesellschaftliche Stellung des Mannes läßt sich aber auch aus anderen Traditionen ablesen, so wird der zukünftigen Braut bei ihrer Eheschließung auf den Weg gegeben, sie möge die Mutter von hundert Söhnen werden. In diesem Sinnspruch wird auch ein elementares Problem deutlich: der Dualismus von strikt männlicher und weiblicher Aufgabenteilung, der Frauen auf ihre reproduktive Rolle reduziert. Nach indischem Verständnis ist das Bevölkerungswachstum also allein Sache der Frau – wenngleich, wie immer wieder kritisch angemerkt wird, als *„Objekt staatlicher Bevormundung und repressiver Interventionen"* (Scheu 1995: 231). In diesem Sinne wird auch immer wieder der Vorwurf laut, die angestrebte Familienplanung richte sich nicht nach den Interessen und Bedürfnissen der Menschen, sondern werde als ein rein technisches Problem dargestellt, welches mit Verhütungsmitteln, Zielvorgaben und Prämien zu lösen sei. *„Die gesellschaftliche Ideologie der sexuellen Kontrolle von Frauen wird vom Staat ausgeweitet zur Kontrolle ihrer Gebärfähigkeit"* (Scheu 1995: 235).

Die indische Tradition ist neben dem Patriarchat aber auch von starker Religiösität geprägt – die überwiegende Mehrheit der Inder empfinden sich als praktizierende Hinduisten. Gleich einem roten Faden durchzieht das Konzept der Ungleichheit alle hinduistischen Texte, was sich entsprechend in allen Lebensaspekten von Mann und Frau äußert. Die Geburt eines Sohnes wird somit gleichsam zu

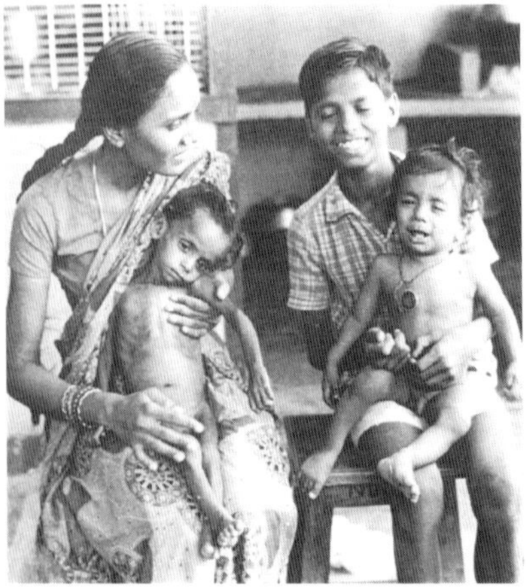

Abb. 2. Differentielles Elterninvestment am Beispiel einer indischen Mutter mit ihren drei Kindern. Während die Söhne wohlgenährt sind, scheint das Mädchen unterernährt und lethargisch.

einer religiösen, heilsbringenden Pflicht, die den frischgebackenen Vater von aller Schuld gegenüber den Göttern und den Vorfahren freispricht. Auch mythologische Texte sind gekennzeichnet durch die übertriebene Hervorhebung von Söhnen und der stillen Ablehnung von Töchtern. Dies äußert sich auch im antiken indischen Recht – niedergelegt in den Gesetzen des Manu – in der die menschliche Gesellschaft einer sozialen Pyramide entspricht, deren Fundament u. a. auch durch die Kinder gebildet wird.

Das Kind ist somit schutzlos einer hierarchischen Gesellschaftsstruktur ausgeliefert, die Mädchen aus religiösen Motiven heraus als sozial unerwünscht abqualifiziert. Nicht notwendigerweise führt dies direkt zur Mädchentötung. Eher subtil zeichnen sich Unterschiede im Ernährungsstatus, der Arbeitsbelastung und entsprechend in der Rate der an Blutarmut Erkrankten ab. Mit Sorge wird daher die allgemeine Verschlechterung des Gesundheitszustandes und des Bildungsniveaus der Inderin betrachtet. Das Risiko zwischen dem 1. und 5. Lebensjahr zu sterben, ist für Mädchen etwa um 43% höher als für gleichaltrige Knaben. Unterschiede in der Sterblichkeitsrate lassen sich sogar bis zum 30. Lebensjahr fassen.

Aber auch ökonomische Aspekte dürfen nicht vernachlässigt werden. Dort wo sich die Diskriminierung gegen Frauen sowohl aus historischer als auch aktueller Perspektive am deutlichsten zeigt, im Punjab, wurde die Amniozentese bereits frühzeitig zur Geschlechtsbestimmung zugelassen. Allein in den Jahren 1978–83 sollen dort 78 000 weibliche Feten abgetrieben worden sein. Das Motiv ist im Sinne einer Kosten-Nutzen-Rechnung denkbar einfach. Die Gebühren für den Test und den möglicherweise bevorstehenden Eingriff stehen in keinem Vergleich zur Mitgift, die einer erwachsenen Tochter zusteht. Dies läßt sich besonders anschaulich dort nachweisen, wo traditionell weder Kindstötung noch Mitgift eine Rolle spielten. Als in Tamil Nadu Mitte der 70er Jahre ein Damm gebaut wurde, bekam sowohl die Land- als auch die Geldwirtschaft einen ungemeinen Aufschwung. Mit dem Reichtum sank aber der soziale Status der Frau, da sie nicht Bestandteil des neuen Arbeitsmarktes war. Die Zurschaustellung des neu gewonnenen Reichtums forcierte aber umgekehrt auch die Idee der Mitgift, die die elterlichen Ressourcen wiederum stark dezimierte. Die Tochter wurde gemäß dieser neuen Sichtweise Gast im eigenen Elternhaus; jemand der durchgefüttert, versorgt und angelernt wird, um dann die elterliche Heimstätte – zum finanziellen Nachteil der Eltern – zu verlassen.

Ausblick

Obwohl aus soziobiologischer Sicht das Elterninvestment wertfrei und geschlechtsneutral der Fitnessmaximierung der Nachkommenschaft dient – und somit auch als Stabilisator und Bevölkerungskontrollmechanismus im weiteren Sinne verstanden werden kann – zeigt sich doch bei Durchsicht ethnographischer Literatur, daß differentielles Elterninvestment mehrheitlich zu Lasten der Töchter geht. Der weibliche Körper also doch Schicksal – wie es ein gleichnamiges Buch zur Sozialgeschichte der Frau suggeriert? Ein Schicksal – wenn man es denn so nennen darf –, das allein durch wirtschaftliche Faktoren geprägt wird. Denn es ist nicht das biologische Geschlecht per se, das zu einer geschlechtsspezifischen Kindstötung führt, sondern vielmehr das gesamtgesellschaftliche ökonomisch orientierte Umfeld.

Das künstlich herbeigeführte Ungleichgewicht wird sicherlich von Staaten wie Indien und China begrüßt, da es kurzfristig den lang ersehnten Effekt des Negativwachstums hervorruft. Mit der künstlichen Amplifikation der Geschlechtsrelation zugunsten des männlichen und zuungunsten des weiblichen Geschlechts werden aber auch nachhaltige gesellschaftliche Änderungen eingeleitet, deren Konsequenzen aus heutiger Sicht noch gar nicht absehbar sind. Frauenorganisationen in China warnen z. B. davor, daß bis zum Jahre 2010 zwangsläufig 40 Millionen Männer im heiratsfähigen Alter ohne Partnerin bleiben müssen. Indische Statistiken weisen einen ähnlichen Trend sogar schon heute auf. Der sich dort bereits eindeutig abzeichnende Männerüberschuß ist der höchste, den Demographen weltweit verzeichnen können. Computersimulationen zeigen zwar, daß eine Gesellschaft zwischen 30%–46% des weiblichen Nachwuchses durch Mädchentötung verlieren darf, bevor irreversible bevölkerungsstatistische Trends einsetzen, aber darf man das Phänomen „Mädcheninfantizid" wirklich reduktionistisch auf der Ebene von bevölkerungstheoretischen Überlegungen diskutieren? Zynisch ließe sich formulieren: *„Vom Standpunkt der Anwender weiblicher Fortpflanzungskraft sind die weiblichen Brutpflegeorgane Produktionsmittel. Der weibliche Uterus ist Arbeitsmittel zur Herstellung eines Fötus, eines Neugeborenen; die Milchdrüsen zur Herstellung eines Kleinkindes. Das gesellschaftsfähige 3 bis 4jährige Kind ist ein weibliches Arbeitsprodukt. . . . Da die Frau beweglich ist, eignet sie sich erheblich besser zum Tausch, als z. B. der Boden.*

Deshalb können Frauen historisch früher als Ware fungieren. . . . Frauen und Männer haben grundsätzlich verschiedenen Gebrauchswert" (Reimers 1994: 312).

Die Frau also degradiert zur Ressource? Bei diesem Denkansatz bliebe alles auf der Strecke, was die Einzigartigkeit von *Homo sapiens* in bezug auf seine Kulturbefähigung ausmacht. Die biologische und kulturelle Geschlechterpolarisierung sind Bestandteil des Menschwerdungsprozesses. In diesem Sinne bilden die stammesgeschichtlichen Aspekte der Geschlechterrollendifferenzierung auch einen essentiellen Bestandteil evolutionsbiologischer Forschung. In der chinesischen Philosophie gilt seit altersher die yin-yang-Polarität, die Assoziationen wie männlich (Schöpfer, Himmel, Aktivität, Kultur) und weiblich (Empfänger, Erde, Passivität, Natur) heraufbeschwört. Ohne dies als biologische oder soziologische Grundlage für Geschlechtsunterschiede heranziehen zu wollen, liegt in diesem Dualismus doch eines begründet: Die Wichtigkeit des gleichberechtigten Miteinanders.

LITERATUR

Hausfater, G./Hrdy, S. B. (1984): Infanticide. Comparative and evolutionary perspectives (New York).

Jeffrey, P./Jeffery, R./Lyon, A. (1989): Labour pains and labour power. Women and childbearing in India (London/New Jersey).

Judd, E. R. (1994): Gender and power in rural north China (Stanford).

Kakar, S. (1988): Kindheit und Gesellschaft in Indien. Eine psychoanalytische Studie (Frankfurt a. M).

Kaplan, H. (1996): A theory of fertility and parental investment in traditional and modern human societies. Yb. Phys. Anthrop. 39, 91–135.

Linck, G. (1988): Frau und Familie in China (München).

Reimers, T. (1994): Die Natur des Geschlechterverhältnisses. Biologische Grundlagen und soziale Folgen sexualler Unterschiede (Frankfurt).

Scheu, H. (1995): Entwicklungsziel: Frauenmacht! Frauenarbeit und Frauenorganisation in Indien (Frankfurt a. M).

Schuler, J. E. (1993): Infantizid – biologische und soziale Aspekte. Eine Untersuchung anhand von Fallbeispielen aus Neuguinea. Bremer Asien-Pazifik Studien 12 (Hamburg).

Voland, E. (1995): Kalkül der Elternliebe – ein soziobiologischer Musterfall. Spektrum der Wissenschaft, Juni 1995, 70–77.

Lucy und ihre Schwestern
– zur stammesgeschichtlichen Entwicklung der Frauenrolle

von Hartmut Rothe und Winfried Henke

Stammesgeschichtliche Vorgaben in der Evolution des Menschen

Wollen wir vorurteilsfrei Genaueres über die Biologie und das Verhalten des Menschen erfahren, müssen wir uns seine nächsten Verwandten, die Affen, anschauen. Ohne den Vergleich mit ihnen läßt sich weder die sogenannte Sonderstellung des Menschen verdeutlichen, noch seine auf Verwandtschaft beruhenden Gemeinsamkeiten mit Primaten [1] aufzeigen. Letztere liefern uns Vergleichsmodelle, aus denen sowohl der stammesgeschichtliche Eigenweg des Menschen seit dem frühen Pliozän [2] als auch seine tiefen stammesgeschichtlichen Wurzeln in der Ordnung [3] der Primaten deutlich werden.

Die Menschwerdung vollzog sich in einem viele Millionen Jahre (MJ) währenden Prozeß, der ohne stammesgeschichtliche Vorgaben aus dem subhumanen, d. h. äffischen Bereich nicht denkbar ist. Viele Entwicklungen bzw. Merkmalskonfigurationen des Menschen, z. B. die Organisation und Leistungsfähigkeit des Seh- und Tastsinnes, des Hirns, der Greifhand sowie der Verhaltensentwicklung und Sozialisation, sind bereits früh in der Evolution dieser Säugetierordnung kanalisiert worden und insofern für sie charakterisierend.

1 Primates (lat.) = Herrentiere.
2 Epoche des Neutertiär von 5,2–1,64 Millionen Jahre (MJ) vor heute.
3 Kategorie in der Systematik der Organismen.

Im Vergleich zu anderen Säugetieren zeichnen sich Primaten, von wenigen Ausnahmen unter den Halbaffen und südamerikanischen Affen abgesehen, durch einen weniger leistungsfähigen Geruchssinn aus, einschließlich seiner zentralnervösen Instanzen in den stammesgeschichtlich sehr alten Hirnteilen [4]. Auch innerhalb der Ordnung Primaten ist eine weitere Reduktion der reizaufnehmenden, -leitenden und -verarbeitenden Strukturen festzustellen.

Bei den tagaktiven Affen ist der optische Sinn der dominierende Sinn. Primaten sind 'Augentiere', sie haben eine zum Farbensehen geeignete Netzhaut, sie können infolge der nur noch teilweisen Überkreuzung der Sehnerven und der nach vorn gerichteten Augen räumlich sehen. Die für die Weiterleitung und Verarbeitung der optischen Sinnesreize verantwortlichen Hirnstrukturen im Zwischenhirn und im Hinterhauptslappen der Großhirnrinde sind deutlich gegenüber denen anderer Säugetiere vergrößert und detaillierter strukturiert. Der ausgefeilte Sehsinn ist offenbar schon sehr früh in der Stammesgeschichte der Primaten entwickelt worden und muß als Anpassung an das (ursprüngliche) Baumleben interpretiert werden.

Der Tastsinn als Naherkundungssinn ist bei Primaten hoch entwickelt. Er hat sich im Verlauf ihrer Evolution von einer passiven, die Reize über Sinnes- oder Schnurrhaare aufnehmenden Sinnesqualität zu einer der aktiven Erkundung dienenden Sinnesmodalität entwickelt. Spezielle mit tastempfindlichen Sinneszellen ausgestattete Hautleistensysteme auf den Fingerbeeren und der Handfläche [5] ermöglichen, im Verbund mit einer hochmobilen Hand und einem teilweise oder vollständig den anderen Fingern gegenüberstellbaren Daumen, aktive feinmanipulatorische Aktivitäten (Präzisionsgriffe) und taktile Kontakte, vor allem auch in sozialen Interaktionen, z. B. der Hautpflege. Die Hand ist in der Rinde des Großhirns

[4] Die phylogenetisch ältesten Hirnteile der Wirbeltiere sind das Palaepallium und Archipallium. Bei höheren Säugetieren, somit auch bei den Primaten, dominiert das phylogenetisch jüngere Neopallium. Die älteren Hirnteile sind auf das sog. Limbische System beschränkt, welches eine wichtige Rolle bei der Regulation vegetativer Abläufe und bei der Steuerung emotionalen, affektiven und sexuellen Verhaltens spielt.

[5] Hochempfindliche Hautleistensysteme bzw. tastempfindliche Regionen befinden sich zusätzlich auf den Zehenbeeren, der Fußfläche, auf der Unterseite des Greifschwanzes einiger südamerikanischer Affen sowie im Lippen-Mund-Bereich.

außerordentlich umfangreich und differenziert repräsentiert, woraus sich ihre enorme Bedeutung für die Primaten entnehmen läßt. Diese Entwicklung ist beim Menschen höchst vollendet, so daß die Menschenhand von Schreiber (1934) auch als das Kulturorgan bezeichnet worden ist.

Der akustische Sinn ist bei allen Primaten im mittelfrequenten Bereich sehr gut ausgeprägt. In der motorischen und sensorischen Rinde des Großhirns lassen sich ausgedehnte Areale finden, die für die neuronale Steuerung der Erzeugung und Verarbeitung akustischer Signale verantwortlich sind. Diese beim Menschen als Broca- (motorische Rinde) und Wernicke-Zentrum (sensorische Rinde) bekannten Hirnbezirke sind als sog. Sprachzentren besonders differenziert und leistungsfähig. Allerdings sind diese Hirnbereiche auch bei nicht-menschlichen Primaten histologisch außerordentlich gut strukturiert und zum Teil nur unerheblich von den korrespondierenden Bezirken beim Menschen verschieden, so daß die für die Sprache des Menschen 'zuständigen' Hirnbereiche offenbar als ein sehr altes Primatenerbe anzusehen sind, die nicht erst mit der Differenzierung der Stammlinie der Hominidae [6] evolviert wurden.

Auch die Entwicklung des höchst leistungsfähigen Hirns des Menschen ist frühzeitig in der Primatenevolution eingeleitet worden. Mit Ausnahme einiger Halbaffen setzen sich Primaten deutlich von anderen Säugetieren, abgesehen von Walen, in der Größe, Differenzierung und Leistungsfähigkeit des Hirns ab. Vor allem ist der Anteil der neuen Hirnrinde (Neocortex) durch Furchung und Faltung erheblich gesteigert. Ferner werden mit der Evolution völlig neuer Hirnbezirke, der sog. tertiären Areale oder Integrations- bzw. Assoziationszentren, bei den höheren Affen, insbesondere aber beim Menschen, ganz neue Dimensionen bezüglich der Hirnleistung erreicht, z. B. Bewußtsein, Gedächtnis, logisches Denken, umfassende Kulturfähigkeit.

Die Hirngröße und möglicherweise auch die Hirndifferenzierung frühester Vertreter der Stammlinie der Hominidae liegen im Variationsbereich des Hirns des heutigen großen Schimpansen. Der eigentliche 'Quantensprung' in der Hirnentwicklung im Menschwerdungsprozeß erfolgte erst vor zirka 2 MJ mit dem Auftreten der ersten Vertreter der Gattung *Homo*, d. h. erst etwa 2 MJ nach Entwicklung

[6] Hominidae oder Hominiden: zoologisch-systematischer Fachausdruck für die Menschen.

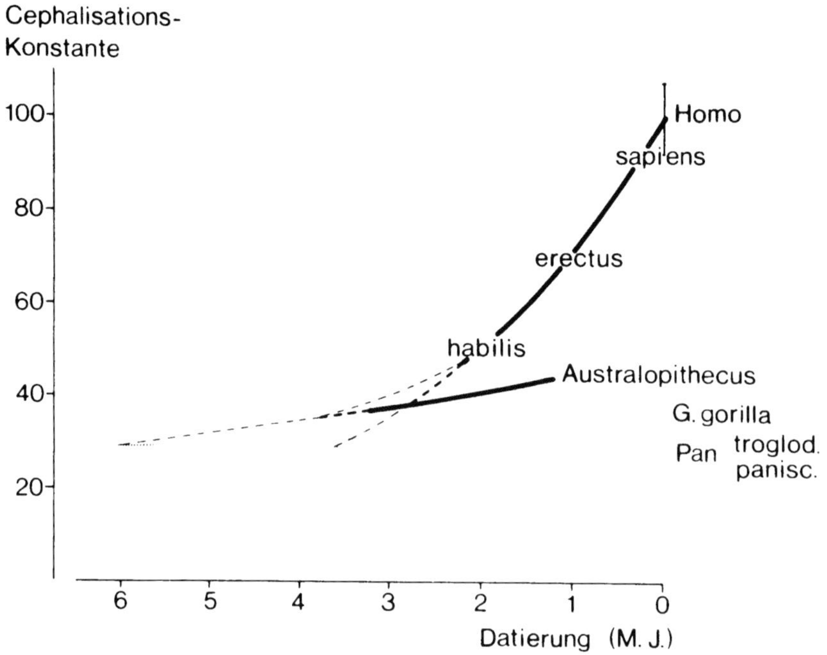

Abb. 1. Hirngrößenevolution (Cephalisation) in bezug zur Zeit; Cephalisationskonstanten der Spezies *Homo* und der Gattung *Australopithecus* im Vergleich mit rezenten afrikanischen Menschenaffen (Gorilla und Schimpanse).

eines wie auch immer gearteten aufrechten zweibeinigen Ganges (Bipedie) in der Hominidenlinie (Abb. 1). Ungefähr zeitgleich mit der enormen Entfaltung des Hirns von *Homo* tritt die Herstellung und Verwendung der ersten Steinwerkzeuge, die sog. Oldowan [7] -Industrie, in Ostafrika auf. Bislang ist aber die Frage, ob bereits *Australopithecus* [8] oder erst *Homo* Werkzeughersteller war, nicht eindeutig zu beantworten. Doch sprechen die Konstruktion der Hand sowie das Hirnvolumen von *Australopithecus* eher für eine Kulturfähigkeit, die auf dem Niveau des heutigen großen Schimpansen anzusiedeln ist, so daß diese Spezies sehr wahrscheinlich nicht der Hersteller der Oldowan-Werkzeuge war.

Der dauerhafte zweibeinige aufrechte Gang ist eine exklusive Entwicklung in der Stammlinie der Hominiden ohne kanalisierende

[7] benannt nach der Fundstätte Olduvai in Tanzania, Ostafrika.

[8] frühes Genus der Hominiden Ost- und Südafrikas, ca. 4–0,8 MJ vor heute.

Abb. 2. Sozialsysteme bei Primaten. Die Unterschiedlichkeit der sozialen Organisationsformen der Primaten ist zu groß, um in einem einfachen Schema hinreichend erfaßt werden zu können, jedoch sind die traditionellen Klassifikationen für einen breiten Vergleich nützlich. Hier sind – im Uhrzeigersinn – eine große Brüllaffengruppe, ein solitäres Buschbaby, ein monogames Indri-Paar, eine Vielmännchen-Gruppe von Rotgesichtsmakaken, eine kleine Vielmännchengruppe von Kattas, Teile einer Husarenaffen-Gruppe inkl. des residierenden Männchens auf der linken Seite sowie ein Mutter-Kind-Paar des Orang-Utan dargestellt.

Vorgaben aus dem subhumanen Bereich. Über die konstruktive und biomechanische Eignung des Bewegungssapparates früher Hominiden für eine 'moderne' Bipedie gibt es unterschiedliche Einschätzungen (s. u.).

Primaten sind in individualisierten Verbänden überschaubarer Größe, aber komplexer innerer Struktur organisiert. In den Gruppen vieler Primatenarten leben mehrere Generationen miteinander, so daß unterschiedlich erfahrene Lehrinstanzen (Mütter, Väter, ältere Geschwister, Tanten etc.) für neugeborene, infantile und juvenile Gruppenmitglieder zur Verfügung stehen und somit Verhalten überliefert werden kann (Abb. 2). Primaten sind einerseits große Individualisten, andererseits extrem sozialabhängig, d. h. in ihrer körperlichen und Verhaltensentwicklung auf ein stabiles soziales Umfeld angewiesen. An die Mitglieder einer Primatensozietät werden hohe kognitive Anforderungen gestellt, um das komplizierte Geflecht von Beziehungen, Allianzen, Koalitionen, Freundschaften, Hierarchien, Verwandtschaftsverhältnissen verstehen und beachten zu können. Dies ist nur durch zeitlich und örtlich vorausschauendes, also strategisches Handeln der Gruppenmitglieder möglich. Eine lange Kindheits- und Jugendphase, verbunden mit einer raschen Hirnreifung, ermöglicht es Primatenkindern, ganz besonders den Menschenkindern, die vielfältigen sozialen Aufgaben zu lernen und zu beherrschen.

UNSERE NÄCHSTEN VERWANDTEN – DIE AFRIKANISCHEN MENSCHENAFFEN

Die Befunde aus anatomisch-morphologischen und molekularen Analysen des Menschen und der heutigen afrikanischen Menschenaffen, Gorilla und Schimpanse, belegen eine sehr enge Verwandschaft dieser drei Formen. Sie bilden eine geschlossene Abstammungsgemeinschaft, die sich auf eine gemeinsame Vorfahrenart aus dem Miozän [9] Ostafrikas zurückführen läßt. Diese Stammart ist fossil noch nicht zweifelsfrei belegt, gehört aber mit großer Wahrscheinlichkeit zu der sehr artenreichen Familie fossiler spätmiozäner Menschenaffen, die als Sivapithecidae bezeichnet werden. Nach derzeitiger Auffassung haben sich die zum Menschen und zu den gegenwärtigen afrikanischen Menschenaffen führenden Stammlinien im späten Miozän getrennt und seither eine Eigenentwicklung zu den heutigen Formen durchlaufen.

Die verschiedenen Merkmalskomplexe eines Organismus können sich im stammesgeschichtlichen Anpassungsprozeß an den jeweiligen Lebensraum (Habitat) unterschiedlich schnell entwickeln, so daß in der frühen Phase der Entstehung einer neuen Stammlinie bzw. einer Art Mosaikformen auftreten, die sowohl ursprüngliche, d. h. weit verbreitete Merkmale, als auch evolutive Neuheiten oder abgeleitete Merkmale aufweisen. Aus diesem Grunde sind scharfe (taxonomische [10]) Grenzziehungen zwischen Arten bzw. Stammlinien, die sich im Anfangsstadium ihrer Entwicklung befinden, mitunter problematisch. Dieser Umstand gewinnt bei der Rekonstruktion

[9] geologische Epoche im Neutertiär von ca. 23,3–5,2 MJ vor heute.

[10] Taxonomie ist die Lehre von den Verfahren und Methoden der Klassifikation von Lebewesen.

der Anfänge der menschlichen Stammesgeschichte sehr große Bedeutung, da die ältesten bisher bekannten Fossilfunde, die mit der Stammlinie des Menschen in Verbindung gebracht werden, die Gattungen *Ardipithecus* [11] und *Australopithecus*, ebenfalls durch ein mosaikhaftes Gefüge aus Menschenaffen- und Menschenmerkmalen gekennzeichnet sind, so daß eine zweifelsfreie und unwidersprochene Klassifikation der entsprechenden Funde entweder als Hominidae (Menschen) oder als Pongidae [12] (Menschenaffen) häufig nicht möglich ist, insbesondere dann, wenn die Fossildokumentation qualitativ und quantitativ unzureichend ist.

LEBENSRAUM, SOZIALE ORGANISATION UND WERKZEUGGEBRAUCH DES SCHIMPANSEN

Die sehr enge stammesgeschichtliche Verwandschaft des Menschen und der heutigen Schimpansen gibt Anlaß, die soziale Organisation und Lebensweise dieser afrikanischen Menschenaffen als ein denkbares Modell für die Lebensraumnutzung, das Sozialverhalten sowie für die materielle Kultur der ersten Vertreter der Stammlinie der Hominidae anzusehen. Langjährige Feldstudien an verschiedenen ost- und westafrikanischen Populationen des großen *(Pan troglodytes)* und des kleinen, zentralafrikanischen Schimpansen (Zwergschimpanse oder Bonobo, *Pan paniscus*) haben aufschlußreiche Resultate erbracht, die für die Rekonstruktion der Lebensweise der ersten Menschen modellhaft herangezogen werden können.

Lebensraum und Ernährung

Schimpansen bewohnen sowohl geschlossene immergrüne tropische Primär- und Sekundärwälder – der Zwergschimpanse ausschließlich – als auch offenere Baumsavannen und Grasland mit zum Teil erheblichen saisonalen klimatischen Einflüssen, z. B. Wechsel von Regen- und Trockenzeit, und entsprechend saisonal qualitativ und quantitativ unterschiedlichem Nahrungsangebot. Die Größe des

[11] ca. 4 MJ alte Hominidenform aus Äthiopien.

[12] Je nach Klassifikationsschule werden zu den Pongidae entweder nur die afrikanischen Menschenaffen – Gorilla und Schimpanse – oder auch der asiatische Orang-Utan gezählt.

Streifgebietes des großen Schimpansen schwankt zwischen 1200 und 7800 ha, die bei der Nahrungssuche täglich zurückgelegte Wanderstrecke liegt bei ca. 4 km. Das Lebensareal der Bonobos umfaßt etwa 2200–5800 ha, die tägliche Wanderstrecke beträgt etwa 1,2–2,4 km.

Das Nahrungsangebot ist im Lebensraum der Zwergschimpansen reichhaltiger als in den Streifgebieten der großen Schimpansen. Die Nahrungssuche erfolgt in kleineren uni- *(Pan troglodytes)* oder heterosexuellen *(Pan paniscus)* Gruppen von vier *(Pan troglodytes)* bis 6–15 *(Pan paniscus)* Individuen. Im Gegensatz zu *Pan paniscus* werden die Weibchen von *Pan troglodytes* häufig allein oder mit ihrem noch nicht erwachsenen Nachwuchs bei der Nahrungssuche angetroffen.

Schimpansen ernähren sich überwiegend von pflanzlicher Kost – Früchte, Blätter, Blüten, Samen, Zweige, Schößlinge, Pilze, Honig –, verschmähen aber keinesfalls Fleischnahrung, z. B. Ameisen, Termiten, Würmer, kleine Reptilien, Fledermäuse, Nagetiere, Schweine, Ducker, Buschböcke, Klippschliefer. Die erwachsenen Männchen einiger Populationen von *Pan troglodytes* im Gombe- und Mahale- (Tanzania) sowie Tai-Nationalpark (Elfenbeinküste) jagen regelmäßig und kooperativ *Colobus*-Affen. Die im geschlossenen Regenwald lebenden Tai-Schimpansen jagen häufiger (etwa doppelt so häufig) und in größeren Gruppen, sie kooperieren stärker als ihre Verwandten in den offeneren Lebensräumen Ostafrikas. Gombe-Schimpansen jagen häufig sehr erfolgreich allein *Colobus*-Affen, so daß bei ihnen Kooperation bei der Jagd offenbar weniger erforderlich ist, als bei den Populationen in Elfenbeinküste, deren Mitglieder wenig erfolgreiche Einzeljäger sind. Offensichtlich ist die Distanz zwischen Beute und Jäger, die im Regenwald in der Regel größer ist als im offeneren Habitat, primär entscheidend für kooperative Jagd. Diese Beobachtungen stehen im Widerspruch zum sog. 'Savannenmodell', welches im Menschwerdungsprozeß kooperative Jagd für in Savannen lebende Populationen annimmt (s. u.).

Soziale Organisation und Verhalten

Der große Schimpanse

Der große Schimpanse ist in sog. fission-fusion-Gruppen [13] mit mehreren bis vielen adulten Männchen und Weibchen organisiert. Die

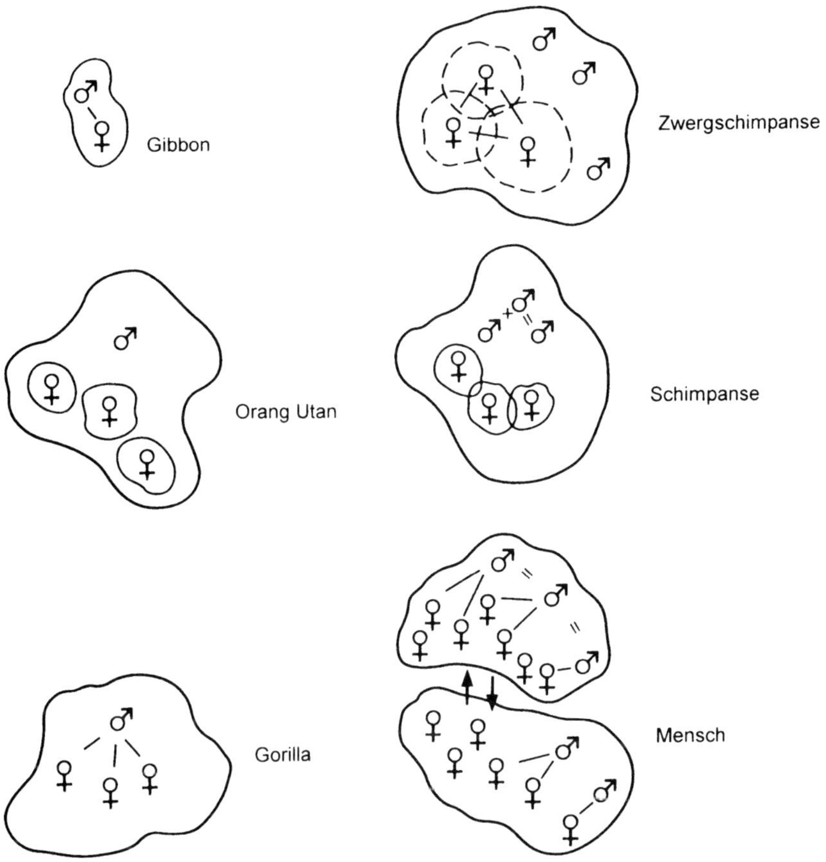

Abb. 3. Schematische Darstellung der sozialen Organisation der Menschenaffen und des Menschen.

Gruppengröße schwankt zwischen 12 und 40 Individuen (5–16 Männchen, 7–25 Weibchen). Verbände mit bis zu 100 Individuen sind ebenfalls beobachtet worden. Die erwachsenen Gruppenmitglieder verhalten sich sexuell sehr freizügig (promisk), doch sind häufig auch Pärchen, sog. consort-Paare aus einem dominanten Männchen und einem östrischen Weibchen, meistens etwas abseits der Restgruppe, zu beobachten.

[13] Die Gruppen teilen sich bisweilen in kleinere Untereinheiten, die eine zeitlang getrennt umherstreifen, bevor sie sich wieder vereinigen.

Mehrere miteinander verwandte Männchen bilden den 'dominanten Kern' der Sozietät. Sie gehen stabile Hierarchiebeziehungen ein, dominieren über die Weibchen, bilden Allianzen und Koalitionen, um ihre Position in der Hierarchie zu festigen oder zu verbessern, schlichten aggressive Auseinandersetzungen zwischen Gruppenmitgliedern, patrouillieren gemeinsam an den Grenzen des Streifgebietes und verteidigen die Gruppe bzw. deren Nahrungsressourcen gegenüber fremden Artgenossen.

Die Weibchen leben innerhalb der Sozietät eher als Einzelgängerinnen – ca. 65% ihrer Aktivität/ihres Lebens – mit ihrem noch nicht erwachsenen Nachwuchs in einer Kernzone des Streifgebietes. Während sich die Männchen stark gruppentreu verhalten, d. h. in der Gruppe bleiben, in der sie geboren wurden, wandern die Weibchen häufig aus, leben einige Zeit allein in der Nähe der vertrauten Gruppe oder schließen sich vorübergehend oder dauerhaft einem anderen Verband an (Abb. 3).

Ein herausragendes Verhalten der erwachsenen Gruppenmitglieder ist Futterteilen. Hierbei ist insbesondere das Teilen von Fleischnahrung bzw. Jagdbeute unter den erwachsenen bzw. an der Jagd beteiligten Männchen zu nennen. Das Teilen von Fleischnahrung zwischen erwachsenen Männchen wird als Koalitionsstrategie zur Belohnung von Freunden und Alliierten angesehen. Die Tai-Schimpansen teilen häufiger als die Mahale- und Gombe-Männchen. Weibchen erhalten von den Männchen ebenfalls Anteile der Jagdbeute, allerdings wesentlich seltener und weniger als Männchen. Pflanzennahrung wird seltener als Fleischnahrung geteilt. Das Teilen von Nahrung wird als eine Grundvoraussetzung für die Evolution von Arbeitsteilung in der Stammlinie der Hominiden angesehen (Abb. 4).

Der Zwergschimpanse

In den Sozietäten des Zwergschimpansen leben ebenfalls mehrere bis viele erwachsene Männchen und Weibchen sowie der noch nicht erwachsene Nachwuchs. Auch die Gruppen des Bonobo teilen sich bisweilen und schließen sich nach geraumer Zeit wieder zum ursprünglichen Verband zusammen. Den sozialen Kern der Gruppe bilden adulte, nicht miteinander verwandte Weibchen. Sie gehen feste, jedoch wenig hierarchische Beziehungen ein, schließen Koalitionen und dominieren häufig über Männchen. Die Beziehungen zwischen den Männchen sind weniger intensiv. Weibchen verlassen

Abb. 4. a-c: Bonobo-Weibchen nehmen vor dem Futterteilen Sexualkontakt auf (a) und fressen anschließend gemeinsam (b); das Imponiergehabe des Männchens im Hintergrund (c) ignorieren sie. d-f: Beim großen Schimpansen frißt zunächst das dominante Männchen (d), es läßt kein anderes Gruppenmitglied an das Futter heran; wenn es satt ist, schleppt es noch soviel Futter wie es tragen kann fort (e), erst dann haben andere Gruppenmitglieder – nach Rangposition gestaffelt – Zugang zum begehrten Futter (f).

gelegentlich die Gruppe und schließen sich dauerhaft oder vorübergehend anderen Sozietäten an, die Männchen bleiben in der Regel im Verband ihrer Mutter. Bonobo-Gruppen vermeiden Kontakt zu fremden Sozietäten, aggressive Begegnungen bzw. Auseinandersetzungen sind entsprechend selten (Abb. 4).

Zwergschimpansen sind friedfertiger als ihre großen Verwandten und nach aggressiven Auseinandersetzungen sehr viel häufiger zur Versöhnung bereit. Ebenfalls häufiger als bei *Pan troglodytes* sind soziale Aktivitäten zwischen den Geschlechtern zu beobachten, z. B. Hautpflege und vor allem Futterteilen. Letzteres ist dagegen zwischen Männchen sehr selten zu beobachten.

Ein dominierendes Kennzeichen der Bonobo-Gruppen ist das ausgiebige, varianten- und stellungsreiche, nicht an Östrus und Fortpflanzung gebundene Sexualverhalten zwischen Tieren aller Altersklassen und beider Geschlechter. Es hat offenbar bedeutende soziale Funktionen und wird entsprechend häufig zum Abbau von Spannungen nach aggressiven Auseinandersetzungen bzw. nach Streßsituationen praktiziert.

Werkzeugherstellung und Werkzeuggebrauch

Während sich der Werkzeuggebrauch des Zwergschimpansen auf die Verwendung von Stöcken beim Spiel und Imponiergehabe und auf Bedeckung des Kopfes mit einem belaubten Zweig bei Regenwetter beschränkt, sind beim großen Schimpansen die Herstellung und der Einsatz von Werkzeugen bei der Nahrungsgewinnung und -zubereitung so ausgefeilt, daß einige Autoren von einer 'Protokultur' sprechen. Verblüffend sind in diesem Zusammenhang die unterschiedlichen Werkzeug- und Nahrungsgewinnungs-Traditionen einzelner Populationen in den verschiedenen Verbreitungsgebieten, z. B. Nüsse knacken in Elfenbeinküste, Termiten angeln in Tanzania, Verzehr von Arzneipflanzen in Uganda (Abb. 5).

Besonders hervorzuheben ist, daß die Schimpansen im Tai-Nationalpark ihre Werkzeuge vor dem eigentlichen Einsatz anfertigen, d. h. ihre Funktion vorhersehen und entsprechend gezielt herstellen. Ferner verwenden sie zum Fang der verschiedenen von ihnen begehrten Insektenarten auch unterschiedlich geformte und zugespitzte Stöcke, also die jeweils bestgeeigneten Instrumente. Die Werkzeuge werden viel häufiger und über längere Strecken zum Einsatzort getragen, als es die in Ostafrika beheimateten Schimpan-

a b

Abb. 5. a: Nüsse knacken, b: graben.

sen tun. Einmalig bei nicht-menschlichen Primaten ist die Herstellung und Verwendung von Steinwerkzeugen durch die Tai-Schimpansen zum Aufschlagen harter Nüsse. Diese Werkzeuge ähneln verblüffend denjenigen, die den ersten Hominiden zugeschrieben werden. Dabei sind Größe der Werkzeuge und Transportdistanz in der überwiegenden Anzahl der Fälle optimal der Größe und Konsistenz der zu bearbeitenden bzw. zu gewinnenden Nahrung angepaßt. Diese kognitive Leistung entspricht etwa der eines neunjährigen Menschenkindes.

Werkzeuggebrauch ließ sich bei allen Gruppenmitgliedern, mit Ausnahme der jüngsten, beobachten, die es im Alter von etwa drei Jahren unter Anleitung der Mutter lernen. Auffallend sind die Geschlechtsunterschiede in der Wirksamkeit der Werkzeugverwendung. Weibchen der Tai-Schimpansen knacken Nüsse wesentlich geschickter und erfolgreicher als die Männchen. Sie tun das auch, im Gegensatz zu den Männchen, hoch in den Baumkronen. Generell ist festzustellen, daß Populationen des großen Schimpansen, die im geschlossenen Regenwald leben, mehr Werkzeuge herstellen und diese vielfältiger einsetzen als ihre Verwandten in den Lebensräumen der Savanne. Die Ansicht, daß Werkzeugherstellung durch die frühen Vertreter der menschlichen Stammlinie an das Leben in der

Abb. 6. Werkzeugherstellung und Werkzeuggebrauch verschiedener Schimpansenpopulationen.

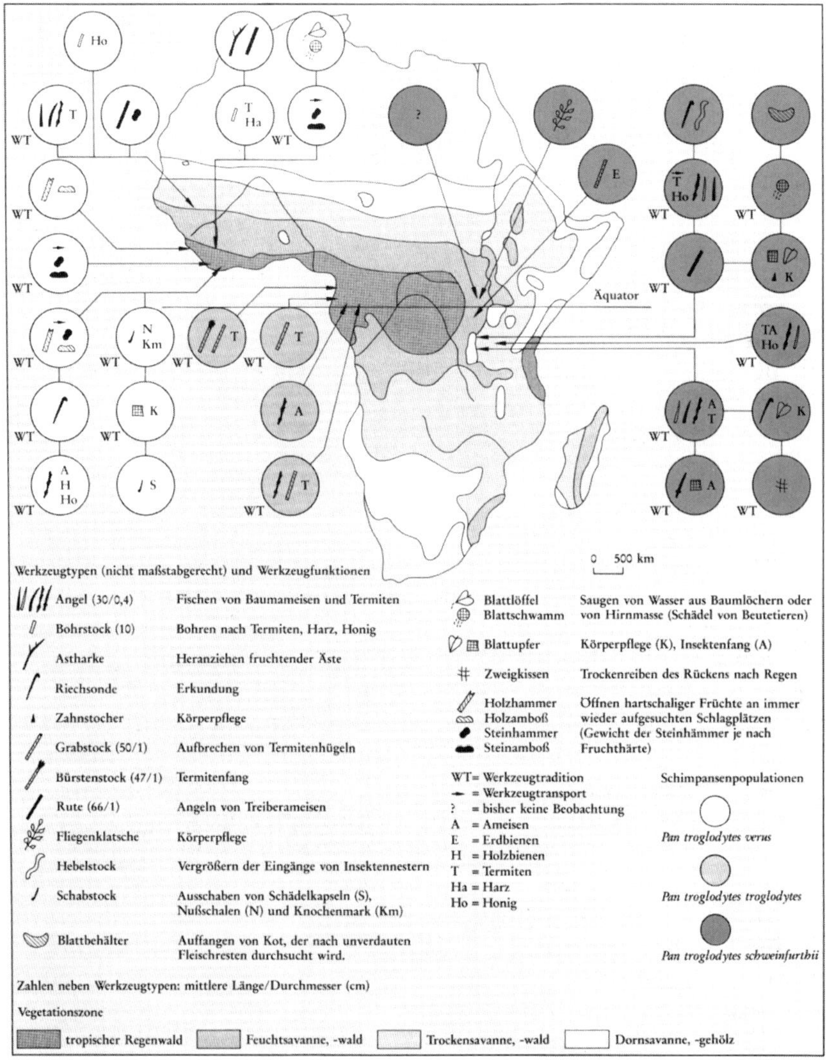

offenen Savanne geknüpft war, ist nach den Beobachtungen an den Schimpansen aus Westafrika sowie aufgrund neuerer paläoökologischer Befunde (s. u.) kaum mehr aufrechtzuerhalten (Abb. 6).

LUCY ODER LUKE? MENSCHENAFFE ODER MENSCH?

Das in der Literatur als *Lucy* [14] bezeichnete, zu etwa zwei Dritteln erhaltene fossile Skelett, wurde 1974 in Hadar, Äthiopien, geborgen (Abb. 7). Sein Alter wird auf ca. 3,6 MJ datiert. Die Fossilien werden zur Spezies *Australopithecus afarensis* gestellt, die nach übereinstimmender Ansicht sehr basal in der Stammlinie der Hominidae angesiedelt ist.

Aus derselben Fundstelle stammen zahlreiche weitere Skelettreste, die ebenfalls der Spezies *Australopithecus afarensis* zugerechnet werden. Ein Teil des Fundmaterials läßt sich einer eher grazilen, die übrigen Fossilien einer robusteren Form zuordnen. Nach gegenwärtiger Auffassung vieler Autoren soll es sich hierbei nicht um zwei verschiedene Arten handeln, sondern um weibliche bzw. männliche Individuen derselben Art. Nach dieser Interpretation würde sich *Australopithecus afarensis* durch einen erheblichen Sexualdimorphismus [15], vor allem der Arme, auszeichnen. Diese Annahme wird nicht von allen Fachleuten geteilt. In diesem Zusammenhang ist besonders hervorzuheben, daß der angenommene Sexualdimorphismus von *Australopithecus afarensis* den bislang von Primaten bekannten noch beträchtlich überträfe, was als eher unwahrscheinlich anzusehen ist. Ferner sind die unterschiedlich robusten, *Australopithecus afarensis* zugeordneten Fundstücke zum Teil an geographisch weit voneinander entfernten Lokalitäten geborgen worden (Hadar, Äthiopien und Laetoli, Tanzania), so daß unter evolutionstheoretischen Gesichtspunkten betrachtet, vor allem der evolutionsstabilen Lebenslaufstrategie, ebenfalls erhebliche Zweifel an der Ausprägung eines starken Sexualdimorphismus bei *Australopithecus afarensis* angebracht sind. Daraus ist zu folgern, daß die bisher zu *Australopithecus afarensis* gestellten Fossilien möglicherweise doch zwei unterschiedlichen Spezies zugerechnet werden müssen. Das würde dann aber auch bedeuten, daß die bislang als *Lucy* bezeichneten und somit als weiblich klassifizierten Fossilien auch von einem männlichen Individuum stammen könnten.

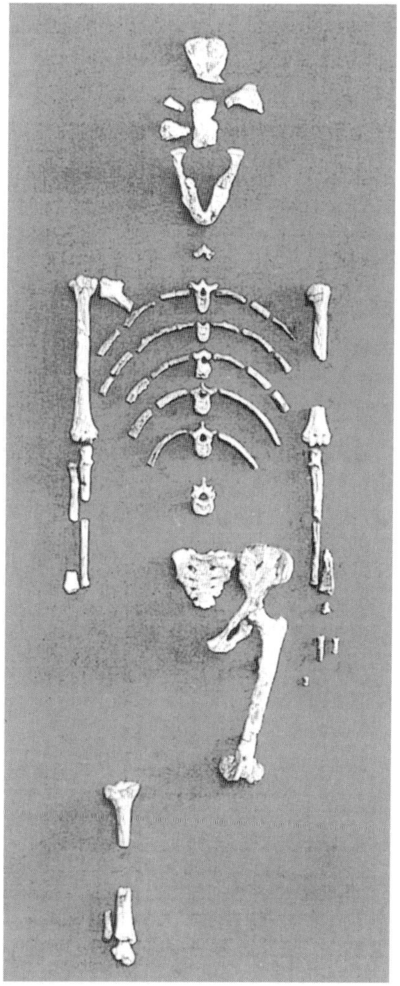

Abb. 7. Skelett von *Lucy*.

[14] Die Bezeichnung *Lucy* stammt von dem Song der Beatles 'Lucy in the Sky with Diamonds', der gerade zu dem Zeitpunkt im Radio des Forscherteams zu hören war, als die Fossilreste geborgen wurden.

[15] Geschlechtstypische und geschlechtsspezifische Unterschiede im Körperbau und Verhalten.

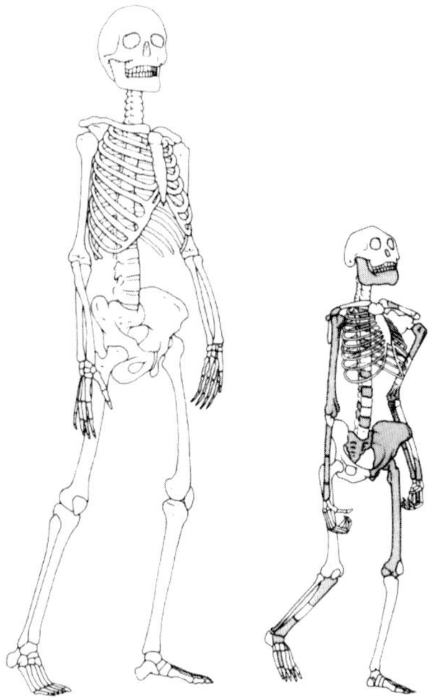

Abb. 8. Vergleich von *Lucy* mit modernem Menschen *(Homo)*.

Aus der Gelenkflächengröße der unteren Extremitätenknochen zu schließen, waren die grazilen *Australopithecus afarensis* etwa 1,05 m groß und 29 kg schwer. Die entsprechenden Werte für die robusteren Individuen liegen bei 1,5 m Körpergröße und 45 kg Körpergewicht. Die für beide Formen ermittelten Werte zur Körpergröße und zum -gewicht sind erheblich niedriger als noch vor einigen Jahren geschätzt wurde. Insbesondere aufgrund der geringen Körperhöhenschätzung für *Lucy* wurde die Zugehörigkeit von *Australopithecus afarensis* zur Familie Hominidae wiederholt in Frage gestellt (Abb. 8).

Die Hirngröße von *Australopithecus afarensis* liegt bei etwa 400 cm^3 und bewegt sich damit im Variationsbereich des Hirnvolumens des modernen großen Schimpansen. Der Entwicklungsgrad des Hirns liegt über dem des Schimpansen aber noch deutlich unter dem späterer, zu den Hominidae gestellter Funde. Werkzeugherstellung und -gebrauch ist für *Australopithecus afarensis* bisher nicht nachgewiesen worden.

Das Gebiß von *Australopithecus afarensis* trägt relativ große Backenzähne, die auf eine Ernährung von härterer Pflanzenkost schließen lassen. Besonders interessant sind die Zahnlücken im Ober- und Unterkiefer, die auf relativ gut entwickelte, d. h. lange Eckzähne hinweisen, für die ebenfalls ein erheblicher Geschlechtsdimorphismus angenommen wird.

Die meisten Kontroversen haben die von einigen Autoren geäusserten Ansichten zur Fortbewegungsweise von *Australopithecus afarensis* ausgelöst. Das Rumpf- und Extremitätenskelett zeigt ein Merkmalsgefüge, das mit der Annahme, daß der aufrechte zweibeinige Gang die einzige Lokomotionsweise dieser Spezies darstellte, nicht vereinbar ist. Die Proportionen und Merkmalsmuster der Gliedmaßen – *Australopithecus afarensis* besaß vergleichsweise kurze Beine und ähnelte diesbezüglich den afrikanischen Menschenaffen mehr als dem modernen Menschen – und zahlreiche Detailmerkmale, vor allem auch am Schultergürtel, Brustkorb, Beckengürtel und Fuß, lassen vermuten, daß *Australopithecus afarensis* nicht ausschließlich zweibeinig ging, sondern zum Teil noch auf Bäumen lebte und Menschenaffen-Merkmale aufwies.

Die Diskussion über die Fortbewegungsweise von *Australopithecus afarensis* stützt sich nicht nur auf fossiles Knochenmaterial, sondern auch auf ein 'Verhaltensfossil', die ca. 3,6 MJ alten Fußspuren, die 1978 in vulkanischen Schichten von Laetoli entdeckt wurden. Während einige Autoren die Spuren *Australopithecus afarensis* zuschreiben, halten andere modernere Menschenformen für geeignetere Kandidaten als Verursacher der Abdrücke. Inwieweit aus diesen noch Anpassungen an Greiffähigkeit und damit an das Baumleben diagnostiziert werden können, wird ebenfalls uneinheitlich diskutiert. Viele Fachleute vertreten daher die Auffassung, daß der von *Australopithecus afarensis* praktizierte aufrechte zweibeinige Gang von dem des modernen Menschen abgewichen sei, da *Australopithecus* am Boden noch mit gebeugten Knien und gebeugter Hüfte zweibeinig lief. Ferner wird wegen der zahlreichen anatomisch-morphologischen Anpassungen an das Baumleben vermutet, daß *Australopithecus afarensis* einen beachtlichen Teil seiner täglichen Aktivitäten auf Bäumen verrichtete.

Unter der Annahme, daß *Australopithecus afarensis* sich zumindest zeitweilig am Boden aufhielt und aufrecht zweibeinig ging, sollte man erwarten, daß die weiblichen Individuen einen geräumigeren Beckenkanal hatten als die Männchen, denn Zweibeinigkeit würde zur Verkürzung des Beckendurchmessers geführt und die Anforderungen der Geburt sich in einer Vergrößerung des Beckendurchmessers niedergeschlagen haben. Eine kürzlich von Schweizer Paläoanthropologen vorgestellte Rekonstruktion des Beckens von *Lucy* kommt unter diesen Voraussetzungen zu dem Schluß, *„. . . daß AL 288-1* [16] *einfach nicht gebaut war, um zu gebären . . .“*, also ein männliches Individuum war.

Lassen wir diese Zweifel bzw. Unsicherheit an/in der taxonomischen Zuordnung des Fundmaterials aus Hadar und Laetoli und der Geschlechtsbestimmung von *Lucy* einmal außer acht, d. h. akzeptieren wir, daß *Lucy* weiblich und *Australopithecus afarensis* erheblich sexualdimorph waren, dann ist die Frage nach der Sozioökologie von *Australopithecus afarensis* – stellvertretend für die frühesten den Hominiden zugeordneten Funde – zu stellen (1) auf der Grundlage des Modells 'rezente Schimpansen' und (2) unter Berücksichtigung der (postulierten) Zugehörigkeit der Funde zu einer von den Menschenaffen separierten Stammlinie, den Hominidae.

[16] Katalogbezeichnung für die als *Lucy* bekannten Fossilreste.

Sexualdimorphismus – das Schimpansenmodell

Sehr viele Primatenarten zeichnen sich durch einen erheblichen Sexualdimorphismus aus. Die diesbezüglich hervorstechendsten Merkmalsunterschiede zwischen den Geschlechtern sind die Körpergröße und das Körpergewicht, die robusteren Skelettstrukturen einschließlich der Muskelmarken sowie die Größe bzw. Länge der Eckzähne. Der Sexualdimorphismus ist besonders bei den Arten ausgeprägt, die in 'Vielweibchen-Gruppen' (polygyne Gruppen) leben, d. h. in Gruppen, in denen die erwachsenen Männchen miteinander um den Zugang zu östrischen Weibchen konkurrieren bzw. die 'eigenen' Weibchen (Harem) vor Übergriffen durch Konkurrenten zu schützen versuchen. Je begrenzter die Ressource 'Weibchen' ist, desto heftiger sind die Auseinandersetzungen zwischen den Männchen und desto strenger ist ihre Rangordnung. Entsprechend ist der Sexualdimorphismus bei denjenigen Spezies am geringsten, die in sog. Einehe leben, z. B. die Gibbons, sich nicht promisk oder polygyn bzw. polyandrisch (Viel-Männchen-Gruppe) verhalten, sondern jeweils ein Weibchen bzw. ein Männchen im Sexual- und Reproduktionsverhalten monopolisieren.

Beide Schimpansenarten sind sexualdimorph, die große Spezies etwas stärker als die kleinere, ein Ergebnis, welches aus der sozialen Organisation und dem Verhalten der beiden Arten vorherzusehen war. *Australopithecus afarensis* soll in Körpergröße, Körpergewicht und Eckzahnlänge ebenfalls sexualdimorph gewesen sein, was die Körperdimensionen anbetrifft, sogar erheblich stärker als die rezenten Schimpansen. Unter der Bedingung, daß wir das Schimpansenmodell für frühe Vertreter der Stammlinie der Hominidae akzeptieren, lebte *Australopithecus afarensis* in Viel-Männchen-Viel-Weibchen- (polygynandrischen) Gruppen, mit starker Konkurrenz zwischen den Männchen. Ferner müssen wir dann davon ausgehen, daß Vielweiberei (Polygynie) die ursprüngliche Form des Zusammenlebens von Männchen und Weibchen der Hominidae gewesen ist. Ein Blick über heutige Gesellschaften des Menschen weist die Verbreitung der Polygynie ebenfalls weit vor der Monogamie (Einehe) aus (83% polygyn, 16% monogam (lt. Gesetz), 1% polyandrisch). Bezüglich der sozialen Organisation unserer Vorfahren ist damit wenig bzw. überhaupt nichts ausgesagt, denn ausschließlich die geschlechtstypischen Reproduktionsstrategien sind stammesgeschichtliches Erbe. Die jeweiligen Fortpflanzungssysteme dagegen sind stets als Kompromiß individueller Lebenslauf- und Fortpflanzungsstrategien anzusehen.

Habitat und Nische [17] der ersten Menschen

Lange Zeit ist der Beginn des Menschwerdungsprozesses mit der zunehmenden Verbreitung offener Habitate – Baumsavannen und offenes Grasland – im Pliozän Ostafrikas verknüpft worden. Neuere paläoökologische Befunde und insbesondere die Langzeitstudien an den westafrikanischen, im geschlossenen Regenwald (Tai-Nationalpark) lebenden Schimpansenpopulationen, lassen an der Richtigkeit dieser traditionellen Auffassung starke Zweifel aufkommen. Es ist heute vielmehr davon auszugehen, daß die Evolution des Menschen in einem geschlossenen Waldhabitat, zumindest aber in einer Savanne mit dichtem Baumbestand eingeleitet worden ist. Die adaptiven Prozesse, die letztlich die Menschwerdung angeschoben und vollendet haben, lassen sich derzeit nicht zweifelsfrei benennen. Trotz der umfangreichen Kenntnisse, die uns die Paläoanthropologie und ihre Nachbardisziplinen liefern, fehlt es bislang an einem schlüssigen Modell zur Menschwerdung. Ein Problem der Vorstellungen zur Lebensweise früher Menschen liegt darin, daß sie häufig eher als Antworten, denn als Fragen verstanden werden und in den seltensten Fällen Testvorschläge zur Überprüfung enthalten. Einigkeit herrscht heute allerdings darüber, daß die sog. Vergleichs- oder Referenzmodelle, die aus dem Studium heutiger Primaten, z. B. des Schimpansen, oder an gegenwärtigen menschlichen Jäger-Sammler-Populationen entwickelt worden sind, sehr kritisch gewertet werden müssen, und durch sog. Konzeptmodelle, die mittlerweile aus der Ökoethologie und Soziobiologie vorliegen, ersetzt werden sollten. Diese andere Sichtweise hat wesentlich zu einem Wandel unserer evolutionsökologischen Vorstellungen, insbesondere auch über die Rollen der Geschlechter der frühen Vertreter der Stammlinie der Hominidae geführt.

[17] Im Gegensatz zum Habitat ist Nische kein realer Lebensraum. Nische ist ein abstraktes Konzept, welches sämtliche Ansprüche einer Art an einen bestimmten Lebensraum und dessen Kapazität, überlebensfähige Populationen zu beherbergen, beschreibt.

Da uns nur ein verschwindend geringer Teil an Informationen aus der Vergangenheit zur Verfügung steht, noch dazu in hochgradig 'gesiebter' Form, ist jeder Rekonstruktionsversuch der Nische und somit auch der sozialen Organisationsform und des Verhaltens unserer stammesgeschichtlichen Vorläufer und Vorfahren mit einem hohen Fehlerrisiko behaftet, selbst bei sehr gutem Fossilreport. Wir bewegen uns auf höchst spekulativem Niveau, wenn es um den Versuch geht, die paläoanthropologischen Befunde im Hinblick auf Kommunikation, Sexual- und Reproduktionsverhalten, elterliche Fürsorge, geistige Leistungsfähigkeit, Nahrungserwerb, Sozialstruktur, um nur einige Aspekte zu nennen, zu interpretieren. Vor diesem Hintergrund müssen alle Modelle kritisch betrachtet werden, die die Lebensweise der frühesten Vertreter der Stammlinie des Menschen zu rekonstruieren versuchen. Im folgenden werden lange Zeit als gültig angenommene Modelle vorgestellt und versucht, das derzeit als am plausibelsten geltende Modell herauszuarbeiten.

Jäger-Modell

Dieses Modell geht letztlich auf Anschauungen von Darwin zurück. Jagdaktivitäten und Fleischverzehr werden als die entscheidenden Schritte zur Ausweitung der Nische der frühen Hominiden angesehen. Die Annahme, daß der Verzehr von erjagtem Großwild zur Formung der physischen und sozialen Umwelt der frühen Hominiden beitrug, wurde gestützt durch aus heutiger Sicht allerdings nicht mehr tragfähige Voraussetzungen. Vorausschauendes Planen sowie Kommunikation und Kooperation unter den männlichen Artgenossen sollten diesem Modell zufolge den Jagderfolg sichergestellt und damit die Versorgung der Gruppe garantiert haben. Diese bereits von den Tai-Schimpansen demonstrierten Fähigkeiten wurden allerdings in das Klischee vom aktiven männlichen Versorger und der sog. 'heimbleibigen' Frau, die mit ihren Kindern auf seine Unterstützung angewiesen war, gezwängt und damit ideologisiert. Ferner wurde dieses Modell zunehmend fragwürdiger, als deutlich wurde, daß die bis vor kurzem noch als älteste Hominiden betrachteten *Australopithecinen* offenbar keine Fleisch-, sondern Pflanzenfresser waren und vermutlich auch nicht über effektive Jagdwaffen und zum Zerlegen der Beute geeignete Werkzeuge verfügten.

Nahrungsteilungs-Modell

Dieses Modell bezieht sich auf die frühen Vertreter der Gattung *Homo*. Die Fundstätten dieser Hominiden weisen bereits auf befristet genutzte Basislager hin, zu denen die erjagte Beute transportiert worden sein soll. Diese Lager befanden sich in der Nähe von Wasserstellen und ihre Umgebung bot reichlich Möglichkeit zum Sammeln von pflanzlicher Nahrung. Kernaspekt dieses Modells ist die Annahme, daß die erworbene Nahrung, auch die pflanzliche, innerhalb der Gemeinschaft geteilt wurde. Die geschlechtstypische Aufgabenteilung in die Jagd, die nur Männer ausübten, und das Sammeln, das Frauen und Kindern vorbehalten war, kennzeichnet diese Hypothese ebenso wie das Jäger-Modell. Der wesentliche Unterschied liegt im selbstlosen (altruistischen) und gleichwertigen (reziproken) Teilen der Nahrung. Zwar sprechen soziobiologische Überlegungen dafür, daß das Teilen der Nahrung die Paarungschancen der männlichen Individuen erhöht, aber warum sollten Frauen ihre Nahrung mit den Männern teilen – es sei in diesem Zusammenhang noch einmal daran erinnert, daß bei Schimpansen fast ausschließlich die Männchen jagen und nur wenig Jagdbeute mit den Weibchen teilen und daß die Weibchen der Tai-Schimpansen häufiger als die Männchen pflanzliche Nahrung, z. B. Nüsse, 'bearbeiten', diese jedoch nicht teilen, d. h. beide Geschlechter verhalten sich nicht oder nur in Ansätzen reziprok, was das Nahrungsteilen anbetrifft.

Das Nahrungsteilungs-Modell ist aus zwei Gründen kritisiert worden: zum einen ist sehr zweifelhaft, ob für die gesamte Gruppe ausreichende Mengen an Nahrung in der skizzierten Weise beschafft werden konnten; zum anderen ist die hypothetisierte Arbeitsteilung – Männer jagen, Frauen sammeln – bemängelt worden, da das Modell den weiblichen Mitgliedern der Sozietät weniger Anteil bei der Versorgung der Gruppe unterstellt, d. h. eine mehr passive Rolle zuweist.

Sammler(innen)-Modell

Technologische Innovationen sowie biologische und soziale Anpassungen sollen die Erschließung einer neuen ökologischen Nische im plio-pleistozänen [18] Savannenbiotop ermöglicht haben. Nicht durch

[18] Pleistozän: erste Epoche des Quartärs von ca. 1,64 MJ–10 Tsd. Jahre vor heute.

Jagd, sondern durch Sammeln vegetabilischer und eiweißreicher tierischer Nahrung sollen die frühen Hominiden ihren Nahrungsbedarf gedeckt haben, wofür spezielle Geräte, wie z. B. Grabstöcke, Zugang zu Ressourcen verschafften, die Nahrungskonkurrenten verborgen blieben. Insbesondere zu Zeiten saisonalen Nahrungsmangels wurden größere Einzugsgebiete durchstreift, was den Transport der gesammelten Nahrung zu geschützten Sammelplätzen erforderte. Es wird angenommen, daß hierfür Werkzeuge zur Zerkleinerung der Nahrung und Behältnisse zu deren Transport notwendig waren sowie ein perfekter aufrechter zweibeiniger Gang. Wenn dieses Modell auch eine Gleichstellung der Frau annimmt, so bleiben doch auch hier erhebliche Erklärungsdefizite, wie z. B. die Frage nach der Steuerung des von der Nahrungs- und Paarungskonkurrenz ausgehenden Selektionsdruckes.

Paarbindungs-Modell

Diese Hypothese stellt eine gegenüber pongiden Vorfahren veränderte Paarungsstrategie der frühen Hominiden in den Vordergrund. Der Verlust des mitzyklischen Östrus der Frauen verbunden mit der gleichzeitigen Herausbildung sexueller Dauerrezeptivität soll zur monogamen Paarbindung geführt haben. Auch dieses Modell ist, insbesondere von feministischen Anthropologinnen, sehr heftig kritisiert worden, da ein derartiges Szenario der Frau wiederum nur eine passive, ausschließlich reproduktive und nicht produktive Rolle zuerkennt.

Aasfresser-Modell

Für eine eher ausgewogene Arbeitsteiligkeit der Geschlechter spricht das Aasfresser-Modell. Aufgrund archäologischer Befunde an Steinwerkzeugen und Schnittspuren auf Knochenmaterial sehen es einige Forscher als erwiesen an, daß die frühen Hominiden, die ja eher schwächlich gebaut waren, in die Nische der Fleischfresser expandierten. Die Zusammensetzung der Skelettreste, die von sehr wehrhafter Beute stammen, wirft zwangsläufig die Frage auf, wie diese erlegt worden sein könnte. Da sich keine plausible Interpretation für Jagdverhalten bot, wurden alternative Strategien der Fleischbeschaffung überprüft. Viele Fachleute gehen davon aus, daß diese recht effektiv gewesen sein muß und das Aufsuchen geeigneter

Abb. 9. Gezieltes Aufsuchen eines von einer Großkatze deponierten Kadavers.

Kadaver nicht zufällig erfolgt sein dürfte. Als geeignetes Habitat werden Uferwaldzonen angesehen, in denen ausreichend Ressourcen, u. a. Reste von Großkatzenbeute über Kadaver natürlich gestorbener Tiere bis hin zu Kadavern ertrunkener und an den Tränken zertrampelter Tiere, vorhanden waren. Weitere Beobachtungen lassen annehmen, daß die frühen Hominiden als Allesfresser durchaus in der Lage waren, im saisonalen Wechsel auf vorwiegend pflanzliche Nahrung auszuweichen, d. h. äußerst flexibel auf Nahrungsüberfluß und -knappheit zu reagieren (Abb. 9).

Der erhebliche Vorteil des Aasfressens gegenüber der Jagd liegt in dem verminderten Risiko für die Hominiden, welches offenbar erst dann minimiert wurde, als Distanzwaffen entwickelt worden waren, wobei Wurfspeere erst sehr spät – auf dem sog. Anteneanderthaler-Niveau – nachgewiesen sind und erst in der jüngeren Altsteinzeit (Jungpaläolithikum [19]) Speerschleudern und eventuell sogar erst in der mittleren Steinzeit (Mesolithikum [20]) Pfeil und

[19] Obere Altsteinzeit in Europa von ca. 40 Tsd.–12 Tsd. Jahre vor heute.

[20] Mittlere Steinzeit in Europa von ca. 12 Tsd.–10 Tsd. Jahre vor heute.

Bogen erfunden wurden, durch deren Einsatz das hohe körperliche Risiko für eine(n) Wildbeuter(in) verringert wurde. Aasfressen ist von mehreren derzeit lebenden Völkern bekannt, z. B. den Aché aus Südamerika und den Hadza aus Afrika.

Ernährungsstrategie-Modell

Dieses Modell versucht, die Frage zu beantworten, weshalb die Jagd überhaupt wesentlich für die Ernährung bzw. Lebensweise der frühen Hominiden gewesen sein soll. Warum und unter welchen Bedingungen Menschen jagen, anstatt Pflanzenquellen auszuschöpfen, untersucht die sog. Optimalitätstheorie der Nahrungsversorgung. Diese Theorie geht von der Kosten-Nutzen-Analyse und der Annahme aus, daß ein Organismus bestrebt ist, den Kaloriengewinn in Relation zu der Zeit, die für die Nahrungsbeschaffung in Anspruch genommen wird, zu maximieren. Wenn also die frühen Hominiden das Jagen favorisierten, so müßten sie modellkonform eine weitaus größere Kalorienmenge pro investierter Zeit als beim Sammeln pflanzlicher Kost erzielt haben. Aus diesen theoretischen Voraussetzungen für einen Wechsel der Ernährungsstrategie wird gefolgert, daß Subpopulationen der miozänen Vorläufer von afrikanischen Menschenaffen und der Hominiden in Habitaten lebten, in denen unter dem Gesichtspunkt der Fitnessmaximierung ein problemloser Jagderfolg die Spezialisierung als Beutegreifer vorteilhaft machte. Felduntersuchungen an Anubis-Pavianen belegen, daß unter geeigneten ökologischen Bedingungen Primatenarten, entsprechend der Modellprognose, auf Fleischnahrung zur Erfüllung ihrer Nahrungsansprüche zurückgreifen.

Analog den Befunden von Schimpansen, insbesondere aus Tai, wäre es plausibel, daß die Männer in Subpopulationen der frühen Hominiden ihre eigenen Ernährungsansprüche in recht kurzer Zeit abdecken konnten, während die Frauen den ganzen Tag auf Nahrungssuche gingen, weil ihnen die Fleischressourcen nicht ohne weiteres verfügbar waren. In der 'Freizeit' der Männer wird die Chance gesehen, neue, die Fitness maximierende Strategien zu verfolgen. Sie könnten ihre Jagdaktivitäten ausgedehnt haben, um die zusätzlichen Fleischressourcen dann für Kopulationsprivilegien bei östrischen Frauen anzubieten. Der Vorteil für die Frauen bestand darin, Nahrung zu erhalten, und die Kopulation mit dem besten Versorger sicherte Nachwuchs mit hoher Fitness.

Monogamie sieht dieses Modell nicht vor, so daß – nach soziobiologischen Befunden zu schließen – der Sexualdimorphismus groß gewesen sein sollte, was durch den Fossilreport insgesamt bestätigt zu werden scheint. Immer längere Östrusperioden sollen schließlich zur Dauerrezeptivität und verdeckten Ovulationen der Frau geführt haben, woraus sich erhebliche strategische Vorteile für die Frauen ergeben haben sollen. Inwieweit die Ovulationen der frühen Hominidenfrauen tatsächlich verdeckt waren, läßt sich schwer abschätzen. Neuere Untersuchungen an rezenten Menschen haben ergeben, daß Männer offensichtlich den Ovulationszeitpunkt der Frau sehr genau wahrnehmen – wahrscheinlich unbewußt und nicht willkürlich beeinflußbar über chemische Botenstoffe (Pheromone; in diesem speziellen Fall über sog. Kopuline) –, was aus der erhöhten Testosteronkonzentration im Blut von Männern in Gegenwart ovulierender Frauen zu schließen ist.

Das Ernährungsstrategie-Modell nimmt schließlich ein gesteigertes elterliches Investment an, mit positiven Effekten für die Überlebenswahrscheinlichkeit der Kinder. Die zusätzliche Versorgung der Frauen durch Männer schaffte die Möglichkeit zu einer intensiveren Betreuung der Nachkommen, was zur Reduktion der Kindersterblichkeit und Steigerung der durchschnittlichen Lebenserwartung führte. Mit der größeren Anzahl von Individuen, die ein höheres Alter erreichten, vergrößerten sich die mit einer höheren Lebensdauer verbundenen Vorteile. Die Verlängerung der kindlichen Abhängigkeitsperiode, die einen intensiveren Lernprozeß ermöglichte und in der Erwachsenenphase Konkurrenzvorteile schaffte, erforderte andererseits ein größeres Geburtenintervall. Eine andere Konsequenz ist aber noch bedeutungsvoller. Um für die Nachkommen von Müttern im fortgeschrittenen Alter die Wahrscheinlichkeit zu erhöhen, den Tod der Mutter zu überleben, entwickelten sich neue Reproduktionsstrategien. Die optimale Strategie für eine ältere Frau wäre es, nicht selbst noch Kinder zu gebären, sondern in die Fürsorge des Nachwuchses der eigenen Tochter zu investieren. Die 'Erfindung der Großmutterrolle' stellt vermutlich die ultimate Ursache der weiblichen Menopause dar.

Das Ernährungsstrategie-Modell ist von hohem Erklärungswert. Es integriert erstmals Befunde der Archäologie, Morphologie, Primatenethologie, Evolutionsökologie, Physiologie und Ethnologie. Wie alle Modelle kann es aber einen angenommenen Sachverhalt nicht beweisen, sondern nur eine plausible Lösung aufzeigen.

Schluß

Es bestehen erhebliche Schwierigkeiten, das Mosaik pongid-hominider Konfigurationen in der frühen Menschwerdungsphase zu erklären. Das gilt nicht nur für die Morphologie, sondern auch für das zu erschließende Verhalten. Welche Gratwanderung wir hier begehen, zeigen die bereits skizzierten Befunde an unseren nächsten Verwandten, den Schimpansen. Die Studien am Bonobo und am großen Schimpansen belegen, daß bereits auf taxonomisch niedrigster Ebene, der Art, verschiedene Nahrungs-, Sexual-, Reproduktions- und Verhaltensstrategien existieren. Gerade der Vergleich der sozialen Organisation und des Verhaltens dieser beiden Spezies macht deutlich, daß selbst bei sehr eng miteinander verwandten Arten unterschiedliche hierarchische Strukturen ausgeprägt sind. Beim großen Schimpansen dominieren die Männchen, beim Bonobo gewinnen die an Körperkraft unterlegenen Weibchen als Allianz die Oberhand und prägen das soziale Klima in der Sozietät. Insbesondere durch vielfältige Sexualkontakte sorgen sie für Harmonie. Die Schimpansen gehen keine dauerhaften Paarbeziehungen ein, die Last der Kinderaufzucht teilen die Väter nicht. Frans de Waal (1995) schreibt, daß *„ . . . der Zusammenhalt eines Paares mit seinen Sprößlingen mit den vielfältigen Sexualkontakten, die auch gänzlich anderen Zwecken dienen, wohl nicht vereinbar wäre. Wären die Vorfahren des Menschen ähnlich freizügig gewesen, hätten sich unsere Sozialstrukturen vermutlich anders entwickelt, als wir sie nun für normal halten."*

Biologisch betrachtet wäre der Anreiz für Männer, sich für die Familie einzusetzen, die ziemlich zweifelsfreie Gewißheit der Vaterschaft der Kinder. Gewissermaßen lohnte ihre Investition in den Nachwuchs, weil es der eigene war. In den Schimpansen-Gruppen wäre dies niemals gewährleistet. Menschen dagegen setzen die Integrität der Ehe und Familie mit Tabus und moralischen Restriktionen durch. So ausgeprägt unsere Sexualität auch sein mag – in keiner der vielen Gesellschaftsordnungen ist es üblich, mit dem nächstbesten Artgenossen öffentlich bei geringstem Anlaß sexuell zu interagieren, wie es die Bonobos tun, etwa um materielle Vorteile zu erlangen. Auch das Schamgefühl und der Wunsch nach einer Intimsphäre sind sicherlich etwas typisch Menschliches und dürfen als wesentliches Moment unserer kulturellen Evolution die besondere Eigenart der Familie geprägt haben. Eine Antwort auf die

Frage nach dem natürlichen Fortpflanzungssystem des Menschen kann sich nur auf Indizien aus der vergleichenden Primatologie stützen.

Aus den verschiedenen Fortpflanzungssystemen – Monogamie, Polygynie, Polyandrie, Polygynandrie – lassen sich u. a. aus den sexualbiologischen Komponenten wie Sexualindex der Körpergröße, dem Hodengewicht in Promille des Körpergewichts, der Östrusschwellung der Weibchen sowie der Kopulationsdauer Zusammenhänge ermitteln, die bei Berücksichtigung dieses Rasters sexualbiologischer Parameter den Schluß nahelegen, daß beim Menschen fast alles gegen Monogamie als ursprüngliches Fortpflanzungssystem spricht. Aufgrund des relativ geringen Hodengewichts der Menschenmänner und der relativ langen Kopulationsdauer des Menschen, die geringe Spermienkonkurrenz bzw. wenig störende Präsenz von Rivalen signalisieren, kann auf eine Tendenz zur Polygynie geschlossen werden.

Wesentliches Element des Menschwerdungsprozesses ist die Verbesserung der Aufzuchtbedingungen für die Nachkommen durch gesteigertes väterliches Investment, welches möglicherweise durch verdeckte Ovulation als weibliche Paarungsstrategie erzielt wurde, durch die besonders die Männer gebunden werden konnten (siehe aber oben), die effektiv in den Nachwuchs investierten, d. h. einer Vaterrolle gerecht wurden. Ein evolutives Beiprodukt wird in der kontinuierlichen Rezeptivität und Attraktivität der Frauen gesehen, die sich ihre Paarungsbereitschaft möglicherweise durch zusätzliche Nahrungsressourcen entlohnen ließen. Es liegen damit gewichtige Argumente vor, für die vor- und frühgeschichtlichen Frauen eine aktive und kreative Rolle in einer Sammler- und Wildbeutergesellschaft anzunehmen. Spätestens mit dem Erscheinen der Gattung *Homo* in der Stammlinie des Menschen ist für die Frauen eine familiäre und gesellschaftliche Einbettung in ein Sozialsystem anzunehmen, das einigen unserer heutigen Familienstrukturen durchaus in den Grundzügen entsprochen haben könnte.

Abschließend sei ausdrücklich betont, daß die biogenetisch verursachten Merkmalsausprägungen kulturell überlagert sind bzw. sein können. Die Natur scheint die menschliche Verhaltensentwicklung weniger durch Vorschriften, als durch Vorschläge zu beeinflussen, wie es der Evolutionsbiologie Markl einmal ausdruckte. Wir sind somit auch in der Lage, Geschlechterrollen zu modifizieren.

Literatur

Henke, W./Rothe, H. (1994): Paläoanthropologie (Berlin/Heidelberg/New York).

Lethmate, J. (1990): Evolutionsökologie und Verhalten der Hominoiden, Teil 1 und 2. Deutsches Institut für Fernstudien (Tübingen).

Schreiber, H. (1934): Zur Morphologie der Primatenhand. Anat Anz 78, 369–456.

Streit, B. (Hrsg.) (1995): Evolution des Menschen (Heidelberg/Berlin/Oxford).

Waal, F. B. M. de (1995) Die Bonobos und ihre weiblich bestimmte Gemeinschaft. Spektrum der Wissenschaft, Heft 5, 76–83.

DAS MAMA-PAPA-KIND-SYNDROM – BOTSCHAFTEN ÜBER DIE FUßSPUREN VON LAETOLI

VON SIGRUN M. KARLISCH

BOTSCHAFTEN AUS DER VERGANGENHEIT?

Die Archäologie hat verschiedene Erscheinungsformen: Der Elfenbeinturm ist einigen ihrer VertreterInnen ebenso genehm wie anderen das grelle Licht der Öffentlichkeit. Letzteres wird gerne auf paläoanthropologische Forschungen in Gestalt von Berichten in Zeitschriften und Zeitungen geworfen. Stories über neue Ausgrabungen in Ostafrika, der 'Wiege der Menschheit', waren Aufmacherinnen für die Titelseiten der Magazine Focus und Spiegel; GEO widmete diesem Thema 1995 ein ganzes Dossier.

Derartige Titelseiten zeigen nicht die 'nackte Wissenschaft' in Form von Photomaterial, sondern Zeichnungen von frühen Menschen. Diese Bilder sind Rekonstruktionszeichnungen, die auf archäologischen Untersuchungen basieren. Solche Zeichnungen, die in der Regel nur in der Populärliteratur verwendet werden, enthalten anschauliche Aussagen über Geschlechterrollen, die in wissenschaftlicher Literatur nur zwischen den Zeilen aufzufinden sind.

In der archäologischen Populärliteratur sind die ca. 3,6 Millionen Jahre alten Fußspuren von Laetoli ein beliebtes Thema. Umzeichnungen dieses Befundes habe ich für eine Bilderanalyse ausgewählt, die die dargestellten Geschlechterrollen herausfiltern soll. Die frühen HominidInnen, die diese Spuren hinterließen, sind zeitlich und räumlich so weit von unserer eigenen Gesellschaft entfernt, daß Aussagen über Geschlechterrollen keineswegs von modernen Vorstellungen abgeleitet werden können, ja in dieser Konstellation geradezu absurd erscheinen. Geschieht dies doch, so stellen diese Aussagen Botschaften dar, die nicht aus der Vergangenheit stammen, sondern in diese projiziert werden.

Die in den Bildern enthaltenen Botschaften können die BetrachterInnen indirekt dazu anhalten, in die vorgezeichneten Fußstapfen zu treten, d. h. das gezeigte Verhalten nachzuahmen. Desweiteren verleiten sie zu Annahmen über die 'Natur der Geschlechter' und grenzen das Rollenrepertoire von heutigen Frauen und Männern ein. Ich will mit diesem Artikel Zweifel sähen, zumindest eine Spur davon, um als Frucht einen angemesseneren Umgang mit Urgeschichte(n) zu ernten.

Was die 'Natur der Geschlechter' betrifft: Vom sozialwissenschaftlichen Standpunkt aus gesehen sind Weiblichkeit und Männlichkeit durch und durch soziale Konzepte, die im Laufe der Zeit variieren und in jeder Kultur anders definiert werden. In unserer Gesellschaft fungieren diese Konzepte als strenge Sets von Leitbildern; sie sagen jedoch nichts über die reellen Möglichkeiten und Grenzen des Verhaltens von Frauen und Männern aus. Die Unterscheidung zwischen biologischen und sozialen Aspekten von Geschlecht, die ja dennoch getroffen wird, vollziehe ich sprachlich nach, indem ich in Zusammensetzungen von „Geschlechts-" bzw. „Geschlechter-" schreibe. Der Einfachheit halber nenne ich die HominidInnen von Laetoli „Menschen", „Frauen" und „Männer", obwohl es sich um Vorformen derselben handelt.

Zu Beginn gehe ich auf den archäologischen Hintergrund der Fußspuren von Laetoli ein. Dies ist die Basis für die folgende Bilderanalyse der Rekonstruktionszeichnungen. Die Analyse offenbart bezüglich der auf den Zeichnungen dargestellten Geschlechterrollen so viele Projektionen, daß sich die Frage stellt, wie mit archäologischen Befunden anders umgegangen werden kann. Einige diesbezügliche Vorschläge bilden den Abschluß dieses Beitrags.

Fakten, Fakten, Fakten oder: Vorgaben seitens der Wissenschaft

Was wissen wir aus wissenschaftlichen Untersuchungen über die Fußspuren von Laetoli? Von den Fakten her sehr wenig und durchaus Widersprüchliches. Bei Laetoli in Tansania wurden vor ca. 3,6 Millionen Jahren Spuren von Menschen und Tieren in den Boden eingedrückt, als dort ein Vulkan mehrmals ausbrach. Jedesmal legte sich eine Ascheschicht über die Umgebung. Da es zwischendurch mehrmals regnete und sich jeweils eine neue Ascheschicht ausbreitete, haben sich dort mehrere übereinanderliegende Tuff-Schichten

Abb. 1. Die Fußspuren von Laetoli.

Abb. 2. Größenverhältnisse der Individuen, die bei Laetoli Fußspuren hinterließen. Unklar ist, ob in der rechten Spur (G–2/3) eine oder zwei Personen liefen.

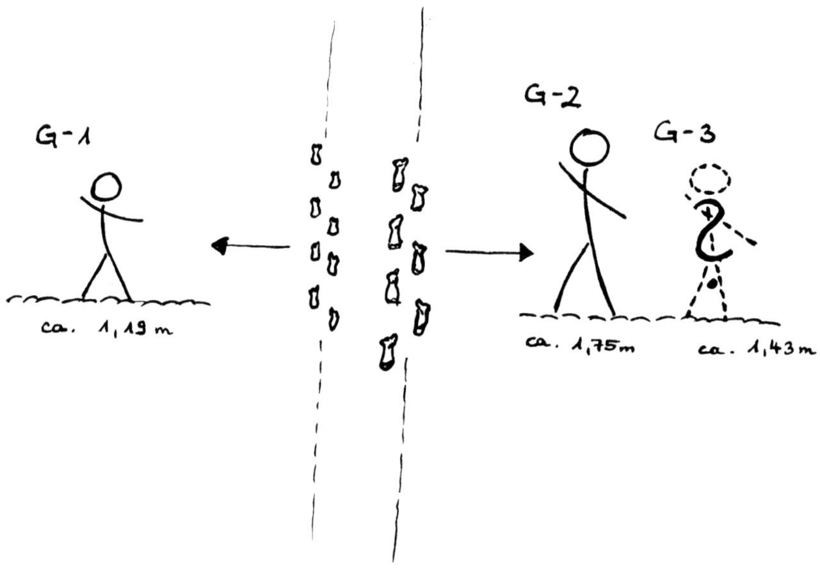

mit Abdrücken erhalten. Die meisten Abdrücke stammen von Tieren; drei der Spuren jedoch wurden von HominidInnen in die Asche gedrückt. Zwei davon, G–1 und G–2/3, verlaufen ca. 27 m parallel zueinander und werden der Spezies *Australopithecus afarensis* zugeschrieben. Von genau diesen beiden Spuren ist in diesem Text die Rede. Ihre Ausgrabung fand 1978/79 unter der Leitung von Mary D. Leakey statt (Abb. 1).

Die wissenschaftliche Bezeichnung der Spuren, G–1 und G–2/3, benennt mittels des Buchstabens den Fundort (Site G, Gamsy River Valley) und mittels der jeweiligen Zahl das Individuum, das die Spur verursachte. Rechts neben G–1 lief G–2, gefolgt von G–3, die oder der anscheinend in den Spuren von G–2 lief. Soweit die Beschreibung der verantwortlichen Ausgräberin.

Die besondere Bedeutung dieser Spuren ist auf mehrere Faktoren zurückzuführen. Sie sind in ihrer Art einmalig. Und sie stellen ein indirektes Zeugnis, ein Verhaltensfossil dar, das bildlich vor Augen führt, daß der zweifüßige Gang zu jener frühen Zeit bereits voll entwickelt war. Und nicht zuletzt hängt an ihnen die Faszination einer festgehaltenen Alltagsszene vor beinahe vier Millionen Jahren.

Um welche Szene es sich handeln könnte und auf welchen Überlegungen dies basiert, wird durch die Abmessungen der Spuren deutlich (Abb. 2). G–1 war ca. 1,19 m groß, G–2 1,75 m und G–3 1,43 m (zum Vergleich: Die berühmte „Lucy", die zur gleichen Spezies gerechnet wird, war nur etwas über einen Meter groß). Diese Größen sind jedoch nur als ungefähre Richtwerte anzusehen. An einer Stelle ist an der Spur zu erkennen, daß G–1 stehengeblieben ist und sich auf den Füßen nach links gedreht hat. Die WissenschaftlerInnen aus dem Team um Mary D. Leakey, von denen diese Untersuchungsergebnisse stammen, äußern sich mit Einschränkungen zu einer möglichen Geschlechtszuordnung der Spuren. Russell H. Tuttle stellt fest, wenn links (G–1) eine Frau und rechts (G–3) ein Mann lief, entspreche deren Sexualdimorphismus ungefähr dem heutigen. Louise Robbins weist die Möglichkeit von Spekulationen über das biologische Geschlecht, Alter und die Verbindung zwischen diesen drei HominidInnen zurück; sie schließt jedoch mit Worten, die ein lebendiges Bild der Szene im Gedächtnis haften bleiben lassen: *„Trotzdem ist es noch eine bloße Vermutung, vorzuschlagen, daß es sich hierbei um einen Mann* [G–2], *eine Frau* [G–3] *und ein Kind* [G–1] *handelte, die über eine Ebene gingen, auf die vulkanische Asche fiel"*. Donald Johanson und Maitland Edey berichten, Robbins' erste Interpretation hätte gelautet: *„Der eine* [HominidIn G–2/3] *mit den etwas größeren Fußabdrücken sei ein Mann, der andere* [HominidIn G–1] *wahrscheinlich eine schwangere Frau gewesen"*. Im Anschluß daran distanzieren sich die beiden Autoren von einer solchen Deutung, indem sie betonen, daß weder Geschlecht noch Schwangerschaft aus den Spuren abzulesen sei. Trotzdem wird in ihrem Buch eine Abbildung abgedruckt, die eine Frau mit Kind auf dem Arm und einen vor ihr gehenden Mann zeigt (Abb. 3). Indirekte und direkte Aussagen stehen hier also im Widerspruch. Ebenfalls im Widerspruch stehen die oben angeführten Aussagen, die G–1 tendenziell als Kind bzw. Frau ansehen und G–3 als Frau bzw. Mann.

Insgesamt wird an den Aussagen eine Kontroverse deutlich, an der sich die WissenschaftlerInnen in zwei Lager aufspalten: Die Frage nämlich, ob die Spur G–2/3 auf ein oder zwei Individuen hinweist. Die GegnerInnen der 'Drei-Individuen-Hypothese' argumentieren wie folgt: Spur G–2/3 mit ihrer ungewöhnlichen Größe entstand vielleicht durch Verschleifung der Abdrücke eines einzigen Individuums in der nassen Asche. Vermeintliche zweite Fersenabdrücke innerhalb der Spuren seien auf Leakeys unvorsichtige Ausgrabungsweise mit dem Stechbeitel zurückzuführen. Diese Kontroverse wird in der Regel jedoch nicht erwähnt, stattdessen gehen AutorInnen entweder von der Zwei- oder der Drei-Individuen-Hypothese aus.

Von dieser Frage sind die zu rekonstruierenden Geschlechterverhältnisse inklusive ihrer Rollenmodelle direkt betroffen. Wenn nämlich die gängige Geschlechterzuordnung übernommen wird (was alle AutorInnen tun), könnte die Drei-Individuen-Hypothese als frühester Hinweis auf eine Kernfamilie [1] gelten, während die Zwei-Individuen-Hypothese mehr Raum für andere Interpretationen offenläßt.

Die Existenz einer Kernfamilie, die alle VerfechterInnen der Drei-Individuen-Hypothese annehmen, steht jedoch im Widerspruch zu den errechneten absoluten Körpergrößen. Wenn G–1 tatsächlich ein Kind wäre, so müßte es sich um einen männlichen Jugendlichen handeln, da angenommen wird, daß Frauen dieser Spezies eine mittlere Größe von 1,05 m haben und die zugehörigen Männer 1,51 m. Dann wiederum mutet es wegen seines Alters seltsam an, daß jener von der Mutter oder vom Vater an der Hand gehalten wurde, wie es Robbins andeutet. In diesem Fall wäre nämlich das Eltern-Kleinkind-Schema, das diese Geste beinhaltet, nicht erfüllt.

Mein zweiter Kritikpunkt betrifft die (nachfolgende) Spur G–3, die mit einer Ausnahme in allen Interpretationen von einer Frau besetzt ist. Die Größe dieser Frau liegt in dem Bereich, der für männliche Individuen dieser Spezies angenommen wird. Eine Geschlechtsbestimmung fand also innerhalb der Spuren *relativ zueinander* statt, statt sie mit angenommenen absoluten Werten der Spezies (auf breiterer Datenbasis) zu vergleichen. Ein solches Vorgehen ergäbe hingegen eine hohe Wahrscheinlichkeit dafür, daß es sich um zwei erwachsene Männer und einen Jugendlichen oder eine Frau handelt (Drei-Individuen-Typ) bzw. um zwei Männer oder eine Frau und einen Mann (Zwei-Individuen-Typ). Nach dieser Kritik mehren sich die Hinweise, daß die wissenschaftlichen Interpretationen der Spuren kein Abbild einer pliozänen, sondern einer (projizierten) modernen Kleinfamilie darstellen.

1 Kernfamilie: Lebensgemeinschaft von Frau und Mann (in ehelicher Verbindung) und ihren biologischen Kindern.

Die Fußspuren von Laetoli im Spiegel der Rekonstruktionszeichnungen

In der folgenden Untersuchung habe ich alle mir zugänglichen Rekonstruktionszeichnungen einbezogen, insofern sie mindestens eine Person abbilden. Dieser Vorgabe entsprachen sechs Illustrationen (im folgenden Bild 1–6 genannt), die zum Teil mehrfach publiziert wurden. Alle Bilder sind populärwissenschaftlichen Publikationen entnommen, die zum Teil von anerkannten FachwissenschaftlerInnen verfaßt sind.

Auf allen Zeichnungen sind zwei erwachsene Personen zu sehen, manchmal zusätzlich ein Kind (Baby oder älter). Ein biologisches Geschlecht der Erwachsenen ist nicht immer anhand äußerlich sichtbarer körperlicher Merkmale erkennbar. Wenn dies aber der Fall ist, dann hat nur die Frau ein Kind im Arm oder an der Hand, während nur der Mann manchmal ein Werkzeug in der Hand hat. Diese Geschlechterbestimmung hat nicht unbedingt eine Entsprechung im Körperbau, weil dieser bei beiden Personen sehr ähnlich ist. In dieser Hinsicht sind sowohl Kind als auch Werkzeug als 'Accessoire' anzusehen, das einen Hinweis auf die jeweilige Geschlechterrolle gibt. Somit sind auf jeder der Abbildungen zwei biologische Geschlechter anhand von Accessoires sozial codiert. Das Geschlecht des Kindes kann vor diesem Hintergrund nicht bestimmt werden.

Gemeinsamkeiten und Unterschiede

Die Erwachsenen gehen entweder in je einer oder in einer gemeinsamen Spur nebeneinander oder hintereinander. Wenn sie hintereinander gehen, ist die Frau hinten, unabhängig davon, ob sie in einer gemeinsamen oder zwei verschiedenen Spuren gehen. Bei zwei verschiedenen Spuren geht der Mann (aus der Perspektive der Abgebildeten) immer in der rechten und die Frau in der linken. Die Blickrichtung des Mannes ist immer in Gehrichtung; die der Frau ist entweder nach unten oder leicht rechts zum Mann hin oder nach links. Zwischen den beiden Erwachsenen findet mit einer Ausnahme kein Körperkontakt statt. Diejenigen Merkmale, die unterschiedliche Ausprägungen haben, werden in Tabelle 1 dargestellt.

Abb. 3.

Tabelle 1 Unterscheidende Merkmale der Abbildungen der Fußspuren von Laetoli im Überblick

	Bild 1	Bild 2	Bild 3	Bild 4	Bild 5	Bild 6
Frau mit Kind und/oder schwanger	ja	ja	ja	ja	ja	nein
Mann mit Accessoire	ja	ja	ja	ja	nein	nein
Frau hinter Mann	ja	ja	ja	ja	ja	nein
Blickrichtung der Frau	links	links	nach unten	rechts	links	links
Körperkontakt zwischen Erwachsenen	nein	nein	nein	nein	nein	ja

Die Konstellation der Erwachsenen läßt sie als zusammengehörig erscheinen, es handelt sich – wie es auch einige Abbildungsunterschriften formulieren – um ein (heterosexuelles) Paar. Dieses läuft über eine Ebene, wobei der Mann in Gehrichtung blickt, die Frau hingegen zur Seite oder nach unten. Das sind die Elemente, die in allen Zeichnungen enthalten sind. Was darüber hinaus für die Fragestellung relevant ist, wird im folgenden für jedes Bild einzeln geschildert. Die Person, die durch die Perspektive stärker hervorgehoben ist, wird als erste beschrieben.

Bild 1 (Abb. 3): Die Frau trägt ein Baby auf der Hüfte und schaut nach links auf etwas, das aus dem Bild nicht ersichtlich ist. Ihr Blick wendet sich von dem gerade tätigen Vulkan ab. Die Stellung ihres linken Fußes zeigt an, daß sie gerade im Begriff ist, sich zu dieser Seite zu drehen. Einige Meter voran geht der Mann in einer Spur rechts von ihr. Er trägt einen Stock in der Hand, dessen Verwendungszweck nicht kenntlich gemacht ist.

Bild 2 (Abb. 4): Der Mann trägt ein totes Tier, das er – wie um darauf hinzuweisen – hochhält, statt es am entspannten Arm hängen zu lassen. Einige Meter hinter ihm geht die Frau links von seiner Spur. Sie dreht sich gerade zur linken Seite und schaut in diese Richtung. In den Armen hat sie ein Kind, das sich an ihren Kopfhaaren festhält.

Bild 3 (Abb. 5): In der Mitte des Bildes geht eine hochschwangere Frau, die mit beiden Händen ihren Bauch berührt und ihren Blick nach unten richtet. Keine Körperlänge vor ihr geht der Mann in einer eigenen Spur rechts von ihr. Er trägt einen Stock in der Hand, dessen Verwendungszweck wie oben nicht ersichtlich ist; dieser Stock ist auf jeden Fall zu kurz, um als Gehstock benutzt zu werden.

Abb. 4.

Abb. 5.

Bild 4 (Abb. 6): Der Mann geht voran, wobei er in seiner linken Hand einen Knochen hält. Sein Unterkörper wird von einem Strauch verdeckt. Die Frau geht etwa eine Körperlänge entfernt links hinter ihm und scheint ihn anzuschauen. Auf einem Arm trägt sie ein Kind vor ihrem Bauch (in einer Art, die für diesen Zweck sehr ungeeignet erscheint).

Mit Ausnahme einer Zeichnung (Bild 5, das unten näher behandelt wird) wird eine körperliche Verbundenheit nur von Frau zu Kind (zum Teil Baby oder Fötus im Mutterleib) hergestellt. Die Verbindung zwischen Frau und Mann hingegen, die mich diese als Paar bezeichnen ließ, besteht darin, daß diese den Weg zwar hintereinander, aber gemeinsam gehen. Dies drückt eine Verbundenheit aus, die nicht auf etwas beruht, was die beiden in jenem Augenblick teilen, sondern die institutionalisiert und hierarchisch ist. Außerdem liegt in dieser Konstellation der Ausdruck einer sich ergänzenden geschlechtlichen Arbeitsteilung, bei der die Frau für die Kinder zuständig ist und der Mann für Ernährung und Schutz.

Zwei Extremfälle

Die letzten beiden Bilder will ich näher betrachten, weil sie bezüglich des Abstandes zwischen der Frau und dem Mann Extremfälle darstellen. Macht sich dieser Unterschied auch in der Gesamtaussage der beiden Bilder bemerkbar? Dieser Frage werde ich nach der Beschreibung der Abbildungen nachgehen, indem ich die in ihnen ausgedrückte Körpersprache untersuche.

Auf *Bild 5* (Abb. 7) ist eine Frau zu sehen, die ein Kind an der Hand hält, das in der Spur links von ihr geht. Beide blicken nach links, das Kind dreht sich gerade auf diese Seite. Die Frau folgt der Spur des Mannes, der relativ weit von ihnen entfernt vorausgeht.

Auf *Bild 6* (Abb. 8) laufen Frau und Mann nebeneinander; sie blickt mit geöffnetem Mund nach links, direkt auf die/den BetrachterIn. Der Mann an ihrer rechten Seite legt den Arm um sie.

Auf beiden Bildern erscheinen die Paare sehr modern. Warum? Bei Bild 5 liegt dies vermutlich an der schwach gezeichneten Körperbehaarung und an den Gesichtszügen, die denen des modernen Menschen ähneln. Die dargestellte Szene erinnert so an eine drei-

Abb. 6.

Abb. 7.

Abb. 8.

köpfige Familie am Nacktbadestrand. Auf Bild 6 hingegen ist es die Art des Körperkontaktes zwischen den Erwachsenen und der Anklang von Egalität zwischen den Geschlechtern, der die Abgebildeten als Paar aus der modernen westlichen Kultur erscheinen läßt. Ihre Verbindung ist nicht auf ein gemeinsam mit ihnen abgebildetes Kind zurückzuführen oder auf eine Andeutung von Arbeitsteilung (Werkzeug/Kindererziehung), sondern auf den hergestellten Kontakt. Ihre Körpersprache und Mimik sind ohne große Mühe in die Gegenwart übertragbar. Zudem ist dies das einzige Bild, auf dem das männliche Geschlechtsteil weder durch die Perspektive noch durch einen Gegenstand verdeckt ist, ein weiterer Umstand, der die Abbildung moderner erscheinen läßt.

Moderne Geschlechterverhältnisse als Vergleich

An dieser Stelle bietet es sich an, dem nachzugehen, was die abgebildete Körpersprache für uns als BetrachterInnen ausdrückt. Die Geste auf Bild 6, bei der der Mann den Arm um die Schulter der Frau legt, erschien im Kontext der vorliegenden Rekonstruktionszeichnungen als Anzeichen für eine gewisse Egalität zwischen den beiden. In einer Untersuchung dieser Geste bei modernen Paaren stellt Marianne Wex jedoch fest, daß die Umklammerung der Schulter der anderen Person eine *besitzergreifende Geste* ist. Ein solcher Griff wird nur von Männern gegenüber Frauen verwendet. Eine Umkehrung dieses Verhältnisses findet sich übrigens bei gegengeschlechtlichen Paardarstellungen aus vorchristlichen Kulturen. Dort werden Männer in dieser Weise von Frauen gehalten.

Aus dem archäologischen Befund von Laetoli ist zu entnehmen, daß die Spuren im Gehen eingedrückt wurden (also nicht im Laufen). Insofern ist die darin enthaltene Alltagsszene formal vergleichbar mit SpaziergängerInnen. Bernd Jürgen Warneken hat solche in Großbritannien und Westdeutschland untersucht und einige Beobachtungen zur Gehkultur gemacht, die Geschlecht als zentrale Kategorie enthalten. Eine seiner Ausgangsfragen ist: *„wie sieht es aus, wenn* [Frauen] *mit Männern zusammen gehen: Schreiten die Frauen inzwischen pari passu, in gleichberechtigtem Schritt und Tritt, mit den Männern einher, oder gilt für Paare auf der Straße immer noch die schon von einem Anstandsbuch der 50er Jahre belächelte Regel 'Er links vorn weg, sie schräg rechts hinterher'?"*

Die untersuchten SpaziergängerInnen, darunter etwas mehr als die Hälfte Frauen, gingen allein, zu zweit oder in Gruppen. Unter denen, die zu zweit unterwegs waren, waren Frau-Mann-Paare in der Überzahl, Frauenpaare stellten im Durchschnitt etwa ein Fünftel dar, während Männerpaare zirka ein Zehntel ausmachten. Deutlich mehr Männer trugen Gegenstände (wie z. B. Landkarten, Fotoapparat und Schirm) sichtbar bei sich, die als Mittel aktiver Umweltaneignung angesehen werden können. Bei gegengeschlechtlichen Paaren erwies sich der Mann als *Leithammel*, indem er weiter vorne ging. Der Abstand betrug hierbei zwischen 30 Zentimetern, was ein Gespräch noch zuläßt, und bis zu 15 Metern, eine Konstellation, die Warneken eine *unsichtbare Leine* nennt. Das Vornegehen wird als eine dominante Position angesehen, weil sie für beide die Richtung bestimmt. Anders ausgedrückt wird dies in einem zitierten Benimmratgeber von 1828: „Im Vorschritt liegt offenbar die Bedeutung von Anführung und Schirm". Bei vielen modernen Männern zeigte sich also beim Spazierengehen ein habitualisierter Führungswille.

In den Rekonstruktionszeichnungen von Laetoli lassen sich die genannten Phänomene als prägnante Details des Geschlechterverhältnisses feststellen. Die *unsichtbare Leine* wird auf den Bildern 3 und 5 deutlich, während die Funktion des Mannes als *Leithammel* allen untersuchten Bildern gemeinsam ist. Bei näherer Betrachtung fällt nämlich auf, daß auch auf Bild 6 der Mann ein kleines Stück weiter vorne geht als die Frau neben ihm. Die in den Anstandsbüchern angesprochenen Geschlechterrollen wurden ebenfalls in den meisten der Zeichnungen verwirklicht. Dies sind die Rolle des Mannes als Führer und Beschützer der Frau (bzw. deren passive Rolle als Geführte und Beschützte) und die Regel, daß die Frau schräg hinter dem Mann geht. Die Rekonstruktionszeichnungen weisen unter einem anderen Aspekt einen bemerkenswerten Unterschied zu den systematisierten Beobachtungen moderner SpaziergängerInnen auf: Die Konstellation *gegengeschlechtliches Paar* ist die einzige, die für die Umzeichnungen gewählt wurde.

Alle untersuchten Bilder deuten also auf eine heterosexuelle Paarbindung mit männlicher Dominanz hin, die sich durch die Distanz der Gehenden ausdrückt. Nur auf Bild 6 wird die Dominanz des Mannes eher auf eine zusätzliche Weise, nämlich die *besitzergreifende Geste*, hergestellt. Die Bilder 5 und 6 unterscheiden sich also bei näherer Betrachtung nicht in ihrer Gesamtaussage.

Die Funktion des Unsichtbaren

Die alleinige Umsetzung der Konstellation *gegengeschlechtliches Paar* kann nicht anhand des archäologischen Befundes erklärt werden; von diesem Standpunkt aus wären die Alternativen *Alleingehende/Alleingehender*, *Frauenpaar*, *Männerpaar* und *Gruppe von Erwachsenen* ebenso möglich gewesen. Der Befund der Fußspuren von Laetoli stellt einen Rahmen für verschiedene Versionen von Geschlechterrollen der Vergangenheit dar: Das Grundszenario ist vorgegeben und darin scheinen Frauen und Kinder sowie eventuell auch Männer relativ beliebig einsetzbar zu sein. Innerhalb dieses Rahmens sollen im folgenden alternative Geschlechterrollenmodelle vergleichbar dargestellt werden, die in keiner der Zeichnungen verwirklicht wurden und in dieser Hinsicht 'unsichtbar' waren.

Modell „Sammlerin"

Mindestens eine als Frau erkennbare Person ist zu sehen, die ein Kind in einem hierfür konstruierten Behältnis auf dem Rücken trägt und/oder in deren Händen Accessoires erkennbar sind, die auf Sammeltätigkeit hinweisen, z. B. ein Grabstock oder der Ertrag des Sammelns.

Individualisierungsmodell

Zwischen den abgebildeten Personen, deren Geschlecht von Zeichnung zu Zeichnung unterschiedlich besetzt ist, wird keine Beziehung angedeutet. Dies ist für unsere Wahrnehmung schwer darstellbar, solange eine Frau und ein Mann zu sehen sind, da diese im Rahmen des zwangsheterosexuellen Denkens automatisch als zusammengehöriges Paar erscheinen, selbst wenn auf die Beigabe eines Kindes oder die Darstellung der *unsichtbaren Leine* verzichtet wird.

Modell mit gleichgeschlechtlicher Beziehung

Die gemeinsam laufenden Personen haben das gleiche biologische Geschlecht und ihnen werden wahlweise Hinweise auf eine Tätigkeit beigegeben oder es wird ganz darauf verzichtet. Die angedeuteten Tätigkeiten könnten entweder den existierenden geschlechter-'spezifischen' Zuschreibungen entsprechen oder diese Vorgaben durch beliebige Kombinationen verwirren. Möglich sind hierbei Hinweise auf eine feste Paarbindung, auf Kooperation bezüglich einer Tätigkeit oder auf ein soziales Verhältnis zwischen den Generationen (z. B. Mutter und erwachsene Tochter).

Geschlechtsneutrale Modelle

Zwei Personen laufen nebeneinander. Sie sind ungefähr gleich groß und nur von hinten zu sehen, und sie tragen auch keine Accessoires. Wahlweise: Eine derart dargestellte Person läuft neben einer bereits existierenden Spur allein über die Ebene. Das wäre eine Umsetzung des Befundes, die dem wenigen entspricht, was wir über diese Zeit und diese spezielle Szene aussagen können.

Dies sind einige Beispiele, deren bildliche Umsetzung die Wahrnehmung zu Alternativmodellen urgeschichtlichen Soziallebens führen würde. Dazu gehört die Einbindung der Individuen in eine größere Gemeinschaft (z. B. eine Sippe, zu der nur Blutsverwandte gehören oder zusätzlich solche Personen, die in einer sozialen Paarbindung mit einem Sippenmitglied verbunden sind), der Hinweis auf gleichgeschlechtliche Zusammenarbeit oder Paarbindung, auf andere Formen von Arbeitsteilung als die geläufige geschlechterdichotome sowie Alternativen zum biologistischen [2] Mutter-Kind-Modell, das auf der Annahme einer quasi zwangsläufigen Verbindung einer Frau zu ihrem biologischen Kind beruht.

Die aufgezählten Variationen arbeiten mit einer veränderten Konstruktion von Geschlecht. Denkbar wären zudem auch Variationen, bei denen gänzlich auf einen Zusammenhang zwischen körperlichem Geschlecht und sozialen Geschlechterrollen verzichtet wird. Eine solche De-Konstruktion kann unsere Sehgewohnheiten allerdings erst erschüttern, wenn derartige Abbildungen gehäuft auftreten und nur, wenn sie von Veränderungen der gesellschaftlichen Geschlechterideologie begleitet sind.

Die aufgeführten Alternativmodelle stellen nur einen Bruchteil des Spektrums an Möglichkeiten dar, den die Rekonstruktionszeichnungen der Fußspuren von Laetoli stellvertretend für die Darstellung von Geschlechterrollen der Vergangenheit allgemein abdekken könnten. Gleichzeitig führen die Modelle vor Augen, wie klein der Ausschnitt an rekonstruierter Vergangenheit ist, der dargeboten wird. Der Kanon ist reduziert auf heterosexuelle Paarbindungen mit geschlechterdichotomer Arbeitsteilung, stark betonter männlicher Dominanz und die Projektion der modernen Kleinfamilie. Diese Auswahl ist gänzlich ethnozentrisch und ahistorisch. Konzepte aus anderen Kulturen und Epochen fließen nicht ein. Zudem verzichten alle Darstellungen auf Uneindeutigkeiten bezüglich einer Geschlechterzuordnung.

[2] Biologistisch: einseitige und ausschließliche Zurückführung sozialer menschlicher Verhaltensweisen auf biologische Grundlagen.

Ergebnis: Botschaften in die Vergangenheit!

Die für die untersuchten Rekonstruktionszeichnungen verwendeten Mittel lassen die dargestellten Geschlechterverhältnisse im heutigen Blick als hierarchisch erscheinen. Auf allen Abbildungen wird Frauen ein niedrigerer Status und eine passive Rolle zugeschrieben (durch Hinterhergehen bzw. die Art des Körperkontaktes). Die ausgedrückten Geschlechterverhältnisse haben moderne Vorbilder, die an traditionellen Normen orientiert sind, wie das Beispiel der SpaziergängerInnen anschaulich zeigte.

Die Konstruktion von Geschlecht auf den Zeichnungen weist eine Asymmetrie auf: *Mann* ist primär konstruiert, in diesem Fall als derjenige mit den größten Füßen. So nimmt er in allen verwendeten Varianten dieselbe Spur ein, nämlich G–2 bzw. G–2/3. *Frau* ist eine sekundäre Konstruktion, weil sie von derjenigen des Mannes abhängt, jedoch unabhängig ist von den errechneten absoluten Körpergrößen. Die jeweils abgebildete Frau 'wechselt' im Bildervergleich ihre Spur: Werden zwei Spuren angenommen, ist sie in der linken (G–1). Bei drei Spuren folgt sie dem Mann in der rechten Spur nach (G–3).

Die Abbildung eines Kindes, die den Kernfamiliencharakter des Bildes verstärkt, ist wiederum unabhängig davon, ob dafür eine eigene Spur übrig bleibt. Es kann der Frau auch in die Arme oder den Uterus beigegeben werden. Die Kernfamilie ist jedoch ein Konzept unserer eigenen Kultur und zudem historisch gesehen noch neu. Wenn dies miteinbezogen wird, zeugt die alleinige Darstellung von Kernfamilien auf den Rekonstruktionszeichnungen von einem Phänomen, das ich als MPK (Mama-Papa-Kind)-Syndrom bezeichne.

Weder das Vorhandensein zweier Geschlechter noch das Nachfolgen der Frau noch die Verbindung der Frau mit einem Kind sind dem archäologischen Befund entnehmbar. Zudem wird auf den Rekonstruktionszeichnungen die Verwendung von (Jagd-) Werkzeugen und Waffen angedeutet, obwohl es für diese frühe Zeit keine archäologischen Belege dafür gibt. Die Jagd wird als ausschließlich männliche Tätigkeit dargestellt, während kein 'weibliches' Pendant dazu rekonstruiert wird. Die analysierten Abbildungen der Populärliteratur unterstützen eine andere Version, das fehlende weibliche Pendant mit Inhalt zu füllen. Männlichkeit wird wie gehabt symbolisiert durch die Betonung der Jagd- und Verteidigungs-*Funktion*, dies sind Anspielungen auf soziale Rollen. Symbolische Hinweise auf Weiblichkeit hingegen erfolgen durch die Kenntlichmachung einer einzigen, scheinbaren Geschlechtsrolle, des Mutter-*Seins.*

Diese Symbolik der Geschlechter spiegelt verschiedene Mechanismen wider. Auf den Bildern wird nur bei Frauen eine biologistische Geschlechterdefinition deutlich (soziale Rollen der Männer vs. biologische Rolle der Frauen). Die Konstruktion von Geschlecht ist in einem weiteren Punkt asymmetrisch: Die soziale Rolle der Frau scheint von Natur und Passivität bestimmt, während die männliche von Kultur und Aktivität geprägt dargestellt wird. Die Dichotomien, die darin ihren Ausdruck finden, sind in ihrer Schwarz-Weiß-Sicht westliche Konstrukte. Zugleich enthalten diese Dichotomien eine Bewertung, die Kultur in der Hierarchie über Natur stellt. Sie sollten von dem Blick auf die weit entfernte Vergangenheit ferngehalten werden, weil sie ein Denkschema unserer Zivilisation darüber legen und so den Weg zu neuen Erkenntnissen verbauen.

Bezüglich der dargestellten Geschlechterrollenmodelle werden keine urgeschichtlichen Gegebenheiten vermittelt. Sie sind aber auch kein echtes Spiegelbild der heutigen Gesellschaft. Stattdessen lassen sich die dargestellten Geschlechterrollenmodelle nur auf eine *einzige* Geschlechterkonstellation zurückführen und zwar eine solche, die im Alltagsleben statistisch nicht in dieser krassen Form vorherrschend ist. Die vermittelten Normen und Werte stellen eine Art ideologische Essenz dar. Mit ihnen wird Gesellschaftspolitik betrieben.

Neue Wege suchen

„Die Rekonstruktion der Vergangenheit ist ein Aspekt der komplexen Art und Weise, in der eine soziale Ordnung dargestellt und gerechtfertigt wird. Sie ist eine geistige Landschaft, in der ausgehend von Spuren die Entwicklungslinien, die Verfestigung oder Erschütterung der Welt, die wir geerbt haben, rekonstruiert wird" (Gianna Pomata).

Fazit ist, daß in der Darstellung der Fußspuren von Laetoli einseitige Projektionen bezüglich Geschlechterrollen reichlich vorhanden sind. Desweiteren ist davon auszugehen, daß heutige Menschen die vermittelten Normen und Werte mit ihrem Dasein verknüpfen, indem diese als 'Urbilder' fungieren, die eine als unveränderlich angenommene 'Natur' des Menschen festschreiben. Diese drei Faktoren, nämlich die Existenz von Projektionen, deren Einseitigkeit und Einfluß auf die Gegenwart, bilden insbesondere im Zusammenhang mit Geschlechterrollen ein schwer entwirrbares Gebilde. Die von diesem Konglomerat ausgehende Politik ist überdenkenswert, weil sie einer modernen und demokratischen Gesellschaft unangemessen ist; und sie ist veränderbar, weil sie durch soziale Bezüge existiert und vermittelt wird.

Diesbezügliche Veränderungen erfordern das Ansetzen in vielen verschiedenen Feldern, deren grundlegendste sicherlich die Gesellschaft selber und die damit verbundene Wissenschaft sind. Die Liste der betreffenden Publikationen scheint endlos, und es ist auch nicht der Sinn dieser Schrift, jene Arbeiten zu referieren. Stattdessen plädiere ich, dem Rahmen angemessen, für Veränderungen, die die drei obengenannten Faktoren betreffen. Diese Ansatzpunkte fasse ich unter den Oberbegriffen *Transparenz*, *Horizonterweiterung* und *Eigenständigkeit* zusammen.

Transparenz

Die Projektion von Wünschen, Vorstellungen und auch von existierenden Normen in die Vergangenheit scheint unumgänglich. Bei der (populär-) wissenschaftlichen 'Vermenschlichung' von konkreten archäologischen Befunden sollten deren Grundlagen offengelegt werden. Die Forderung nach Transparenz betrifft die Darstellung von Geschlechterrollen in besonderem Maße. Wirkliche Veränderungen können auf diesem Gebiet erst einsetzen, wenn Geschlecht als soziale Kategorie eine Anerkennung in allen Disziplinen der Wissenschaft erlangt.

Horizonterweiterung

Wenn die Forderung nach Transparenz auf die Fußspuren von Laetoli angewendet wird, ist ersichtlich, wie wenig diese allein verhindert. Denn die auf den jeweiligen Rekonstruktionszeichnungen skizzierten Szenen werden zwar durchaus in einigen Begleittexten relativiert, die Bilder deuten aber alle auf dasselbe hin. In ihrer übergreifenden Einstimmigkeit bewirken sie, daß ein relativierender Hinweis auf die oft wenig aussagekräftigen archäologischen Grundlagen ungehört verhallt. Was den LeserInnen bzw. BetrachterInnen bleibt, ist der Eindruck, daß hinter der Interpretation der Laufenden als gegengeschlechtliches Paar doch eine gewisse Wahrheit stecken muß, weil diese durchgängig so dargestellt werden. Anstatt also die Vielfalt an Lebensweisen durch die alleinige Setzung eines einzigen Modells zu kanalisieren, sollte versucht werden, sich vergangenen sozialen Realitäten von verschiedenen Richtungen anzunähern. Auf diese Weise könnte die Vergangenheitsforschung eine ganz andere Schlüsselrolle als bisher einnehmen, wie Fiona Burtt am Beispiel von Kinderbüchern feststellt:

„Kinder haben noch die Fähigkeit, etwas kritisch wahrzunehmen. Wenn man ihnen Bücher gäbe, die unterschiedliche Versionen von Urgeschichte beinhalten, könnten sie ihre eigene aussuchen und sich gleichzeitig darüber bewußt sein, daß es nicht unbedingt eine einzige, 'richtige' Vergangenheit gibt – jede und jeder hat eine eigene, gleichwertige Auffassung von Urgeschichte. Nur wenn wir das anerkennen, können wir anfangen, Archäologie als echte Erziehung einzusetzen."

Dies betrifft Erwachsene ebenso wie Kinder. Vielfalt kommt einer wie auch immer gearteten sozialen Wirklichkeit näher als Eindimensionalität.

Eigenständigkeit

Während die beiden ersten Punkte die archäologische Forschung und die Vermittlung von Ergebnissen betreffen, bezieht sich die Forderung nach Eigenständigkeit auf die Rezeption von Ur-Geschichte(n). Mit diesen Geschichten wird uns modernen Menschen eine 'natürliche Basis' menschlichen Verhaltens nahegelegt, die zu überschreiten wir nicht fähig wären. Seltsamerweise haben sogenannte Universalien in puncto Geschlecht eine viel stärkere Bedeutung als auf anderen Gebieten. Um das gerne zitierte Beispiel zu verwenden: Wenn heutzutage sogar ein anderer Planet erreichbar geworden ist, warum glauben sich Menschen bezüglich ihrer Geschlechts-'Zugehörigkeit' als SklavInnen der Biologie? Wäre z. B. im Bereich der Geschlechterrollen eine gewisse Eigenständigkeit gegenüber 'natürlichen' Vorgaben vorhanden, würden auch die Bilder von der Vergangenheit einen großen Teil ihrer Wichtigkeit verlieren.

Es scheint nun an der Zeit zu sein, die vorgezeichneten Spuren zu verlassen und neue, eigene Wege zu suchen. Wenn wir nicht ständig auf der Suche nach Vorbildern in der (Ur-) Geschichte wären, vielleicht könnten wir dann einfach unsere Handlungsspielräume individuell selber austesten. Prähistorische Frauen und Männer müssen keine Rollenmodelle sein.

LITERATUR

Burtt, F. (1987): Man the Hunter. Bias in children's archaeology books. Archaeological Review from Cambridge 6/2, 157–174.

Eickelpasch, R. (1974): Ist die Kernfamilie universal? Zur Kritik eines ethnozentrischen Familienbegriffs. Zeitschrift für Soziologie 3/4, 323–338.

Johanson, D./Edey, M. (1994): Lucy. Die Anfänge der Menschheit (München).

Leakey, M. D. (1987): Laetoli. A Pliocene site in northern Tanzania (Oxford).

Leonard, D. (1997): Traditionelle Familien. Das heterosexuelle Paar. In: Sotelo, E. de (Hrsg.), Wissenschaftliche Weiterbildung für Frauen (Münster) 157–172.

Ludwig-Uhland-Institut für empirische Kulturwissenschaft der Universität Tübingen (1990): Der aufrechte Gang. Zur Symbolik einer Körperhaltung (Tübingen).

Meixner, G. (1995): Frauenpaare in kulturgeschichtlichen Zeugnissen (München).

Owen, L. R. (1997): Wessen Realität? Geschlechterrollen und Arbeitsteilung im Jungpaläolithikum Europas. In: Karlisch, S. M./Kästner, S./Mertens, E.-M. (Hrsg.), Vom Knochenmann zur Menschenfrau. Feministische Theorie und archäologische Praxis (Münster) 88–99.

Wex, M. (1980): „Weibliche" und „männliche" Körpersprache als Folge patriarchaler Machtverhältnisse (Frankfurt a. M.).

FRAUEN IN DER ALTSTEINZEIT: MÜTTER, SAMMLERINNEN, JÄGERINNEN, FISCHERINNEN, KÖCHINNEN, HERSTELLERINNEN, KÜNSTLERINNEN, HEILERINNEN

von Linda R. Owen

Die Rekonstruktion von Frauen in der Altsteinzeit

Die archäologische Suche nach den Spuren der prähistorischen Frau ist durch die Art der archäologischen Funde erschwert. Bei den europäischen Fundstellen der Altsteinzeit handelt es sich bei den allermeisten Funden um Steinartefakte, die wegen ihres Materials am besten erhalten sind. Außerdem können je nach Zustand und Erhaltung der Fundstellen auch sichtbare Strukturen, wie z. B. Feuerstellen und Gruben, Reste von menschlichen Skeletten, Tierknochen, Pflanzenreste oder Pollen gefunden werden. Artefakte aus hartem organischem Material wie etwa Knochen, Geweih und Elfenbein kommen regelmäßig vor, wenn auch selten in großer Zahl. Verkohlte Holz- und Pflanzenreste sind in Feuerstellen zu finden. Artefakte aus Horn, Leder, Holz und Pflanzenmaterialien sind fast niemals erhalten.

Trotz dieser Einschränkungen können Archäologen viele Facetten des prähistorischen Lebens rekonstruieren. Tierknochen, Fischgräten und -schuppen, Pflanzenreste, Eier- und Muschelschalen geben Hinweise auf die prähistorische Ernährung und die vorhandenen Rohmaterialien. Ethnographische und ethnohistorische Studien von rezenten Sammler-Jäger-Gruppen, Experimente und mikroskopische Gebrauchsspurenuntersuchungen von prähistorischen Werkzeugen können Erkenntnisse über das Spektrum von prähistorisch bearbeiteten Materialien, die Art ihrer Bearbeitung und über die hergestellten Gegenstände liefern. Aus der Lage der Artefakte innerhalb der Fundstellen und ihrer Assoziation mit anderen Artefakten oder mit Strukturen können weitere Informationen gewonnen werden.

Da einige Aktivitäten oder Werkzeugtypen eventuell geschlechtsspezifischer Natur sind, können prähistorische Artefakte auch Aufschluß über die Rollen von Männern und Frauen in der Urgeschichte geben. Weitere Informationen können aus den zahlreichen altsteinzeitlichen Frauendarstellungen gewonnen werden.

Menschliche Überreste können wichtige Informationen über prähistorische Aktivitäten und Geschlechterrollen liefern. Bei gut erhaltenen Skeletten können das biologische Geschlecht und das Alter bestimmt werden. Anhand chemischer Analysen der Knochen können Hinweise auf die Ernährung und eventuell geschlechtsspezifische Unterschiede in der Diät gewonnen werden. Pathologische Veränderungen der Knochen können auf bestimmte Tätigkeiten deuten und bieten eine Möglichkeit, die Arbeitsteilung zu untersuchen. Die seltenen menschlichen Gräber und Grabbeigaben können Aufschluß über geschlechtsspezifische Werkzeuge und Kleidung geben.

Für die Interpretation der archäologischen Funde sind Analogien mit ethnographischen und ethnohistorischen Daten über rezente Sammler-Jäger-Gruppen von großer Bedeutung. Die Beschreibung der männlichen Sichtweise in der Ethnographie war deswegen ein wichtiger Punkt der feministischen Forschung (siehe Beitrag Brandt et al.). In den letzten Jahren wurden neue ethnographische Studien unternommen, die den Beitrag der Frauen in bestimmten Kulturen in den Mittelpunkt gestellt haben. Diese Studien machen deutlich, daß Frauen ein weites Spektrum von Tätigkeiten ausgeübt haben, und sie stellen stereotype Vorstellungen über die Einschränkungen der weiblichen Rollen oder Leistungen in Frage.

Frauen in der Jüngeren Altsteinzeit

Das Magdalénien

Im folgenden wird anhand ethnographischer Daten rezenter nördlicher Sammler-Jäger-Gruppen die Rolle der Frauen während des Magdaléniens, einer Kultur der jüngeren Altsteinzeit Europas zwischen 15 000 und 9000 v. Chr., näher betrachtet. Während dieses Zeitraums am Ende der letzten Eiszeit waren die Temperaturen langsam gestiegen; sie lagen im Jahresdurchschnitt drei bis sechs Grad unter den heutigen. Es kam aber nur zögernd zu einer Wiederbewaldung. In Deutschland herrschte eine kräuter- und grasreiche

Vegetation mit lockeren Beständen von Weiden, Baumbirken und Waldkiefern, vor allem entlang geschützter Flußtäler. Auch Eiche, Esche und Hasel kamen an sehr günstigen Stellen vor. In dieser Landschaft lebten viele Großsäuger, vor allem Rentiere und Pferde, aber auch Hirsch, Wisent, Elch und Gemse. Dazu kamen zahlreiche Kleinsäuger, darunter Eisfüchse und Schneehasen, Vögel und Fische.

Die Menschen des Magdaléniens waren Wildbeuter. Das heißt, sie haben vom Sammeln von Pflanzen, Eiern, Schalentieren und Insekten, der Jagd auf Tiere und vom Fischfang gelebt. Sie hatten keinen festen Wohnsitz, sondern sind ständig auf der Suche nach geeigneten Nahrungsquellen umhergezogen. Sie lebten wahrscheinlich in kleineren Lokalgruppen von 30 bis 40 Personen. Abhängig von den Jahreszeiten und vorhandenen Nahrungsquellen haben sich diese Gruppen in kleinere Einheiten aufgeteilt oder sind bei besonderen Anlässen, z. B. für das Ernten reifer Beeren und Früchte oder für die gemeinsame Jagd auf Rentiere, zusammengekommen.

Von der sozialen Struktur dieser Kleingruppen wissen wir sehr wenig. Obwohl Archäologen oft von Kernfamilien reden, die aus einer Mutter, einem Vater, ihren Kindern und eventuell noch einem Großelternteil bestehen, gibt es dafür keine Beweise. Bei rezenten Sammler-Jäger-Gruppen sind die meisten Mitglieder von Lokalgruppen eng verwandt. Die Gestaltung der Familien war aber sehr unterschiedlich: Es gab sowohl Monogamie als auch Polygamie, Polyandrie, Frauen- und Männergruppen.

Die archäologischen Funde des Magdaléniens deuten auf eine Vielzahl von Aktivitäten hin. Es gibt zahlreiche Klingen und Mikroklingen, Stichel, Bohrer, Kratzer, Schaber und Spitzen aus Stein sowie Geschoßspitzen, Harpunenköpfe, Meißel, Pfriemen und kleine Nähnadeln mit Ösen aus Geweih und Knochen. Die Form vieler Werkzeuge sowie Lehmabdrücke und menschliche Darstellungen geben Hinweise auf die Herstellung und den Gebrauch von nicht erhaltenen Holzschäften, Seilen, Schnüren, Leinen und auch Flechtwerk.

Arbeitsteilung und Geschlechterrollen

Geschlechterrollen und -unterschiede gab es und gibt es in allen Gesellschaften. Sie variieren aber von Kultur zu Kultur. Die Tätigkeiten, die Frauen und Männer in einer Gesellschaft ausüben, fallen in zwei grobe Kategorien. Es gibt Rollen, die biologisch bedingt sind: Weil z. B. Frauen Kinder gebären und stillen, sind sie meistens auch für ihre Pflege zuständig. Andere Arbeitsteilungen entwickelten sich ohne Grund. Weil beide Geschlechter diese Tätigkeiten gleich gut ausüben konnten, werden sie in der einen Gesellschaft von Frauen, in der anderen Gesellschaft von Männern verrichtet.

Die Geschlechterrollen werden nicht nur durch die Kultur und das biologische Geschlecht einer Person beeinflußt, sondern können auch von Tätigkeit zu Tätigkeit und in verschiedenen Lebensabschnitten variieren. Hierbei spielen auch Fähigkeiten und Präferenzen eine große Rolle. Auch können persönliche Umstände, wie z. B. der Tod eines Gatten, jahreszeitliche Schwankungen in den Ressourcen, Krankheiten usw., zu zeitweiligen Änderungen in den Geschlechterrollen führen. Bei der Arbeitsteilung müssen auch zahlreiche Tätigkeiten in ihrer wirtschaftlichen, sozialen und religiösen Bedeutung berücksichtigt werden.

In der Regel ist die Arbeitsteilung bei Sammler-Jäger-Gruppen nicht sehr streng. Durch die kleine Anzahl der Mitglieder in den Lokalgruppen war es eher notwendig, daß jeder fast jede Tätigkeit ausüben konnte. Obwohl viele Tätigkeiten meistens von Frauen ausgeübt werden, heißt das nicht, daß sie immer von Frauen ausgeübt werden. Wichtiger als die Arbeitsteilung war die Zusammenarbeit. Viele Arbeiten wurden auch gemeinsam von Frauen und Männern verrichtet, obwohl sie eventuell für verschiedene Teile dieser Arbeiten zuständig waren.

Starke Frauen

Der Mythos vom „schwachen Geschlecht" wird durch die große Stärke von Frauen weltweit widerlegt. Fast alle früheren Berichte von Forschungsreisenden, Händlern, Missionaren und Völkerkundlern über die Indianer und Eskimos erwähnen, wie schwer die Frauen arbeiteten und welch schwere Lasten sie tragen mußten. Aus Sicht der meist weißen europäischen Berichterstatter wurden die Frauen von ihren Männern zum Lasttier oder Sklaven degradiert. Die Idee, daß eine Frau stolz auf ihre körperliche Stärke und auf Leistungen wie ein Mann sein könnte, war für sie fremd.

Aus fast allen Aufzeichnungen geht hervor, daß die Frauen erstaunlich schwere Lasten über größere Entfernungen getragen haben. Während des Umziehens von Lager zu Lager in der Arktis,

Abb. 1. Frauen beim Brennholz tragen (National Geographic Society, Washington, D.C. R.: 33438 – A).

Subarktis und in den Waldregionen waren es fast immer die gesunden Frauen, die die Hauptlast – und oft auch einen Säugling dazu – getragen haben. Die Männer hatten meist nur ihre Waffen dabei, so daß sie unterwegs jagen konnten. Die Frauen mußten auch die Pflanzen, die Eier und das Brennholz, das sie gesammelt hatten, sowie Trinkwasser selbst zum Lager tragen. Es waren auch meistens die Frauen, die das erlegte Großwild geholt und zum Lager gebracht haben. Im Gegensatz zu den Europäern hielten die Indianer und Eskimos die größere Stärke der Frauen für selbstverständlich. Es wird berichtet, daß der berühmte Stammesführer der Chippewa-Indianer, Matonabbee, sagte, daß eine Frau soviel tragen oder hinter sich ziehen könne wie zwei Männer.

Die Stärke der Frauen war nicht nur auf körperliche Stärke beschränkt. Die früheren Aufzeichnungen von Forschungsreisenden und Händlern in Nordamerika erwähnen oft, daß Frauen führende Positionen in ihren Stämmen innehatten und auch den Handel kontrollierten. Die Frauen hatten auch sehr gute geographische Kenntnisse von größeren Gebieten und wurden als Führerinnen für mehrere europäische Entdeckungsreisen eingesetzt.

Frauen als Mütter

Obwohl wir wissen, daß prähistorische Frauen Kinder hatten, gibt es kaum archäologische Spuren der Mutterrolle. Lediglich Veränderungen am Becken können Hinweise liefern, daß Frauen Kinder geboren haben. In Sammler-Jäger-Gruppen sind es meist die Frauen, die jüngere Kinder pflegen und erziehen. Dies ist nicht überraschend, weil die Frauen die Kinder gebären und stillen. Die biologischen und sozialen Rollen der Mütter bei rezenten Wildbeutern sind aber anders als in westlichen industriellen Gesellschaften.

Unterschiede in der Ernährung, in den Stillzeiten und in der Arbeitsbelastung führen zu unterschiedlicher Fruchtbarkeit. Beim Wildbeuter fängt die erste Menstruation wesentlich später an, mit ca. 17 Jahren. Die erste Geburt folgt meistens zwei Jahre später. Durch längere Stillzeiten, oft drei bis vier Jahre, und durch Ernährungsdefizite wird die Ovulation gehemmt, so daß Geburtenabstände von drei bis fünf Jahren die Regel sind. Bei vielen Völkern wurden auch pflanzliche Mittel zur Schwangerschaftsverhütung oder für Abtreibungen benutzt. Eine hohe Kindersterblichkeit von bis zu 50% im ersten Lebensjahr durch schlechte Ernährung, Krankheiten, Unfälle und Kindesmord reduziert zusätzlich die Zahl der Kinder. Die Jahre, in denen Frauen Kinder bekommen können, sind durch das frühe Einsetzen der Wechseljahre, meist mit 42 bis 43 Jahren, weiter begrenzt. Interessanterweise zeigen ethnographische Studien, daß die Wechseljahre in vielen Gesellschaften nicht mit physischen, emotionalen oder sozialen Problemen markiert sind, sondern sie können auch höhere soziale Freiheit und einen höheren Status bedeuten.

Bei Wildbeutern sind die Frauen durch ihre Schwangerschaften, das Stillen und die Kinderpflege nicht so behindert, wie es oft behauptet wird. Während der Schwangerschaften sind sie aktiv, arbeiten wie sonst weiter und ziehen mit der Gruppe herum. Obwohl sie ihre Kinder länger mit Muttermilch ernähren, werden die Kinder selten regelmäßig oder nach Wunsch gestillt. In Abwesenheit der Mütter werden die Kinder auch von anderen stillenden Frauen, von Frauen, die Fehlgeburten hatten oder deren Kinder gestorben sind, gestillt. Kinder werden auch oft in die Obhut von anderen Frauen, Geschwistern und Verwandten gegeben. Dazu kommt, daß nicht alle Frauen zu einer bestimmten Zeit Kinder zu pflegen haben, z. B. jüngere Frauen vor der Geburt des ersten Kindes, Frauen nach den Wechseljahren und unfruchtbare Frauen.

Es sind die Frauen, die hauptsächlich für die Erziehung, Disziplinierung und Ausbildung der jüngeren Kinder und der älteren Mädchen zuständig sind. Sie geben ihre besonderen Kenntnisse über eßbare Pflanzen und das Sammeln, den Fischfang, das Aufstellen von Fallen, das Nähen, das Weben, das Heilen usw. an die Kinder weiter. Die Sorge für die Kinder und ihre Ausbildung werden als wichtig betrachtet, weil die Kinder das Fortleben des Stammes bedeuten.

Frauen als Sammlerinnen

Eßbare Pflanzen

Pflanzenreste und Werkzeuge aus Magdalénien-Fundplätzen deuten auf das Sammeln von Pflanzen und ihre Weiterverarbeitung. Auf der Grundlage von ethnographischen Vergleichen mit rezenten Sammler-Jäger-Gruppen wird meistens angenommen, daß während der Altsteinzeit das Sammeln hauptsächlich von Frauen betrieben wurde. Weil das Sammeln von Pflanzen und das Fischen in den meisten Gegenden ergiebiger und zuverlässiger als das Jagen von Tieren ist, besteht die Nahrung der Wildbeuter hauptsächlich aus Pflanzen und Fisch, ergänzt durch Fleisch, soweit es sich beschaffen läßt. Sogar die Eskimos haben Pflanzen als Nahrungsmittel gesammelt und konserviert, zum Teil in größeren Mengen.

In subarktischen Regionen, die am ehesten mit dem nordeuropäischen Klima am Ende der Eiszeit vergleichbar sind, haben die von Frauen gesammelten Pflanzen je nach Region zwischen 50% und 70% der gesamten Nahrungskalorien geliefert. Pflanzen waren eine zuverlässige und willkommene Nahrungsquelle, die in großen Mengen für den Winter konserviert wurden. Sie waren wichtige Quellen von Kohlenhydraten, Ballaststoffen, Vitaminen (vor allem Vitamin A und C), Kalzium und anderen Mineralien und Spurenelementen, und dienten darüber hinaus als Medizin. Berichte aus Alaska, Kanada, Grönland und Sibirien erwähnen, daß Frauen und Kinder einen größeren Anteil an Pflanzenkost zu sich genommen haben als Männer.

Das Sammeln von Pflanzen ist nicht einfach eine intuitive Handlung, denn effizientes Sammeln erfordert viele Kenntnisse. Samme-

Abb. 2. Hesquiaht-Indianerin (Nordwestküste Amerikas) beim Beeren pflücken (RBCM PN4854).

rinnen müssen wissen, welche Pflanzenteile eßbar sind oder durch Kochen, Einweichen, usw. eßbar gemacht werden können. Sie müssen wissen, wo die Pflanzen wachsen und zu welchen Jahreszeiten sie reif sind. Sie müssen sich in der Landschaft auskennen und beim Sammeln ihre Orientierung behalten. Unterwegs müssen sie auch auf die Spuren von gefährlichen Tieren achten und wissen, wie sie mit jeder Tierart notfalls umgehen müssen. Es dauert viele Jahre, um diese Kenntnisse zu erwerben.

Eine große Vielfalt von pflanzlichen Nahrungsmitteln wurde von Sammlerinnen in nördlichen Regionen über das Jahr gesammelt. Die ersten verfügbaren Pflanzen im Frühling waren Wurzeln und die Sprossen, Triebe und Blätter verschiedener Grünpflanzen. Später im Frühling konnte die innere Rinde von Birken und Kiefern abgekratzt und der süße Saft der Baumbirken gesammelt werden. Im Sommer wurden Beeren und Früchte nacheinander reif. Am Ende des Sommers kamen nach den Zwiebeln verschiedene Gewächse dazu. Im Herbst wurden Wurzeln ausgegraben, die spätreifenden Beeren und Früchte sowie Nüsse gesammelt. Im Winter, wenn wenig Schnee lag, konnten noch einige Beerensorten gesammelt werden.

Wenn Beeren pflückreif wurden oder Wurzeln ausgegraben werden konnten, mußten die Frauen von morgens bis abends arbeiten, um die Ernte einzubringen, bevor sie zum Sammeln der nächsten Pflanzen weitergehen mußten. Vor der Ernte mußten erst die nötigen Körbe, Tragriemen, Kniematten, Grabstöcke, Beerenkratzer und andere erforderliche Werkzeuge hergestellt oder repariert werden. Die Frauen hatten meistens ihre Lieblingsplätze für Beeren und Wurzeln, wo sie in jedem Jahr hingingen. Um Pflanzen zu sammeln, wurden oft größere Entfernungen zurückgelegt. Oft liefen die Frauen 16 km oder mehr an einem Tag. Sie sammelten den ganzen Tag über und trugen am Ende des Tages das schwere Sammelgut zurück zum Lager. Stillende Mütter haben zusätzlich auch ihre Säuglinge mitgenommen und getragen. Ältere Kinder wurden bei anderen Frauen im Lager zurückgelassen. Sie wurden erst mitgenommen, wenn sie die großen Entfernungen zu Fuß zurücklegen und schwere Arbeit aushalten konnten. Ein- bis zweitägige Reisen wurden meist von ein bis drei Frauen unternommen, größere Expeditionen von mehreren Frauen und ihren Kindern oder von ganzen Familien.

Beeren waren wahrscheinlich die am meisten geschätzte Pflanzenkost der nördlichen Sammler-Jäger-Gruppen, die nur wenige süße Nahrungsmittel hatten. Alle Gruppen haben Beeren gesammelt, und zwar meist in größeren Mengen. Es gab sogar spezielle Riten, um das erste Beerensammeln der Mädchen zu feiern. Reisen zum Beerensammeln wurden meist von den Frauen und ihren Kindern unternommen und konnten Wochen in Anspruch nehmen. Zahlreiche Beeren wurden frisch gegessen und größere Mengen für den Winter konserviert. Subarktische Völker sammeln heutzutage immer noch 20 verschiedene Beerensorten, und einige Familien konservieren mehr als 225 kg jedes Jahr. Eine erfahrene Beerensammlerin kann 20 kg an einem Tag pflücken.

Abb. 3. Hesquiaht-Indianerin (Nordwestküste Amerikas) beim Wurzeln graben (BCARS D-08314).

Das Ausgraben von Wurzeln, Wurzelstöcken und Zwiebeln war anstrengender als das Beerensammeln. Die Ausgräberin mußte dabei stundenlang knien, mit ihrem Grabstock den Boden aufbrechen und die Wurzeln vorsichtig herausheben, ohne sie zu zerbrechen. Die größeren Wurzeln wurden mitgenommen, die kleineren wurden zurückgepflanzt, so daß sie weiter wachsen konnten. Es dauerte vier bis fünf Tage, um genügend Wurzeln einer Pflanzenart für den Vorrat eines Winters zu sammeln. Wurzeln konnten zusätzlich aus Mäusenestern gesammelt werden, was botanische Erkenntnisse erforderte, weil Mäuse auch Wurzeln lagern, die für den Menschen giftig sind.

Viele Pflanzen mit eßbaren Blättern, Stengeln, Trieben, Wurzeln, Samen, Blüten, Beeren und Früchten standen im Magdalénien Deutschlands zur Verfügung, z. B. Wegerich, Knöterich, Ampfer, Wiesenkopf, Löwenzahn, Rohrkolben, Krähenbeeren, Moorbeeren und Sanddorn. Dazu kamen auch die innere Rinde von Birken und Kiefern sowie der süße Saft der Baumbirken. Obwohl im archäologischen Material keine Hinweise auf die Nutzung dieser Pflanzen vorhanden sind, ist es wahrscheinlich, daß sie und andere nicht nachgewiesene Pflanzen wichtige Nahrungs- und Heilmittel für den damaligen Menschen waren. Sie haben lebenswichtige Kohlenhydrate, Ballaststoffe, Vitamine (vor allem Vitamin A und C), Kalzium und andere Mineralien und Spurenelemente geliefert sowie Heilmittel wie Baldrian, Mädesüß, Beifuß, Wermut und das schmerzlindernde Salicin der Weiden.

Mit dem Ernten von Pflanzen war die Arbeit der Frauen nicht zu Ende. Zwar wurden viele Blätter, Sprossen, Triebe und Beeren frisch, gleich nach der Ernte, gegessen, aber andere Beeren, Stengel, Blätter, Triebe und Wurzeln wurden für den Winter konserviert. Beeren, Wurzeln und Seetang wurden oft an der Luft oder über einem

Feuer getrocknet. Sie werden durch das Trocknen leichter und kompakter und konnten so besser transportiert werden. Viele Wurzeln und einige Beerensorten wurden, ohne sie zu trocknen, in unterirdischen Gruben aufbewahrt, wo sie kühl blieben und im Winter gefroren. Die Wände und der Boden der Gruben wurden vorher mit großen Blättern oder mit Lehm bedeckt, um Ungeziefer fernzuhalten. Blätter, Stengel, Beeren und Wurzeln konnten auch durch Fermentieren konserviert werden. In Öl wurden auch Blätter, Beeren, Kräuter und getrockneter Seetang haltbar gemacht. Die Pflanzen behalten auf diese Weise nicht nur ihre Farbe, sondern auch ihren Gehalt an Vitamin C.

Pflanzliche Rohmaterialien

Im Magdalénien haben die zahlreichen Gräser, Seggen, Rohrkolben und Bäume auch viele pflanzliche Rohstoffe geliefert. Bei Wildbeutern wurden Rohmaterialien meist von denen gesammelt, die sie benutzen wollten. Die Frauen haben faserige Pflanzen, Holz und Moos zur Verwendung als Rohmaterial gesammelt. Faserige Pflanzen nahmen dabei einen hohen Stellenwert ein. Gräser, Seggen, Binsen, Rohrkolben und andere faserige Pflanzen sowie gespaltene Wurzeln könnten als Rohstoffe für Seilwerk und Schnur oder zum Flechten und Nähen von Körben, Matten, Kleidung und Zelten gedient haben. Ein Sommerzelt aus Binsen kann z. B. innerhalb von drei bis vier Tagen von einer Familie angefertigt werden. Es ist leicht zu tragen, aber trotzdem wasserabweisend und ein hervorragender Kälteschutz. Gras konnte auch als Schutz gegen Kälte, Feuchtigkeit und Druck in die Schuhe gesteckt werden.

Holz war von besonderer Bedeutung für die Herstellung von längeren Geräten, z. B. Waffenschäften und Zeltstangen sowie für Griffe. Wo Holz reichlich vorhanden war, gab es zahlreiche Holzgegenstände, z. B. Teller, Schalen, Vorratsgefäße, Tabletts, Tassen, Eimer, Kisten, Spielzeug, Hüte und Masken. Die Frauen haben außerdem im Sommer größere Mengen von Holz als Brennmaterial sowie Sträucher und Zwergbäume als Isolationsmaterial für die Winterhäuser und Schlafplätze zusammengetragen. Zusätzlich wurde Moos und Wollgras in den Sommermonaten gesammelt und getrocknet. Es wurde für die Herstellung von Lampendochten, Frauenbinden und Windeln verwendet. Beeren, Rinde und Teile von Kräutern dienten zur Herstellung von Farbstoffen.

Abb. 4. Binsen-Sammlerin (BCARS D-8262).

Eier, Schalentiere, Insekten

Eierschalen in prähistorischen Fundplätzen deuten auf das Sammeln von Vogeleiern. Für nördliche Sammler Jäger-Gruppen waren die Eier von Schneehühnern, Wasservögeln und Waldvögeln von großer Bedeutung und hochgeschätzt als Nahrung. Wo vorhanden, wurden sie von den Frauen allein oder von Frauen und Männern zusammen in großen Mengen gesammelt. Sie wurden meist frisch gegessen; die Eskimos haben sie aber auch eingegraben und auf diese Weise konserviert.

Muscheln und Krustentiere wurden in einigen Küstengebieten gern gegessen, in anderen dienten sie nur als Notnahrung. Eßbare Schalentiere und Insekten wurden von Wildbeutern auch gesammelt; leider sind wenig Informationen über ihren Gebrauch in nördlichen Regionen bekannt. Weit verbreitet war das Essen von Rentierfliegenlarven. Sie konnten im Frühling auf den Tierfellen gefunden werden und wurden roh als Delikatesse verzehrt. Interessant in diesem Zusammenhang ist eine ca. 4 cm lange Gagatschnitzerei aus dem Magdalénien, die einer Rentierfliegenlarve ähnelt.

Frauen als Jägerinnen

In den Fundstellen der Altsteinzeit sind Knochen sehr häufig zu finden. Im Magdalénien sind die Knochen von Rentieren, Pferden, Eisfüchsen, Schneehasen und Vögeln, vor allem von Schneehühnern und verschiedene Wasservögeln, am zahlreichsten. Schlachtspuren auf den Knochen sowie mögliche Schlachtgeräte und Jagdwaffen zeigen, daß die damaligen Menschen gejagt und das Fleisch gegessen haben. Gebrauchsspuren auf prähistorischen Werkzeugen belegen das Zerlegen von Tieren, das Schneiden von Fleisch und die Bearbeitung von Fellen.

In rezenten Sammler-Jäger-Gruppen sind es meistens die Männer, die Großwild jagen. Die Frauen konnten ohne weiteres jagen, sie hatten aber meist andere Tätigkeiten zu erledigen. Es gibt aber auch Gesellschaften, in denen die Frauen Großtiere gejagt haben, entweder allein oder zusammen mit Männern (s. Beitrag Kästner). Sie haben auch erheblich durch das Sichten von Tieren und die Herstellung von Teilen der Jagdwaffen und -geräte zur Jagd beigetragen. Die untersuchten Frauen wurden bei der Jagd durch ihre biologische Rolle als Mutter nicht so stark beeinträchtigt, wie oft angenommen wird. Es waren auch meistens die Frauen, die das Großwild zurück zum Lager getragen, die Tiere enthäutet und zerlegt haben. Sie haben das Fleisch und das Fett von den Knochen abgeschnitten, das Blut gesammelt, Knochenmark gewonnen und Sehnen abgelöst.

Im Vergleich zur Großwildjagd war die Jagd auf Kleinwild eher die Arbeit von Frauen. Vor allem im Winter haben sie verschiedene Schlingen und Fallen für Kleinwild ausgelegt. Fallen für Füchse und andere Pelztiere wurden in der Nähe des Lagers aufgestellt. Schlingen für Hasen wurden an ihren Wildwechseln gelegt, die für Schneehühner in den Büschen. Schneehühner wurden auch mit Netzen gefangen oder mit stumpfen Pfeilspitzen von den Frauen und Jungen geschossen. Vor allem im Winter war das Kleinwild von großer Bedeutung für die Ernährung. Es war oft lange Zeit die einzige Quelle von frischem Fleisch oder überhaupt die einzige Nahrungsquelle, nachdem die Reserven verzehrt waren. Eine Frau konnte im Frühwinter bis zu zehn Schneehasen am Tag fangen, im Spätwinter drei oder vier.

Wasservögel wurden wegen ihres fetthaltigen Fleisches sehr geschätzt. Die Bälge der Vögel wurden aber auch für die Herstellung von Kleidern und Unterkleidern benutzt. Wasservögel wurden den ganzen Sommer von den Frauen und Männern gejagt. In einigen Gegenden haben die Frauen auch Schlingen an die Vogelnester gelegt und konnten so viele Tiere innerhalb kurzer Zeit fangen. Die meisten Wasservögel wurden aber im Spätsommer während der Mauser gefangen. Zu dieser Zeit haben Gruppen von Frauen oder Frauen und Männern Reisen zu ihren Brutplätzen unternommen. Dort haben sie die Vögel umringt und sie nacheinander totgeschlagen oder mit den Händen erwürgt.

Frauen als Fischerinnen

Die Entdeckung von Fischgräten und -schuppen in vielen Magdalénien-Fundplätzen sowie Gebrauchsspuren auf Messerklingen, die wahrscheinlich von der Zerlegung von Fischen stammen, sind Hinweise auf den Fischfang und den Verzehr von Fisch. Weil Fischreste oft nur schlecht erhalten sind und ihre Bestimmung zeitaufwendig ist, können wir wenig über ihren Anteil an der Ernährung sagen. In den Binnenlandregionen Deutschlands kamen zu dieser Zeit viele Salmoniden, vor allem Äschen und Forellen sowie Hechte und verschiedene Weißfische vor.

Über den Fischfang selbst wissen wir wenig. Mehrzackige Harpunenköpfe, die indianischen Fischspeeren ähneln, kommen im Magdalénien regelmäßig vor. Angelhaken sind aus dieser Zeit nicht bekannt. Wir können aber nicht ausschließen, daß sie aus Holz oder anderen nicht erhaltenen Materialien hergestellt wurden. Fische können auch mit einfachen Leinen, an deren Ende ein Köder fixiert ist, gefangen werden. Das Fischen mit Netzen und Fangkörben wäre auch möglich.

Aus ethnographischer Sicht sind Fische dort, wo sie reichlich vorhanden sind, ein relativ wichtiger Teil der Ernährung nördlicher Wildbeuter. Fischhäute wurden auch im ganzen arktischen und subarktischen Gebiet zur Herstellung wasserdichter Kleider, Beutel und Behälter benutzt. Überall haben sich Frauen am Fischfang beteiligt. Oft haben die Frauen allein oder mit Kindern und älteren Menschen beider Geschlechter gefischt, während die Männer auf der Großwildjagd waren. Daß das Fischen für Frauen von Bedeutung war, wird dadurch gezeigt, daß in einigen Regionen Zeremonien gehalten wurden, wenn ein Mädchen ihren ersten Fisch gefan-

Abb. 5. Koryak-Frau beim Eisfischen (AMNH neg. 4126).

gen hatte. Dadurch sollte ihr Erfolg beim Fischfang in Zukunft gesichert werden.

Wenn Fleisch oder Fisch reichlich vorhanden waren, wurden sie auch konserviert, fast immer von den Frauen. Am häufigsten wurden sie auf Ständer gelegt oder auf Leinen gezogen und im Wind, in der Sonne oder über einem Feuer getrocknet. Dafür wurden das Fleisch und größere Fische erst gereinigt und dann in kleine, dünne Stücke geschnitten. Wenn sie bald verzehrt werden sollten, wurden sie nur kurz getrocknet. Wenn sie aber lange halten sollten oder über größere Entfernungen getragen werden mußten, wurden sie sehr gründlich getrocknet. Oft wurde das getrocknete Fleisch oder der Fisch mit Gräten mit einem Hammerstein geschlagen und in kleinere Stücke gebrochen oder zu Fleischmehl gerieben. Manchmal wurde dieses Fleischmehl mit geschmolzenem Fett und, falls vorhanden, Beeren gemischt. So entstanden Nahrungsmittel, die sehr nahrhaft, aber leicht zu transportieren waren. In kälteren Regionen wurden Fleisch und Fisch eingefroren und konnten lange aufbewahrt werden. Weit verbreitet war auch das Fermentieren von Fleisch und Fischen in unterirdischen Gruben. Im Sommer wurden die erbeuteten Tiere auch in flachen Seen oder fließenden Quellen aufbewahrt.

Frauen als Köchinnen

Prähistorisch wissen wir nicht, inwieweit das Essen gekocht oder roh gegessen wurde. Feuerstellen, durch Hitze gerötete Steine und gebrannte Knochen deuten auf das Kochen von Lebensmitteln hin. Obwohl bei Sammler-Jäger-Gruppen die Männer kochen konnten und sich auf Reisen selbst versorgt haben, waren es meistens die Frauen, die für die Familie gekocht haben. Nahrungsmittel wurden einfach auf Steinen gebraten, über dem offenen Feuer gegrillt, in wasserdichten Behältern direkt über dem Feuer oder mit Kochsteinen gekocht und in Gruben gedämpft.

Aus dem Magdalénien ist gerötetes Geröll aus Quarz, Quartit und Gneis bekannt, das wahrscheinlich als Kochsteine benutzt wurde. Nach völkerkundlichen Berichten wurden beim Kochen mit Steinen erst Wasser, Gemüse und Fleisch in einen wasserdichten Behälter, z. B. aus Fell, Tiermagen und -blasen und Körbe, oder in eine mit Leder oder feuchten Blättern abgedichtete Grube gegeben. Durch Feuer erhitztes Geröll wurden dann mit Holzzangen in die Flüssigkeit geworfen und immer wieder ausgewechselt, bis die Speisen gar waren.

Beim Dämpfen in Gruben wurde erst ein großes Loch in den Boden gegraben und mit Steinen ausgelegt. Dann wurde ein Feuer in der Grube gelegt und in Brand gehalten, bis die Steine rotglühend waren. Anschließend wurde die Asche herausgenommen und feuchte Blätter, Seetang, Farne oder Äste auf die heißen Steine gelegt. Dann folgten abwechselnd Schichten von Nahrungsmitteln wie Wurzeln, Zwiebeln oder Fleisch und Schichten von feuchter Vegetation, bis die Grube voll war. Zum Teil wurde noch Wasser dazu gegeben, und die Grube wurde mit Matten und schließlich mit Erde zugedeckt. Die Nahrungsmittel sind durch den entstandenen Dampf in ein bis zwei Tagen langsam gegart worden.

Frauen als Herstellerinnen

Bei rezenten Wildbeutern werden die Werkzeuge gewöhnlich von denen hergestellt, die sie benutzen. Analog dazu ist anzunehmen, daß prähistorisch die Frauen ihre eigenen Geräte bearbeitet haben.

Abb. 6. Indianerin beim Weben einer Matte aus Binsen (AMNH 12134).

Die experimentelle Archäologie zeigt, daß viele Werkzeuge, wie z. B. Nähnadeln, Kratzer, Bohrer und Stichel, beim Gebrauch oft repariert oder nachgeschärft werden müssen. Nachgearbeitete Nähnadeln sowie Zusammensetzungen von Steinartefakten belegen, daß dies auch bei prähistorischen Werkzeugen der Fall war. Weil es kaum vorstellbar ist, daß prähistorische Frauen beim Arbeiten ihre Werkzeuge von Männer reparieren lassen mußten, können wir annehmen, daß sie diese Arbeiten selbst erledigt haben. Wer aber solche Artefakte reparieren oder nachschärfen konnte, war ohne Zweifel auch in der Lage, sie zu produzieren. Es ist deswegen anzunehmen, daß prähistorische Frauen nicht nur weiche Materialien bearbeitet haben, sondern auch Knochen, Geweih, Elfenbein und Holz geschnitzt und daraus Nadeln, Pfrieme und Waffen hergestellt, Töpfe, Becher und Schöpflöffel angefertigt, Feuerstein gesammelt und daraus Abschläge und Klingen geschlagen und Tierzähne, Muschelschalen und Schneckenhäuser für Schmuck durchbohrt haben.

Wie aus der Völkerkunde bekannt, waren es meistens die Frauen, die Kleidung genäht, Schnur gesponnen, Matten geflochten, Körbe angefertigt und Netze hergestellt haben. Feine Nähnadeln mit Ösen und Pfriemen aus dem Magdalénien könnten für diese Arbeiten benutzt worden sein. Sie gelten oft als Beleg für eine genähte Kleidung. Flache, kreisförmige Scheiben mit zentralen Durchbohrungen könnten nach ethnographischen Vergleichen sogar Spinnwirtel sein. Daß Schnüre schon zu dieser Zeit hergestellt wurden, zeigt ein Eindruck von einer ca. 6–8 mm dicken, aus drei Fäden hergestellten Schnur aus unbestimmbaren Pflanzenfasern in der Magdalénien-Fundstelle Lascaux in Frankreich.

Gebrauchsspuren auf Kratzern und Schabern aus Stein deuten auf die häufige Bearbeitung von Fellen hin. In den kalten Jahreszeiten schützten warme Kleidung, Schuhe und Zelte die Menschen vor Kälte. Bei den Wildbeutern werden die Felle von den Frauen, den Männern oder von beiden bearbeitet. Interessant in diesem Zusammenhang ist die Feststellung, daß Frauen und Männer für diese Tätigkeit zum Teil unterschiedliche Werkzeuge benutzten oder unterschiedliche Arbeitspositionen einnahmen.

Das Nähen war hauptsächlich die Arbeit von Frauen. Gute Näherinnen hatten einen hohen Status und waren als Ehegattinnen begehrt. Aber auch Männer konnten nähen. Es war lebensnotwendig, daß sie ihre eigenen Schuhe und Kleider auf Reisen reparieren oder sogar neu herstellen konnten. In nördlichen Regionen gehörten deswegen Nähnadeln und Pfrieme zur Geräteausstattung von Jägern und Jägerinnen.

Aus der Völkerkunde sind Kleider aus einer Vielzahl von Materialien bekannt: Die Benutzung von Großsäuger-, Fuchs- und Hasenfellen, Vogelbälgen, Fischhäuten, getrockneten Därmen, faserigen Pflanzen, Blättern, Bast und Rinde ist weit verbreitet. Diese Materialien standen auch im Magdalénien

Abb. 7. Frau beim Nähen (Canadian Museum of Civilization 51571).

Abb. 8. Das Nähen als Kunst; – Anorak aus Vogelbälgen (NMNH 418612).

zur Verfügung. Genäht wurde mit Sehnen und Pflanzenfasern. Menschendarstellungen aus dem Magdalénien geben Hinweise auf die damalige Kleidung. Eine Gravierung aus dem Fundplatz Gabillou in Frankreich zeigt einen Menschen, der eine Art Anorak trägt. Auf einer Schieferplatte aus der Fundstelle Gönnersdorf sind mehre Frauen eingeritzt, die dem Anschein nach aus Pflanzenmaterial geflochtene Kleidungsstücke tragen (Abb. 9). Sie erinnern sehr stark an die bei einigen Gruppen der nordamerikanischen Indianer vorkommenden Umhänge, die aus Binsen, Schilf oder anderen Pflanzen geflochten wurden. Auf vielen jungpaläolithischen Menschendarstellungen finden sich auch verzierte oder vielleicht geflochtene Bänder um Kopf, Hals oder Brust der dargestellten Menschen. Es gibt möglicherweise auch Zeichnungen von bearbeiteten Grasfasern. Die ca. 20 000 Jahre alte paläolithische Frauenfigur aus Lespugue in Frankreich trägt ein Kleidungsstück, das aussieht wie ein Rock aus zusammengedrehten Schnüren.

Über die Art der Behausung in der jüngeren Steinzeit wissen wir leider wenig. Ethnographisch variierten sie je nach Region, vorhandenen Rohmaterialien und nach der Jahreszeit. Zelte aus Tierhäuten, Fischhäuten, Matten und Rinde, Hütten aus Erde, Steinen, großen Knochen und Holz- und Schneehäuser sind bekannt. Es waren meistens die Frauen, die die Zelte hergestellt und aufgestellt haben, wobei Häuser und Hütten meist in Gemeinschaftsarbeit von beiden Geschlechtern gebaut wurden.

Frauen als Künstlerinnen

Das Magdalénien ist berühmt für seine Kunst. In Deutschland fehlen die beeindruckenden Höhlenmalereien und die Wandkunst, die aus Frankreich und Spanien bekannt ist; dafür sind zahlreiche Statuetten, Gravierungen und Schmuckstücke gefunden worden. Charakteristisch sind stark stilisierte Frauendarstellungen; Figurinen aus Geweih, Elfenbein, fossilem Holz und Schiefer sowie Gravierungen auf Schieferplatten (s. Beitrag Auffermann). Die Figurinen, zum Teil als Anhänger durchbohrt, hatten zum Teil eventuell rituelle Bedeutung und wurden von den Frauen selbst hergestellt und getragen. Die eingeritzten Abbildungen waren schnell gezeichnet und dienten eher der Kommunikation.

Typisch für das Magdalénien ist auch die Verzierung von Geweih- und Knochengegenständen mit Darstellungen von Tieren, Fischen und Pflanzen sowie geometrischen Mustern. Wie bei der Werkzeugherstellung ist auch hier anzunehmen, daß Frauen ihre eigenen Werkzeuge und Werkzeuggriffe dekoriert haben. Viele Pfrieme aus der jüngeren Altsteinzeit sind verziert, oft mit Kerbreihen, die auf eine längere Benutzung deuten. Die Kerben könnten Aufzeichnungen von Tätigkeiten sein, wie von den Plains-Indianern bekannt ist. Dort haben die Frauen Punkte auf die Griffe ihrer Fellschaber und Pfrieme eingraviert, um hergestellte Fellmäntel und Tipis zu protokollieren und so ihre Arbeit stolz zu zeigen. Andere Knochengegenstände mit längeren Reihen von Einkerbungen könnten nach ethnographischen Vergleichen Kalender sein, mit denen die Frauen ihre Menstruationen, Schwangerschaften und Geburten voraussehen konnten.

Zu der Kunst der Frauen zählten sicherlich auch nicht mehr erhaltene bemalte, dekorierte oder bestickte Kleider, Zelte, Körbe, Matten und Holzgegenstände. Weltweit wurden Kleider durch die Benutzung von verschiedenen Pelzarten und Fasertypen, durch das Einfärben und das Annähen von Federn, Vogelschnäbeln, durchbohrten Tierzähnen und Schalen zu erstaunlichen Kunstobjekten. Aus dem Magdalénien sind zahlreiche durchbohrte Zähne, Schneckenhäuser und Perlen aus Gagat und Knochen bekannt, die wahrscheinlich als Schmuck für die Kleidung und als Anhänger für Ketten dienten.

Abb. 9. Gravierte Schieferplatte mit „tanzenden" Frauen aus Gönnersdorf. (Detail; Gesamtdarstellung siehe Auffermann in diesem Band, Abb. 8).

Frauen als Heilerinnen

Das Heilen hat bei Sammler-Jäger-Gruppen meist zwei Aspekte. Klar erkennbare Symptome, Infektionen, Schmerzen und Verletzungen wurden mit Heilmitteln, Eingriffen oder Blutentnahme (Aderlaß) behandelt. Die Ursachen von Krankheiten, z. B. Hexerei, böse Geister usw., wurden von sogenannten „Schamanen" diagnostiziert und auf spiritueller Ebene bekämpft. Obwohl beide Geschlechter beide Rollen annehmen können, waren es meistens die älteren Frauen, die Heilmittel gesammelt und präpariert haben. Fast alle Völker hatten eine erstaunliche Vielfalt an Heilmitteln, meist Pflanzenteile wie Kräuter, Wurzeln, Rinde oder Harz, aber auch Tierprodukte wie Bärgalle, Bibergeil oder verschiedene Fettsorten. Nur besonders interessierte und begabte Frauen mit jahrelanger Erfahrung sind bekannte Heilerinnen geworden. Sie haben ständig Kräuter, Wurzeln und andere Pflanzenteile gesammelt und getrocknet.

Abb. 10. Koryak-Schamanin (AMNH neg. 337173).

Sie haben sogar Tauschhandel betrieben, um Kräuter aus anderen Gegenden zu bekommen.

Frauen waren auch fast immer die Geburtshelferinnen. Nur in besonders kritischen Situationen wurden Schamanen, ob männlich oder weiblich, hinzugezogen. Die Geburtshilfe ist eine sehr spezialisierte Tätigkeit, die umfassende Kenntnisse der Heilkräuter, der weiblichen Anatomie und Physiologie und von Massage erfordert.

Bei vielen Völkern sind Frauen auch Schamanen geworden, obwohl nicht so häufig wie Männer. Es wurde geglaubt, daß solche Personen besondere Fähigkeiten hatten, die sie in die Lage versetzten, mit übernatürlichen Wesen oder Kräften zu kommunizieren. Mit diesen Fähigkeiten konnten sie Kranke heilen und Unheil von dem Stamm fernhalten. Archäologische Befunde geben möglicherweise auch Hinweise auf weibliche Schamanen. In dem jungpaläolithischen Fundplatz Dolni Vestonice in Südmähren wurde das Skelett einer Frau gefunden. Es war in einer Grube begraben und mit zwei

Mammut-Schulterblättern bedeckt. Der Schädel der Frau zeigt deutliche pathologische Deformationen als Folge einer Gesichtslähmung, die zu einer Verunstaltung der linken Seite ihres Gesichts geführt haben mußte. Zwei Darstellungen von Frauenköpfen aus dem selben Fundplatz, eine Gravierung auf Elfenbein und eine kleine Plastik, haben asymmetrische linke Gesichtshälften und sind wahrscheinlich Abbildungen dieser Frau. Weil sie begraben und zweimal abgebildet war, haben die Ausgräber sie als Schamanin interpretiert. Sie hätte aber auch eine Künstlerin, erfolgreiche Heilerin oder eine angesehene weise Frau sein können.

Schlußwort

Anhand von archäologischen Spuren und Vergleichen mit rezenten Wildbeutern können wir ein Bild von Frauen in der jüngeren Altsteinzeit erschließen. Die körperliche Stärke dieser Frauen war enorm. Sie konnten große Entfernungen laufen, schwere Lasten kilometerweit tragen, stundenlang Wurzeln ausgraben oder Felle schaben. Als Mütter haben sie die Kinder geboren, erzogen und ihnen ihre Kenntnisse und ihr Handwerk beigebracht. Als Sammlerinnen, Jägerinnen und Fischerinnen haben sie erheblich zur Ernährung und zur Gewinnung von Rohmaterialien beigetragen. Es waren auch hauptsächlich die Frauen, die für die Verarbeitung, das Kochen, das Konservieren und das Lagern der Lebensmittel verantwortlich waren. Die prähistorischen Frauen haben ihre eigenen Werkzeuge hergestellt und für eine Vielzahl von Tätigkeiten verwendet. Durch das Nähen, das Spinnen, das Flechten und die Fellbearbeitung haben sie die Kleidung sowie Behälter, Matten und Zelte hergestellt. Sie waren auch künstlerisch tätig und haben ihre Produkte verziert oder mit Ornamenten geschmückt sowie zahlreiche Frauendarstellungen geschnitzt und eingraviert. Auf der Grundlage ihrer medizinischen Kenntnisse haben sie mit ihren Heilkräutern die Kranken behandelt und Geburtshilfe geleistet.

Durch ihre eigene Arbeit und in Zusammenarbeit mit der Gruppe haben prähistorische Frauen mitgeholfen, den Erhalt ihrer Gruppe zu sichern. Wir können aus den archäologischen Spuren und den ethnographischen Vergleichen schließen, daß die Frauen der Altsteinzeit starke, aktive und geachtete Mitglieder ihrer Gesellschaft waren.

LITERATUR

Ehrenberg, M. (1992): Die Frau in der Vorgeschichte (München).

Klemme, B./Holterman, D. (1995): Delikatessen am Wegesrand (Düsseldorf).

Müller-Beck, H. (Hrsg.) 1983: Urgeschichte in Baden-Württemberg (Stuttgart).

Owen, L. R. (1992): Der Gebrauch von organischen Materialien bei den Indianern und Inuit und seine Bedeutung für die Urgeschichte. Ethnographisch-Archäologische Zeitschrift 33, 25–34.

Owen, L. R. (1995): Der Topos der Sammlerin bei den Inuit. In: Brandt, H./Fries, J. E./Mertens. E.-M. (Hrsg.): Frauen – Forschung – Archäologie (Münster) 8–20.

Owen, L. R. (1995): Menschen in der Steinzeit – Neue Perspektiven von Wissenschaftlerinnen. In: Pilz, P./Oedekoven, C./Zinßmeister, G. (Hrsg.): Forschende Frauen. Frauen verändern die Naturwissenschaften (Mössingen-Talheim) 82–101.

Owen, L. R. (1996): Der Gebrauch von Pflanzen im Jungpaläolithikum Mitteleuropas. Ethnographisch-Archäologische Zeitschrift 37(2), 119–146.

Pawlik, A. (1995): Die mikroskopische Analyse von Steingeräten. Experimente – Auswertungsmethoden – Artefaktanalysen. Urgeschichtliche Materialhefte 10. Archaeologica Venatoria (Tübingen).

Schönfelder, P./Schönfelder, I. (1991): Der Kosmos-Heilpflanzenführer. Europäische Heil- und Giftpflanzen (Stuttgart).

Wolf, U. (1995): Mein Name ist „Ich lebe". Indianische Frauen in Nordamerika (Göttingen).

AMNH – American Museum of Natural History, New York

BCARS – British Columbia Archives and Records Service

NMNH – National Museum of Natural History, Smithsonian Institution, Washington D.C.

RBCM – Royal British Columbia Museum, Canada

FRAUENDARSTELLUNGEN IN DER EISZEITLICHEN KUNST

VON BÄRBEL AUFFERMANN

Etwa 30 000 Jahre alt sind die ältesten Kunstwerke, die uns von den Menschen der letzten Eiszeit überliefert sind. Dazu zählen sowohl die Malereien an den Wänden der Grotte Chauvet in Südfrankreich als auch nur wenige Zentimeter große Elfenbeinschnitzereien aus Höhlen der Schwäbischen Alb. Die eiszeitliche Kunst ist von den gleichen, die Quellenlage beeinflussenden Erhaltungsproblemen betroffen wie andere Fundgattungen. Erhalten hat sich über die Jahrtausende, was aus widerstandsfähigen Materialien angefertigt wurde, oder was unter günstigen Bedingungen konserviert werden konnte. Falls die eiszeitlichen Künstler auch Skulpturen aus Holz angefertigt haben oder Bilder auf Rinde oder Häute gemalt haben, so ist uns heute davon nichts überliefert.

Die Menschen im eiszeitlichen Europa lebten als Jäger und Sammlerinnen. Sie wechselten im Laufe eines Jahres ihren Lagerplatz mehrmals, abhängig von dem jeweiligen Angebot an pflanzlicher und tierischer Nahrung. Diese Lagerplatzwechsel, die Mobilität der Gruppen, folgte alljährlich einem ähnlichen Muster. Einige Plätze, die vielleicht wegen einer guten Beerenernte bekannt waren, oder von denen man wußte, daß dort die Rentierherden jeden Herbst vorbeizogen, wurden immer wieder aufgesucht. Die Menschengruppen, die in den verschiedenen Regionen umherstreiften, waren nicht isoliert, sondern sie standen miteinander in Verbindung. Im Lauf der Jahrtausende entwickelten die Menschen bessere Kommunikationsnetze, es kam zu einem Austausch von Ideen über große geographische Räume hinweg. Diese Ideen betrafen nicht nur die Herstellung und Verwendung bestimmter Gerätschaften, sondern auch Glaubensvorstellungen vom Aufbau und Ursprung der Welt. Sicherlich hatten sie sich wie jedes heute lebende Volk auch eine Vorstellungswelt erschaffen, in der sie selbst, jeder Teil ihrer belebten und unbelebten Umwelt, sowie das Übernatürliche einen festen

Platz hatten. Mit den eiszeitlichen Kunstwerken ist uns ein Teil der Vorstellungswelt dieser Menschen überliefert. Bilder sind immer eine Form von Kommunikation, und auch die eiszeitlichen Bilder und die plastischen Kunstwerke hatten zu ihrer Zeit eine Botschaft, die von allen verstanden wurde.

Wir nehmen die vor Tausenden von Jahren angefertigten Kunstwerke sicherlich anders wahr als die damaligen Menschen. Wenn wir heute in eine der mit eiszeitlichen Gemälden ausgeschmückten Bilderhöhlen hinabsteigen, dann erhellt elektrisches Licht den Weg. Damals aber tanzte das Licht von Öllampen und Fackeln über die Wände und verlieh den Bildern eine eigene Dynamik. Die Anfertigung der Kunstwerke war vermutlich von Erzählungen, Musik, Gesang, Tanz und Ritualen begleitet. Unsere Lebensweise, unsere kulturelle Tradition ist eine völlig andere als die der frühen Künstler. Doch auch wenn wir noch als Jäger und Sammlerinnen leben würden, bliebe uns die Botschaft der Kunstwerke verschlossen. Die Geschichten, die sie übermittelten, die mythischen Gestalten, die die Motive repräsentierten, wären uns auch dann fremd. Wir erkennen zwar ein Motiv als Pferd, Löwe oder Frau, aber ohne das Wissen um die zugehörige Vorstellungswelt können wir seine eigentliche damalige Bedeutung nicht entschlüsseln.

Die eiszeitliche Kunst ist in einem Zeitraum von etwa 30 000 bis 10 000 Jahren vor heute verbreitet. Bei den Kunstwerken handelt es sich um Malereien, Gravierungen und Reliefs auf Höhlen- und Felswänden, sowie um figürliche Plastiken und Verzierungen auf Werkzeugen und Waffen. Die Motive umfassen vor allem Tiere, seltener auch Menschendarstellungen und Tier-Mensch-Mischwesen; symbolische Zeichen – einfache bis komplexere geometrische Formen – sind weit verbreitet.

Unter den Bildern und Plastiken der eiszeitlichen Kunst sind uns zum ersten Mal auch Darstellungen von Menschen überliefert: Frauen, Männer sowie Menschen, deren Geschlecht nicht zu bestimmen ist. Bei den Darstellungen mit bestimmbaren Geschlecht überwiegen Frauen über Männer. Zu diesen Darstellungen von menschlichen Körpern oder Teilen desselben kommen noch Handnegative und -abdrücke, die auf Höhlenwänden hinterlassen wurden, sowie isoliert stehende sexuelle Motive, wie Phalli und Vulven. Zu letzteren zählen einige der ältesten Kunstzeugnisse, in Südwestfrankreich gefundene, über 30 000 Jahre alte Vulvendarstellungen, die in Kalksteinblöcke graviert wurden.

Frauendarstellungen kennen wir aus dem gesamten Zeitraum der Eiszeitkunst, wobei zwei Phasen zu unterscheiden sind: von etwa 29 000 bis 22 000 Jahren vor heute und von 15 000 bis 11 000 Jahren vor heute. Aus dem dazwischenliegenden Zeitraum kennen wir keine Frauendarstellungen. Dies kann ganz einfach damit zusammenhängen, daß sie aus leichter vergänglichen Materialien gefertigt wurden, kann aber auch in kulturellen Unterschieden begründet sein.

Die Frauenfiguren sind in verschiedenen Regionen verbreitet: in Südfrankreich und Nordspanien, in Italien, in Mitteleuropa, in Südrußland und der Ukraine sowie in Sibirien. Zwischen den einzelnen Fundregionen liegen fundleere Räume. Ob dort keine Frauenfiguren angefertigt wurden, oder ob diese sich nur nicht erhalten haben, wissen wir nicht. Die Frauenfiguren sind auch nicht in allen Regionen über einen gleich langen Zeitraum verbreitet, sondern oftmals nur relativ kurzfristig.

Die älteste Frauendarstellung ist eine kleine, aus Schiefer geschnitzte Figur aus Niederösterreich, die zu den ältesten bekannten Kunstwerken zählt. Einige tausend Jahre später tauchen in Mitteleuropa die Frauenfiguren auf, die heute populär am bekanntesten sind und deren prominenteste Vertreterin die sogenannte 'Venus von Willendorf' ist. Diese Figuren weisen vom Atlantik bis nach Rußland zwar einige Gemeinsamkeiten auf, doch gibt es sowohl zwischen den verschiedenen Regionen stilistische Unterschiede als auch innerhalb der einzelnen Regionen individuelle Ausprägungen. Aus der späteren Phase haben sich sowohl plastische als auch geritzte und gemalte Frauendarstellungen erhalten. Die über die Zeiträume variierenden Unterschiede bezüglich Stil und Herstellungsart weisen auf Veränderungen in der Überlieferung hin.

Im Folgenden werden einige Beispiele aus den verschiedenen Zeiträumen und Regionen beschrieben, die die Verschiedenartigkeit dieser Frauenbilder illustrieren.

Abb. 1. Frauenfigur aus Schiefer. Stratzing/Krems-Rehberg, Österreich. Höhe 7,2 cm.

Die älteste Frauendarstellung

Mit über 30 000 Jahren ist die Frauenfigur vom Galgenberg bei Stratzing/Krems-Rehberg in Niederösterreich eines der ältesten bekannten Kunstwerke (Abb. 1). Sie ist aus grünlichem Amphibolschiefer geschnitzt, etwa 7 cm groß und mit maximal 7 mm Dicke

Abb. 2. Frauenfigur aus Kalkstein. Willendorf, Österreich. Höhe 11 cm.

eher flach. Dargestellt ist eine stehende Frau. Das rechte Bein ist leicht gebeugt, der rechte Arm ruht auf dem Oberschenkel. Auf der linken Körperseite sind der erhobene Arm und eine Brust herausgearbeitet. Die Brust ist im Profil zu sehen, der Oberkörper ist also nach links gedreht. Die Körperhaltung der Figur, mit der Standbein/Spielbein-Pose, dem erhobenen Arm und dem gedrehten Oberkörper erweckt den Eindruck einer Tanzenden.

DIE 'VENUS'-FIGUREN

Aus dem Zeitraum von 29 000 bis 22 000 Jahren vor heute stammen die als 'Venus-Figuren' bekannten Frauenfiguren. Mit der römischen Liebesgöttin haben diese Figuren allerdings nur das Geschlecht gemeinsam. Die Bezeichnung 'Venus-Figuren' suggeriert eine Kontinuität über Jahrzehntausende, von der eiszeitlichen bis in die antike Mythologie, die es sicherlich nicht gegeben hat.

Die prominenteste Frauenfigur aus diesem Zeitraum ist die von Willendorf in Niederösterreich (Abb. 2). Sie wurde 1908 während Ausgrabungen in Lößhorizonten am linken Donauufer gefunden. Die Figur ist 11 cm groß, aus Kalkstein geschnitzt. Sie trägt noch Spuren von rotem Ocker. Ein Gesicht ist nicht angedeutet, der Kopf ist zum größten Teil von einer Frisur oder Kopfbedeckung bedeckt. Von der Statur her ist es eine der fülligsten eiszeitlichen Frauenfiguren. Brüste, Bauch, Hüften und Oberschenkel sind üppig. Bauchnabel und Vulva sind realistisch dargestellt. Auf der Rückseite sind Hüftgegend und Gesäß herausgearbeitet. In Proportion zum Rumpf sind die Beine kurz. Am beschädigten Ende fehlen die Füße. Im Vergleich zum voluminösen Körper wirken die Arme verkümmert, sie sind angewinkelt, die Hände ruhen auf den Brüsten. Einschnitte auf dem linken Unterarm sind als Armbänder gedeutet worden.

Diese Frauenfigur von Willendorf wird oftmals als Prototyp der eiszeitlichen Frauenfiguren angeführt. Sie repräsentiert zwar einen Typ, den wir auch von anderen Fundstellen kennen, mit üppigem Oberkörper und vergleichsweise kurzen Unterschenkeln und zierlichen Armen, doch in ihrer Gesamtheit sind die Frauenfiguren eher durch Vielfalt als durch Einheitlichkeit gekennzeichnet.

Eine wichtige Fundregion befindet sich in Mähren. Dort haben sich in Lößhorizonten die Hinterlassenschaften zahlreicher Freiland-Lagerplätze erhalten, wie Reste der Jagdbeute und Steinwerkzeu-

Abb. 3. Frauenfigur aus gebranntem Lehm. Dolní Vestonice, Tschechien. Höhe 11,5 cm.

ge. Auch künstlerische Zeugnisse zählen zu den archäologischen Funden: Verzierungen auf Gebrauchsgegenständen, kleine, aus Ton modellierte und gebrannte Tierfiguren und auch Frauenfiguren.

Die Frauenstatuette aus Dolní Vestonice ist eine der wenigen eiszeitlichen Figuren aus gebranntem Lehm (Abb. 3). Sie mißt 11 cm und wurde aus einer Mischung aus Ton und pulverisierten Knochen geformt. Mit ihren stattlichen Brüsten und Hüften, den nur angedeuteten Armen und den fehlenden Füßen hat sie zwar einiges mit anderen Frauenfiguren gemeinsam, doch besitzt sie auch einige ganz individuelle Ausprägungen. Etwa auf Höhe der Augen befinden sich zwei Einschnitte, die vielleicht die Augen oder Sehschlitze in einer Kapuze darstellen. Vier weitere Einkerbungen auf dem Kopf könnten der Fixierung von Federschmuck oder Haarsträhnen gedient haben.

Aus Petrkovice liegt eine zerbrochene Frauenfigur aus Hämatit vor (Abb. 4). Das Fragment ist 4,5 cm groß. Kopf und Beine fehlen, die rechte Brust und die linke Seite sind beschädigt. Die Figur ist schlank, Brüste, Taille, Bauchnabel und Schamdreieck sind herausgearbeitet.

Mehrere Frauendarstellungen sind aus Fundschichten unter

Abb. 4. Frauentorso aus Hämatit. Petrkovice, Tschechien. Höhe 4,6 cm.

Abb. 5. Kalksteinrelief einer Frau mit Horn. Laussel, Frankreich. Höhe der Figur 42 cm.

dem Felsüberhang von Laussel (Dep. Dordogne, Frankreich) ausgegraben worden. Am bekanntesten ist die 'Venus mit dem Horn', ein Relief auf einem großen Kalksteinblock (Abb. 5). Der Block lehnte bei der Entdeckung gegen die Rückwand des Felsüberhanges. Heute ist nur noch der Teil des Blockes erhalten, auf dem sich das Relief befindet, er wurde vom Ausgräber abgetrennt. Die Frauenfigur ist etwa 42 cm groß. Der Körper ist en face dargestellt, der Kopf im Profil. Brüste, Bauch und Hüften sind üppig, die Beine laufen schematisch aus. Die linke Hand ist feingliedrig herausgearbeitet, sie ruht auf dem Bauch. In der rechten Hand trägt die Frau ein Horn. Auf der Figur hafteten noch Spuren von Ocker. In der Nähe des großen Kalksteinblockes befanden sich noch zwei weitere Felsblökke, auf denen je eine Frauenfigur im Relief herausgearbeitet worden war.

Vereinzelt kennen wir aus diesem Zeitraum auch kleine geschnitzte Köpfe. Im Gegensatz zu den Frauenfiguren, die meist gesichtslos sind, haben sie ausgearbeitete Gesichtszüge. Das Köpfchen von

Brassempouy (Grotte du Pape, Dep. Landes, Frankreich) gilt nach heutigen Maßstäben als eine der schönsten Darstellungen der eiszeitlichen Kunst (Abb. 6). Es handelt sich um eine nur knapp 4 cm große Elfenbeinschnitzerei. Fein herausgearbeitet sind Nasen- und Augenpartie, der Hals ist schlank und lang. Die Haare sind mit einem Gittermuster bedeckt, vielleicht sollten damit eine Kopfbedeckung oder Haarflechten angedeutet werden. Es kann nicht ausgeschlossen werden, daß der Kopf ursprünglich zu einer vollständigen Figur gehörte. Die Fundstelle Brassempouy hat eine der zahlreichsten und vielfältigsten Sammlungen von Frauenfiguren geliefert. Insgesamt wurden dort zehn, nur unvollständig erhaltene, aus Elfenbein geschnitzte Figuren gefunden. Darunter sind üppige, aber auch sehr schlanke Körperformen.

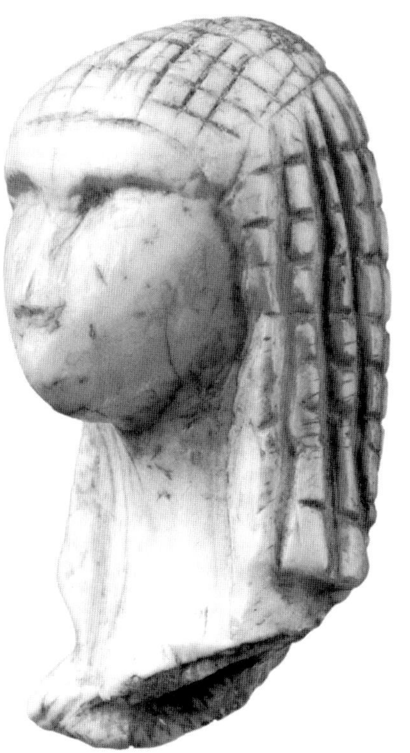

Abb. 6. Köpfchen aus Elfenbein. Brassempouy, Frankreich. Höhe 3,65 cm.

Die Frauendarstellungen vom Ende der letzten Eiszeit

An den Wänden eines Felsüberhanges bei Angles-sur Anglin (Dep. Vienne, Frankreich) befindet sich ein 18 m langer Fries mit als Relief ausgearbeiteten Darstellungen von Tieren und Menschen. Vier Frauenkörper wurden plastisch aus dem Fels gemeißelt. Sie sind lebensgroß, aber nicht vollständig gestaltet: nur Bauch, Schamregion und ein Teil der Beine wurden dargestellt. Die Figuren sind schlank, bei einer ist der Bauch gewölbt, sie wird als schwanger gedeutet.

Es sind noch weitere derartige Reliefs aus dieser Zeit bekannt. In der Höhle La Magdeleine des Albis (Dep. Tarn-et-Garonne, Frankreich) wurden u. a. zwei liegende, etwa 1 m große Frauen aus dem Fels gearbeitet, die eine lässige, entspannte Pose einnehmen.

In der jüngeren Phase der Eiszeitkunst wurden vor allem stilisierte Frauenkörper dargestellt. Nur ganz vereinzelt wurden aus dieser Zeit Frauenfiguren gefunden, die in ihrer Gestalt und Ausprägung mit den älteren Frauenstatuetten vergleichbar sind. Die stilisierten Frauenfiguren wurden auf Höhlenwände gemalt oder graviert, in Stein- und Knochenplättchen geritzt und auch plastisch, als kleine Statuetten ausgearbeitet. Diese Darstellungen sind 15 000 bis 11 000 Jahre alt.

Die Verbreitung der plastischen Frauendarstellungen reicht vom Pyrenäenvorland im Westen bis in die Ukraine im Osten. Zwischen den Fundregionen im Rheinland, in Süddeutschland und der Schweiz, in Mitteldeutschland, in Mähren sowie in der Ukraine liegen weite

Abb. 7. Stilisierte Frauenfigur aus Elfenbein. Gönnersdorf, Deutschland.

fundleere Gebiete. In ihrer Ausarbeitung gleichen sich Statuetten einiger Gebiete bis in kleinste Details. Diejenigen aus dem Rheinland stimmen mit denen aus Thüringen und Sachsen-Anhalt überein, Statuetten aus Süddeutschland haben Parallelen in der Schweiz. Die Statuetten wurden meistens aus Elfenbein, aber auch aus anderen organischen Materialien wie Geweih und Knochen, sowie aus diversen Gesteinen hergestellt. Die kleinen Frauenstatuetten wurden vielleicht als Anhänger getragen – einige sind am oberen Ende durchlocht – oder auf die Kleidung aufgenäht.

In der Höhlenkunst sind stilisierte Frauendarstellungen vor allem in Südfrankreich zu finden. Es sind meist Gravierungen an Höhlenwänden, die mehrere Frauen hintereinander aufgereiht zeigen. Sie kommen nicht isoliert vor, sondern gemeinsam mit anderen Darstellungen wie Tieren und Vulven.

Aus Mammutelfenbein, Rengeweih und Schiefer wurden an den Lagerplätzen Gönnersdorf und Andernach am Mittelrhein kleine, nur wenige Zentimeter große, Frauenstatuetten angefertigt (Abb. 7). Diese Kleinplastiken zeichnen sich durch charakteristische Merkmale aus: Nur Oberkörper, Gesäß und Unterkörper werden stilisiert dargestellt. Kopf, Arme und Füße fehlen. Der Körper ist schlank, das Gesäß betont, nur bei wenigen Exemplaren wurden auch Brüste ausgearbeitet. Die Darstellungen wirken vor allem in der Profilansicht. In Gönnersdorf wurden 18 Statuetten in der Siedlungsfläche und in Gruben, in denen sie zusammen mit Abfällen und besonderen Objekten wie Schmuckschnecken und durchbohrten Tierzähnen lagen, gefunden. Ähnlich sind die Fundumstände für die 20 Statuetten aus Andernach.

Diese Figuren sind nur ein Teil der Kunstobjekte der Fundstelle Gönnersdorf. Hier wurden auch zahlreiche Schieferplatten hinterlassen, in die Darstellungen nicht nur von Tieren, sondern auch von Menschen geritzt wurden. Diese Gravierungen waren schneller anzufertigen als die geschnitzten Figuren. Sie hatten aber auch eine kürzere Lebensdauer: die Bilder waren am besten sichtbar, wenn sie gerade geritzt worden waren und die Linien sich noch weiß vom dunklen Schiefer abhoben. Die dargestellten Menschen sind bis auf eine Ausnahme Frauen, die einzeln, paarweise oder in Gruppen auftreten. Die Szenen strahlen auf heutige Betrachter Vitalität und Lebensfreude aus. In ihrer bildhaften Ausführung entsprechen die Frauenkörper den kleinen Statuetten. Es handelt sich um Umrißzeichnungen im Profil, ohne Kopf und Füße. Das Gesäß ist betont,

Abb. 8. Gravierung von vier hintereinander aufgereihten Frauen auf Schieferplatte. Gönnersdorf, Deutschland. Höhe der rechten Figur 2,8 cm.

Brüste und Arme sind nicht immer ausgeführt. Die Körperhaltung entspricht nicht aufrecht stehenden, sondern halb hockenden Frauen. Oft sind mehrere Frauen hintereinander gruppiert, derartige Szenen werden als Darstellung eines Tanzes interpretiert. Ebenfalls zu tanzen scheinen einander zugewandte Frauenpaare. Vereinzelt sind die Frauenbilder mit Innenzeichnungen versehen. Darunter ist auch eine Gruppe von vier hintereinander aufgereihten Frauen, von denen eine eine Trage auf dem Rücken trägt, in der eine kleinere Gestalt sitzt (Abb. 8). Die Frau ist unter der Last vorgebeugt. Diese Gravierung läßt nur den Schluß zu, daß es sich um die einzigartige Darstellung einer Mutter mit einem Kind handelt.

Aus Fundschichten der Höhle Petersfels im Hegau und von deren Vorplatz stammen mehrere stilisierte Frauenfiguren aus Gagat (Abb. 9). Sie sind alle durchbohrt und wahrscheinlich als Anhänger oder Kleidungsbesatz getragen worden. Die Figuren wurden im gesamten Bereich der Höhle und des Vorplatzes gefunden. Sie scheinen zufällig verloren worden zu sein. Die kleinste dieser Figuren ist nur 1,5 cm groß, die größte 4,5 cm. Identische Figuren wurden an dem Freiland-Lagerplatz Monruz am Lac de Neuchâtel, Schweiz, gefunden.

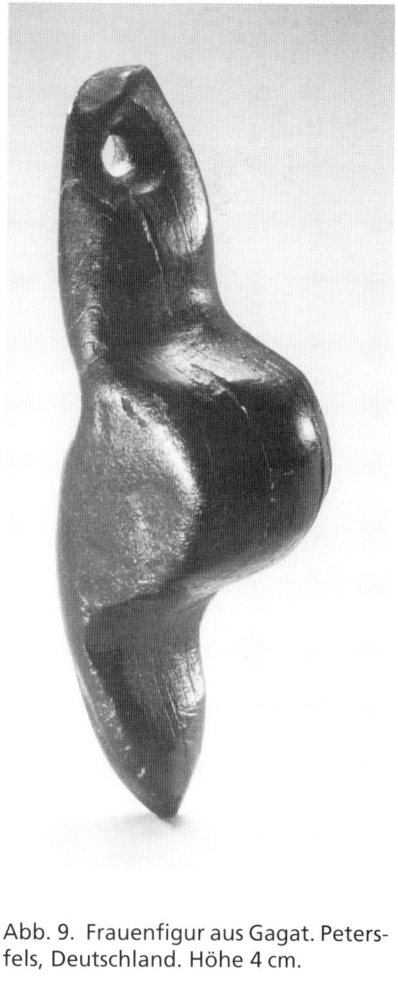

Abb. 9. Frauenfigur aus Gagat. Petersfels, Deutschland. Höhe 4 cm.

Die Bedeutung der Frauendarstellungen

Über die Bedeutung der Frauendarstellungen und vor allem der Frauenstatuetten haben bereits mehrere Wissenschaftlergenerationen spekuliert. Sie sollten Muttergöttin oder Fruchtbarkeitssymbol sein, Selbstporträts darstellen oder einfach das Schönheitssideal der damaligen Zeit repräsentieren. Einige Forscher gingen sogar so weit, die Figuren mit Aktfotografien aus dem Playboy zu vergleichen und daraus zu schließen, es handele sich um erotische Darstellungen, angefertigt von Männern für Männer. Keine dieser Interpretationen ist befriedigend.

Zur Interpretation als Fruchtbarkeitssymbol hat der berühmte Archäologe André Leroi-Gourhan bereits im Jahre 1964 treffend bemerkt: „*Was man über die Fruchtbarkeitsgöttin gesagt hat, ist völlig banal und erklärt gar nichts: daß Fruchtbarkeit als wünschenswerte Erscheinung angesehen wird, gilt für alle oder fast alle Religionen, und wenn die Frau zu deren Symbol gemacht wird, so ist daran nichts besonders Originelles.*" Tatsächlich ist auch eine Fruchtbarkeitsgöttin erst in ackerbauendem Kontext zu erwarten, und nicht bei Gruppen, die als Jäger/Sammlerinnen lebten. Aus völkerkundlichen Vergleichen ist bekannt, daß die Gruppengröße von Jäger/Sammlerinnen-Populationen über Generationen relativ konstant bleibt. Aufgrund ihres schonenden Umganges mit den Ressourcen und ihrer mobilen Lebensweise sind zu viele Kinder für sie eher von Nachteil. Wir können daher davon ausgehen, daß die eiszeitlichen Jäger/Sammlerinnen wie Wildbeutervölker in historischer Zeit bereits Maßnahmen zur Geburtenkontrolle, von der Empfängnisverhütung bis zur Tötung von Neugeborenen, ergriffen haben. Zwar sind einige Frauen schwanger dargestellt, doch kann man hier argumentieren, daß dies zur Darstellung von Weiblichkeit selbstverständlich dazugehört. Bei einer Verehrung von Mutterschaft wäre zu erwarten, daß die Frauen gemeinsam mit Kind oder Kindern auftreten, doch Kinder werden – mit Ausnahme der einen Gravierung von Gönnersdorf, bei der eine Frau ein Kind in einer Rückentrage trägt – überhaupt nicht dargestellt.

Eine andere Annahme geht davon aus, daß die üppigen Frauenfiguren Selbstdarstellungen von korpulenten Frauen seien, die sich so abbildeten, wie sie sich sahen, wenn sie an ihrem eigenen Körper hinabblickten, mit verkürzten Beinen und ohne Füße. Dazu kann man nur verwundert anmerken, warum diese Frauen nicht in der

Lage gewesen sein sollen, sich zu bewegen und so auch z. B. ihre Füße zu erblicken oder warum diese Frauen keine Gelegenheit gehabt haben sollen, die Körper anderer Frauen zu betrachten.

Aus unserer eigenen Wahrnehmungswelt heraus meinen wir, bestimmte Motive zu erkennen, wir 'erkennen' in einer Tierfigur einen Bison, wir erkennen in einer Kleinplastik eine Frauenfigur. Einige Bilder, wie die Reliefs von La Magdeleine oder die Ritzzeichnungen von Gönnersdorf strahlen auf heutige Betrachter Vitalität und Lebensfreude aus. Doch was vor vielen Tausenden von Jahren mit den Bildern gemeint war, welche symbolische Bedeutung der dargestellte Bison oder die kleine Frauenstatuette hatten, können wir heute nicht mehr ergründen. Der Herstellungsaufwand war für die unterschiedlichen Arten von Kunstwerken verschieden hoch. Ein Bild ist schneller an der Höhlenwand angebracht als ein Relief, eine Ritzzeichnung in einer Schieferplatte ist schneller angefertigt als eine vollplastische Statuette. Mit diesem unterschiedlichen Arbeitsaufwand ging wahrscheinlich auch eine unterschiedliche Bedeutung einher. Ähnliches gilt für die 'Haltbarkeit' der Darstellungen. Die Motive auf den gravierten Schieferplatten von Gönnersdorf waren nur in frischem Zustand gut sichtbar, während das gleiche Motiv 'stilisierte Frau' als Statuette von weitaus längerer Haltbarkeit war und auch problemloser z. B. am Körper getragen werden konnte. Wenn auch die Bedeutung des Motives hier vielleicht die gleiche war, so war doch vielleicht die Funktion der Kunstwerke eine verschiedene.

Wir können heute analysieren, aus welchem Material eine Frauenfigur hergestellt wurde, können den Herstellungsprozeß rekonstruieren, können anhand von Abnutzungsspuren feststellen, ob sie am Lederband getragen oder auf die Kleidung aufgenäht wurde, wir können dokumentieren, an welcher Stelle des Lagerplatzes eine Figur deponiert oder verloren wurde, aber eines werden wir nie erklären können: Warum die Figur angefertigt wurde. Die Antwort auf diese Frage ist seit Jahrzehntausenden verstummt. Jeder heutige Versuch einer Antwort bleibt Spekulation.

LITERATUR

Bahn, P./Vertut, J. (1988): Images of the ice age (London).

Bosinski, G. (1994): Menschendarstellungen der Altsteinzeit. In: Ulmer Museum (Hrsg.): Der Löwenmensch: Tier und Mensch in der Kunst der Eiszeit (Sigmaringen) 77–99.

Bosinski, G./Fischer, G. (1974): Die Menschendarstellungen von Gönnersdorf der Ausgrabung von 1968. Der Magdalénien-Fundplatz Gönnersdorf Bd. 1 (Wiesbaden).

Delporte, H. (1993): L'image de la femme dans l'art préhistorique (Paris).

Delporte, H. (Hrsg.) (1995): La dame de Brassempouy. Actes du Colloque de Brassempouy (juillet 1994). Etudes et Recherches Archéologiques de l'Université de Liège 74 (Liège).

Duhard, J.-P. (1993): Réalisme de l'image féminine paléolithique. Cahiers du Quaternaire 19 (Paris).

Höck, Ch. (1993): Die Frauenstatuetten des Magdalénien von Gönnersdorf und Andernach. Jahrbuch des Römisch-Germanischen Zentralmuseums 40.1, 253–316.

Lorblanchet, M. (1997): Höhlenmalerei. Ein Handbuch (Sigmaringen).

Müller-Beck, H./Albrecht, G. (Hrsg.) (1987): Die Anfänge der Kunst vor 30.000 Jahren (Stuttgart).

MIT NADEL, SCHLINGE, KEULE ODER PFEIL UND BOGEN – JÄGERINNEN IM ETHNOHISTORISCHEN UND ARCHÄOLOGISCHEN KONTEXT

VON SIBYLLE KÄSTNER

Aus der griechischen und römischen Mythologie sind sie uns wohl vertraut – Jägerinnen wie Artemis oder Diana, die gewöhnlich mit Pfeil und Bogen dargestellt werden, manchmal auch in Begleitung ihrer Hunde. Über die wirklichen Jägerinnen ist hingegen kaum etwas bekannt, obwohl in antiken Berichten und völkerkundlichen Aufzeichnungen viele Beispiele jagender Frauen zu finden sind und einige Funde aus prähistorischen Gräbern als Jägerinnen gedeutet werden könnten. Trotz dieser zahlreichen Hinweise ist das Thema Jägerinnen in der Wissenschaft bislang nur wenig beachtet, geschweige denn diskutiert worden. Jagd gilt in unserer Kultur ausschließlich als Männersache. Aber ist die Jagd tatsächlich schon immer und überall auf der Welt ein Vorrecht des Mannes gewesen?

In den letzten Jahrzehnten haben sich einige bedeutende Verschiebungen im Bild darüber ergeben, welchen Anteil Frauen am Lebensunterhalt in noch existierenden und schon vergangenen Sammel-Jagd-Gesellschaften haben bzw. gehabt haben könnten. So wurde vor allem das Bild des alleinversorgenden Großwildjägers, der das Überleben der Gruppe bzw. der Menschheit sicherte, in Frage gestellt. Massive Kritik erfuhr auch die These, daß die Jagd überproportionalen Anteil an der menschlichen Kulturentwicklung gehabt hätte. Ausschließlich Jägern und damit Männern wurde die Weiterentwicklung von Werkzeugen sowie der Sprache zugeschrieben. Durch die Neubewertung des als Frauenarbeit geltenden Sammelns und der damit verbundenen Erfindungen traten seit den 70er Jahren erstmals Frauen in den Vordergrund. Problematisch an beiden Entwürfen ist jedoch das Fehlen von Flexibilität, da beide von einem Entweder-oder-Schema ausgehen, das streng festgelegte Geschlechterrollenzuweisungen vorsieht: Frauen sammeln und Männer jagen. Obwohl in den meisten bekannten Sammel-Jagd-Gesellschaften tatsächlich das Sammeln den Frauen und die Jagd (auf Großwild) den Männern obliegt, besteht in vielen Gesellschaften die Möglichkeit bei Bedarf die Regeln auszusetzen bzw. diese flexibel zu handhaben. Ein ausgewogeneres und lebendigeres Bild über die Tätigkeitsbereiche von Frauen und Männern könnte dann entstehen, wenn die bisher vorherrschende Eindimensionalität durch einen vielfältigen Ansatz ersetzt wird, wozu beispielsweise die Forschung über Jägerinnen gehört.

Die Jagd als Prozeß

Was ist 'Jagd', welche Handlungsschritte umfaßt 'Jagd'? In vielen Veröffentlichungen, die sich mit den Anfängen der Jagd oder mit Jagd in unterschiedlichen Gesellschaften beschäftigen, finden sich entweder voneinander abweichende oder unzureichende Definitionen des Begriffes Jagd. Die bislang verwendeten Jagddefinitionen sind vor allem deswegen problematisch, weil sie nicht beachten, daß in jeder Gesellschaft eigene Definitionen für Jagd existieren und es daher unerläßlich ist, zu klären, was jeweils mit Jagd gemeint ist. So können mit dem Begriff Jagd mehrere Handlungen gemeint sein: vom Sichten des Tieres bis zur Bearbeitung der Häute oder nur das Aufspüren, Verfolgen und Töten. Die Jagd sollte daher als Prozeß betrachtet werden, der mehrere Handlungen umfassen kann: so z. B. das Aufstellen von Fallen, das Sichten, Aufspüren, Verfolgen, Treiben, Töten, Zerlegen der Beute, der Transport, die Verteilung, bis hin zur Ver- und Bearbeitung des Fleisches, der Knochen, Sehnen und der Häute/Felle. Je nach Gesellschaft nehmen Frauen und Männer auf ganz unterschiedliche Art und Weise an diesem Prozeß teil. Desweiteren wäre eine Unterscheidung in Formen der direkten und indirekten Jagd sinnvoll. Zur direkten Jagd gehört das aktive Aufspüren, Verfolgen, Treiben und Töten des Wildes. Das Sichten eines Tieres ohne anschließende Verfolgung als auch das zur Verfügung-Stellen von Jagdwaffen ebenfalls ohne direkte Teilnahme sind dagegen Formen der indirekten Jagd, die es Frauen und Männern ermöglichen, am Erfolg der Jagd teilzuhaben und z. B. einen Teil der Beute zu bekommen. Eine weitere Differenzierung ist die nach aktiven (z. B. Pirschjagd, Treibjagd in Netze) und passiven (z. B. Fallen, Auslegen von Netzen) Jagdmethoden. Problematisch ist zudem der bisherige Gebrauch der Begriffe 'Sammeln' und 'Jagd'. Allzuoft ist mit Jagd nur Großwildjagd gemeint, so daß das Jagen von Kleintieren und Insekten, das oft von Frauen übernommen wird, entweder zum Sammeln gerechnet oder aber gar nicht erwähnt wird. In manchen Fällen ist die Bezeichnung Sammeln angebracht (z. B. bei Schnecken und Insekten), während beim Fangen von Echsen und kleinen Äffchen die Zuordnung als Kleinwild durchaus gegeben ist. Durch die Unterscheidung in Kleinwildjagd (Kaninchen, Schneehuhn), Jagd auf mittelgroßes Wild (Reh, Wildschwein) und Großwildjagd (Mammut, Elch, Nashorn) kann zudem die Variationsbreite hinsichtlich der Wildgröße aufgezeigt werden.

Im nachfolgenden Beispiel der Inupiat, einer Eskimogruppe aus Nordalaska, wird die Zusammenarbeit von Frauen und Männern im Prozeß der Jagd besonders deutlich. Für die Inupiat war die Jagd auf Wale, Seehunde, Karibus, Polarbären, Vögel und andere Tiere sowie das Fischen von zentraler Bedeutung. Neben der Jagd und dem Fischen stellte das Sammeln von pflanzlicher Kost (Beeren, Stengel, Blätter, Triebe und Wurzeln) eine wichtige Ergänzung zur Ernährung dar. Außer dem Anlocken und Sichten des Tieres, dem Töten und dem Schlachten umfaßte die Jagd der Inupiat auch die Verarbeitung der Felle und Häute. Ohne diese Tätigkeit, die als Arbeitsbereich der Frauen galt, konnte der ganze Prozeß der Jagd nicht funktionieren. Frauen waren es nämlich, die für die Kleiderherstellung zuständig waren, die die Jäger bei der nächsten Jagd tragen würden. Durch das Nähen der Kleidung schafften sie eine Art zweite Haut, die die Tiere anlocken sollten; eine Frau galt daher als Jägerin in der Rolle der Ehefrau. Die Abhängigkeit der Arbeitsbereiche von Frauen und Männern war so stark, daß sich dies in der Wertschätzung der Männer gegenüber den Frauen ausdrückte. So sagten diese „Nicht ich bin der große Jäger, sondern meine Frau" und „Es ist die Nähnadel der Frau, die den Jäger macht". Die Frauen waren ein integrales Mitglied der Jagdgesellschaft, auch wenn sie, von einigen Ausnahmen abgesehen, nicht mit im Jagdboot saßen. Männer, vor allem die Bootsführer, hingen in großem Maße von ihren Ehefrauen ab bzw. von deren Verhalten. So mußten sich diese Frauen im Haus ruhig verhalten, während die Männer auf der Jagd waren, denn ihr Benehmen beeinflußte die Tiere und deren Wille, sich fangen zu lassen. Die Frauen führten im Haus Beschwörungen durch und empfingen die getöteten Tiere mit Gesängen und Tänzen am Strand. Mit der sogenannten Unreinheit von Frauen bedingt durch Menstruation, Schwangerschaft und Geburt war eine Art magischer Kraft verbunden. Es hieß, die Tiere konnten die Unreinheit sehen und verabscheuten sie. War eine Frau nachlässig in der Behandlung der Seelen der getöteten Tiere, hielt sie sich nicht an bestimmte Regeln oder übertrug sie die Unreinheit auf ihren Mann, so konnte selbst der fähigste und erfahrenste Jäger keine Jagdbeute nach Hause bringen. Die magische Bedeutung der Frauen für die Jagd ist gerade in Anbetracht der zentralen Rolle, die die Jagd für die Eskimogruppen einnahm, besonders hervorzuheben. Das Festgelegt-Sein der Frauen auf das Haus während der eigentlichen Jagd, das von WissenschaftlerInnen immer wieder als Beweis für die Assoziation Frauen – häuslicher Bereich angeführt wird, muß im Zusammenhang dieser spezifischen Kultur interpretiert werden: erst dadurch, daß Frauen im Haus blieben, war es überhaupt möglich, daß Tiere gefangen werden konnten. Neben der beschriebenen Zusammenarbeit im Jagdprozeß sind auch die Formen indirekter Jagd interessant. So konnten Inupiatfrauen durch die Bereitstellung von Nahrung für eine Walfangcrew, dem Leihen einer Harpune oder eines Gewehrs, dem Helfen bei der Schlachtung oder sogar durch das Aufheben von ins Wasser gefallenen, getöteten Enten einen Anteil an der Beute erwerben. Doch selbst die beschriebene Arbeitsteilung nach Geschlechtern – Männer jagen und Frauen verarbeiten die erlegten Tiere – wurde in bestimmten Fällen flexibel gehandhabt. So war es beispielsweise unerläßlich, daß ein Mann bei seinen Jagdunternehmungen eine Nähnadel mit sich führte, um aufgegangene Säume schnell reparieren zu können, andernfalls wäre ein Überleben nicht möglich gewesen. Ebenso mußten Frauen die Fertigkeiten der Männer beherrschen und im Bedarfsfall jagen gehen.

Frauen als Jägerinnen – ethnographische Beispiele

Ethnographische Quellen sind bislang nicht systematisch auf Jägerinnen bzw. die Beteiligung von Frauen am Prozeß der Jagd untersucht worden, wenngleich eine Fülle von Beispielen aus den unterschiedlichsten Regionen und Gesellschaften der Erde existiert. Ausführliche Beschreibungen über Jägerinnen sind indessen selten,

Abb. 1. Jägerin der Agta.

ebenso konkrete Forschung über sie. In schriftlichen Zeugnissen von Missionaren, Reisenden, Händlern oder EthnographInnen wurde oftmals nur darauf hingewiesen, daß es in der beschriebenen Gesellschaft jagende Frauen gab bzw. gegeben hat, ohne genauere Angaben zu machen; die Frauen selber kamen kaum jemals zu Wort.

Die Agtafrauen sind bislang die am besten erforschten Jägerinnen. Sie leben in den Regenwäldern des nordöstlichen Luzongebietes auf den Philippinen. In den eher entlegeneren Gebieten ist die Jagd auf Hirsche, Wildschweine, Affen, Eidechsen und Vögel immer noch sehr bedeutend. Seit Anfang des Jahrhunderts hat sich bei allen Agtagruppen ein immenser Wandel ergeben, so daß mittlerweile das Sammeln von Wildfrüchten weitgehend ersetzt wurde durch das Eintauschen von Getreide (oder den Getreideanbau) und anderes kultiviertes Gut gegen Fleisch. Bei den Agta existiert keine strikte Rollenverteilung nach Geschlechtern, sondern ein durchlässiges System, vor allem was die Jagd angeht. In manchen Agtagruppen helfen Frauen bei der Jagd mit oder tragen die Beutetiere fort, in anderen jagen sie selbst und dies z. T. recht häufig. Drei verschiedene Jagdstrategien werden von den Agta angewandt: die Pirschjagd, die Treibjagd mit Hunden und das Fallenstellen. Männer verwenden Pfeil und Bogen zur Jagd, während Frauen sowohl Pfeil und Bogen als auch Macheten benutzen. Den Jagdbogen stellen die Agtafrauen selbst her, nicht aber das Metallprojektil, das von männlichen Schmieden gefertigt wird (Abb. 1). Während Männer oft alleine jagen oder zuerst in Gruppen losziehen und sich dann aufteilen, ziehen Frauen selten alleine los. Sie jagen zusammen mit anderen Frauen oder auch mit ihrem Ehemann oder einem männlichen Verwandten. Das Schlachten der Beute und die Verteilung obliegt der/dem Jäger/in. Bei größeren Tieren entscheiden Frauen auch dann über deren Verteilung mit, wenn sie nicht gejagt haben. Die Agtafrauen sind in vielfältiger Weise am Jagdprozeß beteiligt: meistens als direkte Jägerinnen, die sowohl aktive als auch passive Jagdmethoden anwenden. Obwohl es die Männer sind, die mehr und häufiger jagen, haben sie weniger Erfolg – die Erfolgsrate der Frauen bei Kleinwild und mittelgroßem Wild ist fast doppelt so hoch wie die der Männer. Gejagt wird in den Wäldern rund um die Siedlungsstelle im Umkreis von 6–10 km, wobei sich die Frauen seltener in etwas entfernt gelegene Gebiete aufmachen, sondern es vorziehen, in der näheren Umgebung zu bleiben. Agtafrauen jagen selbst während ihrer Menstruation und einer beginnenden Schwangerschaft. Erst wenn diese fortgeschritten ist, stellen sie das Jagen für kurze Zeit ein. Während kurzer Jagdtrips werden die kleinen Kinder von älteren Geschwistern, den Großeltern oder anderen Verwandten versorgt, gelegentlich paßt auch der Vater auf. Nur relativ kleine Kinder bleiben bei der Mutter, Kinder bis zu einem Jahr werden während der Jagd in einer Schlinge getragen und von der Mutter bei Bedarf gestillt.

Eine andere Form der Beteiligung von Frauen an der Jagd findet sich bei den Matses. Die Matses leben im Regenwald Perus, d. h. im Gebiet des Amazonas. Bei mehr als der Hälfte der einen Tag andauernden Jagdausflüge werden die Matsemänner von ihren Frauen begleitet. Frauen sammeln nicht nur Früchte oder andere Waldprodukte, sondern nehmen aktiv an der Jagd teil, so daß ein Jagdpaar normalerweise mehr Fleisch mit nach Hause bringt als ein einzelner Jäger. Die Aufgaben der Frauen sind vielfältig. So sichten sie die Tiere, nehmen an der Treibjagd teil, holen Pfeile zurück, kümmern

Abb. 2. Schlangenjägerin der Tiwi.

sich um die ihnen z. T. gehörenden Hunde, bringen die Beute mit Macheten oder Stöcken zu Fall und tragen das Fleisch mit nach Hause. Desweiteren jagen sie Kleinwild rund um das Langhaus, in dem sie leben. Zu den Beutetieren gehören u. a. Affen, große Vögel, Tapire und Paca. Für die Zeit der Jagd können die Frauen ihre Kinder (mit Ausnahme der ganz Kleinen) bei ihren älteren Geschwistern oder bei den Zweitfrauen des Mannes lassen, Babies werden bei der Jagd auf der Hüfte getragen. Wie auch die Agtafrauen benutzen die Jägerinnen der Matses eine Machete, während die Männer Pfeil und Bogen verwenden. Am Prozeß der Jagd nehmen die Matsefrauen sowohl durch direkte als auch indirekte Jagd teil; sie bevorzugen dabei aktive Jagdmethoden. Obwohl die vorherrschende Meinung über Frauen eher gegen ihre Beteiligung an der Jagd spricht – so sagen Männer beispielsweise, daß zu viele Frauen die Jagd verderben würden, sie zu langsam wären, nicht weit genug laufen würden oder ihr Geruch Tapire vertriebe – nehmen Matsefrauen aktiv an der Jagd teil.

Die auf Melville Island (Nordaustralien) lebenden Tiwi sind ein weiteres Beispiel für die Existenz von Jägerinnen. Interessant sind vor allem die geschlechterspezifischen Werkzeuge und die geschlechterspezifische Zuteilung von Tierarten. Die Frauen jagen mit Ausnahme der Wallabies alle Landtiere (Bandicoots, Oppossums, Eidechsen, Schlangen, Ratten) und sammeln neben pflanzlicher Nahrung auch Krabben, Schnecken, Würmer, Austern sowie Schildkröteneier. Ihre Jagdausrüstung besteht aus Hunden, einer Axt, Feuer und verschiedenen Behältern. Die Äxte werden sowohl von Frauen als auch Männern hergestellt. Bei den Jagdausflügen der Tiwifrauen nehmen auch Kinder teil (Abb. 2). Die Tiwifrauen sind direkte Jägerinnen, die aktiv ihre Beute verfolgen. Ausschließlich die Männer sind für die Jagd auf Meeres- und Lufttiere (Krokodile, Kakadus, Fisch, Gänse, fliegende Füchse, Schildkröten) und die Wallabies zuständig, sie sammeln zusätzlich Schildkröteneier und pflanzliche Nahrung. Die Männer jagen zum Teil von Kanus aus mit Speeren und Wurfhölzern, selten auch Keulen. Für die Jagd auf dem Land verwenden sie ebenfalls Hunde und Feuer. Wenn Frauen bei den Jagdexpeditionen der Männer mitgehen, töten sie selbst nicht.

Bei den BaMbuti ist die Jagd, wenn es sich um Netzjagd handelt, arbeitsteilig organisiert. Die BaMbuti, eine der vielen zentralafrikanischen Pygmäengruppen, leben im Ituri-Regenwald Zaires z. T. in enger Verbindung zu verschiedenen Bauernvölkern, mit denen Nahrungsmittel ausgetauscht werden. Ursprünglich lebten die BaMbuti nur vom Sammeln und Jagen, wobei der Anteil Sammelgut/Jagdbeute jeweils 50% betrug. Mittlerweile werden vereinzelt auch Feldfrüchte angebaut, die 60% der Nahrung ausmachen. Gesammelt wurde von den Frauen und Kindern, selten von den Männern. Je nach Jagdmethode war/ist der Anteil der Frauen unterschiedlich: bei der gemeinschaftlichen Netzjagd u. a. auf Antilopen, Mungos und anderes Wild mittlerer und kleiner Größe sind fast immer Frauen und Kinder aktiv dabei, während bei der Jagd mit Pfeil und Bogen auf Antilopen, Vögel und Affen Jägerinnen sehr selten sind. Großwild wie Büffel, Schweine und Elefanten wird von Männern mit dem Speer erlegt. Zur Netzjagd sind mindestens 10 Jäger und ihre Familienangehörigen vonnöten. Täglich wird bis zu 8 Stunden gejagt. Frauen und Kinder treiben durch die Erzeugung von Lärm das Wild den Jägern zu, die ihre Netze in einem Halbkreis aufsperren und die Tiere töten. In einer der verschiedenen BaMbutigruppen übernehmen Frauen auch das Töten der Tiere. Die Jagdbeute wird anschließend von den Frauen nach Hause transportiert, die Männer tragen die Netze. Jede Familie besitzt ein eigenes Netz, das die Männer bei der Hochzeit erhalten. Der Netzbesitzer gilt als der eigentliche Jäger. Das Kinderkriegen beeinträchtigt die BaMbutifrauen bei der Jagd in keinster Weise, oft nehmen sie schon am darauffolgenden Tag wieder an der gemeinsamen Jagd teil. Bei der Jagdplanung sind die Frauen in gleicher Weise wie die Männer beteiligt. Die BaMbutifrauen sind aktive Jägerinnen, die sich auf vielfältigste Weise direkt am Jagdprozeß beteiligen.

Nicht Frau noch Mann: Indianerinnen Nordamerikas und Eskimofrauen auf der Jagd

Vor allem von den nordamerikanischen IndianerInnen sind viele Berichte über Jägerinnen bekannt. Neben berühmt gewordenen Frauen wie etwa Woman Chief, einer Crow-Indianerin, die gegen 1850 eine sehr erfolgreiche Jägerin und Kriegsanführerin war, gibt es eine große Anzahl von unbekannten jagenden Frauen. Woman Chief wurde wegen ihres Interesses an Männerarbeit von ihrem Ziehvater schon früh als Jägerin erzogen. Nachdem dieser bei einem Überfall umgebracht worden war, wurde sie zum Oberhaupt der Familie und machte sich durch waghalsige Überfälle einen Namen. Zu Reichtum kam sie durch die auf Raubzügen erbeuteten Pferde und durch ihre Jagdaktivitäten, bei denen besonders viele Häute anfielen. Zur Verarbeitung der Häute nahm sie sich insgesamt vier Ehefrauen, die sie offiziell heiratete. Da sie den Status eines Kriegers und Jägers einnahm, betrachtete sie Frauenarbeit für sich als tabu. Zur Jagd auf Hirsch und Bison ging sie entweder mit dem Pferd oder zu Fuß – in letzterem Fall mußte sie die gesamte Beute huckepack nach Hause tragen. Woman Chief gilt zum einen als „Warrior Woman“, die bei den kriegerischen Stämmen der Plains-IndianerInnen keine Seltenheit waren. Diese Frauen konnten zum Erwerb männlichen Prestiges ihre Geschlechterrollen überschreiten ohne die eigene Geschlechterrolle aufzugeben; sie übten kriegerische Aktivitäten gewöhnlich nur zeitlich begrenzt aus. Bei Woman Chief liegt zum anderen ein kompletter Geschlechterrollenwechsel vor, da sie ihre weibliche Geschlechterrolle (wozu das Bearbeiten von Häuten gehörte) ganz zugunsten der männlichen aufgegeben hatte, sie war eine weibliche *berdache*. *Berdaches* sind nach S. Lang Personen entweder weiblichen oder männlichen Geschlechts, die

Abb. 3. Bisonjägerin.

die Verhaltensweisen und Tätigkeiten des anderen Geschlechts annehmen und die einen besonderen Geschlechterstatus zugewiesen bekommen. Charakteristisch für *berdaches* ist, daß sie bereits im Kindesalter Interesse an den Tätigkeiten des anderen Geschlechts zeigen; gewöhnlich gehen sie sexuelle Beziehungen mit Personen des gleichen physischen Geschlechts ein und heiraten ihre PartnerInnen.

Von den Santee-IndianerInnen (Dakota), die ebenfalls auf den Plains lebten, ist überliefert, daß Frauen Fallen stellten oder Jagdhunde besaßen, mit deren Hilfe sie kleine Tiere wie das Waldmurmeltier einfingen. In jedem Dorf gab es immer wieder junge Frauen, die bei den Gemeinschaftsjagden zusammen mit den Männern zu Pferd Bisons erlegen wollten. Diese galten zwar als etwas forsch, aber niemand hinderte sie am jagen, solange sie die Regeln zum Schutz aller Jagenden einhielten. Eine Frau, die bei der Jagd erfolgreich war, errang die gleichen Ehren wie ein Mann, mit der Ausnahme, daß sie nie eine Jagd anführen konnte. Wahrscheinlich war es das Streben nach Ansehen und Wohlstand oder auch Abenteuerlust, die die Santeefrauen jagen ließen. Wie auf diesem Gemälde aus dem Jahre 1837 zu sehen ist, scheint es die Tradition der Bisonjägerinnen zu Pferde schon länger zu geben – hier noch mit Pfeil und Bogen, während die späteren Jägerinnen Gewehre benutzten oder etwa Seil und Axt, wie die Mescalero-Apache-Jägerinnen zu Beginn des 20. Jahrhunderts (Abb. 3).

Jagende Frauen waren auch bei den Ojibwa-IndianerInnen nichts außergewöhnliches. Da die Ojibwafamilien über weite Teile des Jahres isoliert in den subarktischen Waldgebieten Ontarios (Kanada) bei den Großen Seen lebten, waren beide Geschlechter darauf angewiesen, sich im Notfall auch selbständig zu versorgen. Die meisten Ojibwafrauen, die Großwild (Bären, Elche, Hirsche) jagten, taten dies, weil ihre männliche Bezugsperson erkrankt oder gestorben war, sie verlassen hatte bzw. sie ihn verlassen hatten. Bei einer erneuten Heirat führten sie ihr Jägerinnenleben meist nicht fort. Viele Witwen, die es vorzogen, nicht wieder zu heiraten, lernten, sich und ihre Kinder selbst zu versorgen, wobei sie dann gewöhnlich sowohl traditionelle Frauenarbeit (Fischfang, Beeren und Wildreis sammeln, Handarbeiten etc.) als auch Männerarbeiten (Kanu- und Hausbau, Jagd etc.) verrichteten. Es gibt auch Erzählungen über Frauen, die den Entschluß faßten, ganz auf sich allein gestellt oder mit anderen Frauen (z. B. Großmutter, Mutter, Schwester) zu leben und sich u. a. von der Jagd zu ernähren. Das Auslegen von Schlingen zum Fangen von Kleintieren wie Kaninchen rund um den Wigwam und angrenzende Waldgebiete war in subarktischen Gebieten Aufgabe der Frauen und Mädchen. Schon früh begannen die Ojibwamütter, ihren Kindern das Aufstellen solcher Fallen zu lehren, während die Väter den Jungen beibrachten, Fallen für Bären, Füchse und Biber aufzustellen. Manche Väter entschieden sich auch dazu, ihre Töchter als Jägerinnen zu erziehen, vor allem dann, wenn sie keine Söhne hatten. Gewöhnlich halfen Ojibwamädchen ihren Vätern bei der Jagd auf Gänse oder Elche, indem sie das Boot steuerten und Ausschau nach Wild und möglichen Gefahren hielten; diese Rolle als Jagdhelferinnen erfüllten sie auch als spätere Ehefrauen. Nach einer erfolgreichen Jagd auf Bären oder Elche waren die Frauen außerdem für einen wichtigen Teil der Opferzeremonien zuständig, die die Jäger verrichten mußten. Bei den Ojibwa war ein Überschreiten der weiblichen Geschlechterrolle problemlos möglich und war voll akzeptiert. Durch den Einsatz aktiver und passiver Jagdmethoden beteiligten sich die Mädchen und Frauen der Ojibwa rege am Prozeß der Jagd. Sie waren sowohl direkte als auch indirekte Jägerinnen.

Abb. 4. Treibjagd auf Karibus bei den West-Grönland-Eskimos.

Zahlreiche Beispiele von Jägerinnen finden sich auch bei den Eskimo (Inuit- und Yupikgruppen), die in arktischen Gebieten leben. So wird von den Copper-Inuit berichtet, daß dort Frauen bei der Vorbereitung von Treibjagden auf Karibus dabei gewesen wären und an diesen als Treiberinnen teilnahmen. Ebenso begleiteten junge Frauen ihre Männer bei der Seehundjagd oder zogen selbst los, um Karibus zu jagen. Gemeinsame Karibujagd, bei der Frauen und Kinder als Treiberinnen teilnahmen, ist auch von den West-Grönland-Eskimos überliefert, wie diese Darstellung aus der ersten Hälfte des 18. Jahrhunderts zeigt (Abb. 4). Die Inuitfrauen von Belcher Island jagten Gänse, Enten und anderes Kleinwild entweder alleine oder in Begleitung von Jägern, wenn sie reisten. Vor allem in den 20er Jahren dieses Jahrhunderts waren Frauen darauf angewiesen, sich durch das Jagen selbst zu versorgen, da ihre Männer oftmals für sehr lange Zeit fort waren, um die in großer Zahl wegen des Pelzhandels aufgestellten Fallen zu versorgen. Manche Frauen nahmen durch das Aufstellen von Fallen ebenfalls am Handel teil. In Berichten über die Inupiat in Nordalaska vom Ende des letzten Jahrhunderts werden auch Frauen erwähnt, die zu den Walfangcrews gehörten. Sie verrichteten die gleiche Arbeit wie die Männer, mußten aber für die Zeit ihrer Menstruation von der Jagd pausieren. Bei den Ammassalik in Ost-Grönland kam es häufig vor, daß Töchter, wenn es an Söhnen mangelte, wie diese erzogen wurden bzw. bei Mädchenmangel Jungen deren Rollen übernahmen. Zwischen 1967 und 1979 wurden bei den Ammassalik 30 Individuen verschiedener Generationen gezählt, die in ihrer Kindheit als einem anderen Geschlecht angehörig aufgezogen wurden. Aus einem Bericht über das Jahr 1884 geht hervor, daß ebenfalls bei einer Ammassalik-Gruppe wegen des ungleichen Zahlenverhältnisses der Geschlechter (von 21 Personen waren nur 5 Männer) mehrere Mädchen für ihre Familien jagten. Die wie Männer gekleideten Mädchen besaßen Kajaks, von denen aus sie Seehunde harpunierten und Vögel mit Pfeilen zur Strecke brachten; vom Rest der Gruppe wurden sie wie Männer behandelt. Auch diese Mädchen können als weibliche *berdaches* bezeichnet werden. Ein weiblicher Geschlechterrollenwechsel wurde bei den Eskimo dann gefördert, wenn er dem Wohl des Familienverbandes diente, d. h. Geschlechterrollenwechsel auf Elternwunsch, nicht aber, wenn er aus persönlichem Unabhängigkeitsstreben heraus erfolgte. Bei anderen indianischen Stämmen wie z. B. den Ojibwa konnten von den Frauen eher individuelle Wege gewählt werden. In der Arktis und der Subarktis kam das Phänomen der Erziehung von Mädchen als Jägerinnen am häufigsten vor, während bei anderen indianischen Stämmen Frauen oft erst mit zunehmendem Alter jagen gingen.

Doch nicht alle Frauen, denen die Jagd offensteht, nutz(t)en diese Möglichkeit. Bislang ist wenig darüber bekannt, warum Frauen sich gegen das Jagen entschieden haben. So heißt es beispielsweise von Eskimofrauen, daß sie zwar ohne weiteres jagen könnten, aber meist wichtigere Dinge zu erledigen hätten. Die Frauen der Batek De (Malaysia), die gewöhnlich Kleinwild jagen, haben meist kein Interesse an der Jagd auf größeres Wild, obwohl sie davon nicht ausgeschlossen sind.

Fazit

Wie die Auswahl ethnographischer Beispiele zeigt, sind jagende Frauen keine Seltenheit (gewesen). Ihre Spuren lassen sich bei einigen Gesellschaften sogar über mehrere Jahrhunderte hinweg verfolgen, so daß auf eine Tradition jagender Frauen geschlossen werden kann. Werden die Jagdmethoden der Männer mit denen der Frauen verglichen, so können nach dem derzeitigen Stand der Forschung mehrere Unterschiede festgestellt werden. Frauen (und Kinder) nehmen vor allem an Gemeinschaftsjagden (überwiegend als Treiberinnen) teil, während die Angriffsjagd seltener von Frauen durchgeführt wird. Desweiteren sind das Fallenstellen, die Gruppenjagd sowie die Jagd mit Hunden von Frauen bevorzugte Jagdmethoden. Ihre Aufgaben als Jagdbegleiterinnen oder -helferinnen umfassen ganz unterschiedliche Bereiche der Jagd; das Töten von Wild wird dabei eher von Männern durchgeführt. Für Jägerinnen mit Kindern scheinen zeitlich begrenzte Jagdausflüge (bis zu einem Tag), die in relativ erreichbarer Nähe der Behausungen liegen, von Vorteil zu sein, während auf kinderlose Frauen oder Frauen, die einen Geschlechterrollenwechsel vollzogen haben, solche Beschränkungen nicht zutreffen. Neben der Jagd auf Kleinwild ist auch das Wild mittlerer Größe begehrte Beute der Jägerinnen, während Großwild wesentlich seltener von Frauen zur Strecke gebracht wird. Unterschiede lassen sich zudem in der Verwendung von Jagdwaffen feststellen. Gleiche Jagdwaffen wie die der Männer werden tendenziell von den Frauen benutzt, die ihre Geschlechterrolle gewechselt haben oder sie zeitweilig überschreiten; in den anderen Beispielen kommt eine Kombination verschiedener oder nur von Frauen verwendeter Waffen zum Einsatz, was u. a. mit Tabus zusammenhängen kann. Leider fehlen in den meisten Fällen Informationen darüber, ob Frauen ihre Jagdwaffen selbst hergestellt haben. Die Jagdhäufigkeit der Frauen unterscheidet sich dann nicht von der der Männer, wenn die Jagd zum Lebensunterhalt betrieben wird oder zur Erlangung von Reichtum, d. h. vor allem in den Fällen, in denen Frauen ohne Ehemann leben, sich mit anderen Frauen zusammenschließen oder mit Frauen verheiratet sind. Aussagen über eventuelle Unterschiede in der Jagdhäufigkeit in den Gesellschaften, in denen Frauen und Männer gleichberechtigt jagen, können beim derzeitigen Forschungsstand noch nicht getroffen werden. Die Gründe, warum Frauen jagen, sind – falls bekannt – recht verschieden. Hier kann zum einen unterschieden werden in Frauen fortgeschrittenen Alters, die aus einer Notsituation heraus bzw. in Ausnahmefällen jagen gehen (Krankheit, Tod, Fortgang des Ehepartners) sowie Frauen, die nach Selbständigkeit streben oder das Leben mit anderen Frauen der Ehe vorziehen. Zum anderen sind es junge, oft mit Männern verheiratete Frauen, die nach männlichem Ansehen und Wohlstand streben oder abenteuerlustig sind, Töchter, die wegen Mangels an Söhnen als Jägerinnen erzogen werden, damit das Überleben der Gruppe gewährleistet ist (Geschlechterrollenwechsel auf Elternwunsch) und Frauen, die sich schon im Kindesalter für Männerarbeit interessieren und ebenfalls als Jägerinnen erzogen werden (Geschlechterrollenwechsel auf eigenen Wunsch). Als letztes können die Frauen genannt werden, für die Jagd zum Lebensalltag gehört und etwas selbstverständliches ist, das keiner oder kaum einer Erklärung bedarf.

Jägerinnen in der Diskussion

Dieser Vielfalt von Jägerinnen steht in der Wissenschaft die vorherrschende Meinung gegenüber, Frauen könnten aufgrund ihrer Menstruation, fehlender Mobilität und Aggressivität, mangelnder körperlicher Konstitution sowie wegen Schwangerschaften und der Kinderbetreuung nicht jagen gehen. Fast alle Argumente, die gegen die Teilnahme von Frauen an der Jagd angeführt werden, beziehen sich auf die angebliche „Biologie der Frau", womit die Vorstellung einer „natürlichen Bestimmung" der Frau als Haus-Frau verbunden ist. Dies ist jedoch das Geschlechterrollenkonzept unserer Kultur. Wie die Jägerinnenbeispiele zeigen, werden die Frauen- und Männerrollen in den beschriebenen Kulturen sehr unterschiedlich definiert. So kann das Jagen entweder Teil der Frauenrolle oder gesellschaftlich erlaubte Normabweichung sein oder aber im Rahmen eines Geschlechterrollenwechsels stattfinden. Zwischen diesen Formen gibt es wiederum fließende Übergänge. Dort wo Frauen das Jagen mit der Kinderbetreuung und dem „Haushalt" vereinbaren müssen, haben sie seit jeher Wege gefunden, dies zu tun. So ermöglicht die Vielehe, wie sie etwa bei den Matse praktiziert wird, Frauen die Beteiligung an der Jagd. Dort paßt eine der Ehefrauen auf die älteren Kinder auf und verrichtet bestimmte Arbeiten in der Siedlung, während die andere Ehefrau mit dem Mann zur Jagd geht. Die Agtafrauen nutzen ebenfalls das soziale Netz der Familie zur Kinderbetreuung und tragen wie die Matse die Allerkleinsten bei ihren Streifzügen mit sich. Das Argument, das Tragen von Kindern sei unvereinbar mit der Jagd, trifft somit auf keine der beiden Gruppen zu. Auch scheint die Mobilität und Wendigkeit während der Jagd zumindest bei den Agta nicht beeinträchtigt zu sein. Von Vorteil bei deren Jagdzügen ist zudem die geringe Entfernung des Waldes von der Siedlungsstelle. Kinder und Jagd müssen sich nicht ausschließen. So nehmen Agtaeltern ab und zu auch ihre älteren Kinder, wenn diese hilfreich sein können, auf die Jagd mit; bei den BaMbuti sind Kinder u. a. für die Überprüfung der Netze vor der Jagd zuständig. Zu den kinderfreundlichen Jagdtechniken gehören die Kleintierjagd, das Fallenstellen, das durchaus nicht nur zum Fangen von Kleinwild benutzt wird und sowohl nahe der Behausungen als auch in einiger Entfernung praktiziert werden kann, und die Treibjagd.

In der wissenschaftlichen Argumentation gegen Frauen als Jägerinnen spielt vor allem die Menstruation eine große Rolle. So wird in ethnographischen Berichten immer wieder über Menstruationstabus berichtet, die Frauen während der Zeit ihrer Menstruation auferlegt werden, damit sie keinen schädlichen Einfluß auf Jagdwaffen und Jagdgeschehen der Männer nehmen können. Es heißt auch, wie im Beispiel der Inupiat, daß die Beutetiere den Geruch der menstruierenden Frauen nicht wittern dürfen, da sonst der Jagderfolg nicht mehr garantiert sei. Einige ForscherInnen führen wegen der Existenz solcher Menstruationstabus die Arbeitsteilung nach Geschlechtern in ihrem Ursprung auf angebliche Affekte weiblicher Körpergerüche zurück. Der Ausschluß von prähistorischen Frauen von der Jagd hätte den Jagderfolg der Gruppen gesichert und damit auch das Überleben der Spezies Mensch. Doch welche Rolle spielen Körpergerüche wirklich bei der Jagd? Tatsächlich sind es oft männliche Jäger, die sich mit speziellen Pflanzen oder auch Schlamm einreiben müssen, damit die Beutetiere sie nicht am Geruch wahrnehmen können. Daß solche Mittel bei Frauen wirkungslos wären, ist bislang nicht belegt. Desweiteren setzen Jäger spezielle Anschleichtechniken ein, die das starke Witterungsvermögen der Beutetiere berücksichtigen. Die Reaktion verschiedener Tiere auf menschlichen (Blut-)Geruch ist bis auf wenige Experimente kaum erforscht. Versuche haben ergeben, daß fleischfressende Tiere (z. B. Bären) vom Menstruationsgeruch angezogen werden, während pflanzenfressende Tiere (z. B. Hirsche) das Weite suchen. Hirsche werden jedoch auch von Männerblut abgeschreckt. Bei diesen Erklärungsansätzen müßten auf jeden Fall die Variabilität der Jagdmethoden – wie nahe kommen die JägerInnen an die Tiere heran? – und die kulturellen Verschiedenheiten des Umgangs mit Menstruation berücksichtigt werden. Die Existenz von Menstruationstabus hält Frauen jedoch nicht vom Jagen ab, wie die Beispiele der Ojibwa- und Santeefrauen verdeutlichen. Bei beiden Gruppen gab es Tabus, die menstruierende Frauen und solche, die sich noch im Wochenbett befanden, vom Alltagsleben und der Jagd ausschlossen. Trotz dieser Verbote gingen Frauen auf die Jagd, bei den Santee waren es vor allem junge Frauen, oft im gebärfähigen Alter. Die Jägerinnen wurden wegen ihres Übertrittes nicht bestraft, im Gegenteil: Santeemänner ließen den Bisonjägerinnen die Ehre zukommen, die sonst nur Männern entgegengebracht wurde. Auch bei den Matse, von denen berichtet wird, daß die Männer Bedenken wegen der weiblichen Gerüche haben, und bei den Agta ist die Menstruation kein Hinderungsgrund, auf die Jagd zu gehen. Selbst wenn die Menstruation als Tabuzeit für Frauen betrachtet und eingehalten wird, wie etwa bei den Waljägerinnen der Inupiat, können immer noch junge Mädchen, die noch keine erste Menstruation hatten, Frauen in der Zeit zwischen ihrer Menstruation und Frauen nach Beendigung der fruchtbaren Phase jagen gehen.

Ein anderer Grund, der gegen Jägerinnen sprechen soll, ist die Unvereinbarkeit von Schwangerschaft, Geburt und Stillzeit mit der Jagd. So wird u. a. argumentiert, daß es wegen der unausgewogenen demographischen Struktur in Sammel-Jagd-Gesellschaften nicht ratsam sei, daß Frauen jagen. Bei einer durchschnittlichen Gruppengröße von 25–50 Personen und einer recht hohen Kindersterblichkeit sei die Mehrzahl der Frauen aufgrund von Schwangerschaft und Stillzeit verhindert, an der Jagd teilzunehmen. Auch sei die Jagd wesentlich gefährlicher als das Sammeln. Um das Überleben der Gesellschaft zu garantieren, müßte deshalb das Sammeln und das Jagen streng nach Geschlechtern getrennt organisiert werden. Auf eine Maximierung menschlicher Vermehrung zielt auch das Argument ab, die Teilnahme von Frauen an der Jagd würde zu verminderter Fruchtbarkeit führen, da durch das viele Laufen menstruelle Störungen zu erwarten seien. Wenngleich es bislang noch zu wenige ausführliche Untersuchungen über Jägerinnen gibt, so zeigt doch das Beispiel der Agta, daß das Jagen keinerlei negative

Auswirkungen auf deren Reproduktionsfähigkeit hat. So werden auch die Schwangerschaft und das Stillen von den Frauen selbst nicht als Hinderungssgrund angesehen. Unsere heutigen Vorstellungen von Mutterschaft sowie unser Umgang mit Schwangerschaft und Geburt, die beide wie Krankheiten behandelt werden, dürfen nicht ohne hinterfragt zu werden auf andere Gesellschaften oder auf die Vergangenheit projiziert werden. Außerdem werden durch die These, daß Frauen in Sammel-Jagd-Gesellschaften und daher auch in der Vorzeit nahezu ständig schwanger (gewesen) seien, vielfältige Umgehensweisen bzw. Mechanismen nicht beachtet, die von Frauen und Männern angewandt werden können, um Schwangerschaften zu verhindern oder die Kinderzahl gering zu halten. Die Gefahr, die das Jagen mit sich bringen kann, wird in der Jägerinnenliteratur kaum thematisiert. Furcht vor etwaigen Verletzungen kennen weder die Agtafrauen noch -männer, auch wenn diese eine ständige Bedrohung darstellen. Die Gefährlichkeit der Jagd hängt indes zu großen Teilen von den Jagdmethoden und der Geschicklichkeit der JägerInnen ab. Dieser Frage müßte daher in weiteren Forschungen nachgegangen werden.

Weitere Argumente, die gegen Jägerinnen sprechen sollen, sind die fehlende körperliche Verfassung sowie mangelnde Aggressivität von Frauen, die als angeboren gilt. Für die Jagd ist vor allem Geduld und Geschicklichkeit wichtig, Kraft spielt in den meisten Fällen eine geringere Rolle. So sind zwar Männer von ihrem Körperbau und dem Muskelaufbau her besser für manche Tätigkeiten geeignet, ihnen fehlt jedoch oft die Ausdauer und Zähigkeit, die Frauen auszeichnet. Frauen können zum Beispiel durch die Benutzung bestimmter Waffen wie dem Bogen die geringere Muskelkraft zu großen Teilen ausgleichen, für die Handhabung von Lanze und Speer müssen sie allerdings mehr Kraft als Männer aufwenden. Je nach Gesellschaft kann für Frauen und Männer von einem unterschiedlichen Aggressionsverhalten, das stark kulturell geprägt ist, ausgegangen werden. So gibt es durchaus Gesellschaften, in denen Frauen eine sehr aggressive Rolle zugeschrieben wird und Männer als sanft und friedfertig gelten bzw. sich derart verhalten.

Wie in der Diskussion deutlich wurde, lassen sich nur die wenigsten der angeführten Argumente aufrechterhalten. Der Ausschluß der Frauen von der Jagd wird allerdings in vielen Gesellschaften nicht rational begründet, sondern hängt mit Glaubenssystemen zusammen, die Außenstehende nur bedingt nachvollziehen können. Zu einem der häufigsten Tabus gehört das Waffenverbot, dessen Überschreitung mitunter hart bestraft wird. Bislang fehlen jedoch Untersuchungen, die sich eingängig mit den verschiedenen genannten Aspekten der Jägerinnenfrage beschäftigen.

Jägerinnen der Vorzeit – Wunsch oder Wirklichkeit?

Die Existenz von Jägerinnen in der menschlichen Vorzeit kann zwar vermutet werden, läßt sich aber der Bedingtheit archäologischer Quellen wegen nicht beweisen. Ebenso wie in der Völkerkunde gibt es bislang auch in der Archäologie noch keine konkreten Forschungen über Jägerinnen. Besonders wichtig für die Frage nach frühen Jägerinnen sind die Analogiebildungen. Dabei werden die archäologischen Funde mit Beschreibungen verschiedener Kulturen durch die Völkerkunde oder aber mit den Ergebnissen der Primatenforschung, die sich u. a. mit SchimpansInnen beschäftigt, verglichen.

Das Jagdverhalten der SchimpansInnen in der Diskussion

Für die Modellbildung frühester menschlicher Gemeinschaften, den sogenannten HominidInnen, werden die SchimpansInnen herangezogen, die genetisch eng mit uns verwandt sind. Die großen SchimpansInnen und die Bonobos (ZwergschimpansInnen) ernähren sich hauptsächlich von pflanzlicher Nahrung, seltener auch Fleisch, wobei der Fleischanteil in der Nahrung von großen Schimpansenmännchen größer ist als der der Weibchen. Während die großen SchimpansInnen öfters kleine und mittelgroße Tiere jagen, tendieren die Bonobos dazu, nur gelegentlich Kleintiere auf ihren Speiseplan zu setzen. Da über das Jagdverhalten der Bonobos bislang wenig bekannt ist, können an dieser Stelle keine weiteren Angaben, z. B. über den Anteil von Bonoboweibchen an der Jagd, gemacht werden.

Die Verfolgung und das Töten von Tieren wird hauptsächlich von den großen Schimpansenmännchen (je nach untersuchter Region zwischen 70–90%) betrieben und erfolgt ohne die Benutzung von Waffen. Neben der Jagd einzelner kann je nach Region auch Gruppenjagd beobachtet werden, bei der Weibchen und Jugendliche als TreiberInnen tätig sein können. Interessant ist bei beiden SchimpansInnenarten der Vorgang der Nahrungsverteilung. Während die großen Schimpansenmännchen das gejagte Fleisch an Weibchen und Männchen verteilen, wobei alte Männchen sowie verwandte Tiere und empfängnisbereite Weibchen mehr als den Durchschnittsanteil bekommen, wird bei den Bonobos kein Unterschied wegen Alter oder Geschlecht der Empfangenden gemacht. Die großen Schimpansenweibchen scheinen ihre tierische Beute hingegen kaum zu verteilen, es sei denn an ihre Nachkommen, wenn diese sie darum anbetteln. Wichtig ist jedoch auch die Verteilung von pflanzlicher Nahrung bei beiden SchimpansInnenarten, vor allem was große und schwer zu öffnende Früchte angeht. Bei den großen SchimpansInnen wird der weitaus größte Teil von der Mutter an die Nachkommen verteilt. Bei den Bonobos ist das Teilen von pflanzlicher Nahrung noch stärker ausgeprägt.

Sowohl das beobachtete Jagdverhalten heutiger SchimpansInnen als auch deren Art und Weise, Nahrung zu verteilen, wird von den meisten WissenschaftlerInnen als direktes Vorbild des Verhaltens früher Menschen gedeutet. So wurde z. B. das Bild des männlichen jagenden Alleinversorgers einer Kernfamilie entworfen, die aus Frau und Kind besteht. Ein anderes Modell stellt hingegen die Pflanzen sammelnde Mutter in den Vordergrund. Das unterschiedliche Verhalten der SchimpansInnen wird somit als Argument für eine frühe Arbeitsteilung zwischen den Geschlechtern angesehen. Beide Modelle sind einseitig, da sie entweder nur ein Geschlecht als aktiv darstellen oder nur eine der Nahrungsquellen als bedeutend erachten, jegliche Flexibilität in der Aufgabenverteilung zwischen Frauen und Männern fehlt. Eine direkte Übertragung der Ergebnisse aus der Primatenforschung ist jedoch problematisch, da die modernen SchimpansInnen über lange Zeiträume hinweg großen Veränderungen unterworfen waren. Eine weitere Problematik ergibt sich durch die Forschungszusammenhänge. Ähnlich wie in der frühen ethnologischen Feldforschung wurden lange Zeit fast nur die männlichen Primaten ausgiebig beobachtet, so daß Aussagen über das Jagdverhalten kritisch gelesen werden müssen. Schließlich muß die Übertragung vom Primaten auf den Menschen als sehr fragwürdig angesehen werden, geht sie doch von einer genetisch bedingten Kontinuität zwischen dem Verhalten heutiger SchimpansInnen und den ersten Menschen aus, die sich bis auf die heutigen Geschlechterrollen auswirkt. Eine Ableitung sozialen Verhaltens aus den Genen ist weder beim Menschen noch beim Tier möglich.

SammeInde JägerInnen und jagende SammlerInnen in der Steinzeit

Das Bild, das ArchäologInnen vom Leben der frühen Menschen entwerfen, ist vor allem durch die Betonung der Jagd auf Großwild bestimmt, während die Kleinwildjagd und das Sammeln pflanzlicher Nahrung in den Rekonstruktionen kaum Beachtung finden (vgl. Beitrag Owen). Welche Tiere mit welchen Waffen gejagt wurden, wird hauptsächlich anhand der tierischen Überreste und der erhalten gebliebenen Jagdwaffenfunde rekonstruiert, die jeweiligen Jagdmethoden können mit wenigen Ausnahmen nur durch Analogien aus der Völkerkunde erschlossen werden. Jägerinnen sind in diesen Bildern über die Vergangenheit nicht enthalten, es sei denn als Sammlerin von Kleintieren. Alle Aussagen darüber, wer gejagt und/oder gesammelt hat, beruhen auf Vermutungen, die sich auf SchimpansInnen oder aber ethnographisch beschriebene Gesellschaften beziehen.

Doch wie können wir uns das Leben der ersten Menschen vorstellen? Folgendes Szenario kann entworfen werden. Die Jagd spielt neben dem von beiden Geschlechtern ausgeführten Sammeln zu Beginn der menschlichen Frühzeit nur eine Nebenrolle. Die Urmenschen Afrikas, zu denen die Australopitheca Lucy gehört, nehmen vor etwa 3 Millionen Jahren überwiegend pflanzliche Kost zu sich, Fleisch scheint wenig verzehrt zu werden. Erst die Frühmenschen in der älteren (1 Million–200 000 Jahre v. u. Z.) und die NeandertalerInnen in der mittleren Altsteinzeit (200 000–40 000 Jahre v. u. Z.) jagen in Mitteleuropa schon Wild unterschiedlichster Größe; doch auch bei ihnen spielt pflanzliche Kost sicherlich noch eine bedeutende Rolle. Zur Jagd auf Nashorn, Elefant, Mammut, Hirsch oder Bär werden hölzerne Stoßlanzen und Wurfspeere benutzt, die zur Erhöhung der Wirksamkeit schließlich mit Projektilen aus Stein, Geweih oder Knochen bewehrt werden. Möglich ist auch die Fallgrubenjagd, die in Verbindung mit Treibjagden durchgeführt wird. Kleinere Tiere wie Biber, Kaninchen und Fuchs werden mit Keulen oder Fallen zur Strecke gebracht. Im Laufe der Jahrtausende kommt es wegen klimatischer Veränderungen zu einem Wechsel der Tier- und Pflanzenwelt und damit der Nahrung; pflanzliches Sammelgut wird weniger verfügbar. Unsere direkten VorfahrInnen in der jüngeren Altsteinzeit (40 000–8000 Jahre v. u. Z.) sind zuerst mit der Speerschleuder und später auch mit Pfeil und Bogen ausgerüstet, um Jagd u. a. auf Mammut, Moschusochse, Wollnashorn oder den

Steppenbison zu machen; einige der späteren Gruppen spezialisieren sich auf die Rentier- und Wildpferdjagd. Die saisonale Jagd auf Rentiere und Pferde wird besonders dort, wo es in Tälern Engstellen oder in hügeligen Gebieten Klippen gibt, als Gemeinschaftsjagd durchgeführt. Bei dieser Art von Jagd finden Speere und Stoßlanzen sowie Steine Verwendung. Pelztiere wie Schneehase und Fuchs oder anderes Kleinwild wie Vielfraße und Schneehühner werden mit Fallen und Schlingen gefangen. Eine wichtige Rolle spielt auch die Netzjagd auf Vögel, Kaninchen oder andere Tiere, da auf einigen der Felszeichnungen aus der jüngeren Altsteinzeit neben Fallen und Schlingen Netze dargestellt sind. Gegen Ende dieser Periode werden die Menschen auf ihren Streifzügen schließlich vom ältesten Haustier, dem Hund, begleitet. Klimaveränderungen führen wiederum zu einem anderen Nahrungsspektrum, die Verfügbarkeit von pflanzlicher Nahrung nimmt stark zu. Begehrte Beute der Mittelsteinzeit (8000–5000 Jahre v. u. Z.) sind Auerochsen, Rothirsche, Wildschweine und Rehe, die mit Pfeil und Bogen erlegt werden. Felsmalerien dieser Zeit zeigen männliche Bogenschützen bei der Treibjagd auf Rothirsche. Mit Pfeilen, Netzen und Fallen wird Jagd auf Vögel und kleine Pelztiere gemacht; in küstennahen Gebieten finden Keulen und Netze Verwendung für die Seehundjagd. Mit der Einführung von domestizierten Tieren und dem Bodenbau in der Jungsteinzeit (5000–2000 Jahre v. u. Z.) verliert die Jagd zunehmend an Bedeutung, wird jedoch vor allem in nördlicheren Regionen und in Notzeiten beibehalten.

In den Rekonstruktionen der steinzeitlichen Jagd kommen viele der Jagdmethoden vor, die in den ethnographischen Jägerinnenbeispielen auch angewandt werden, so z. B. die Treibjagd, die Netzjagd, die Jagd mit Hunden und das Fallenstellen. Desweiteren ist die Jagd auf kleines und auf mittelgroßes Wild zu nennen. Selbst dann, wenn berücksichtigt wird, daß Hunde als Jagdhelfer erst sehr spät zur Verfügung stehen, bleiben doch eine ganze Reihe anderer Jagdmethoden bestehen, die bevorzugt von den Jägerinnen gewählt werden. Möglich erscheinen außerdem Formen der indirekten Jagd sowie das Eingebundensein von Frauen in den gesamten Jagdprozeß, wie es beispielsweise bei den Inuit der Fall ist. Ebenso ist es denkbar, daß Frauen, die schon früh Interesse an der Jagd zeigen, als Jägerinnen erzogen werden und einen Geschlechterrollenwechsel durchführen oder aber daß in manchen der steinzeitlichen Gruppen Frauen ganz selbstverständlich jagen gehen. Szenari-

Abb. 5. Die Willendorferin in Aktion.

en wie das der „jagenden Willendorferin“ (Abb. 5) könnten durchaus Wirklichkeit gewesen sein, auch wenn aus dieser Zeit keine bildlichen Darstellungen von Jägerinnen existieren.

Eine weitere Möglichkeit, etwas über das Leben der prähistorischen Menschen zu erfahren, bieten Grabfunde. Diese sind vor allem wegen der Beigaben interessant, die Frauen oder Männern mit ins Grab gelegt wurden. Bei der Interpretation von Grabbeigaben ist jedoch Vorsicht angebracht, da wir nicht wissen, ob diese wirklich als Abbild des Lebens der verstorbenen Person gelesen werden können. Zudem ist nur ein Bruchteil dessen erhalten, was ursprünglich zur Grabausstattung gehörte, da z. B. organische Materialien meist völlig vergangen sind. Bislang sind für die älteren Abschnitte der Steinzeit, d. h. von der älteren bis zur jüngeren Altsteinzeit, keine Gräber bekannt, die als Gräber von Jägerinnen im klassischen Sinn gedeutet werden könnten. Damit sind Gräber gemeint, die typische Jagdwaffen wie Speere oder Pfeil und Bogen enthalten; solche Beigaben sind in einigen der Männergräber dieser Zeit enthalten. In den ethnographischen Jägerinnenbeispielen verwendeten die Frauen aber nicht immer die gleichen Jagdwaffen wie die Männer, so daß Gräber mit anderen als den bekannten Jagdwaffen möglicherweise gar nicht als solche erkannt wurden. Zudem ist fraglich, ob das Jagdgerät der Frauen, die gelegentlich jagen gingen, überhaupt ins Grab gelangte. Es fehlen allerdings noch Forschungen darüber, wie die bekannten Jägerinnen etwa der Agta oder der Ojibwa-IndianerInnen beerdigt worden sind. Aus der Mittelsteinzeit, der Jungsteinzeit oder auch der Eisenzeit (750 v. u. Z. – Christi Geburt) sind dagegen mehrere Beispiele von Gräbern überliefert, die als Gräber von 'klassischen' Jägerinnen gedeutet werden könnten. Bei den Bestatteten handelt es sich um Frauen unterschiedlichen Alters, die entweder mit den gleichen Beigaben wie Männer oder mit einem sogenannten 'Mischinventar' bestattet wurden, das aus Grabbeigaben besteht, die als 'männlich' (Pfeil und Bogen) und als 'weiblich' (Spinnwirtel) gelten. Beispiele von jungsteinzeitlichen Frauengräbern mit Jagdausrüstung stammen u. a. aus dem Gräberfeld von Västerbjers auf der Insel Gotland (Schweden) oder aus dem mecklenburgischen Ostorf. Im ostsibirischen Baikalgebiet wurden jungsteinzeitliche Frauen mit den gleichen Jagdwaffen wie die Männer beerdigt. Wesentlich jünger (etwa 500 v. u. Z. – Beginn des 2. Jahrhunderts n. u. Z.) sind hingegen die Eskimogräber aus dem ostsibirischen Ekven (vgl. Beitrag Müller-Beck). Mehreren der dort begrabenen jungen Frauen wurden außer dem Ulu, dem traditionellen Arbeitsgerät der Eskimofrauen, Speerspitzen, Harpunen, Pfeilspitzen oder anderes Jagdgerät ins Grab gelegt. In diesem Zusammenhang ist interessant, daß die Beteiligung von nordostsibirischen Küstenbewohnerinnen an Kollektivjagden historisch bis ins 20. Jahrhundert hinein belegt ist.

Über viele Jahrzehnte hinweg sind Gräber mit (Jagd-)Waffenfunden automatisch als solche von Männern deklariert worden – oftmals ohne eine Geschlechtsbestimmung am Skelett durchzuführen. Untersuchungen am Skelett einer verstorbenen Person der Mittelsteinzeit aus dem schwedischen Barum, die anfänglich wegen der Grabbeigaben als Jäger und Fischer bezeichnet wurde, brachten schließlich zutage, daß die Verstorbene Mutter von mehreren Kindern gewesen war. Zur Bestätigung der Existenz von russischen Amazonengräbern aus dem 6.–4. Jahrhundert v. u. Z. mußten ebenfalls die Skelette geschlechtsbestimmt werden. Bei vielen der Amazonen aus dem Schwarzmeergebiet konnten mittlerweile Verletzungen durch Pfeilspitzen oder aber Knochenabnutzungen festgestellt werden, die durch das häufige Reiten entstanden sind. Deren Ausrüstung bestand aus einem Mischinventar, das sowohl Jagd- und Kampfwaffen als auch Schmuck und Spinnwirtel enthielt. Diese Frauengräber können möglicherweise mit den reitenden Sauromatinnen aus dem antiken Skythien in Verbindung gebracht werden, von denen der Historiker Herodot Mitte des 5. vorchristlichen Jahrhunderts berichtet. Die Männerkleidung tragenden Sauromatinnen zogen entweder allein oder in Begleitung ihrer Männer auf die Jagd. Dabei sollen sie ebenfalls Pfeil und Bogen benutzt haben.

Auch die archäologischen Beispiele zeigen, daß es jagende Frauen durchaus gegeben hat bzw. gegeben haben kann. Allerdings müssen Fragen zu den prähistorischen Jägerinnen viel häufiger offen bleiben als bei den völkerkundlichen Beispielen. Dabei kann die Analogiebildung nur als begrenztes Hilfsmittel zur Rekonstruktion der Vergangenheit gelten. Zum einen weil sich die ethnographisch beschriebenen Gesellschaften über lange Zeiträume hinweg verändert und spezialisiert haben, zum anderen, weil jagende Frauen unbekannter Anzahl durch männliche Voreingenommenheit der EthnographInnen möglicherweise gar nicht erst wahrgenommen und verzeichnet wurden. Hinzu kommt, daß bei der bisherigen Auswertung ethnographischen Materials durch ArchäologInnen entweder nur die Tätigkeiten der Männer oder diejenigen der Frauen, die als geschlechterkonform gelten, beachtet wurden.

Zusammenfassung und Ausblick

Anhand ethnographischer Beispiele konnte deutlich gemacht werden, daß Jagd ein Prozeß ist, der aus mehreren Phasen besteht. Jede dieser Phasen beinhaltet verschiedene Handlungen, an denen Frauen und Männer in meist spezifischer Art und Weise beteiligt sind. Zum anderen zeigten die Beispiele von Jägerinnen in den unterschiedlichsten Gesellschaften, daß sich die von seiten vieler WissenschaftlerInnen postulierten Bedenken oder Vorurteile gegen jagende Frauen nicht mehr aufrecht halten lassen. In der menschlichen Frühzeit sind Jägerinnen durchaus denkbar, auch wenn deren Existenz nicht bewiesen werden kann. Viele Fragen müssen vorerst offen bleiben. So z. B. die Frage, warum tatsächlich überwiegend Männer jagen oder warum es Waffenverbote gegenüber Frauen gibt. Wichtig wäre auch die Frage nach den verschiedenen Bedeutungsgehalten von Jagd bzw. ihrer einzelnen Elemente wie z. B. dem Töten im jeweiligen sozialen Zusammenhang. Dazu bedarf es weiterer Forschungen in der Zukunft.

LITERATUR

Bodenhorn, B. (1990): „I´m Not the Great Hunter, My Wife Is". Inupiat and Anthropological Models of Gender. Études/Inuit/Studies 14.1–2, 55–74.

Davis, L. B./Reeves, B. O. (1990): Hunters of the Recent Past (London).

Estiok-Griffin, A./Griffin, P. B. (1985): Women Hunters: The Implications for Pleistocene Prehistory and Contemporary Ethnography. In: Goodman, M. J. (Hrsg.): Women in Asia and the Pacific: Towards an East-West Dialogue (Honolulu, Hawai) 61–81.

Goodale, J. (1971): Tiwi Wives. A Study of the Women of Melville Island, North Australia (Seattle).

Kästner, S. in Vorb. (1997): Von „Mannfrauen" und „Weibmännern": Geschlechterrollenwechsel im (ethno)archäologischen und ethnohistorischen Kontext. In: Ethnographisch-Archäologische Zeitschrift Heft 3–4.

Lang, S. (1990): Männer als Frauen – Frauen als Männer. Geschlechtsrollenwechsel bei den Indianern Nordamerikas (Hamburg).

Nitecki, M. H./Nitecki, D. V. (1987): The Evolution of Human Hunting (New York).

Rolle, R. (1986): Amazonen in der archäologischen Realität. In: Hans Joachim Kreutzer (Hrsg.), Kleist Jahrbuch, 38–62.

Romanoff, S. (1983): Women as Hunters among the Matses of the Peruvian Amazon. Human Ecology 11, 339–343.

Stanford, C. B. (1996): The Hunting of Wild Chimpanzees: Implications for the Evolutionary Ecology of Pliocene Hominids. American Anthropologist 98.1, 96–113.

Stodieck, U./Paulsen, H. (1996): „Mit dem Pfeil, dem Bogen . . .". Technik der steinzeitlichen Jagd. Begleitschrift zu einer Ausstellung des Staatlichen Museums für Naturkunde und Vorgeschichte Oldenburg. Archäologische Mitteilungen aus Nordwestdeutschland, Beiheft 16 (Oldenburg).

Testart, A. (1986): La femme et la chasse. La Recherche 181, 1194–1201.

FRAUENGRÄBER DES SIBIRISCHEN GRÄBERFELDES EKVEN

VON HANSJÜRGEN MÜLLER-BECK

Das Gräberfeld Ekven liegt im äußersten Nordosten Sibiriens in der heutigen autonomen Region Tschukotka nahe von Uelen (Abb. 1). Die Beigaben in den bisher aufgedeckten 329 Gräbern, deren älteste in das 3. Jahrhundert vor Christi Geburt und deren jüngste in das 7. Jahrhundert danach zu stellen sind, werden den Vorläufern der historischen Eskimokulturen zugeordnet. Das heutige Uelen – wo sich ebenfalls ein teilweise ausgegrabenes, etwa zeitgleiches Gräberfeld befindet – ist eine von fünf Siedlungen, in denen sich jetzt noch die etwa 600–800 Köpfe zählenden sibirischen Eskimos (neben Tschuktschen und zugewanderten Bürgern anderer Herkunft) aufhalten. Sie sind die westlichste Gruppe, der zur Zeit etwa 90 000 Menschen zählenden Eskimos, die an den Küsten Alaskas, des arktischen Kanadas (wo sie sich mit dem Eigennamen: Inuit = „Menschen unserer Art"

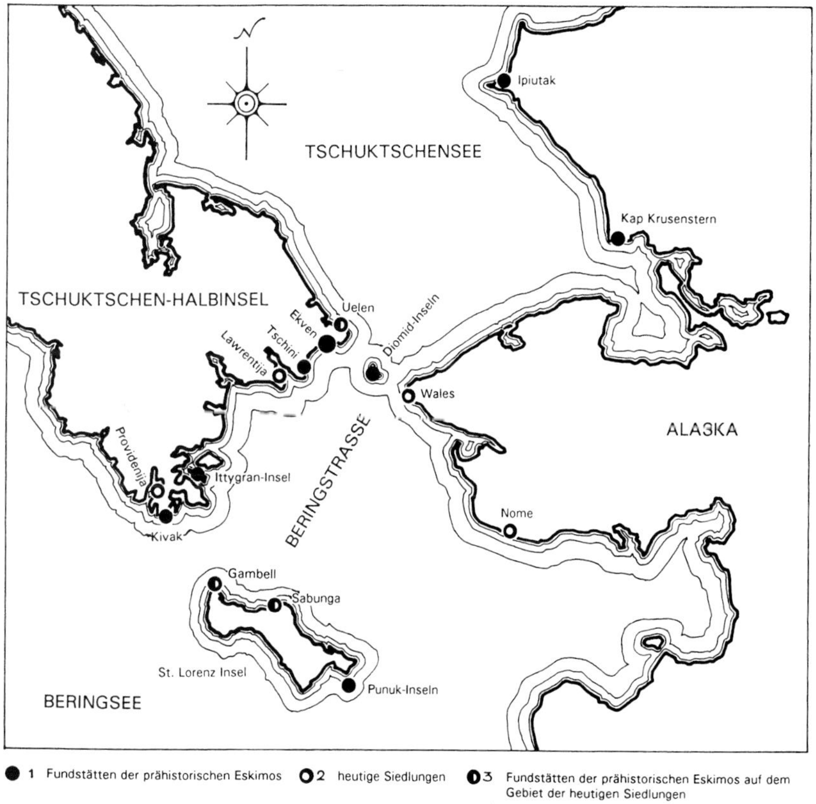

Abb. 1. Das Gräberfeld Ekven bei Uelen und andere größere prähistorische Stationen an den Küsten von Tschukotka und Alaska.

bezeichnen) und Grönlands (wo die Eigenbezeichnung heute schlicht „Grönländer" lautet) leben. Diese bilden heute mit den 15 000 Tschuktschen in der Russischen Föderation eine über die bestehenden Staatsgrenzen hinweg greifende politische Konföderation, die sich um die Erhaltung ihrer kulturellen Identität und verstärkte kommunale Autonomie intensiv und mit zunehmendem Erfolg bemüht. Archäologie und Geschichte ihres fast 3 Millionen Quadratkilometer großen vielgliedrigen Nutzungsgebietes, einschließlich der winterlichen Meereisflächen, sind bei diesen Bestrebungen von erheblicher politischer Bedeutung.

Wie bei der Entfaltung der Kulturen während der letzten 10 000 Jahre in allen Kontinenten sind auch die Eskimokulturen auf der Basis späteiszeitlicher Jägerkulturen entstanden, die steintechnologisch einerseits immer kleinere Einsätze (Mikrolithen im archäologischen Jargon, also „Kleinststeine") für vielfältige Kombinationsgeräte und Waffen produzierten und später andererseits den Steinschliff weiterentwickelten. Eine Technik, die die ursprüngliche Definition für die Jüngere Steinzeit (Neolithikum, Paläolithikum oder Ältere Steinzeit war die Periode des „geschlagenen" Steines) bildet. Beide Techniken haben ihre Vor- und Nachteile, je nach Anwendungsgebiet. Die ältesten Fundkomplexe, die im 4. vorchristlichen Jahrtausend in der amerikanischen Arktis (und am Ostrand Asiens in Tschukotka, wie auch im Nordwesten Europas in Grönland) als „paläoeskimoisch" angesehen werden können, beruhen nahezu ausschließlich auf mikrolithischen Steingerätetechnologien, wie sie in Mitteleuropa bis vor 6500, ja in Rückzugsgebieten sogar bis vor 5000 Jahren ebenfalls andauerten. Anschließend wurden sie durch die neuen Steinschliff-Techniken der Jungsteinzeit ersetzt, die in Mitteleuropa allerdings auch mit der Einführung von Pflanzenbau und Viehzucht verbunden waren.

Im Gebiet der Ur- und Alt-Eskimos begannen entsprechend dem Angebot der angetroffenen nutzbaren Ökosysteme ganz neue jagdtechnische Spezialsierungen. Es kamen neben dem überall möglichen Fischfang und der Vogeljagd, hier zusätzlich auf arktische Arten, sehr früh bei noch relativ günstigen, zwar kalten, aber trokkenen Klimaverhältnissen, die Jagd auf Moschusochsen nördlich der Zone der großen amerikanischen Rentierherden und die Jagd auf Robben und kleinere Walarten (Beluga und Narwal) vom Eisrand aus dazu. Schon die Paläoeskimos stießen dabei vor 4000 Jahren bis nach Nordgrönland vor. Bei der Seesäugerjagd wurden die in ganz

Eurasien beim Fang auf Großfische damals genutzten, sich im Beutetier drehenden Knebelharpunen (von der Donau bis nach Japan) in regional begrenzten arktischen Traditionszonen weiterentwikkelt, die sich im archäologischen Material gut beobachten lassen, da immer wieder neue Lösungen versucht und dann wieder aufgegeben wurden. Dort wo sich festes Winter-Meereis während kälterer Perioden bildete, wurde auch die Eisjagd auf Ringelrobben technisch ständig verbessert (im Bereich Nordalaskas, des Kanadischen Archipels und Grönlands). Gleichzeitig begann auch die Entwicklung der Tranlampen und Tranölöfen als Licht- und Wärmequellen, die die Eskimos von der schwierigen und arbeitsintensiven und im hocharktischen Winter fast unmöglichen Beschaffung von Brennholz unabhängig machten. Treibholz ist zwar auch an vielen Stellen der arktischen Küste zu finden, kaum aber noch in der Hocharktis. Zudem hat Tranöl einen weit höheren Wärmewert pro Volumeneinheit als Holz und ist bei sorgfältiger Anwendung auf den Lampen-/Öfenstegen auch weit besser zu kontrollieren, ähnlich unseren späteren Unschlittkerzen und Öllampen. Außerdem stammt Tranöl aus einer Energiequelle, die rascher nachwächst als Holz und keine Vortrocknungsprobleme besitzt. Bald kam im 2. vorchristlichen Jahrtausend die Erfindung des Kajaks in der Arktis dazu, das neben den Eskimokulturen nur die Aleuten kennen. Offene Haut-, Rinden- und Schilfbündelboote sind dagegen archäologisch schon seit gut 8000 Jahren nahezu weltweit nachweisbar. Einfache, aber schwer zu dirigierende Flöße sind sicher schon weit älter. Die den Eskimos in Sibirien eng benachbarten Tschuktschen bauen offene Fellboote in kleinen und großen Varianten noch heute (Badeiras aus Walroßhaut). Sie sind aber dem viel wendigeren Kajak unterlegen, das zudem in nahtloser Verbindung mit dem wasserdichten Anorak auch beim Kentern sofort wieder aufgerichtet werden kann: eine Lebensnotwendigkeit im stets unterkühlten Wasser an den Küsten des unruhigen Arktischen Ozeans, der zudem innerhalb von Minuten durch plötzliche Witterungsänderungen aufgewühlt werden kann. Das gilt vor allem für die von hohen Gebirgen eingefaßte und wenig tiefe Beringstraße zwischen Rußland und Alaska mit ihren Fallwinden, Nebeleinfällen und Grundseen. Dazu kommt, daß ein Jäger, der von einem Einmannruderboot aus mit der Harpune jagt, keine Zeit hat, sein Boot so zu stellen, daß es kein oder nur wenig Wasser übernimmt. Dafür war das keineswegs kentersichere, aber bei genügend Training sofort wieder aufstellbare Kajak eine genia-

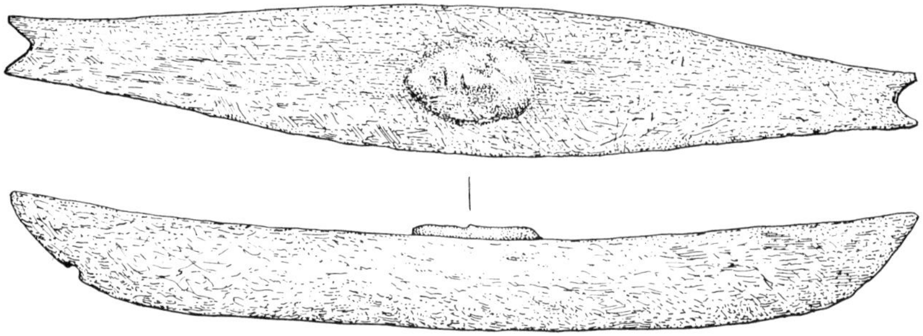

Abb. 2. Modell eines Kajaks mit „Seelenmaske“, Ekven, Grab 276, 1. Jh. v. Chr. bis 1. Jh. n. Chr., L. 18,3 cm.

le Lösung. Bei den Aleuten kommen häufig auch doppelsitzige Kajaks vor, die schneller und beim Landen an den dortigen Felsküsten auch sicherer sind, aber beim Aufrichten erheblich mehr Koordinationstraining erfordern als der Einsitzer.

Im sibirischen Gräberfeld Ekven ist das Vorhandensein dieser Neuentwicklung schon direkt belegt. Ein „personalisiertes“ Kajakmodell mit einer Maske (Abb. 2) fand sich bereits in einem Grab der Alten-Bering-Meer-Kultur II (definiert nach den vorherrschenden Dekorationselementen) um Christi Geburt. Von wann ab die großen Umiaks, in der Bauart ähnlich den Badeiras der Tschuktschen, zum Einsatz kamen, ist bisher nicht bekannt. Es ist aber anzunehmen, daß sie schon lange an den Küsten der Beringstraße als mehrfach bemannte Jagdboote, vor allem bei der Jagd auf Walrosse und auch für Transportzwecke, eingesetzt wurden (Abb. 3).

Die wichtigste Waffe neben den überall genutzten Stoßlanzen, einfachen Wurfspeeren, mehrköpfigen Vogelspeeren, Wurfbolas, Wurfhölzern und Bogen mit Pfeilen waren auch in Ekven die Harpunen. Sie sind dort extrem optimierte Varianten dieser Jagdwaffenkategorie (Abb. 4): 1. der eigentliche angelernte gelochte Knebel-Harpunenkopf, der sich löst und sich im getroffenen Tier dank seiner immer asymmetrischen Form zum besseren Festhalten unter dessen Haut dreht; 2. der bewegliche ebenfalls angelernte Vorschaft, der ein Gelenk zwischen Kopf und Hauptschaft bildet und so dafür sorgt, daß die Harpunenteile auch nach einem Treffer möglichst unbeschädigt bleiben und wieder benutzt werden können; 3. der vordere stabile Teil des Hauptschaftes aus Walroßelfenbein (wie auch 1 und 2), der den Druck des Auftreffens im Ziel auffangen

Abb. 3. Felsbilder: Umiak-Waljäger, Kajak-Renjäger, Pilz-Frauen, Pegtymel-Fluß, Nord-Tschukotka um Chr. Geb.

muß; 4. der Holzschaft, der aufschwimmt und so nach der erfolgten Jagd wieder aufgenommen werden kann; 5. die geflügelte Stabilisierung, ebenfalls aus Elfenbein, da Befiederungen, wie üblich bei Pfeilen oder Schleuderspeeren, im Spritzwasser des Meeres nicht lange funktionstüchtig bleiben würden. Dazu kommen noch 6. die kurze Speerschleuder, die der Jäger in der Hand behält und die in den Nut des Leitwerks eingreift; 7. die Leine, die bei kleineren Seesäugern mit dem Boot verbunden bleibt oder bei größeren auch an einen (8.) Hautsack (heute meist ein Plastik-Ballon) befestigt wird, um die flüchtende Beute zu behindern und zu ermüden. Zum Erlegen der harpunierten Beute wird die Stoßlanze aus kurzer Distanz eingesetzt. Es ist klar, daß die Harpunen und Lanzen in den Größen den Beutetieren angepasst sein müssen. Allerdings können kleinere, bis zu 3,0 m lange Wale und Jungwale größerer Arten auch mit mittelstarkem Gerät gejagt werden. Die Jagd auf größere Walarten läßt sich ab etwa 500 v. Chr. an der ostsibirischen Küste nachweisen (Grönland- und Grauwal), allerdings zunächst meist nur auf deren Kälber und Jährlinge, also kleinere und schwächere Tiere. Erst um 700 n. Chr. werden dann auch ausgewachsene Tiere erfolgreich gejagt.

Im Gräberfeld von Ekven sind vor allem den Toten auch ihre Harpunen beigelegt worden, damit deren „Seelen" den Seelen der Toten im jenseitigen Leben wieder zur Verfügung stehen. Es war

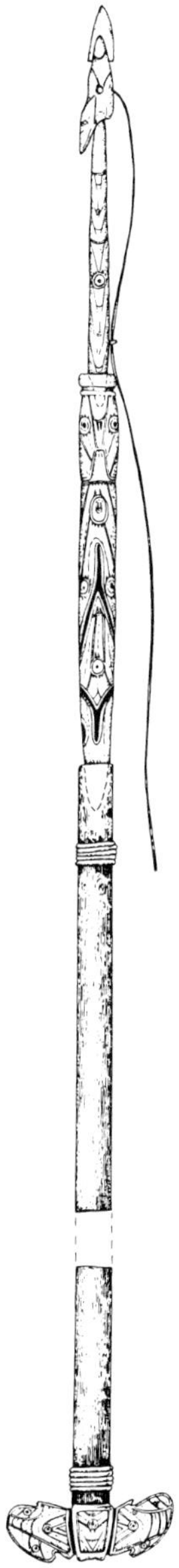

Abb. 4. Rekonstruierte Harpune nach den Beigaben in Ekven.

und ist eine Tradition der Eskimokulturen, ihren Toten ihre persönlichen Waffen und Arbeitsgeräte mitzugeben, um seinem „Inuk" (Einzahl von Mensch, Frau oder Mann, aber zugleich auch jene innere Kraft, die Menschen, Tiere und Geräte denken, agieren und wirken, kurz: als Individuen „leben" läßt). Also ein umfassender gedachter Begriff als unsere christliche nur auf Menschen bezogene Seele. Es ist ein Wirkungsfaktor, der das gesamte Ökosystem, inklusive der „lebendig-eigenwillig" gedachten, wenn auch vom Menschen entwickelten Technik miteinander funktional verbindet und zugleich innerhalb dieses Feldes jeweils individualisiert – wie ja die alltägliche Empirie auch gelehrt hat. „Mein Inuk will noch lange nicht wie dein Inuk, aber wir werden uns noch im Jenseits darüber klar werden können."

Damit wird auch verständlich, warum gerade Waffenteile so sorgfältig ornamentiert werden. Sie sollen in ihrer Individualität bestärkt und durch die Symbolik etwa der vielen Augen und der verschlingenden oder speienden Mäuler noch sicherer wirkende Waffen sein. Sie mußten, schön und exakt gearbeitet, besonders gut und zuverlässig funktionieren. Ein Aufwand, der sich vor allem der Gefahren des Meeres und auch der Wehrhaftigkeit der Walrosse und größerer Robben wegen auch konzeptionell gelohnt hat. Der feste Glaube an die so gesicherte innere Kraft seiner Waffen verlieh dem Jäger selbst in gefährlichen Situationen ein festeres Selbstvertrauen.

Neben den Jagdwaffen – oft auch ein Harpunenschaft mit mehreren auswechselbaren Köpfen – finden sich in den Gräbern vielerlei andere Geräte des täglichen oder auch gelegentlichen Gebrauchs. Dazu gehören Werkzeuge zur Bearbeitung von Elfenbein, Knochen, Stein, Holz und Fellen, aber auch die typischen multifunktionalen Frauenmesser, die Ulus, Schnitzmesser, Fett- und Fellschaber, in Muffen gefaßte geschaffene Steinbeilklingen, aber auch Gravierstichel und Nähnadeln in den sie schützenden Nadelbüchsen und stabförmige Fadenspulen sowie Stempelplatten zur Ornamentierung der von Hand aufgebauten Keramik.

Ebenfalls Haushaltsgeräte und Schmuck sind als Beigaben äußerst vielfältig: Töpfe, Schüsseln, Griffe von Walbartengefäßen, die selbst meist nur in kaum zu bergenden Fragmenten erhalten waren, Löffel, dann Anhänger, diademartige Haarspangen, Gürtelteile, wohl meist als dekorative Auflagen dienende Knopfscheiben und Broschen, darunter eine einzige mit erhaltener Eisenverzierung aus

Abb. 5. Modell einer Mondmaske, Elfenbein, Grab 216 (eines Mädchens), 1. Jh. v. Chr. bis 1. Jh. n. Chr. (H. 3,5 cm).

dem 2.–4. Jahrhundert des christlichen Kalenders. Damit wird die Kenntnis und der Gebrauch von Eisen dokumentiert, das durch Tauschhandel über große Distanzen direkt oder in Etappen erworben wurde.

Komplexer und ausgesprochen variabel sind die in den Gräbern gefundenen Ritualgegenstände: etwa menschliche Figuren, die zumindest teilweise auch Bildnisse von schützenden und helfenden Geistern darstellen, oft nach Vorstellung der historischen Eskimos die Seelen von verstorbenen Ahnen oder Verwandten. Vereinzelt tauchen auch große Holzmasken oder kleine Maskenmodelle auf, die menschliche Züge zeigen, aber auch als Mondmasken gedeutet werden können (Abb. 5). In den nach Kontakt durch europäische Reisende und Ethnologen aufgenommenen Mythen der Alaskaeskimos ist der Mond als Symbol der nächtlichen Gegenwelt zum hellen Tag der Sonne die erste aller Masken. Masken verwandeln die

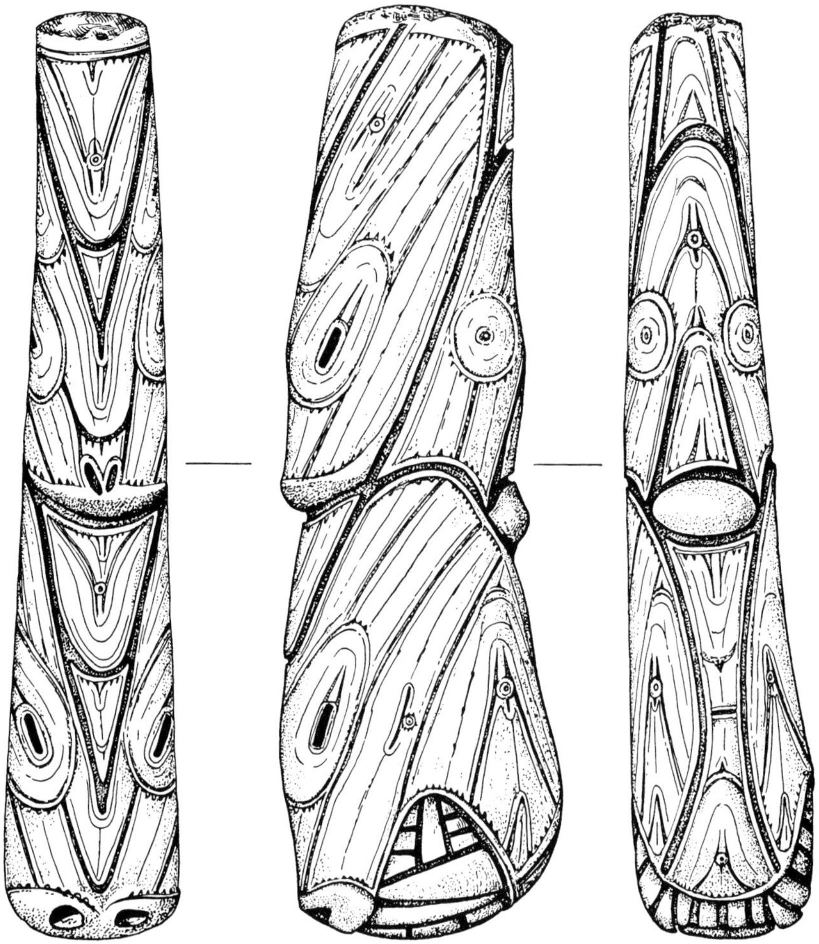

Abb. 6. Kombinierte Tierköpfe (Old-Bering-Sea Tierstil): vorne: Bär (Land), hinten oben: Robbe (Meer), hinten unten: Vogel (Luft), Elfenbein, Ekven, Grab 222.

Identität der Träger in die des Maskensymbols, das dann die im Auftritt nachgespielte Mythe zur Wirklichkeit werden läßt. Sie übertragen zugleich auch ihre übermenschlichen Kräfte, die dann ihr Träger nutzen kann. Das gilt auch für das Modell des Kajaks (Abb. 2) aus einem Grab, dessen individuelle Seele („Inuk" bei den nördlichen, „Yua" bei den südlichen Eskimos) anthropomorph (= menschenähnlich) als Gesicht dort symbolisiert wird, wo beim wirklichen Kajak der Sitz des Jägers ist.

Zahlreicher sind die Beigaben von Tierfiguren, die ebenfalls jene Tiere vertreten, die im Jenseits bereit sind, sich als Jagdbeute in die sie zugleich respektierende Gewalt des Menschen zu begeben, der durch sie als Nahrung auch im Jenseits weiterleben kann. Im Mädchengrab Ekven 220 (Abb. 7) übernimmt diese Funktion die sorgfältig gestaltete Figur eines schwimmenden Seehundes. Andere Tierfiguren kombinieren Bärenstärke mit Flug- und Tauchfähigkeit der Vögel (Abb. 6), Hilfsgeister also, die in allen Teilen der Jagdwelt den Toten, wie einst den Lebenden, weiterhelfen können.

In den 329 Gräbern von Ekven, die 1961–1974 vom Institut für Ethnographie (heute für Ethnologie und Anthropologie) der Russischen Akademie und 1987–1995 durch das Staatliche Orientalische Museum in Moskau geborgen wurden, sind sowohl Frauen als auch Männer bestattet. Dabei fällt auf, daß zwar durchweg Ulus und auch fast alle Fadenspulen nur in Frauengräbern vorkommen, aber Jagdwaffen oder Waffenteile nicht etwa nur in Männergräbern, sondern auch immer wieder in Frauengräbern. Dafür fanden sich kleinere Nadelbüchsen oder einzelne Nadeln auch in Männergräbern.

Als Beispiele derartiger Jagdwaffen in Frauengräbern seien hier die Bestattungen 220 (Abb. 7) und besonders 251 (Abb. 8) angeführt, die hier näher betrachtet werden sollen.

Bestattung 220 ist die eines noch nicht erwachsenen Mädchens in gestreckter Rückenlage, wie sie für die frühe Alte-Bering-Meer-Kultur am Ende des letzten vorchristlichen Jahrtausends typisch ist. Die Grabgrube war bis 60 cm unter der heutigen Oberfläche (die stark ausgewaschen und zerstört wurde) erkennbar und war mit größeren Treibholzstücken abgedeckt. Der linke Arm war durch Wühltätigkeit von Erdhörnchen zerstört. Dies bewirkte wahrscheinlich auch, daß das Beigabeninventar unvollständig ist. Spuren der Kleidung waren noch zu erkennen, ebenso Reste der Abdeckung aus Seesäugerfellen. Im Gürtelbereich fanden sich Ockerspuren. Vom Inventar vorhanden sind noch Teile eines Tongefäßes (A) und der Schaft eines Speers (B), das Fragment eines Frauenmessers (Ulu) (1), die geschliffene Steinklinge eines großen Messers (2), die Figur einer Frau mit stark verdrehtem Kopf, was auch in unserer Tradition die Darstellung einer „Wiedergängerin" im Grenzgebiet zwischen Leben und Tod bedeutet, ein gewiß starker Hilfsgeist in der dadurch definierten Zwischenphase, die die Tote zu passieren hatte (3), dann ein in Schwimmhaltung dargestellter Seehundsgeist (4), der die

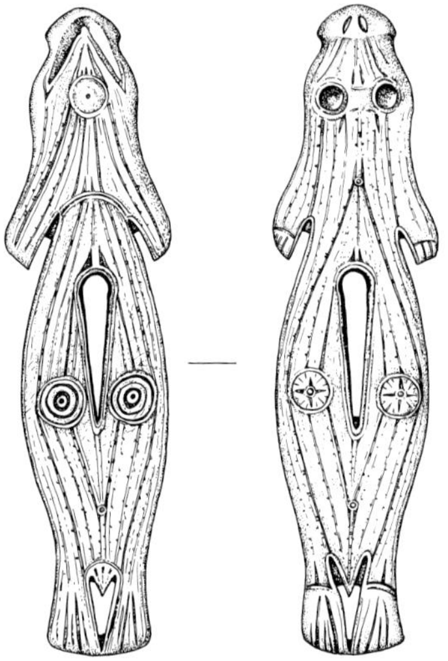

Abb. 7. Das Mädchengrab 220 und seine Beigaben: u. a. Frauenfigur, Elfenbein, H. 9,4 cm, Seehundfigur, Elfenbein, L. 13,5 cm, 3.–1. Jh. v. Chr., Ekven.

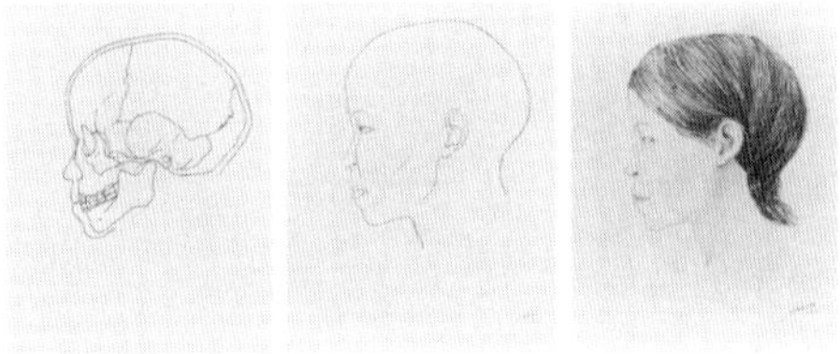

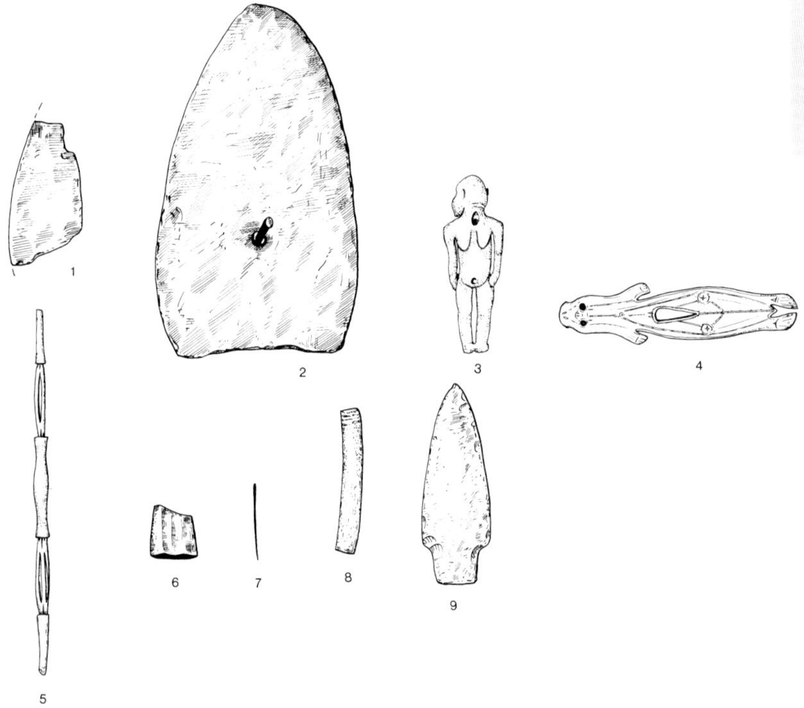

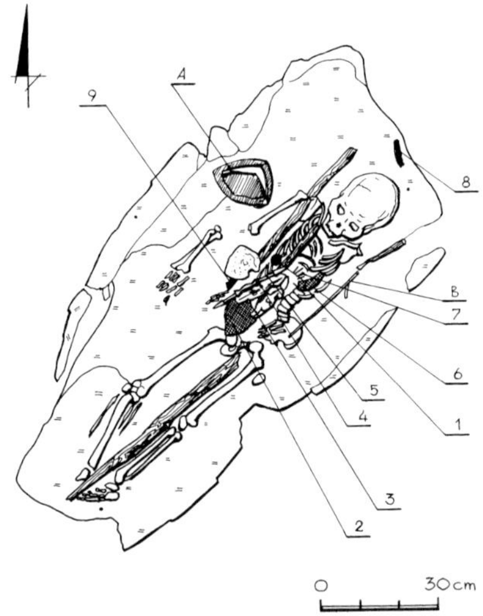

Grab 220

Abb. 8. Das Frauengrab 251 und seine Beigaben, 3.–1. Jh. v. Chr., Ekven.

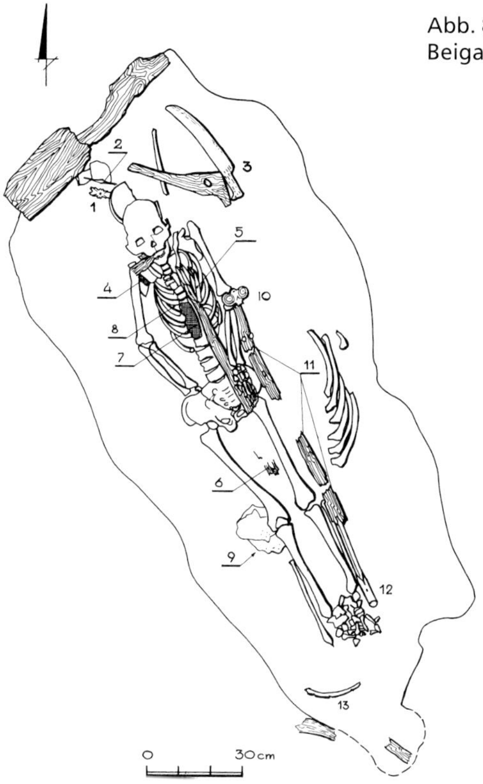

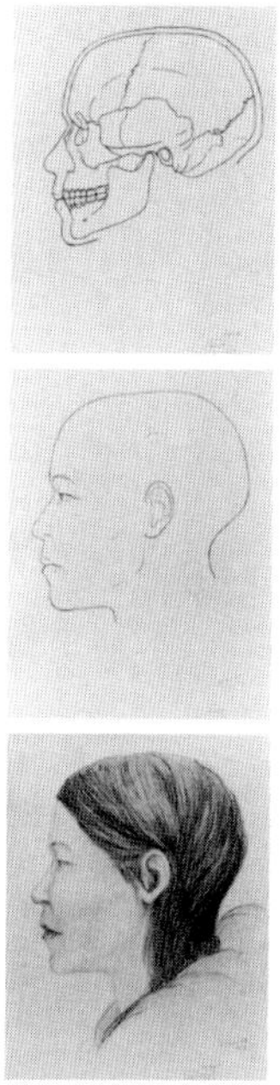

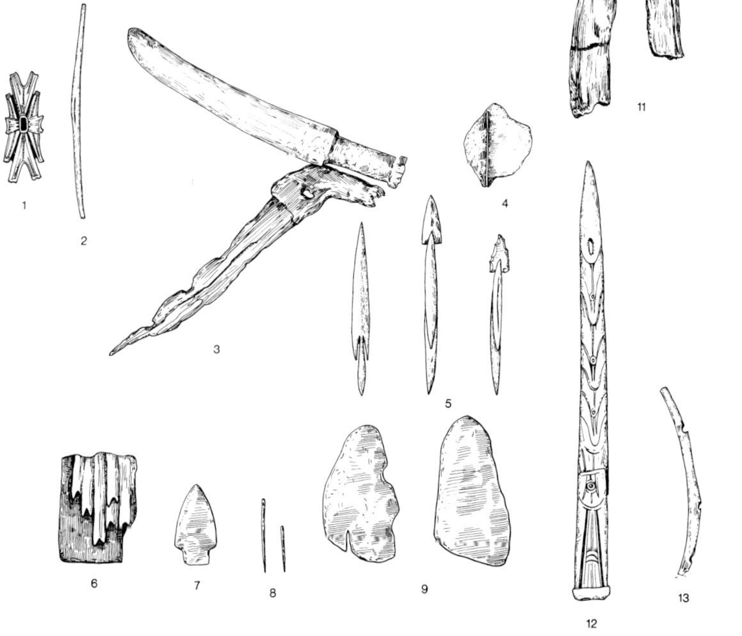

Ernährung durch Seehunde im Jenseits gewährleisten würde, ferner eine ungewöhnlich große Fadenspule (5) zur Sicherung der Kleiderreparatur sowie auch Nadeln (7); ein Stück schwarzen Graphits als Farbstoff zum Nachfärben der Tätowierungen in den Aufenthalts-Zeiten in der anderen Welt (6), ein Stababschnitt (8), vielleicht zum Reiben des Graphits auf der großen Messerklinge, die möglicherweise die Funktion eines Schminktabletts besessen hat, und schließlich die Spitze des Speers (9), mit dem sich gewiß die im Jenseits dem Seehundsgeist des Mädchens gefälligen Seehunde leicht erbeuten lassen würden.

Anders die Ausstattung der jungen Frau in Grab 251: Sie lag 65 cm tief unter der heutigen Oberfläche ebenfalls in Rückenlage mit leicht geneigtem Kopf. Die rechte Hand lag unter dem Becken, die linke darauf. Die Füße lagen gekreuzt. Das Grab war mit Holzblöcken und Walknochen abgedeckt. Über dem Skelett lag der schwarze Schleier verwester Fellkleidung. Es fehlen die Hilfsgeister, dafür ist die Ausstattung für die Jagd erheblich umfangreicher; für die Grundversorgung war eine Seehundsseite mit ins Grab gegeben worden; dann Teil des Schmuckes einer Kappe (1); eine einfache Fadenspule (2); eine schwere Knochenhacke mit noch partiell erhaltenem Holzholm, aber schon vergangener Sehnenbindung (3); eine Steinlamelle unbekannter Funktion (4); 10 Pfeilköpfe, mit unterschiedlichen geschlagenen oder geschliffenen Steinspitzen oder auch Vollspitzen aus Elfenbein (5) sowie Reste von sechs Pfeilschaftenden (6), eine Speerspitze (7), zu der auch Fragmente eines Schaftes im Grab gehören; zwei Nähnadeln (8), zwei viel gebrauchte Uluklingen, zugeschliffen aus Stein (9); Das auffallend kleine Leitwerk einer Harpune (10); Reste eines Harpunenschaftes mit zwei Elfenbeinpflöckchen, die auf der ebenfalls elfenbeinen Rinne der nicht im Grab gefundenen Speerschleuder locker aufgesessen haben (11); der sorgfältig geschnitzte Schaftkopf der Harpune und schließlich der Griff eines nicht erhaltenen Walbartengefäßes (13), das vermutlich Robbentran enthielt. Der Bogen zu den Pfeilen ist wahrscheinlich, wie offensichtlich auch die Pfeilschäfte, zerfallen. Es fehlen auch mindestens ein Harpunenkopf und der eigentliche Vorschaft zum Einsatz dieser Waffe. Sie sind wahrscheinlich ebenfalls durch Aktivitäten von Erdhörnchen verloren gegangen. Das Grab gehört wiederum in das Ende des letzten vorchristlichen Jahrtausends.

Wenn wir zunächst beide Gräber miteinander vergleichen, wie sie auf uns gekommen sind (es sei noch einmal daran erinnert, daß die Beigaben nur unvollständig blieben, wir also keine sicheren Aussagen machen können), dann entsteht folgender Eindruck: Das junge Mädchen in Grab 220 hatte wohl noch verhältnismäßig geringe Lebenserfahrungen, es bedurfte also eines menschlichen weiblichen Hilfsgeistes besonderer Stärke, um ihm beim oft langwierig gedachten Übergang vom Leben in das sichere Jenseits zu helfen. Daß dies ein weiblicher Geist sein mußte, vielleicht zugleich der einer starken Ahnin, war gewiß selbstverständlich. Denn nur Frauen können alle Probleme von Frauen wirklich verstehen. Auch der Geist eines bei den potentiellen Beuteseehunden auf dem Weg ins Jenseits Fürbitte leistenden Tieres war gewiß eine sinnvolle Mitgabe. Da genügte die einfache Jagdausstattung, dazu das lebenswichtige Ulu, ein großes Messer, Flickzeug und Schönheitsschminke für die noch frische Tätowierung.

Die junge Frau in Grab 251 hatte schon weit mehr Lebenserfahrung. Ob sie bereits Kinder geboren hat, ist noch nicht geprüft (dies läßt sich oft am Becken nachweisen). Sie besaß zwei stark genutzte Ulus, die vielleicht schon von ihrer Mutter stammten, eine sorgfältig geschmückte Kappe, Nähzeug, aber auch eine beachtliche Jagdausstattung: die exakt geschnitzte Harpune mit dem kleinen Leitwerk, die sie wahrscheinlich selbst hergestellt hat, einen Wurfspeer und zudem Pfeil und Bogen, sicher eine Ausstattung, deren „Seelen" ihr auf dem Weg bis ins Jenseits helfen und dort den Lebensunterhalt sichern würden. Auch fehlte nicht die Arbeitshacke als Grundausstattung, falls im Jenseits wichtige und unbedingt nötige Arbeiten zu erledigen waren. Würden mehr Anforderungen dazu kommen, könnte die „Inuk" (hier natürlich weiblich) der Toten sich bestimmt im Jenseits mit ihren Jagdwaffen wieder alles beschaffen, was sie dafür an meist tierischem Rohmaterial benötigte. Auch Treibholz gab es im Jenseits gewiß. Das Jenseits stellen sich die Eskimos, die ihre alte Religion nach dem Ende der Sowjetherrschaft zum Teil wieder stärker beleben, noch immer als getreues Abbild des Diesseits vor. Selbst wenn sie Christen wurden, verschmelzten alte und neue Vorstellungen, vor allem dort, wo freie Bibelgruppen bewußt unabhängig von traditionellen Kirchenstrukturen entstehen, wichtig ist dabei auch, daß Inuk/Yua jederzeit frei sind, sich bei der Geburt eines Lebewesens oder beim Schnitzen einer Figur zumindest zeitweilig wieder zurück in das Diesseits zu begeben und auch dort zu wirken. Der Inuk einer alten Frau bleibt es dabei unbenommen, in einer jungen Bärin wieder aufzuerstehen, umgekehrt kann auch der Inuk eines alten Bären einen neuen Menschen beleben. Nach der Vorstellung der Eskimos wird er das aber kaum tun, da er ja so viel besser und ohne all den menschlichen Arbeitsaufwand in der Arktis leben kann, es sei denn, er ist zu oft Opfer eines Jägers geworden. Dagegen gilt als ausgemacht – und dies wird auch durchaus warnend vor dem Tode angekündigt – daß die Inuk einer alten, nur mühsam überlebenden Frau sich lieber für die nächste Rolle im Leben eine neu geborene Bärin sucht. Dabei bleibt offen, wie rasch solch eine Inuk etwas Geeignetes findet und ob sie wirklich das Diesseits wieder aufsuchen will. Bei tüchtigen Verstorbenen hofft natürlich das Dorf, daß dies schnell geschieht, und schon daher lohnt sich auch der Beigabenaufwand, wie etwa bei der jungen Frau in Grab 251, die vielleicht schon bald in einer Enkelin oder auch einem Enkel wiederkehrte. Daß dies vorkommt, erlebt jeder Mensch, wenn solch eine Enkelin etwa als „ganz die Großmutter" erscheint, an die man sich noch so gut erinnert, wie an die wohl ungewöhnliche Tote in Grab 251. Ein anderes Argument der Eskimos (und auch mancher nicht-eskimoischen amerikanischen Kultur) ist, daß die ganz Alten, von denen nur wenige überleben, immer hilfloser werden und sich so dem Kindesstadium angleichen, in das dann Inuk/Yua eines Tages wiederkehren können. Geschätzt wird, daß dieser Kreislauf in der eigenen Region abläuft, wo jeder sich kennt und wo sich auch die Grenzen zwischen Menschen und Tieren und ihren Inuk/Yua aufheben. Interessant dabei ist, daß offenbar kaum die Rede davon ist, daß die Geschlechter bei der Wiedergeburt eventuell gewechselt werden.

Doch damit genug mit derartigen Überlegungen. Wie standen die beiden verstorbenen Eskimo-Frauen im Leben am Ende des letzten vorchristlichen Jahrtausends, als am Rhein und am Neckar die Kelten ihre Oppida und Dörfer bauten, schon ein Münzwesen besaßen und noch nicht von wilderen Germanen oder imperialistischen Römern bedroht wurden? Ganz gewiß waren beide Frauen von Ekven in der Lage, Jagdwaffen zu gebrauchen, das junge Mädchen naturgemäß noch mit weniger Erfahrung. Wie mir der Chef der Trapper- und Jäger-Vereinigung auf Banks Island in Sachs Harbour, Kanada, Peter Esau, schon in den siebziger Jahren einmal gesagt hat, muß ein Jäger und Fallensteller erst einmal vier Jahre mit dem Vater (oder heute einem erfahrenen arktischen Jäger, da längst nicht mehr alle Väter „Vollberufs"jäger oder -trapper sind) lernen und müsse dann noch einmal vier Jahre selbständig jagen, bevor er die Grundlagen seines Handwerks wirklich beherrscht, und noch einmal ein paar Jahre, bevor eine Frau ihr Familienschicksal von seinen Fähigkeiten abhängig machen und ihn heiraten würde. Dies gilt auch für Frauen, die ja zudem in der Regel noch andere Fähigkeiten zu entwickeln hatten: die wirtschaftliche Zubereitung der Nahrung, die Herstellung zuverlässiger Kleidung bei der üblichen Mitwirkung im mütterlichen Haushalt. Mit 14/16 Jahren waren sicher auch bei Frauen schon Grundkenntnisse der Jagd vorhanden, aber als noch Unverheiratete gab es für sie im Jenseits keinen Ehemann, der schon vorausgegangen war oder nachkommen würde. Und ob sich ein Unverheirateter dort drüben finden ließe, blieb sehr zweifelhaft. Ganz anders die junge Frau aus Grab 251, die mit allen Jagdwaffen offensichtlich schon erhebliche Erfahrungen besaß und im Leben „ihren Mann" als Jägerin gestanden hatte. Sie war gewiß bei der Jagd im Einzelkajak oder auch im Umiak als Partnerin voll akzeptiert. Wobei freilich bis nach dem intensiveren Studium anderer geborgener Inventare aus Frauengräbern der Arktis offen bleiben muß, ob dies eine eher ungewöhnliche Erscheinung war. Es stellt sich die Frage: ergab sich diese Mitwirkung, weil ihre Begabung besonders offensichtlich war oder sie darauf beharrte, die Jagd intensiver als sonst bei Frauen üblich zu betreiben? Denkbar wäre auch, daß sie aus anderen Gründen zur intensiven Jägerin wurde: vielleicht wollte sie ganz bewußt im Sinn eines Rollentausches (es gibt jedenfalls Eskimomänner, die Frauentätigkeiten auf Dauer übernehmen) eine sonst männliche Jägerfunktion ausüben oder, weil sie keine Kinder bekommen konnte, dennoch in ihrem Dorf ihren möglichen Arbeitsanteil übernehmen. Gewiß ist, daß sie eine erfahrene Jägerin gewesen sein muß, die auch im Jenseits für ihre Dorfgemeinschaft etwas galt und auch bei der allfälligen Rückkehr ins Diesseits wieder wichtig sein würde, wie ja die Grab-Beigaben eindeutig dokumentieren.

Auch in der Gegenwart gehen viele Eskimomädchen und Eskimofrauen mit auf die Jagd, vor allem in kleinen Siedlungen, wo dies schon aus Sicherheitsgründen notwendig wird. Etwa wenn ein allzu hungriger Bär eine neue Siedlung auf Suche nach Fischgründen ernsthaft bedroht, dann begleitet auch eine Frau und Mutter ihren Mann in Pinakul südlich von Ekven auf der zu Fuß keineswegs ungefährlichen Pirsch. Vor allem, wenn der Sohn noch zu unerfahren ist, und auch die Verwandten und Freunde, mit denen das Ehepaar diese alte Eskimosiedlung wieder aufbaut (eine von

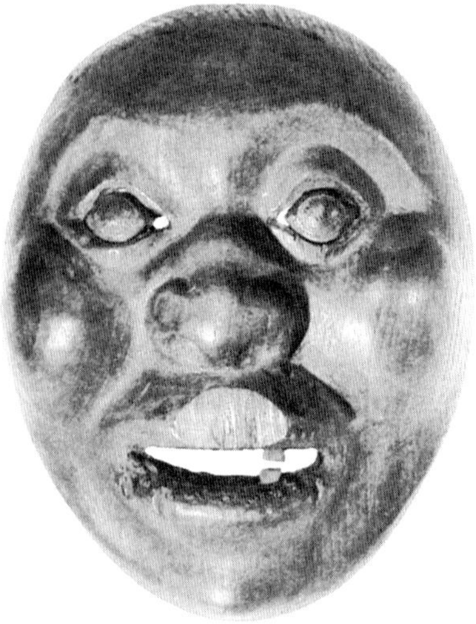

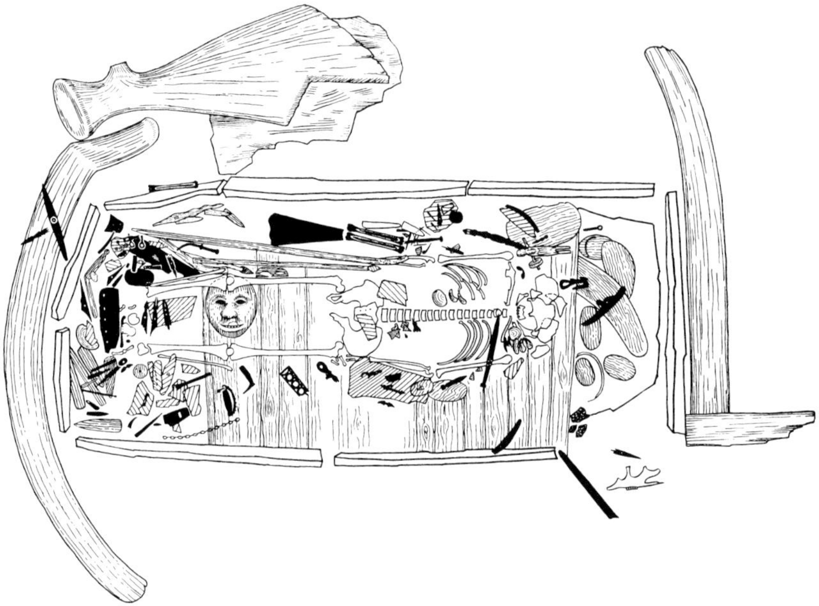

Abb. 9. Das Schamaninnengrab 154 mit einer großen Gesichtsmaske, Ekven.

mehreren neben den oben genannten fünf offiziellen Eskimosiedlungen), besitzen nicht genügend Erfahrung für dieses riskante Unternehmen.

Zum Schluß sei noch ein anderes Frauengrab aus Ekven erwähnt: Grab 154 aus dem ersten Grabungszyklus (Abb. 9). Wieder eine Frauenbestattung mit teils männlichen, teils weiblichen Beigaben und einer großen Gesichtsmaske, die sicher nicht nur eine einmal getragene Festagsmaske darstellt, die nach Gebrauch in der Regel verbrannt wurde. Es muß die Wandlungs- oder Totenmaske einer Anagok sein – einer „Wissenden" oder „Weisen Alten" –, die aber mit den Schamanen komplexerer Kulturen, wie etwa der der Mongolen oder Jakuten, welche auch Teil der oft sehr vielgliedrigen Machtstrukturen sind, wenig zu tun hat. Die Anagok, die häufiger Männer sind, sind viel stärker in ihre kleinen lokalen und egalitären Gemeinschaften eingefügt, die sie zudem kritisch überwachen. Sie werden dort tätig, wo die Erfahrung der einzelnen Mitglieder der Gruppe nicht mehr ausreicht, um Probleme zu lösen, seien sie psychischer oder physischer Natur. Die große Mutter der Meerestiere etwa – Sedna – muß wieder gnädig gestimmt werden, wenn sie durch Regelverstöße verärgert wurde. Dies ist nur durch eine schwierige Besuchsreise zu ihr in die Tiefe des Meeres möglich. Dazu braucht es die Inuk/Yua einer starken Persönlichkeit, die dafür den Körper zeitweilig verlassen muß. Die Hilfe eines alten Ahnengeistes, der schon in einer offenbar viel benutzten Figur steckte, die die spätere Schamanin vielleicht schon als Mädchen bekam, ist dabei besonders hilfreich, so wie auch so manche der beiliegenden Tierfiguren, verwendbar als Sitz vertrauter Helfer je nach Art des durch Sedna zu lösenden Tabubruchs. Einfacher sind Heilungen und Beruhigungen von Erkrankten, aber auch diese können zu gewaltigen Anstrengungen der Anagok führen, wenn es um hartnäckige oder schwierige Fälle geht. Daß man hier nur Menschen als Anagok vertrauen kann, die ein Anliegen aus Berufung ernst nehmen und die durch einen oder eine Anagok ausgebildet wurden, ist leicht verständlich.

Zur Größe dieser bei Eskimos sozial egalitären Gemeinschaften sind für das prähistorische Ekven freilich noch keine näheren Angaben möglich. Denn die Ausgrabungen in den zugehörigen Siedlungen der näheren Umgebung haben erst 1995 im Rahmen eines Internationalen Projektes, an der auch dank der Unterstützung der Deutschen Forschungsgemeinschaft ein Team der Universität Tübingen teilnehmen kann, begonnnen. Immerhin ist aber schon klar, daß auch die Hausreste die Spanne vom 3. vorchristlichen bis zum 6./7. nachchristlichen Jahrhundert umfassen. Voll ausgegraben wird zunächst nur ein Haus von fast 20 Metern großem Durchmesser, einschließlich des tunnelförmigen Zuganges und mächtiger Torfsodenwände aus dem 7. Jahrhundert des christlichen Kalenders. Eine wahre Festung gegen die damals sehr große Kälte in der Arktis für ein bis zwei Familien! Die stark abgetretenen und erneuerten Schwellensteine im Eingangsbereich sprechen dafür, daß es länger als eine Generation in Benutzung war. Es finden sich dort die meisten Gegenstände, die auch in den Gräbern derselben späten Zeit auftauchen, oft allerdings stark beschädigt und einfach als Abfall im Hausboden eingebettet. Der wohl historisch bisher wichtigste Fund war der gut erhalten Rahmen einer flachen Eskimo-Trommel. Er ist in allen Dimensionen identisch mit den Trommel-Rahmen, die heute noch von den Eskimos – ein gutes Jahrtausend später und in einem gänzlich veränderten politischen Umfeld – in Uelen hergestellt werden.

Vor allem die heutigen Eskimos, aber auch die Tschuktschen sind an den Grabungen in Ekven sehr interessiert. Es bestehen auch bereits Absprachen, daß die Hälfte der Funde aus Ekven ab dem Jahr 1996 und allmählich auch aus früheren Jahren von Moskau nach Tschukotka zurückkehren sollen. Dabei ist zunächst noch offen, wieviel davon im Regionalmuseum in Anadyr, der Hauptstadt des autonomen Gebietes Tschukotka, verbleibt, das noch weiter ausgebaut werden soll; oder wieviel letztendlich vom Kreismuseum Lawrentia übernommen wird, in dessen Zuständigkeitsgebiet Ekven liegt. Davon hängen auch die jeweiligen Forschungsgenehmigungen im heute immer stärker dezentralisierten Sibirien ab. Besondere Bedenken bestehen gegenüber der Fortsetzung der Bergung von Gräbern und deren ständigem Verbleib außerhalb der engeren Herkunftsregion. Die Konzentration der neuen Arbeiten auf die Siedlungen, die zum Gräberfeld gehören, ergibt wissenschaftlich durchaus Sinn. Sie erfassen alle Aspekte dieser frühen arktischen Kulturentwicklung in einem derart schwierig zu nutzenden Raum, die universalhistorisch äußerst bedeutsam und bisher nur sehr fragmentarisch bekannt sind. Es bestehen daher auch keine örtlichen Bedenken gegen unsere laufenden Grabungen. Restauration und Auswertung der Funde erfolgen zunächst am Staatlichen Orientalischen Museum in Moskau, einem der größten seiner Art in der Welt. Der Verbleib der Funde und der dafür notwendige Ausbau der örtlichen Museumsstruktur sind davon unabhängige Probleme. Vielleicht gelingt es sogar, in nicht allzu ferner Zukunft vor Ort mit rekonstruierten Häusern der Ekven-Siedlungen ein Freilandmuseum aufzubauen, das zugleich der experimentellen archäo-ökologischen Forschung dienen würde. Die Grabungen in den Siedlungen müssen sogar intensiviert werden, da sie durch den in den letzten beiden Jahrzehnten stark auftauenden Permafrost, der sie bisher natürlich konservierte, zunehmend gefährdet sind.

Es bestehen auch in Uelen oder Lawrentia ausdrücklich keine Bedenken gegenüber der zeitweiligen Vergabe der Funde für Wanderausstellungen. Denn einmal gilt für Geisterwesen, die so schnell wie Gedanken sind (also weit schneller, als die die physische Welt begrenzende Lichtgeschwindigkeit), keinerlei Differenzierung in Raum und Zeit. Zudem ist nicht einmal sicher, ob die Inuk/Yua der geborgenen Menschenreste nicht längst schon wieder andere Leben geführt haben und führen. Sie könnten sich, bei ihrer wohl großen Freiheit von Zeit und Raum, die auch nur Gedankenblitze wären, dieser Rückkehr sicher auch verweigern. Es sei denn, sie fühlten sich der Nachwelt verpflichtet, wieder Leben leben zu lassen. Zum Glück sind wir Menschen in der Regel sehr neugierig (und nach Ansicht der Eskimos auch viele Tiere, wie Bären oder Robben, wohl genug Grund, wieder leben zu wollen). Wichtiger aber ist für die heutigen Eskimos und Tschuktschen an der Beringstraße, daß die Funde von ihrer Landschaft und der langen kulturellen Tradition ihrer Vorfahren ganz unmittelbar gegenständlich und nicht nur indirekt in Bildern berichten. Ihre noch immer wenig bekannte kleine Welt, die Teil unserer großen Welt ist, steht zur Zeit in schwierigen ökonomischen und politischen Umbrüchen. Erinnerungen an die eigene Vergangenheit und die Leistungen der Vorfahren sind durchaus geeignet, dabei zu helfen, die lokale kulturelle Autonomie zu bewahren. Die moderne und durchaus auch kritische Archäologie hat hierbei eine wichtige politische Funktion zu erfüllen.

Literatur

Erpf, H. (1977): Das Grosse Buch der Eskimo. Kultur und Leben eines Volkes am Rande des Nordpols. Unter wissenschaftlicher Mitarbeit von Bossard, E./ Hahn, J./Treude, E. (Stuttgart/Oldenburg/Hamburg).

Fitzhugh, W. W./Crowell, A. (1988): Crossroads of Continents. Cultures of Siberia and Alaska (Washington).

Leskov, A. M./Müller-Beck, H. (1993): Arktische Waljäger vor 3000 Jahren. Unbekannte sibirische Kunst (Mainz).

Morrison, D./Germain, G.-H. (1996): Eskimo, Geschichte, Kultur und Leben in der Arktik (München).

Rousselot, J.-L./Abel, B./Jose, P./Bihl, C. (1992): Eskimomasken aus Alaska (Saint-Vit).

JUNGSTEINZEIT: FRAUENZEIT? – FRAUEN IN FRÜHEN BÄUERLICHEN GESELLSCHAFTEN MITTELEUROPAS *

VON BRIGITTE RÖDER

Die längste Zeit ihrer Geschichte lebte die Menschheit vom Sammeln, Jagen und Fischen. Dann stießen wahrscheinlich Frauen eine bahnbrechende Entwicklung an: Sie erfanden den Ackerbau. In der Bibel wird die neue Wirtschaftsform mit der Vertreibung aus dem Paradies gleichgesetzt; in frauenbewegten Kreisen gilt die Einführung des Ackerbaus (Neolithisierung) jedoch gerade als der Auftakt für ein goldenes Zeitalter, in dem die Frauen das Sagen und die Macht hatten. Vertreibung aus dem Paradies oder vielmehr Auftakt für ein Frauenparadies: Was für ein Bild zeichnen die archäologischen Quellen von den frühen Ackerbaugesellschaften Mitteleuropas?

DIE NEOLITHISCHE REVOLUTION: NEUERUNGEN UND IHRE FOLGEN

Abschied vom Paradies?

Während mehr als 99% seiner ca. 2 Millionen Jahre langen Geschichte lebte der Mensch als Wildbeuter. Das Wildbeutertum (auch „aneignende Wirtschaftsweise" genannt) ist also eine äußerst erfolgreiche Wirtschaftsform; sie ermöglichte es dem Menschen, sich von seinem Ursprungsgebiet in Ostafrika über die ganze Erde auszubreiten und sogar extreme Lebensräume, z. B. Wüsten- und Polargebiete, zu besiedeln. In Rückzugsgebieten hat sich die wildbeuterische Lebensweise bis in die jüngste Zeit hinein gehalten. Immer

* Für Anregungen und die kritische Durchsicht des Manuskriptes möchte ich Dr. Eduard Gross-Klee, Marianne Jakob, Dr. Christian Jeunesse, Margot Klee und Christopher Staub Gierow herzlich danken.

stärker von der sogenannten Zivilisation bedroht, sind ihre Tage nun gezählt.

Die verbreitete Vorstellung, daß Wildbeuter stets am Rande des Existenzminimums darben und die Übernahme der Landwirtschaft für sie ein Gewinn wäre, ist falsch. Im Gegenteil – in völkerkundlichen Studien aus den 70er Jahren werden Wildbeutergruppen als „Überflußgesellschaften" charakterisiert: Sie haben in der Regel alles, was sie brauchen, und benötigen für ihre Existenzsicherung nur einen Bruchteil der Zeit, die Bauern dafür aufwenden.

In bezug auf die älteren Zeitabschnitte der Urgeschichte (Paläo- und Mesolithikum) von Überflußgesellschaften zu sprechen, ist vielleicht etwas gewagt; der Erfolg des Wildbeutertums in diesen Epochen steht jedoch außer Frage. Vor etwa 10 000 bis 7000 Jahren gaben Menschen dann in verschiedenen, weit voneinander entfernten Regionen der Erde diesen paradiesischen Zustand auf. Unabhängig voneinander begannen sie damit, als Bauern ihr Brot zu erwirtschaften.

Weshalb sie das taten, ist noch nicht zweifelsfrei geklärt. Laut Bibel war es eine Strafe Gottes. Die meisten wissenschaftlichen Erklärungsmodelle gehen davon aus, daß die Nahrungsressourcen knapp wurden und die Menschen gezwungenermaßen Bauern wurden. Als Gründe für die Verknappung werden Klimawandel und Bevölkerungsdruck angeführt. Daß Ackerbau und Tierhaltung *nicht* aus der Not heraus, sondern vielmehr in einer risikoarmen Überflußsituation entwickelt wurden, halten dagegen nur wenige Wissenschaftlerinnen und Wissenschaftler für wahrscheinlich.

Auch das Verhalten von heutigen bzw. von bis vor kurzem noch traditionell lebenden Wildbeutern scheint eher die erstgenannten Erklärungsmodelle zu stützen: Obwohl sie die landwirtschaftlichen Techniken durchaus beherrschen, gehen sie nur dann zur bäuerlichen Wirtschaftsform über, wenn sie ihre Ernährung nicht mehr durch Sammeln, Jagen und Fischen sichern können. Ein häufiger Grund dafür sind benachbarte bäuerliche Gemeinschaften, die ihr Siedlungsgebiet auf Kosten des Schweifgebietes der Wildbeuter ausweiten. Mit dem Land entziehen sie letzteren zugleich auch die Ressourcen; die Wildbeuter werden so gezwungen, ihre aneignende Wirtschaftsweise aufzugeben und ebenfalls Bauern zu werden. Interessant ist nun, daß ackerbautreibende ehemalige Wildbeuter ihre neue Lebensweise nach eigenen Aussagen nicht für erstrebenswert halten: Sobald sich eine Möglichkeit bietet, geben sie die

Landwirtschaft wieder auf und kehren zu ihrer traditionellen Wirtschafts- und Lebensform zurück.

Kolonisierende Bauern und einheimische Wildbeuter

Doch nun zurück zur Urgeschichte. Die Entwicklung der Landwirtschaft in den sogenannten Neolithisierungszentren im Nahen Osten, in Nordchina und Mittelamerika war ein längerer Prozeß, der sich teilweise sogar über mehrere Jahrtausende hinzog. Wegen seiner tiefgreifenden Folgen für den weiteren Verlauf der Geschichte bezeichnet man den allmählichen Übergang zur bäuerlichen Lebensweise als „Neolithische Revolution". Nicht zufällig spielt der Begriff auf die Industrielle Revolution des 19. Jahrhunderts an, deren Folgen von vergleichbarer Tragweite waren.

Einmal voll entwickelt, wurde die neue Wirtschaftsform vom jeweiligen Neolithisierungszentrum aus dann rasch weitergetragen. Mitteleuropa wurde vom Nahen Osten aus auf dem Landweg über den Balkan neolithisiert. Der Wechsel vom Wildbeuter- zum Bauerntum fand in den meisten Regionen Mitteleuropas etwa in der Mitte des 6. Jahrtausends v. Chr. statt. Bis vor kurzem wurde dieser Wandel von der Urgeschichtsforschung als das Ergebnis einer Kolonisation betrachtet. Man stellte sich eine in Schüben erfolgende Landnahme vor, bei der bäuerliche Gemeinschaften mit ihrer ganzen Habe inklusive Kulturpflanzen und Haustieren in ein neues Gebiet einwanderten und sich dort niederließen. Nach einiger Zeit hätten dann Bevölkerungswachstum und die Erschöpfung der Akkerböden einen erneuten Kolonisationsschub bewirkt.

In jüngster Zeit mehren sich jedoch die Anzeichen dafür, daß die Dinge in Wirklichkeit etwas komplizierter lagen. Es wird immer deutlicher, daß neben regionalen Unterschieden auch das Verhalten der einheimischen Wildbeuter intensiver erforscht und bei Erklärungsmodellen stärker berücksichtigt werden muß. Anstoß für diesen Umdenkungsprozeß war insbesondere die Entdeckung einheimischer Traditionen in der Kultur der ersten bäuerlichen Gemeinschaften. Die festgestellten Bezüge deuten darauf hin, daß in den ersten Bauerndörfern Mitteleuropas nicht wie bisher angenommen allein eingewanderte Kolonisatoren wohnten. Vielmehr ist zu vermuten, daß ihre Bewohner zumindest teilweise – vielleicht sogar überwiegend oder ausschließlich – ehemalige einheimische Wildbeuter waren. Diese müssen jedenfalls mit Bauern Kontakt gehabt haben, von denen sie nicht nur die neue Wirtschaftsform übernahmen, sondern auch die in Mitteleuropa nicht heimischen, ursprünglich aus dem Nahen Osten stammenden Kulturpflanzen und Haustiere bekamen.

„Im Schweiße deines Angesichtes sollst du dein Brot essen"

Welchen Anteil ehemalige Wildbeuter und eingewanderte Bauern jeweils an den ersten bäuerlichen Gemeinschaften Mitteleuropas hatten, ist beim aktuellen Forschungsstand schwer abzuschätzen. Sicher ist jedenfalls, daß die neue Wirtschaftsform aus der Sicht von Wildbeutern das Leben von Grund auf veränderte. Man war seßhaft, d. h. man wohnte in festen Häusern in einer festen Haus- und Dorfgemeinschaft. Das tägliche Arbeitspensum war um ein Vielfaches gestiegen, weil Ackerbau und Tierhaltung wesentlich zeitaufwendiger sind als eine Nahrungssicherung durch Sammeln, Jagen und Fischen.

Zur Arbeit in der Landwirtschaft kam eine Vielzahl neuer Tätigkeiten hinzu; sie ergaben sich aus der neuen Wirtschafts- und Lebensform. Zu nennen ist beispielsweise die Herstellung zahlreicher neuentwickelter Werkzeuge und Geräte sowie von Textilien aus Pflanzenfasern. Nicht zu unterschätzen ist auch der Zeitaufwand für den Bau und die Instandhaltung der Häuser. Ein völlig neuer, ebenfalls arbeitsintensiver Bereich war die Vorratshaltung: Die Nahrungsmittel mußten teilweise durch Rösten, Trocknen etc. haltbar gemacht und in eigens zu diesem Zweck errichteten Speicherbauten oder angelegten Gruben gelagert werden. Mit der Vorratshaltung stieg auch der Bedarf an diversen Behältnissen. Erstmals wurden sie nicht allein aus organischen Materialien wie z. B. Holz oder Weidenruten, sondern auch aus Ton hergestellt.

Diese Beispiele mögen genügen, um den Anstieg der Arbeitsbelastung zu verdeutlichen. Darüber hinaus wurden die Tätigkeiten stetig auch vielfältiger und die Arbeitsvorgänge immer komplizierter. Das führte zu einer zunehmenden Arbeitsteilung; es entstand ein Spezialistentum, das längerfristig die Herausbildung von Berufen förderte. Das bedeutete den Abschied von der weitgehenden Autarkie (Versorgung des Eigenbedarfs durch Eigenerzeugung) der einzelnen Haushalte.

Diese Neuerungen brachten Dynamik in die Gesellschaft: Die wachsende Abhängigkeit von den Dienstleistungen oder Waren anderer könnte ein entscheidender Impuls für die Entstehung gesellschaftlicher Schichten und politischer Macht gewesen sein. Der Anstieg von Arbeitsbelastung und Arbeitsteilung wirkte sich auch auf das Geschlechterverhältnis aus, da offenbar neu ausgehandelt werden mußte, welche Arbeiten Frauen und Männer jeweils zu übernehmen hatten – dazu später mehr.

Dynamik stellte sich auch bei der Entwicklung der Bevölkerungszahl ein, die offenbar stark zunahm und so dem gestiegenen Bedarf an Arbeitskräften entgegenkam. Ein deutlicher Hinweis auf Bevölkerungswachstum ist die große Zahl frühneolithischer Fundstellen; sie beträgt ein Vielfaches der Zahl der Siedlungsspuren aus der vorhergehenden wildbeuterischen Epoche (Mesolithikum = Mittelsteinzeit) und ist nicht allein auf bessere Auffindungschancen zurückzuführen. Dieser Zuwachs ist auch nicht weiter überraschend, da mit Landwirtschaft mehr Menschen pro Fläche ernährt werden können als mit der wildbeuterischen Wirtschaftsform.

Ein weiteres Indiz für einen Bevölkerungsanstieg im Verlauf des Neolithikums (= Jungsteinzeit) ist die ständige Ausweitung des Siedlungsgebietes: Anfangs wurden nur die besten Böden urbar gemacht und beackert. Später machte es die Verbreitung des von Zugtieren gezogenen Pfluges sowie die Züchtung anspruchsloserer Anbausorten möglich, mehr und mehr auch schlechtere Böden in ungünstigen Lagen unter Kultur zu nehmen. Schließlich war jeder Fleck, der landwirtschaftlich einigermaßen nutzbar war, auch bewirtschaftet. Deshalb ist anzunehmen, daß das Bevölkerungswachstum langfristig zu einem ernsten Problem wurde, das auch durch zeitweilige, von Krisen verursachte Rückgänge der Bevölkerung nicht nachhaltig gebremst werden konnte.

Es gibt kein Zurück mehr

Um eine bäuerliche Gemeinschaft in eine Krise zu stürzen, genügen zwei nasse, kalte Jahre. Eine kurzfristig erfolgreiche Reaktion auf solche Engpässe war die Intensivierung der wildbeuterischen Ernährungsstrategien Sammeln, Jagen und Fischen, die auch im Neolithikum nie ganz aufgegeben wurden. Interessante Ergebnisse haben in dieser Hinsicht neolithische Siedlungen an Seeufern geliefert, wo in den feuchten Bodenschichten auch Pflanzen und Tierknochen gute Erhaltungschancen haben. Dort ist ein zeitweiliger, markanter Anstieg von gesammelten Pflanzen und Früchten sowie von Wildtieren bereits mehrfach nachgewiesen. Das Phänomen, daß in bäuerlichen Gesellschaften wildbeuterische Nahrungsstrategien plötzlich wieder an Bedeutung gewinnen, wurde zunächst als „kultureller Rückschritt" interpretiert. Heute sieht man darin eine geeignete Notmaßnahme, um eine Verknappung des Nahrungsangebotes auszugleichen.

Entgegen einer weit verbreiteten Ansicht ist die Sicherung der Existenzgrundlage in bäuerlichen Gesellschaften keineswegs stabiler als in wildbeuterischen. Im Gegenteil: Wildbeuter sind flexibel und schöpfen immer eine Vielzahl von Nahrungsressourcen aus, so daß sich Engpässe meistens kompensieren lassen. Bauern haben dagegen wenig Ausweichmöglichkeiten, denn auch die Intensivierung wildbeuterischer Nahrungsstrategien kann nur kurzfristig Entlastung bringen. Das ist zumindest dann der Fall, wenn – wie im mitteleuropäischen Neolithikum – die dauerhafte Rückkehr zum Wildbeutertum nicht mehr möglich ist. Diese war den neolithischen Bauern allein schon durch die Tatsache versperrt, daß der größere Landbedarf, den das Wildbeutertum mit sich bringt, in ihrem bäuerlichen Umfeld nicht mehr zu decken war. Hinzu kommt, daß die im Mesolithikum noch weitgehend naturbelassene Landschaft schon so weit zur Kultur-Landschaft gemacht geworden war, daß sie auch kaum noch die Vielfalt an Nahrungsressourcen bot, die für eine wildbeuterische Wirtschaftsform notwendig ist.

Von der Natur- zur Kulturlandschaft

In der Tat waren die Eingriffe der neolithischen Bauern in ihre natürliche Umwelt erheblich, was am Beispiel des Waldes gut nachzuvollziehen ist. Zur Zeit der Neolithisierung war Mitteleuropa von einer geschlossenen Waldfläche bedeckt. Offene Flächen gab es nur in Hochlagen, an Flüssen und in Trockengebieten. Durch die Rodungen zur Anlage von Feldern entstanden erste „Inseln im Waldmeer". Das Vieh, das zur Weide in den Wald getrieben wurde, bewirkte durch das Abweiden des Jungholzes eine weitergehende Auflichtung in der Nähe der Siedlungen. Im Laufe der Zeit wurde der Wald dann so weit zurückgedrängt, daß er sich nur noch auf Böden halten konnte, die für die damalige Art der Landwirtschaft nicht geeignet waren.

Langfristig änderte sich auch das Artenspektrum der Bäume in den noch bestehenden Wäldern: Durch die menschlichen Eingriffe wurden Eichen und Buchen gefördert, deren Holz die neolithischen Siedler zum Bauen und deren Früchte (Eicheln und Bucheckern) sie als Viehfutter nutzten. Andere Baumarten dagegen (z. B. Ulmen und Linden) gingen stark zurück. Darüber hinaus wurde das Artenspektrum wahrscheinlich auch durch die betriebene Niederwaldwirtschaft verändert, bei der sich nur Bäume halten, die aus Wurzel und Stamm neu austreiben können.

Ein vom Menschen verursachter Anstieg des Artenspektrums ist dagegen bei den Ackerunkräutern zu verzeichnen, die offenbar im Saatgut aus Ost- und Südeuropa mitgebracht worden waren. Darüber hinaus ist auch eine Zunahme von Ruderalpflanzen und Sammelfrüchten (z. B. Erdbeeren, Wildkirschen, Brombeeren und Schlehen) festzustellen, die auf die Auflichtung des Waldes und die Entstehung neuer Standorte wie Weg-, Feld- und Waldränder zurückzuführen ist. Neu war auch die Schaffung künstlicher Standorte in Form von Feldern und Gärten, wo die in Kultur genommenen Pflanzen gegen konkurrierende Wildpflanzen geschützt wurden und sich so auch außerhalb ihrer natürlichen Standorte verbreiten konnten.

In diesem Zusammenhang ist daran zu erinnern, daß die Domestikation von Haustieren und Kulturpflanzen in den Neolithisierungszentren der erste Eingriff des Menschen in den Gen-Pool anderer Arten war: Durch eine gezielte Auswahl und Förderung wurden Tiere und Pflanzen mit speziellen Eigenschaften gezüchtet. Die so gezüchteten Kulturpflanzen (z. B. Getreide) und Haustiere (z. B. Schafe und Ziegen) verbreiteten sich mit der bäuerlichen Wirtschaftsweise weit über ihr Ursprungsgebiet und ihre natürlichen Standorte hinaus und gelangten so beispielsweise vom Nahen Osten bis nach Skandinavien.

Das Leben im Dorf

Für einheimische Wildbeuter, die im Neolithikum zur bäuerlichen Lebensweise übergingen, waren die sozialen Folgen der mit ihr verbundenen Seßhaftigkeit eine große Umstellung. Während sie zuvor nach einem festen Muster und Rhythmus, die auf das jahreszeitliche Vorkommen des Jagdwildes und der Sammelpflanzen ausgerichtet waren, ihre Umgebung durchstreift hatten, hielten sie sich nun dauerhaft an einem festen Ort auf. Möglicherweise war ihnen die Seßhaftigkeit an sich nicht ganz neu. So wird angenommen, daß die mesolithischen Wildbeuter zu bestimmten Zeiten des Jahres, wenn das Nahrungsangebot groß war, bereits längere Zeit an einem Ort geblieben waren.

Ungewohnt und neu dürfte dagegen das Leben in einer festen Dorfgemeinschaft gewesen sein. Es ist nämlich davon auszugehen, daß die Größe und die Zusammensetzung der mesolithischen Wildbeutergruppen stark schwankte. Wie bei heutigen Jägern und Sammlerinnen hing die Gruppengröße auch damals vom jahreszeitlich bedingten Nahrungsangebot ab: War es reichlich, war die Gruppe relativ groß; war es knapp, spaltete sie sich in Kleingruppen auf, die sich getrennt auf Nahrungssuche begaben.

In einem Bauerndorf sind Größe und Zusammensetzung der Gemeinschaft dagegen recht konstant – d. h. man lebt ständig in einer größeren Gruppe und muß sich mit den anderen Gruppenmitgliedern auseinandersetzen. Darüber hinaus werden mit wachsender Gruppengröße Entscheidungsfindungen und Zusammenleben immer komplizierter. Es entstehen soziale Spannungen und Konflikte, die gelöst bzw. ausgetragen werden müssen. Der soziale Stress kann nun nicht ohne weiteres – wie in Wildbeutergesellschaften häufig der Fall – durch Auseinandergehen abgebaut werden; dazu sind die Investitionen in die landwirtschaftlichen Nutzflächen und Häuser zu hoch. Bäuerliche Dorfgemeinschaften müssen also andere Mechanismen entwickeln, Spannungen oder Konflikte innerhalb der Gruppe zu begrenzen und zu lösen. Eine Möglichkeit ist z. B. die vermehrte Durchführung von Ritualen, in denen Konflikte kanalisiert und in einem kontrollierten Rahmen abgebaut werden. Eine andere Möglichkeit ist die Schaffung politischer Instanzen, z. B. eines Dorfrates oder eines Häuptlingsamtes.

Wildbeuter, die im Neolithikum Bauern wurden, mußten also neue soziale – vielleicht auch politische – Ausgleichsmechanismen entwickeln, um die gestiegene Komplexität des Zusammenlebens zu meistern. Eine andere Begleiterscheinung der neuen sozialen Dichte, die einen ständigen Informationsaustausch in einer großen Gruppe mit sich brachte, war das rasche Anwachsen des verfügbaren Wissens. In der Tat erfuhr die Kulturentwicklung Mitteleuropas durch die Neolithisierung eine rasante Beschleunigung. Zwischen den ersten Bauern und unserer heutigen, weltweit vernetzten High-Tech- und Informationsgesellschaft liegen gerade einmal 7500 Jahre. Angesichts zwei Millionen Jahre Menschheitsgeschichte ist das ein Klacks.

Abb. 1. Frauen beim Ackerbau.

Die ersten Bäuerinnen: hochgeschätzt, verehrt, vergöttert?

Die Theorie

Einer weitverbreiteten Ansicht nach sollen Frauen den Ackerbau erfunden haben. Als Begründung wird vor allem die geschlechtsspezifische Arbeitsteilung in heutigen Wildbeutergesellschaften angeführt. Hier ist zu beobachten, daß die Frauen das Gros der pflanzlichen Nahrung sammeln, während die Männer durch Jagd den größten Teil des Fleischbedarfes decken. Die Wildbeuter werden deshalb auch als „Jäger und Sammler*innen*" bezeichnet. Da die geschilderte Form der Arbeitsteilung ein kulturübergreifendes Phänomen ist, wird allgemein angenommen, daß sie auch von den urgeschichtlichen Wildbeutern praktiziert wurde. Durch den ständigen Umgang mit Pflanzen – so die Theorie weiter – hätten Frauen das Geheimnis der Aussaat und damit den Ackerbau entdeckt. Untermauert wird diese Sicht mit dem Hinweis, daß weltweit auch in vielen Mythen Frauen als Erfinderinnen des Ackerbaus gälten.

Doch es blieb nicht bei der bloßen Erkenntnis; vielmehr sollen die Frauen ihr Wissen umgehend in die Tat umgesetzt und den Ackerbau eingeführt haben. Diesen hätten sie zunächst eigenständig, d. h. ohne Beteiligung der Männer, betrieben (Abb. 1). Letztere hätten sich dagegen um die Haustiere gekümmert; die Zähmung der Wildtiere wird ihnen zugeschrieben, da sie mit diesen durch ihre Jagdtätigkeit vertraut gewesen seien.

Ist diese Sicht auch in der etablierten Urgeschichtsforschung noch konsensfähig, gehen insbesondere frauenbewegte Autorinnen und Autoren, die sich für Urgeschichte interessieren, in ihrer Interpretation noch ein ganzes Stück weiter. Sie messen dem Ackerbau eine wesentlich höhere Bedeutung bei als der Tierhaltung und betrachten ihn deshalb als *die* Ernährungsgrundlage bäuerlicher Gesellschaften. Unter der Annahme, daß Männer an der Produktion pflanzlicher Nahrungsmittel überhaupt nicht beteiligt waren, ergibt sich in diesem Modell eine überragende Rolle der Frauen bei der Existenzsicherung.

Da im weiteren davon ausgegangen wird, daß die Gesellschaft diese enorme Leistung anerkannte und honorierte, wird daraus auch eine überragende gesellschaftliche Rolle der Frauen abgeleitet. Die Frauen hätten in allen Lebensbereichen eine zentrale Position und das Sagen gehabt; sie seien geschätzt, verehrt, ja sogar vergöttert worden. So sei auch die Religion weiblich geprägt gewesen, denn im Zentrum des Kultes hätten Mutter- bzw. Fruchtbarkeitsgöttinnen gestanden. Sie seien als Garantinnen der Fruchtbarkeit betrachtet worden – ein Aspekt, der insbesondere in bäuerlichen Gesellschaften von zentraler Bedeutung sei.

Die gängigste Bezeichnung für die eben grob skizzierte Gesellschaftsform ist Matriarchat (wörtl. *Herrschaft der Mütter*), das für die ersten bäuerlichen Gesellschaften kennzeichnend gewesen sein soll – eine Annahme, die im folgenden den archäologischen Quellen gegenübergestellt wird.

. . . und der archäologische Befund

Die Bandkeramische Kultur

Die älteste bekannte bäuerliche Kultur Mitteleuropas ist die sogenannte Bandkeramische Kultur, im Archäologen-Jargon kurz auch „Bandkeramik" genannt. Die Bezeichnung beruht auf der bänderartigen Verzierung, die sich auf der für sie typischen Keramik findet (Abb. 2). Auf den ersten Blick mag diese Art der Namensgebung etwas erstaunen; angesichts der Tatsache, daß die mit Abstand häufigste materielle Hinterlassenschaft neolithischer Kulturen aus Keramikscherben besteht, ist sie schon weniger befremdlich.

Abb. 2. Keramikgefäß der Bandkeramischen Kultur, ca. 5500–5000 v. Chr., aus Königsaue, Sachsen-Anhalt.

Die Bandkeramische Kultur entstand um 5500 v. Chr. und dauerte etwa 500 Jahre. Bereits in ihrer Frühphase war sie zwischen dem Rhein und der westlichen Ukraine verbreitet. In der Spätphase bildeten sich verschiedene Regionalgruppen aus; das bandkeramische Kulturgebiet erstreckte sich nun in einem mehr als 2000 km breiten Streifen vom Pariser Becken bis zum Schwarzem Meer.

Die Bandkeramik gehört zu den am besten erforschten neolithischen Kulturen Mitteleuropas. Das ist in erster Linie der guten Quellenlage zu verdanken, denn die materiellen Hinterlassenschaften dieser Kultur sind nicht nur zahlreich und gut erhalten, sondern auch sehr vielfältig.

So können wir uns eine recht genaue Vorstellung von den Siedlungen machen, in deren Nähe auch die Gärten und Felder lagen. Daß dort Getreide und Hülsenfrüchte, teils auch Lein, Hirse und Mohn angebaut wurden, wissen wir dank der naturwissenschaftlichen Untersuchung der erhaltenen Pflanzenreste. Neben dem Anbau muß aber auch das Sammeln wilder Beeren, von Nüssen, Färbe- und Arzneipflanzen u. a. m. von Bedeutung gewesen sein. Die gefundenen Tierknochen geben Auskunft über den Haustierbestand (Rinder, Schafe, Ziegen, Schweine und Hunde) sowie über die in geringem Umfang durchgeführte Jagd auf Wildtiere.

In der älteren Forschung wurden die bandkeramischen Siedlungen als weitgehend autarke Einheiten mit wenig Außenkontakten betrachtet; dieses Bild mußte inzwischen korrigiert werden, da immer deutlicher wird, daß eine ganze Reihe von Rohstoffen teilweise von weit her beschafft werden mußte. Dazu zählen u. a. Schalen von Meeresmuscheln (v. a. Spondylus), die zu Schmuck verarbeitet wurden und offenbar sehr prestigeträchtig waren. Was die

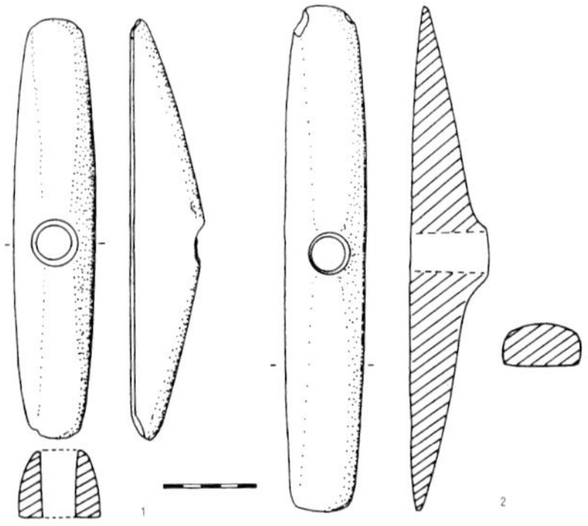

Abb. 3. Durchbohrte, zweischneidige Steinbeile (Schuhleistenkeile).

Außenkontakte betrifft, so belegen Fundstücke, die aus anderen Regionalgruppen der Bandkeramik stammen, ebenfalls weiträumige Beziehungen.

Neben dem Bild von den autarken, auf ihre Scholle bezogenen Bauern wird neuerdings auch die Vorstellung in Zweifel gezogen, daß die bandkeramische Gesellschaft egalitär, d. h. nicht geschichtet bzw. herrschaftsfrei gewesen sei. Insbesondere für die jüngere Phase werden Argumente zusammengestellt, die die Bildung einer gesellschaftlichen Elite sowie die Entstehung einer Führungsposition, die behelfsmäßig als „Häuptlingstum" bezeichnet wird, belegen sollen.

Zur Untermauerung der These wird u. a. auf die Bestattungssitten verwiesen. So ist auf den einzelnen Friedhöfen jeweils eine kleine Gruppe von Gräbern auszumachen, die sich durch den Reichtum und die Exklusivität ihrer Beigaben deutlich vom Gros der Bestattungen abhebt; sie werden deshalb einer gesellschaftlichen Elite zugeschrieben.

Als weiteres Argument wird die Existenz von Gegenständen angeführt, die vor allem eine symbolische Funktion hatten und deshalb als Statusobjekte und Machtinsignien gedeutet werden. Dabei handelt es sich zum einen um Keulen mit Köpfen aus geschliffenem Stein, zum andern um spezielle Steinbeile. Keulenköpfe und Steinbeile wurden aus prestigeträchtigen Materialien – z. B. aus alpinen Grüngesteinen – hergestellt und unterscheiden sich darin von den Alltagsgeräten. Darüber hinaus zeichnen sich die Steinbeile – sogenannte Schuhleistenkeile – durch weitere besondere Eigenschaften aus: Im Gegensatz zu den als Werkzeug und Waffe gebrauchten „normalen" Schuhleistenkeilen haben sie zwei Schneiden und sind in der Mitte durchbohrt, was eine andere Schäftungsart erkennen läßt (Abb. 3). Mit Längen von teilweise mehr als 30 cm (!) sind sie deutlich größer und dadurch auch viel instabiler. Ihr Gebrauchswert als Werkzeug und Waffe ist gleich null, da sie bei jeder Benutzung sofort zerbrechen würden – ein Punkt, an dem die symbolische Funktion dieser Fundgattung offensichtlich wird.

Sowohl Keulenköpfe aus geschliffenem Stein als auch zweischneidige, durchbohrte Schuhleistenkeile sind sehr selten und sind – abgesehen von Bruchstücken aus Siedlungen – nur aus Gräbern mit außergewöhnlich reichen und exklusiven Beigaben bekannt. Interessant ist nun, daß unter den so reich ausgestatteten Toten auch Kinder sind. Deshalb wird angenommen, daß die herausragende gesellschaftliche Position, die sich in den Beigaben spiegelt, bereits erblich war. Mit Statusobjekten bzw. Machtinsignien und zahlreichen weiteren prestigeträchtigen Gegenständen bestattet, scheinen die Kinder Vollmitglieder einer gesellschaftlichen Elite gewesen zu sein, die sich von Generation zu Generation reproduzierte.

Auch das Siedlungswesen liefert Hinweise dafür, daß sich in der jüngeren Phase der Bandkeramik eine Schichtung und Hierarchisierung der Gesellschaft vollzog. Während in der älteren Phase alle Häuser eines Dorfes etwa die gleiche Größe und Bauart hatten und sich auch das jeweilige Spektrum der in ihnen gefundenen Gegenstände kaum unterschied, zeichnet sich für die Folgezeit ein ganz anderes Bild ab: Statt der relativ genormten Langhäuser aus der älteren Phase gab es in den einzelnen Dörfern nun ein Gefüge verschiedener Hausgruppen. Diese umfaßten jeweils zwei bis fünf Häuser, die deutlich kleiner waren als diejenigen der älteren Dörfer. Darüber hinaus gehörte zu jeder Hausgruppe ein Großbau, der sich auch durch eine bessere Bauweise auszeichnete.

Unterschiede zur älteren Phase sind nicht allein in der Organisation der Siedlungen, sondern auch zwischen den Fundinventaren der einzelnen Gebäude zu fassen. Waren sie zunächst recht einheitlich, setzt sich das Fundspektrum der Großbauten in der jüngeren Phase gleich in mehrerer Hinsicht gegen das der kleineren Häuser ab: Die Funde aus den Großbauten sind wesentlich zahlreicher, vielfältiger und teilweise auch qualitätvoller. Festzuhalten ist auch, daß von hier die meisten Bruchstücke von Schuhleistenkeilen stammen. Außerdem wurden in ihnen auch die meisten Überreste von Getreideverarbeitung gefunden.

Die beschriebenen Befunde aus den Siedlungen werden von denjenigen, die für die jüngere Phase der Bandkeramik eine gesellschaftliche Hierarchisierung postulieren, denn auch ganz in diesem Sinne interpretiert: Die Konzentration der Getreideverarbeitung bei den Großbauten sei ein Indiz für einen unterschiedlichen Zugang zu den Nahrungsressourcen; die Bewohner der Großbauten seien in dieser Hinsicht im Vorteil gewesen. Bei ihnen soll es sich um die Mitglieder einer Familie gehandelt haben, die eine Vorrangstellung innehatte. Aus der Tatsache, daß die Hausgruppen im Laufe der Zeit immer wieder in gleicher Form aufgebaut wurden, wird geschlossen, daß die sozialen Verhältnisse stabil – mit anderen Worten: daß der soziale Status erblich war. Die Familien aus den verschiedenen Großbauten hätten zusammen die Führungsschicht eines Dorfes gebildet, die man auf den Friedhöfen in der kleinen Gruppe reich ausgestatteter Gräber wiederfände.

Neben der gesellschaftlichen Schichtung innerhalb eines Dorfes gibt es auch Indizien für eine Hierarchisierung zwischen den einzelnen Siedlungen. So gibt es große Dörfer, in deren Nähe sich sogenannte Erdwerke befanden. Das sind teilweise mehrere Meter breite und tiefe Gräben, die eine runde, ovale oder auch viereckige Fläche einschließen. Ihre Funktion war offenbar mehrschichtig und könnte vom Kultbezirk, über eine Befestigung bis hin zu einem Monument, das den Status einer Person oder einer Gruppe unter Beweis stellen sollte, gereicht haben. Sicher ist jedenfalls, daß Erdwerke in der jüngeren Phase der Bandkeramik zwar häufiger werden, sich aber nur bei einigen Siedlungen finden, die vermutlich eine soziale, politische und/oder kultische Sonderrolle hatten. In einem Fall ist belegt, daß eine große Siedlung mit Erdwerk auch einen besonderen wirtschaftlichen Status hatte: Hier waren offenbar Rohstoffe für die Herstellung von Steingeräten konzentriert, die von hier aus in die umliegenden Siedlungen weiterverteilt wurden.

Auch wenn die These von einer hierarchischen Gliederung der bandkeramischen Gesellschaft noch weiter abgesichert werden muß, fällt es doch schwer, die geschilderten Phänomene im Rahmen einer egalitären Ordnung schlüssig zu erklären. Es spricht deshalb einiges dafür, daß die ersten bäuerlichen Gesellschaften Mitteleuropas hierarchisch gegliedert waren und es wahrscheinlich erbliche Führungspositionen gab.

Kommen wir nun noch einmal auf den vorigen Abschnitt zurück. Hier war von theoretischen Überlegungen und Spekulationen die Rede, die den Frauen eine zentrale Rolle bei der Neolithisierung und in den frühen Ackerbaukulturen unterstellen. Vor diesem Hintergrund ergibt sich die Frage, ob diese Überlegungen durch den archäologischen Befund bestätigt werden. Oder anders gefragt: Konnten die Frauen die ihnen zugeschriebenen Leistungen in gesellschaftlichen und politischen Einfluß umsetzen? Waren sie es, die die Führungspositionen in der bandkeramischen Gesellschaft besetzten und an ihre Töchter weitervererbten? Wenn ja, dann hätte sich ihr Einsatz für sie in der Tat gelohnt . . .

Abb. 4. Überreste einer bandkeramischen Siedlung bei Ulm.

Dein Lohn sei Dir gewiß?

Nehmen wir einmal an, Frauen seien tatsächlich die Drahtzieherinnen der Neolithischen Revolution im Nahen Osten gewesen und das Wissen darum sowie die Anerkennung für diese Leistung seien über Generationen und große räumliche Entfernungen hinweg bis in die bandkeramische Kultur in Mitteleuropa weitergegeben worden. Nehmen wir weiterhin an, daß die Frauen tatsächlich eine Schlüsselstellung in der bandkeramischen Wirtschaft gehabt hätten, die ihnen Ansehen, Macht und Einfluß eingebracht hätte. Läßt sich dies mit den archäologischen Quellen der Bandkeramischen Kultur beweisen?

Beginnen wir mit den Überresten der ehemaligen Siedlungen. Sie bestehen in der Mehrzahl aus den Verfärbungen, die die verrotteten, hölzernen Hauspfosten und die eingestürzten oder verfüllten Gruben (z. B. Vorrats- und Abfallgruben) im Boden hinterlassen haben (Abb. 4). Diese Befunde erlauben es zwar, die innere Organisation der Siedlungen zu rekonstruieren (s. o.), doch darüber, wer in den einzelnen Häusern das Sagen hatte, liefern sie leider keine Informationen. Das ist umso bedauerlicher, als gerade für die Großbauten der Spätphase eine Sonderrolle bei der Verarbeitung von Getreide – möglicherweise auch bei der Verfügbarkeit darüber – diskutiert wird. Doch weder die Überreste der Gebäude noch die in ihrem Umfeld zutage gekommenen Fundstücke geben Aufschluß darüber, wer das Getreide verarbeitete und eventuell auch seine Verteilung in der Hand hatte.

Mit den Siedlungsfunden allein läßt sich eine zentrale Position der Frauen in Wirtschaft, Politik und Gesellschaft also weder beweisen noch widerlegen. Wesentlich aussagekräftiger sind in dieser Hinsicht die Friedhöfe (im Archäologen-Jargon auch „Gräberfelder") der Bandkeramischen Kultur. Voraussetzung ist allerdings eine naturwissenschaftliche Geschlechtsbestimmung der Skelette; sie kann entweder anthropologisch anhand geschlechtsspezifischer Merkmale am Skelett oder molekularbiologisch anhand der in den Knochen noch vorhandenen Überreste des Erbgutes (DNS-Analyse) erfolgen. Auf diese Weise erfahren wir mit einiger Sicherheit das genetische Geschlecht der Bestatteten (zu anderen biologischen und sozialen Ebenen von Geschlecht s. die Beiträge Brandt et al., Henke/Rothe). Damit haben wir eine solide Grundlage für die Auswertung und Interpretation der Bestattungssitten unter dem Aspekt des Geschlechts.

Zwar wurde bei weitem nicht bei allen ausgegrabenen Skeletten aus bandkeramischer Zeit eine naturwissenschaftliche Geschlechtsbestimmung durchgeführt, doch die bis heute vorliegenden Analysen lassen bereits erste Schlußfolgerungen zu. Sie sind allerdings unter dem Vorbehalt zu betrachten, daß der auf einem Gräberfeld beigesetzte Personenkreis keinen repräsentativen Ausschnitt der bandkeramischen Gesellschaft darstellt. So sind nachweislich nicht alle Verstorbenen auf einem Gräberfeld bestattet worden, denn es gibt viele Belege dafür, daß Personen auch in Siedlungen und in den Gräben der Erdwerke beigesetzt wurden. Darüber hinaus ist zu bedenken, daß ein Teil der Toten nach unserem Verständnis gar nicht „regulär" – d. h. komplett – bestattet wurde, da Einzelteile menschlicher Skelette regelmäßig auch in Siedlungen, in den Gräben von Erdwerken und an Orten auftauchen, die als Kultplätze interpretiert werden (s. u.).

Doch nun zu den Ergebnissen. Daß der auf den Friedhöfen begrabene Personenkreis nicht repräsentativ ist, zeigt sich auch in anderer Hinsicht: Frauen und Kinder sind hier teilweise extrem unter-, Männer folglich extrem überrepräsentiert. So beträgt beispielsweise der Anteil der Männer an den erwachsenen Individuen in den gut aufgearbeiteten bayerischen Gräberfeldern überall mindestens 70%. Dagegen sind Frauen und Kinder im Skelettmaterial aus Siedlungen und von sogenannten Kultplätzen erheblich überrepräsentiert: In der sogenannten Kulthöhle von Tiefenellern (Bayern) kommt z. B. auf neun Frauen, fünf Jugendliche und 23 Kinder lediglich ein Mann.

Es spricht alles dafür, daß die Bestattung auf dem Dorffriedhof ein Privileg war, das einem Großteil der Frauen und Kinder nicht zustand. Denn daß die Beisetzung auf dem Dorffriedhof tatsächlich prestigeträchtig war, ist zum einen an den reich ausgestatten Gräbern, die bereits in der Frühphase der Bandkeramik auftreten, zu erkennen. Zum andern ist es aufschlußreich, daß sich auch die gesellschaftliche Elite der jüngeren Phase mit ihren Statusobjekten bzw. Machtinsignien (s. o.) hier begraben ließ.

Und damit wären wir bei zwei anderen interessanten Fragen: Unterscheiden sich Männer- und Frauengräber in der Art und Menge der mitgegebenen Gegenstände? Und wer erhielt reiche Beigaben – Frauen und/oder Männer? Zunächst einmal ist festzuhalten, daß Frauen generell seltener Beigaben erhielten als Männer. Beigaben aus Männergräbern sind in der Regel auch vielfältiger und exklusiver. Hinzu kommt, daß bestimmte Gegenstände nur bei männlichen Bestattungen gefunden wurden. Die Beigaben aus Frauengräbern sind dagegen weniger typisch und spezifisch.

Was Frauen und Männer im einzelnen als Grabausstattung erhielten, war von Region zu Region verschieden. Im überregionalen Vergleich gibt es jedoch eine Konstante: Schuhleistenkeile in Prunk- und Alltagsausführung tauchen nur in Männergräbern auf. Die zwei sicheren Ausnahmen (übrigens Alltagsstücke), die es im gesamten Verbreitungsgebiet der Bandkeramischen Kultur gibt, scheinen lediglich die Regel zu bestätigen; sie werfen die Frage auf, ob sie mit Phänomenen wie dem Geschlechterrollenwechsel und der Geschlechtervariabilität in Zusammenhang stehen könnten (s. Brandt et al.).

Ob die geschliffenen Keulenköpfe, die wie die Prunkausführung der Schuhleistenkeile als Statusobjekte und Machtinsignien gedeutet werden, ebenfalls nur in Männergräbern vorkommen, ist noch nicht zu entscheiden. Sie wurden überhaupt erst sieben bis acht Mal

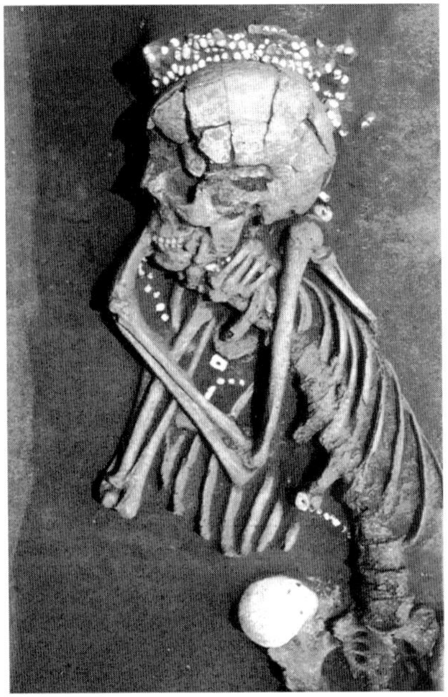

Abb. 5. Reiches bandkeramisches Frauengrab von Aiterhofen, Bayern.

in Gräbern gefunden; vier Skelette wurden zwar untersucht – darunter das eines Kindes und eines Jugendlichen –, doch nur bei einem Erwachsenen war eine Geschlechtsbestimmung möglich: Sie ergab einen Mann.

Fassen wir die wichtigsten Ergebnisse zur unterschiedlichen Behandlung der Geschlechter im Bestattungswesen noch einmal zusammen: 1. Einem Großteil der Frauen stand das Privileg einer Bestattung auf dem Dorffriedhof nicht zu. 2. Frauen erhielten generell seltener und wenn, dann in der Regel nicht so viele und nicht so exklusive Beigaben wie Männer. 3. Die Prunkausführung der Schuhleistenkeile, die als Statusobjekt und Machtabzeichen interpretiert wird, findet sich ausschließlich in Männergräbern.

Diese Befunde mit der häufig postulierten Wertschätzung und herausragenden Position der Frauen in frühen Ackerbaugesellschaften in Einklang zu bringen, dürfte schwerfallen. Vielmehr deuten die archäologischen Quellen auf eine Benachteiligung des weiblichen Geschlechtes hin. Genau zu benennen, worin diese im einzelnen bestand, ihre Hintergründe aufzudecken, ist mangels schriftlicher Selbstzeugnisse aus bandkeramischer Zeit nicht möglich. Die Benachteiligung scheint jedenfalls – soweit im Bestattungsbrauchtum faßbar – um die Repräsentation von Status, Prestige, Reichtum und Macht zu kreisen.

Dieser Bereich war überwiegend von Männern besetzt. Zunächst war er sogar nur den *älteren* Männern vorbehalten (vgl. o.); Geschlecht und Alter scheinen in einer frühen Phase der Bandkeramischen Kultur also *die* entscheidenden sozialen Ordnungsfaktoren gewesen zu sein. Später änderte sich das. Mit der Formierung einer gesellschaftlichen Elite und mit der angenommenen Herausbildung erblicher Machtstrukturen fiel die Sonderstellung der alten Männer. Nun hatten sogar Kinder, vereinzelt auch Frauen (Abb. 5) Zugang zu Reichtum. Einige Kinder – vermutlich Jungen – bekamen auch Prestigeobjekte und Machtinsignien mit ins Grab.

Wie bereits ausgeführt, sind hinter der gesellschaftlichen Elite Familien zu vermuten, die eine Vorrangstellung erlangt hatten. Aus historischer Zeit sind zahlreiche Beispiele bekannt, die zeigen, daß in solchen Gesellschaftsstrukturen der Status einer Person in erster Linie am Status ihrer Familie hängt. Bei der Repräsentation nach außen überlagert der Familienstatus in der Regel die familieninterne Geschlechter- und Altershierarchie. Ein ähnliches Modell ist auch für die Angehörigen der bandkeramischen Eliten anzunehmen.

Die hier vorgeschlagene Interpretation, die die unterschiedliche Behandlung der Geschlechter im Bestattungsbrauch auf eine Bevorzugung bzw. Benachteiligung zurückführt, ist nicht die einzig denkbare. So wäre es theoretisch auch möglich, daß hinter dem Phänomen keine Rangfolge, sondern eine Art geschlechtsspezifische Arbeitsteilung stand, bei der den Männern die Repräsentation nach außen und die Politik zugeteilt waren; die Frauen hätten dann vielleicht andere, u. U. sogar wichtigere und angesehenere Aufgaben gehabt, die sich im Bestattungskult jedoch nicht widerspiegelten.

Theoretisch zwar denkbar, halte ich diese Möglichkeit jedoch für sehr unwahrscheinlich, da es – wenn man von der zweifelhaften Ehre absieht, daß Frauen möglicherweise als Opfer geschätzt und bevorzugt wurden (s. u.) – keinerlei Hinweise, geschweige denn Belege für eine solche Interpretation gibt. Vielmehr weisen die vohandenen Indizien alle in die Richtung, daß Frauen in der bandkeramischen Gesellschaft benachteiligt waren. Dagegen scheinen die Männer im Laufe der Bandkeramischen Kultur gesellschaftlich immer stärker in den Vordergrund getreten zu sein.

Ihre im Bestattungskult noch faßbare Selbstdarstellung ging immer mehr in Richtung „Krieger". Das ist aus den nahezu ausschließlich in Männergräbern gefundenen Schuhleistenkeilen und Pfeilspitzen zu schließen, die nachweislich nicht nur als Werkzeug bzw. zur Jagd, sondern auch als Waffen eingesetzt wurden. Die symbolische Funktion der Prunkausführung der Schuhleistenkeile kann deshalb mit der Demonstration von Macht und der Existenz eines männlichen Kriegerideals in Zusammenhang gebracht werden – eine Kombination, die in der Menschheitsgeschichte zahlreiche Entsprechungen findet.

Doch zurück zu den Frauen und den Annahmen, die über ihre Rolle bei der Neolithisierung und über ihre Position in den frühen Ackerbaugesellschaften kursieren. Nach Ausweis der archäologischen Quellen sieht es zumindest für die bandkeramische Gesellschaft Mitteleuropas nicht danach aus, daß sich der Einsatz für sie gelohnt hätte.

Das Leben der Frau: kurz und arbeitsreich

Wie bereits ausgeführt, hatte die häufig als „große Kulturtat" und „weltgeschichtlicher Fortschritt" gefeierte Einführung der Landwirtschaft durchaus ihre Schattenseiten, die sich auch auf den Gesundheitszustand und die Lebenserwartung der Menschen auswirkten. So wurde weltweit bereits mehrfach beobachtet, daß mit der Neolithisierung häufig eine Verschlechterung des Gesundheitszustandes und ein Absinken der Lebenserwartung einhergingen.

Die Gründe dafür sind vielfältig. Allgemein rechnet man mit einer Zunahme und Ausbreitung infektiöser Krankheiten, was durch das dichte Zusammenleben größerer Menschengruppen in festen Dorfgemeinschaften begünstigt wurde; neben der größeren sozialen Dichte dürften hier auch die mit ihr verbundenen, verschlechterten Hygienebedingungen sowie der enge Kontakt mit den Haustieren, die Parasiten und Krankheiten übertragen können, wichtige Faktoren gewesen sein. Ein häufig beobachtetes Phänomen sind auch Mangelerscheinungen, da die Ernährung in Bauerngesellschaften teilweise recht eiweißarm, einseitig und bei weitem nicht so abwechslungsreich und ausgeglichen ist wie bei Jägern und Sammlerinnen. Hinzu kommt die größere Störungsanfälligkeit der Landwirtschaft, die sich – wie auch aus historischer Zeit allzubekannt – in immer wieder auftretenden Hungersnöten niederschlägt.

Einige Infektionskrankheiten und ernährungsbedingte Mangelerscheinungen bewirken Veränderungen am Skelett und können deshalb auch nach tausenden von Jahren noch diagnostiziert werden; sie wurden auch an bandkeramischen Skeletten festgestellt. Speziell für den Ernährungszustand der bandkeramischen Bevölkerung heißt das, daß es vorkam, daß selbst privilegierte Personen, die auf den Dorffriedhöfen bestattet wurden, unter Mangelernährung und zeitweilig auch unter Hunger litten. Ob Frauen und Männer gleichermaßen betroffen waren, wurde meines Wissens bisher nicht untersucht, wäre aber eine interessante Fragestellung.

Gut untersucht und auch für spätere neolithische Kulturen Mitteleuropas nachgewiesen ist jedoch die unterschiedliche Lebenserwartung der Geschlechter. Während im Mesolithikum Männer und Frauen eine ähnlich hohe Lebenserwartung hatten, sank diese mit der Neolithisierung speziell für die Frauen drastisch ab. Frauen starben in der Bandkeramik im Schnitt ein Jahrzehnt früher als Männer. Angesichts der ohnehin relativ niedrigen Lebenserwartung ist das enorm: Die meisten Frauen starben im dritten Lebensjahrzehnt, die meisten Männer dagegen erst rund 10 Jahre später. In dieser Gesellschaft war es gang und gäbe, daß viele Kinder ihre Mutter früh verloren. Großmütter waren eine Seltenheit; die meisten älteren Menschen waren Männer.

Als wichtiger Faktor, der die Lebenserwartung der Frauen herabsetzte, wird ihre Belastung durch die sehr früh und dann in kurzen Abständen aufeinanderfolgenden Schwangerschaften vermutet. Angesichts der oben geschilderten archäologischen Indizien für ein starkes Anwachsen der Bevölkerung in bandkeramischer Zeit ist diese Erklärung plausibel.

Neben den Schwangerschaften war für den weiblichen Organismus auch das Stillen sehr belastend, dem heute ein Mehrbedarf von ca. 600 kal. am Tag zugeschrieben wird. Diese Kalorienmenge konnten die bandkeramische Frauen in Anbetracht der zumindest phasenweise prekären Ernährungssituation wohl häufig nicht decken. Die Stillzeiten konnten durch das Zufüttern von Getreidebrei zwar verkürzt werden, doch dürfte diese Maßnahme nur kurzfristig Entlastung geboten haben: Im allgemeinen steigt mit einer frühen Entwöhnung der Kinder die in der Stillzeit herabgesetzte Fruchtbarkeit der Frauen wieder an, was letztlich die Geburtenfolge nur weiter beschleunigt.

Doch Schwangerschaften und Stillen waren nicht die einzigen Faktoren, die die Lebenserwartung der Frauen senkten. Ein weiterer Aspekt war ihre hohe Arbeitsbelastung. Die bei einigen anthropologischen Untersuchungen festgestellten ungewöhnlich stark ausgeprägten Muskelmarken an den Knochen zeigen, daß bandkeramische Frauen ausgesprochen hart und schwer arbeiteten. Welche Arbeiten sie im einzelnen verrichteten, wissen wir nicht. Wir dürfen jedoch davon ausgehen, daß Frauen in großem Umfang auch an den schweren – und deshalb häufig den Männern zugeschriebenen Tätigkeiten wie z. B. Roden und Hausbau – beteiligt waren.

Man fragt sich, ob nicht sogar ein Großteil der angefallenen Arbeiten auf den Schultern der Frauen verteilt wurde. Wenn das der Fall gewesen wäre, hätte sich die Arbeitsbelastung der Geschlechter, die im Mesolithikum offensichtlich weitaus ausgeglichener war, durch die Neolithisierung sehr zuungunsten der Frauen verschoben. Dann wäre u. U. der Löwenanteil der Mehrarbeit, die durch den Übergang zur bäuerlichen Lebensweise anfiel, auf die Frauen abgewälzt worden.

Die Frauen schufteten, während die Männer repräsentierten, Politik machten und Krieg führten? Das sind zum gegebenen Zeitpunkt nicht mehr als Spekulationen, denen man mit gezielten anthropologischen und archäologischen Untersuchungen jedoch auf den Grund gehen könnte.

Abb. 6. Sogenannte Krötendarstellung auf einer Tonscherbe aus Assenheim, Hessen.

Wie dem auch sei – die bisher vorliegenden anthropologischen Untersuchungen zeigen zweifelsfrei, daß bandkeramische Frauen extremen körperlichen Belastungen ausgesetzt waren, die mit denen der Männer nicht zu vergleichen waren. Insofern ist es durchaus denkbar, daß sie die ihnen zugeschriebene „Schlüsselstellung" in der bandkeramischen Wirtschaft tatsächlich hatten – eine Position, die ihnen offenbar weniger Ansehen, Macht und Einfluß als vielmehr Arbeit und eine niedrige Lebenserwartung einbrachte.

Opfer für die Göttin?

Ein Bereich, der bisher kaum gestreift wurde, ist die religiöse Vorstellungswelt. Die Quellen zur bandkeramischen Religion sind nicht sehr zahlreich und schwer zu interpretieren. So ist häufig nicht einmal klar, ob „kultisch" anmutende Zeichen, Gegenstände oder Praktiken überhaupt in diesen Bereich gehören.

Dazu zählt beispielsweise die bänderartige Verzierung der Keramikgefäße, die bei manchen Betrachterinnen und Betrachtern Assoziationen in Richtung Fruchtbarkeitssymbolik auslöst (Abb. 2). Ob die Verzierung tatsächlich diese, eine ganz andere oder vielleicht sogar überhaupt keine symbolische Bedeutung hatte, ist dabei völlig unklar. Ähnlich problematisch zu interpretieren sind stark stilisierte Darstellungen von Menschen mit erhobenen Armen und meist gespreizten Beinen. Sie finden sich ebenfalls auf Keramikgefäßen und werden von manchen AutorInnen allgemein mit weiblicher Symbolik assoziiert (Abb. 6). In den Figuren werden dann entweder Frauen in Gebärhaltung oder aber Krötenfiguren gesehen, die durch ihre Haltung – hocherhobene Arme und weit gespreizte Beine – eine Geburtsgöttin symbolisieren sollen. Angesichts der geschlechtsneutralen Darstellungen, in denen häufig nur mit Mühe stilisierte Menschen gesehen werden können, ist das jedoch eine gewagte Interpretation.

Daneben gibt es aber auch Fundstücke, bei denen ein Zusammenhang mit einer – wie auch immer gearteten – weiblichen Symbolik eher auf der Hand liegt. Zu nennen ist etwa die plastisch herausgearbeitete Darstellung einer nackten Frau auf einem Keramikgefäß von Draßburg (Österreich), die an ihren Brüsten und der überdimensionierten Vulva auch eindeutig als solche zu erkennen ist (Abb. 7). Ein weiteres Beispiel ist ein Keramikgefäß aus Erfurt, das als sitzende Frau gearbeitet ist, die ein

Abb. 7. Darstellung einer nackten Frau auf einem Tongefäß von Draßburg, Österreich.

Keramikgefäß in den Händen hält. Bei diesem Fundstück drängt sich eine Interpretation, die das Gefäß im kultischen Bereich einordnet, geradezu auf.

Leider steht die systematische Aufarbeitung der Objekte, die man mit Kult und Religion in Verbindung bringen könnte, noch aus. In diesem Zusammenhang wären auch die vorhandenen Darstellungen und Figuren von Männern und Tieren auszuwerten, um zu einem abgerundeten Bild zu gelangen. Vielleicht ließen sich mit einer solchen Studie weitere Aspekte benennen, die in der bandkeramischen Religion eine Rolle gespielt haben könnten. Zu hoffen wäre auch, daß dann der unscharfe Begriff der weiblichen Symbolik etwas klarer umrissen werden könnte, um die Rolle, die die Frauen in Kult und Religion spielten, besser abschätzen zu können. Beim gegenwärtigen Forschungsstand ist es jedenfalls nicht möglich, die überragende Rolle der Frau im religiösen Bereich, die für frühe Ackerbaugesellschaften häufig postuliert wird, für die Bandkeramische Kultur zu belegen. Insofern wäre es auch verfrüht, diesem verbreiteten Interpretationsschema zu folgen und die bandkeramische Religion als reinen Fruchtbarkeitskult anzusprechen und den (noch nachzuweisenden) Götterhimmel ausschließlich mit Mutter- und Fruchtbarkeitsgöttinnen zu besetzen.

Wen oder was die Menschen damals verehrten, bleibt einstweilen im dunkeln. Etwas deutlicher lassen sich hingegen Praktiken fassen, die möglicherweise mit der Verehrung von Gottheiten oder mit Ritualen in Verbindung gebracht werden können. In diesem Sinne werden zumindest die menschlichen Skeletteile interpretiert, die außerhalb der Friedhöfe in Siedlungen, in Gräben von Erdwerken, in Höhlen und an sogenannten Kultplätzen gefunden wurden.

Viele dieser Knochen tragen Spuren gewaltsamer Veränderungen: Sie sind z. B. angebrannt, aufgeschlagen und die Schädelkalotten sind geöffnet. Unter den Skelettresten sind bestimmte Teile überproportional häufig vertreten: aufgeschlagene Langknochen, Bruchstücke von Schädelkalotten und Kiefer, aus denen z. T. die Zähne ausgerissen wurden. Die Befunde werden deshalb mit Schädelkult und Kannibalismus, bei dem der Verzehr von Hirn und Mark eine Rolle gespielt haben könnte, in Verbindung gebracht; auch die Möglichkeit von Menschenopfern wird in diesem Zusammenhang diskutiert. Letzteres stützen Befunde an einem in Österreich gelegenen Kultplatz, an dem offenbar Opferhandlungen stattfanden.

Menschenopfer und Kannibalismus sind archäologisch letztlich jedoch nicht definitiv zu beweisen. Deshalb plädieren manche Archäologinnen und Archäologen dafür, die manipulierten menschlichen Skelettreste als Niederschlag spezieller Bestattungsrituale zu interpretieren. Solche – in unserem Kulturkreis makaber anmutende – Praktiken sind völkerkundlich belegt und wurden früher häufig als „Menschenfresserei" mißverstanden. Doch Kannibalismus, Menschenopfer und ein spezieller Bestattungsbrauch müssen sich als Erklärung der bandkeramischen Befunde ja nicht gegenseitig ausschließen; denkbar wäre auch eine Verbindung oder ein Nebeneinander dieser drei Aspekte.

Was immer hinter diesen Riten gestanden haben mag – sie haben jedenfalls vor allem Kinder und Frauen betroffen. Dieses Ergebnis haben sowohl die Skelettreste aus Siedlungen, aus den Gräben von Erdwerken, aus Höhlen als auch von Kultplätzen erbracht. Da Kinder und Frauen auf den Friedhöfen stark unterrepräsentiert sind, könnte man diesen Befund als Argument dafür anführen, daß es sich bei den manipulierten Menschenknochen um Überreste eines speziellen Bestattungsrituals gehandelt habe. Gegen diese Argumentation spricht jedoch die Tatsache, daß Kinder und Frauen auch bei den bereits erwähnten „regulären" Bestattungen in Siedlungen so stark überrepräsentiert sind, daß ihr Fehlen auf den Friedhöfen damit rein rechnerisch bereits etwas ausgeglichen ist. Es bleibt also dabei: Wir müssen auch Kannibalismus und Menschenopfer in die Überlegungen einbeziehen.

Interessanterweise häufen sich die Befunde mit manipulierten Menschenknochen in der jüngeren Bandkeramischen Kultur. In dieser Zeit haben sich nicht nur die beschriebene Hierarchisierung der Gesellschaft und die Herausbildung eines Kriegerideals vollzogen. Erstmals mehren sich auch Hinweise und Belege für gewalttätige Auseinandersetzungen. Manche Forscher vermuten sogar, daß die bandkeramische Bevölkerung ihre natürlichen Ressourcen übernutzt hatte und vor dem ökologischen Kollaps stand. Insgesamt scheint es sich um eine schwierige Zeit gehandelt zu haben. Vor diesem Hintergrund ist zu bedenken, daß in historischer Zeit Menschenopfer häufig ein Phänomen von Krisenzeiten waren.

Wir werden es nie wissen, doch falls Menschenopfer tatsächlich praktiziert wurden, wäre es aufschlußreich, daß nur wenige Männer den Opfertod starben, und er das zweifelhafte Privileg von Frauen und (wehrlosen) Kindern war.

Gewalt – nicht nur – gegen Frauen

Gewissermaßen zur Abrundung des Bildes von den (im allgemeinen als ausgesprochen friedlich eingestuften) frühen Ackerbauern einige Bemerkungen zu Belegen von Gewalttaten, die in der jüngeren Bandkeramischen Kultur zunahmen. Spektakuläre Beispiele hierfür sind das sogenannte „Massengrab von Talheim" (Baden-Württemberg)[1] und das „Massaker von Schletz" (Österreich).

In Talheim wurden in einer großen Grube 34 Personen gefunden, die gemeinsam gewaltsam zu Tode kamen. Der anthropologischen Untersuchung zufolge wurden sie überwiegend im Liegen mit Schuhleistenkeilen und Flachhacken erschlagen; die Täter hieben auch dann noch auf ihre Opfer ein, als diese schon längst wehrlos waren.

Die Zusammensetzung der Gruppe (9 Männer, 7 Frauen und 16 Kinder) spricht sehr dafür, daß es sich bei den Getöteten um Mitglieder einer Dorfgemeinschaft handelte. Eine an den Skeletten durchgeführte Verwandtschaftsanalyse zeigt außerdem, daß einige Personen sehr wahrscheinlich miteinander verwandt waren. Deshalb wird angenommen, daß der Befund den Überfall auf eine Dorfgemeinschaft widerspiegelt, die möglicherweise komplett umgebracht wurde.

Eine ähnliche Interpretation legt auch der Befund von Schletz nahe. Hier wurden in einem Graben, der eine Siedlung umgab, zahlreiche Skelette sowie Skeletteile gefunden. Bisher wurden 67 Individuen ausgemacht; ihre Zahl dürfte sich mit dem Fortgang der Grabungen weiter erhöhen und könnte, wenn sich der Befund in gleicher Weise fortsetzt, auf über 100 ansteigen. Es deutet alles drauf hin, daß die Menschen beim selben Ereignis zu Tode kamen. Die Leichen wurden nicht – wie in Talheim der Fall – bestattet, sondern in den Graben geworfen und dort wochen- bis monatelang offen liegengelassen, was zahlreiche Spuren von Tierverbiß belegen.

Wie in Talheim sind die Täter mit unglaublicher Brutalität vorgegangen, die auch vor Kindern aller Altersstufen nicht halt machte. Alle Schädel tragen Anzeichen von massiver Gewalteinwirkung, die von Schuhleistenkeilen, Flachhacken sowie Steinkeulen oder großen Knüppeln herrühren. Auch in diesem Fall schlugen die Täter

[1] Der Befund von Talheim ist in einer Rekonstruktion in der Dauerausstellung des Neanderthal Museums zu sehen.

weiter auf ihre Opfer – und zwar vorzugsweise auf die Köpfe – ein, als sie bereits wehrlos am Boden lagen. Die Bearbeiterinnen und Bearbeiter des Befundes sprechen von einer „massakerartigen Vernichtung", davon, daß die Angreifer in einer Art „Blutrausch" über die Dorfbevölkerung hergefallen seien.

Eine bestimmte Gruppe der Dorfbewohner wurde bei dem Gemetzel offenbar verschont – die der jungen erwachsenen Frauen. Sie fehlen unter den Toten, und es ist zu vermuten, daß sie von den Angreifern verschleppt wurden.

Darüber, ob die vermutete Entführung der jungen Frauen der Anlaß für den Überfall war, läßt sich nur mutmaßen. Zu bedenken ist jedenfalls, daß er wahrscheinlich in einem angespannten sozialen Klima stattfand, in dem sich Konkurrenzdruck und Konflikte verschärften. Die Zunahme der Erdwerke in dieser Zeit, die Existenz eines männlichen Kriegerideals sowie die sich abzeichnende symbolische Verbindung von Waffen mit Status und Macht sprechen eine deutliche Sprache: Konflikte scheinen zunehmend mit Gewalt – vielleicht auch mit Krieg – ausgetragen worden zu sein.

Kein goldenes Frauenzeitalter in Sicht?

Die Zeiten waren nicht so rosig wie landläufig angenommen wird. Und so passen auch die Vorstellungen, die über frühe Ackerbaugesellschaften kursieren, nicht so recht in das Bild, das die archäologischen Quellen von der Bandkeramischen Kultur zeichnen. Wer hier eine friedliebende, egalitäre, von Frauen dominierte Kultur sucht, wird nicht fündig werden.

Fraglich ist auch, ob der Übergang zur Landwirtschaft tatsächlich *die* historische Chance für die Frauen war: Selbst wenn sie den Ackerbau erfunden und betrieben haben sollten, muß dieses Engagement nicht zwangsläufig gesellschaftliche Anerkennung und Wertschätzung eingebracht haben. Die Gleichung „Anteil an der Existenzsicherung = sozialer Status" ist zu einfach; sie müßte auf ihrer linken Seite um etliche weitere Faktoren ergänzt werden, die die gesellschaftliche Stellung einer Person beeinflussen können.

Im Vergleich zu den mesolithischen Wildbeuterinnen dürfte das Alltagsleben für die bandkeramischen Bäuerinnen sogar entschieden schwieriger und härter geworden sein. Für Männer hingegen waren die Lebensumstände nicht annähernd so hart, da sie im

Schnitt fast ein Jahrzehnt älter wurden. Vor diesem Hintergrund stellt sich die Frage, ob der Übergang zur Landwirtschaft nicht eher eine historische Chance für die Männer war!

Schließlich sieht es ganz danach aus, daß sie sich beim Neuaushandeln der Aufgabenteilung zwischen den Geschlechtern, das beim Übergang vom Wildbeuter- zum Bauerntum mit Sicherheit stattgefunden hat, Vorteile verschaffen konnten. Speziell für die Bandkeramische Kultur Mitteleuropas kann man zur Arbeitsteilung zwischen den Geschlechtern folgende These aufstellen: Frauen hatten vorwiegend arbeitsreiche, aber wenig angesehene, Männer hingegen vor allem prestigeträchtige Aufgaben.

Spekulieren wir noch etwas weiter. In der jüngeren Bandkeramischen Kultur scheinen sich Konkurrenzdruck und Konflikte verschärft und zunehmend auch gewaltsam entladen zu haben. Nach Ausweis der Bestattungssitten dürften es vor allem die Männer gewesen sein, die die Waffen führten. Für andere Gruppen zwar eine potentielle Bedrohung, könnten sie in der eigenen Gemeinschaft als Verteidiger der Interessen und der Sicherheit eine starke Position erlangt haben. Deshalb ist es denkbar, daß die Männer in dieser Situation ihre gesellschaftliche Stellung auf Kosten der Frauen ausbauen konnten – mit anderen Worten: daß sich spätestens nun ein Machtgefälle im Geschlechterverhältnis festgeschrieben haben könnte. Zugegeben – alles Spekulationen; Spekulationen aber, die auf den archäologischen Daten zur Bandkeramischen Kultur aufbauen und letztlich nur mit Schriftquellen (die es nicht gibt) zu beweisen wären.

Und was kam danach? Die archäologische Forschung ist noch weit davon entfernt, die Entwicklung des Geschlechterverhältnisses in den nachfolgenden neolithischen Kulturen beschreiben zu können. Auffallend ist jedenfalls, daß sich die Verbindung von Waffen mit Status und Macht in der Folgezeit immer deutlicher manifestiert und eine männliche Domäne bleibt. Ihr eine weibliche Machtsphäre gegenüberzustellen, wurde zwar noch nicht mit gleichem Elan versucht (schließlich stecken Frauen- und Geschlechterforschung im Fach noch in den Kinderschuhen!), dürfte mit den vorhandenen Quellen aber auch äußerst schwierig sein. Wer im mitteleuropäischen Neolithikum ein goldenes Frauenzeitalter sucht, sollte seine Suche deshalb eher auf andere Regionen und Zeiten – am besten auf die Zukunft – verlegen.

Literatur

Jeunesse, Ch.(1997): Pratiques funéraires au néolithique ancien. Sépultures et nécropoles danubiennes 5500–4900 av. J.-C. (Paris).

Kästner, S./Karlisch, S. M./Smolla, G.(1993): Frauen in der menschlichen Frühzeit. In: Löhr, B. (Hrsg.), Frauen in der Geschichte. Grundlagen – Anregungen – Materialien. Bd. 1: Beiträge. Akademie für Lehrerfortbildung Dillingen/Donau. Deutsches Institut für Fernstudien an der Universität Tübingen (Tübingen) 24–41.

Lüning, J./Stehli, P.(1989): Die Bandkeramik in Mitteleuropa: von der Natur- zur Kulturlandschaft. Spektrum der Wissenschaft, April, 78–90.

Nieszery, N.(1995): Linearbandkeramische Gräberfelder in Bayern. Mit Beiträgen von L. Breinl u. a. Internationale Archäologie 16 (Espelkamp).

Rätsel um Gewalt und Tod vor 7.000 Jahren. Eine Spurensuche. Katalog zur Ausstellung im Museum für Urgeschichte Asparn a. d. Zaya (1996): Katalog des NÖ Landesmuseums N.F. 393 (Asparn a. d. Zaya).

Röder, B./Hummel, J./Kunz, B.(1996): Göttinnendämmerung. Das Matriarchat aus archäologischer Sicht (München).

FRAUEN IN DER KELTISCHEN EISENZEIT *

VON HELGA BRANDT

DIE KELTISCHE EISENZEIT

Nach der Stein- und der Bronzezeit wird die letzte der drei großen vorgeschichtlichen Epochen als Eisenzeit bezeichnet. Der Übergang von der Bronze- zur Eisenzeit vollzog sich in Mitteleuropa um die Mitte des 8. Jahrhunderts v. Chr. In dieser Zeit wurde die Bronze durch das Eisen als Rohstoff vor allem bei der Produktion von Werkzeugen und Waffen abgelöst. Auch zur Anfertigung von Schmuck- und Bekleidungselementen spielte das neue Metall eine Rolle, wenn auch eine viel geringere als Bronze. Mit dem Aufkommen einer regelmäßigen Verhüttung und Verarbeitung von Eisen gingen diverse wirtschaftliche und gesellschaftliche Veränderungen einher. Sie sind darauf zurückzuführen, daß Eisen – im Gegensatz zu Kupfer und Zinn, den Bestandteilen der Bronze – fast überall vorkommt. Es war also nicht nötig, Eisen über weite Strecken zu verhandeln, sondern es konnte als lokale Rohstoffquelle auch in Regionen genutzt werden, die in der Bronzezeit vom Rohstoffimport abhängig gewesen waren. Aus heutiger Sicht ist das Erscheinen dieses neuen Werkstoffes daher ein wichtiges Kriterium zur archäologischen Periodeneinteilung.

Die Eisenzeit umfaßt in Mitteleuropa einen Zeitraum von mehr als einem halben Jahrtausend. Es ist einleuchtend, daß sich innerhalb dieser langen Zeitspanne wirtschaftliche, gesellschaftliche und politische Entwicklungen vollzogen, die sich auch im archäologischen Fundmaterial niedergeschlagen haben. In der Forschung wird die Eisenzeit daher in zwei größere Zeitabschnitte eingeteilt, die

* Für ihre Hilfe bei der Fertigstellung dieses Artikels möchte ich mich bei folgenden Personen bedanken: Prof. Dr. Alfred Haffner, Solveig K. Ehlers, Kerstin Hofmann und Julia K. Koch M.A., alle Kiel.

Abb. 1. Chronologietabelle.

1200	Zeit vor den historischen Kelten	ältere Urnenfelderzeit	Hallstatt A	Spätbronzezeit Brandgräber	1200 Untergang des homerischen Troja 1200-1100 Dorische Wanderung
1000		jüngere Urnenfelderzeit	Hallstatt B	Erstes Auftreten von Eisenverzierungen	
750		ältere Hallstattzeit	Hallstatt C	Eisenzeit Körpergräber Grabhügel	753 "Rom schlüpft aus dem Ei" 700 Münzprägung in Kleinasien
600		jüngere Hallstattzeit	Hallstatt D	Fürstensitze	um 600 Gründung der griechischen Kolonie Massalia (Marseille)
	Zeit der historischen Kelten				Erste Nennung der Kelten durch Hekataios von Milet
480		Frühlatènezeit	Latène A	Frühlatènekunst Figur und Ornament	490-479 Perserkriege
420		Flachgräberlatènezeit	Latène B1	Erste Keltenwanderungen	
					um 385 Kelten belagern das Kapitol in Rom vor 379 Keltische Söldner in Sizilien 335 Kelten bei Alexander d.G.
330			Latène B2	Große Keltenwanderungen	279 Kelten plündern Delphi
260		Mittellatènezeit	Latène C1		241-230 Attalos I von Pergamon besiegt Kelten in Kleinasien
220			Latène C2	Beginn der Oppida (Städte)	225 Schlacht von Telamon 218 keltische Söldner in Ägypten
120		Spätlatènezeit	Latène D		um 120 Südgallien als römische Provinz
80-15				Zerfall der keltischen Welt	58-51 Caesarische Kriege

nach zwei archäologischen Fundorten als „Hallstattzeit" und „Latènezeit" bezeichnet werden. Innerhalb dieser Perioden ist jeweils noch eine Feineinteilung in Hallstatt C und D bzw. Latène A, B, C und D üblich (Abb. 1). Die Perioden Hallstatt A und B gehören der vorangehenden spätbronzezeitlichen „Urnenfelderzeit" an. Ferner können anhand der archäologischen Quellen zahlreiche Regionalgruppen unterschieden werden.

In der Hallstattzeit lassen sich archäologisch ein „Westhallstattkreis" und ein „Osthallstattkreis" voneinander abgrenzen. Der Westhallstattkreis umfaßt Süddeutschland, Ostfrankreich, das Schweizer Mittelland sowie angrenzende Regionen Oberösterreichs und Böhmens, zum Osthallstattkreis werden das östliche Österreich, die

Slowakei, Westungarn und Slowenien gezählt. Die archäologischen Funde dieser Zeit lassen auf eine hierarchisch gegliederte Gesellschaft schließen, deren Oberschicht besonders im Westhallstattkreis diplomatische und wirtschaftliche Beziehungen zum Mittelmeerraum unterhielt.

Im Gebiet des Westhallstattkreises wird die Entwicklung einer spezifisch „keltischen" Kultur vermutet. Schon die archäologischen Hinterlassenschaften der jüngeren Hallstattzeit (Stufe Ha D) aus diesem Gebiet werden mit den „Kelten" in Verbindung gebracht und als „frühkeltisch" bezeichnet. Als „keltisch" im eigentlichen Sinn gilt jedoch erst das aus der Latènezeit stammende archäologische Fundmaterial. Dabei kann mit Sicherheit nicht von der Einwanderung einer fremden „keltischen" Bevölkerung gesprochen werden; vielmehr handelt es sich um eine kontinuierliche kulturelle Entwicklung seit der späten Hallstattzeit.

Obwohl ihr Name überall in der archäologischen Literatur verwendet wird, ist es keineswegs einfach, genau zu bestimmen, wer „die Kelten" eigentlich waren. Dieser Umstand spielt im Hinblick auf Aussagen über keltische Frauen eine wichtige Rolle. Die früheste schriftliche Erwähnung der „Kelten" reicht ins 6. Jahrhundert v. Chr. zurück. Griechische Historiker und Geographen bezeichneten mit diesem Namen eine Anzahl „barbarischer" Stämme im Westen Europas. Woher der Name ursprünglich stammt und was er bedeutet, ist nicht überliefert. Wie die als Kelten charakterisierten Bevölkerungsgruppen sich selbst wahrnahmen, ob sie über ein ausgeprägtes „Wir-Gefühl" verfügten oder wie sich selbst nannten, ist ebenfalls nicht bekannt. Einzig Caesar berichtet im 1. Jahrhundert v. Chr. über einen Teil der Bewohner Galliens, sie würden in ihrer eigenen Sprache als „Kelten" und von den Römern als „Gallier" bezeichnet.

Gallien umfaßte zur Zeit Caesars das Land zwischen Rhein, Atlantik, Pyrenäen, Mittelmeer und Alpen, dies entspricht ungefähr dem heutigen Frankreich, Belgien, der Schweiz und Teilen Westdeutschlands. Trotz regionalspezifischer Ausprägungen der Latènekultur weisen die archäologischen Quellen aus diesen und angrenzenden Regionen so große Gemeinsamkeiten auf, daß sie im allgemeinen weit über das von Caesar bezeichnete Gebiet hinaus als „keltisch" angesehen werden.

Zwischen Caesars Bericht über Gallien aus der Mitte des 1. Jahrhunderts v. Chr. und den ersten Erwähnungen der Kelten aus dem

6. Jahrhundert v. Chr. liegen annähernd 500 Jahre. In dieser Zeit wurde die keltische Latènekultur durch Wanderungs- und Plünderungszüge keltischer Gruppen nach Italien und über den Balkan bis nach Kleinasien verbreitet. Diese Ereignisse sind uns aus den antiken Schriftquellen bekannt. Andererseits haben sicher nicht überall, wo archäologisches Material der Latènekultur gefunden wurde, auch große Gruppen keltischer Einwanderer gesiedelt. In England und Irland beispielsweise haben zwar eindeutig kulturelle Beziehungen zum Kontinent bestanden, doch sind keltische „Einwanderungen" weder durch archäologische noch durch schriftliche Quellen nachzuweisen. Einzig in der Spätlatènezeit kam es möglicherweise zu einer Immigration belgischer Stämme nach Südengland. Dennoch werden gerade England und Irland manchmal als „die" keltischen Länder schlechthin betrachtet, da dort zum Teil heute noch „keltische" Sprachen gesprochen werden. Die Sprachwissenschaft aber versteht unter „keltisch" zunächst nur eine Gruppe von Sprachen mit bestimmten Eigenschaften – unabhängig von der archäologischen Definition oder der Bedeutung, die „keltisch" in den antiken Schriftquellen hatte. So kann es sein, daß in manchen Regionen (England, Irland oder auch Spanien) zwar „keltisch" gesprochen wurde, aber nicht unbedingt „Kelten" gewohnt haben müssen.

Kulturelle Kontakte zur Mittelmeerwelt bestanden im keltischen Mitteleuropa seit der späten Hallstattzeit. Durch die keltischen Wanderungen und im Gegenzug durch die Einrichtung römischer Provinzen in keltisch besiedelten Gebieten wurden diese Kontakte um einen militärischen Aspekt erweitert. Mit der Eroberung Galliens durch Caesar in den Jahren 58–51 v. Chr. endete die eigenständige kulturelle Entwicklung in den von Kelten bewohnten Gebieten. Durch den Einfluß der römischen Lebensweise entstand eine neue, als „gallo-römisch" bezeichnete Kultur. Sie ist Ausdruck dessen, wie stark sich das Leben der Menschen in den folgenden Jahrhunderten durch diesen Kulturwandel verändert haben muß.

Obwohl es hier vorwiegend um Frauen aus dem keltischen Kulturkreis geht, werden auch Beispiele aus anderen Regionen herangezogen, um die Vielfältigkeit des Lebens von Frauen in der vorrömischen Eisenzeit zu illustrieren. Man muß sich dabei klarmachen, daß es sich keinesfalls um ein abgerundetes Bild handelt, sondern vielmehr um „Schlaglichter" aus unterschiedlichen Zeiten und Gebieten – abhängig davon, wie aussagefähig die vorhandenen Quellen sind.

Frauen in der keltischen Gesellschaft – der Stand der Forschung

Berichte antiker Schriftsteller und bildliche Darstellungen von keltischen Kriegern sind mit ein Grund dafür, daß in der archäologischen Literatur über Kelten oft Männer im Vordergrund stehen, in ihren Rollen als Krieger, Gefolgschaftsherren oder Stammesfürsten. Auch Handwerk und Handel werden – direkt oder indirekt durch die verwendete Sprache, in Rekonstruktionen o. ä. – in der archäologischen Forschung vorwiegend mit Männern assoziiert. Untersuchungen, die sich ausdrücklich mit Frauen oder mit Geschlechterverhältnissen in der keltischen Eisenzeit beschäftigen, gibt es von archäologischer Seite bisher erst wenige. Zum Teil handelt es sich dabei um noch nicht veröffentliche und damit nicht allgemein zugängliche Abschlußarbeiten. Sicherlich spielen bei der Auswertung des archäologischen Fundmaterials Gegenstände, die Frauen zugeschrieben werden ebenso eine Rolle wie solche, die der „männlichen Sphäre" zugerechnet werden – im Falle ihrer Schmuckausstattung sogar fast eine größere. Auch haben besonders reich ausgestattete, aus der Masse der anderen Gräber herausragende Bestattungen von Frauen – sog. „Fürstinnengräber" – in der jüngeren Vergangenheit ebensoviel Aufmerksamkeit erfahren wie gleichermaßen prunkvoll ausgestattete Männergräber. Viele archäologische Arbeiten vermitteln jedoch trotzdem das Bild einer patriarchalen, kriegerischen Gesellschaft, in der gesellschaftlich und politisch bedeutende Positionen vorwiegend von Männern eingenommen wurden. Den mit Sicherheit vielfältigen Rollen und Aufgaben von Frauen wird – mit Ausnahme der „Fürstinnenbestattungen" – sehr viel weniger Aufmerksamkeit gezollt.

Es gibt andererseits Literatur, die keltische Frauen generell als aktive und selbstbestimmte Teilnehmerinnen am gesellschaftlichen und religiösen Leben schildert. Diese Auffassung wird vor allem in denjenigen Büchern vertreten, die sich nicht nur mit der archäologischen Hallstatt- und Latènekultur befassen, sondern „keltisch" in einem weit umfassenderen Sinn gebrauchen. Sie stützen sich z. B. neben den spärlichen antiken Beschreibungen von Frauen in Gallien und Britannien sehr stark auf Schriftquellen des Mittelalters aus Irland und Wales. Es handelt sich um juristische und mythologische Texte, von denen angenommen wird, daß sie eine sehr lange Tradition verkörpern. Man sieht in ihnen Hinweise auf latènezeitliche Gesellschaftsstrukturen und damit auch auf die gesellschaftliche

Stellung von Frauen. Abgesehen davon, daß es – wie oben bereits angedeutet – problematisch ist, alle historischen, archäologischen, sprachgeschichtlichen und literarischen Quellen über Kelten „in einen Topf zu werfen", wird dieses Bild sicherlich auch der Vielfältigkeit von Frauenrollen in keltischen Gesellschaften nicht gerecht. Ohne auf soziale Hierarchien und zeitliche oder regionale Unterschiede einzugehen, wird von wenigen bekannten Quellen, die sich oft nur auf Frauen der Oberschicht beziehen, auf „die keltische Frau" im allgemeinen geschlossen. Ein glaubhaftes Bild der Aufgaben und Rollen von Frauen in einer Gesellschaft kann nur gewonnen werden, wenn die Quellen differenziert verwendet und ihr kultureller, zeitlicher und regionaler Kontext berücksichtigt werden.

Dieser Katalogbeitrag beschränkt sich daher auf kontinentale archäologische Quellen der Hallstatt- und Latènezeit sowie die Berichte antiker Autoren und versucht, auf der Basis bisheriger Untersuchungen unterschiedliche Aspekte des Lebens von Frauen in der vorrömischen Eisenzeit vorzustellen.

Aussagemöglichkeiten der archäologischen Quellen

Wie bereits angedeutet, stellen Gräber eine der wichtigsten Quellen der Archäologie dar. Sowohl in der Hallstatt- als auch in der Latènezeit lassen sich anhand der Grabausstattungen diverse soziale Abstufungen und damit auch soziale Hierarchien von Frauen untereinander feststellen. Frauen bildeten also keine homogene Gruppe; vielmehr war ihre Stellung in der Gemeinschaft sowohl von ihren jeweiligen Geschlechterrollen als auch von ihrem sozialen Status und dem ihrer Familien abhängig. Auch die Gräber von Kindern rücken immer mehr in den Mittelpunkt der Eisenzeitforschung, so haben sich erst kürzlich zwei Kieler Abschlußarbeiten mit Kindergräbern der mitteleuropäischen Eisenzeit beschäftigt. Untersuchungen wie diese vermitteln nicht nur eine Ahnung davon, wie die Hinterbliebenen mit dem Tod von Kindern und Jugendlichen umgingen, sondern auch davon, wie die Sozialisation von Mädchen – d. h. ihre Vorbereitung auf das Erwachsenenleben – abgelaufen sein könnte. Wie können nun die in Gräbern erhaltenen Informationen über Frauen und Mädchen gedeutet werden?

Soziale Hierarchien werden in der archäologischen Forschung anhand von Kriterien wie Kostbarkeit, Häufigkeit und Qualität der

Beigaben definiert. Weitere Hinweise auf die gesellschaftliche Bedeutung der jeweiligen Frauen liefern die Gräber selbst: wieviel Sorgfalt wurde auf ihre Anlage verwendet? Lassen die archäologischen Befunde aufwendige Bestattungszeremonien vermuten oder handelt es sich um nur flüchtig angelegte, unauffällige Grabstätten?

Aussagen zum äußeren Erscheinungsbild von Frauen können in den meisten Fällen nur aufgrund ihrer Schmuckausstattung getroffen werden. Bei günstigen Überlieferungsbedingungen können jedoch auch Kleidung, Haartracht, Körperfülle, Gesichtszüge, körperliche Gebrechen oder Verletzungen erkannt bzw. rekonstruiert werden. Immer wieder diskutiert wird in der archäologischen Forschung, inwieweit Gräber das tatsächliche Leben widerspiegeln oder ob die den Toten mitgegebenen Gegenstände vorwiegend symbolische Bedeutung hatten, deren Sinn uns weitgehend verborgen bleibt. So stellt sich auch die Frage, ob die Trachtausstattung, die wir in den Gräbern finden, eine besondere „Totentracht" war oder ob sie auch zu Lebzeiten getragen wurde. In der Eisenzeit gibt es für beide Möglichkeiten Belege. So weisen z. B. die goldenen Schuhbeschläge aus dem „Fürstengrab" von Eberdingen-Hochdorf, Baden-Württemberg, darauf hin, daß zumindest ein Teil der Ausstattung dieses Mannes erst direkt für die Bestattungsfeierlichkeiten hergestellt wurde. Andererseits zeigen Arm- und Fußringe aus Gräbern häufig Abnutzungsspuren, die darauf hindeuten, daß man sie auch zu Lebzeiten getragen hat.

Hinweise auf soziale Beziehungen von Frauen könnten Mehrfachbestattungen – d. h. die gemeinsame Bestattung zweier oder mehrerer Personen in einem Grab – sein. Sie sind jedoch sehr schwer zu interpretieren. Wir können die Sozialstrukturen prähistorischer Gesellschaften im allgemeinen nicht soweit rekonstruieren, um die Bedeutung solcher Bestattungsbräuche zu erfassen. Mehrfachbestattungen könnten z. B. sowohl Ausdruck gesellschaftlicher Machtverhältnisse als auch enger sozialer Bindungen sein. Sie kommen in allen denkbaren Variationen vor: z. B. als Doppelbestattungen zweier Männer, die in der Forschung oft mit „Gefolgschaftswesen" in Verbindung gebracht werden, Bestattungen einer Frau bzw. eines Mannes mit Kind(ern) oder Doppelbestattungen einer Frau und eines Mannes. In diesem Fall werden die beiden Toten meist als „Ehe"partner gedeutet. Kann archäologisch nachgewiesen werden, daß beide gleichzeitig bestattet wurden, lautet die Interpretation meist „Toten"- oder „Witwenfolge". Dies bedeutet, daß eine Frau ihrem Mann freiwillig oder gezwungen „in den Tod folgte“ und mit ihm gemeinsam bestattet wurde. Für Bräuche dieser Art gibt es zwar historische und ethnographische Belege, doch bleiben uns im Falle der archäologischen Befunde die geistigen Hintergründe verborgen – z. B. in welcher Beziehung die beiden Personen tatsächlich zueinander standen, wer wem „in den Tod folgte“, wieviel Zwang dabei ausgeübt wurde oder ob nicht auch in manchen Fällen der Tod gleichzeitig eintrat. Mehrfachbestattungen von Personen verschiedenen Alters und Geschlechts werden häufig als „Familienbestattungen“ interpretiert. Obwohl teilweise versucht wird, die Deutung von Mehrfachbestattungen mit Hilfe ethnologischer oder historischer Beispiele abzusichern, spielen dabei sicherlich auch unbewußt Vorstellungen der interpretierenden ArchäologInnen über Familienstrukturen bzw. Geschlechterverhältnisse eine Rolle. So hat sich z. B. Gabriele Meixner im Rahmen einer Studie zu „Frauenpaaren“ aus einer feministischen Perspektive heraus auch mit Doppelbestattungen von Frauen auseinandergesetzt. Sie hält es für möglich, daß viele von ihnen früher nicht als solche erkannt wurden, da ohne anthropologische Geschlechtsbestimmung einfach davon ausgegangen wurde, daß es sich um die Bestattung eines Mannes und einer Frau handelte. Daher fordert sie erhöhte Aufmerksamkeit für diesen Aspekt prähistorischer Gesellschaftsstrukturen. Wir können zwar nicht ohne weiteres davon ausgehen, daß gemeinsam bestattete Frauen auch ihr Leben gemeinsam verbracht haben oder feststellen, welcher Art ihr Verhältnis zueinander war. Offenbar waren aber die Beziehungen mancher Personen zueinander so wichtig, daß sie von den Hinterbliebenen durch eine gemeinsame Grablege ausgedrückt wurden.

Bei entsprechendem Erhaltungszustand der Skelette können von seiten der prähistorischen Anthropologie Hinweise auf biologische Verwandtschaft gegeben werden. Dazu werden bestimmte, vererbbare Merkmale an Knochen und vor allem auch an Zähnen herangezogen. Dieses Verfahren wurde u. a. bei einem hallstattzeitlichen Grabhügelfriedhof bei Dattingen im Schwarzwald angewendet, auf dem auch eine Doppelbestattung zweier Frauen gefunden wurde. Eine Verwandtschaftsanalyse ließ sich jedoch gerade bei diesen beiden Frauen wegen der schlechten Erhaltung des Skelettmaterials nicht durchführen.

Gelegentlich finden sich in Gräbern auch Hinweise auf Arbeiten, die möglicherweise von Frauen ausgeübt wurden. Zwar sind häusliche sowie handwerkliche Tätigkeiten auch in Siedlungen belegt. Hier ist es jedoch ungleich schwieriger bis eigentlich unmöglich zu bestimmen, wer diese Tätigkeiten jeweils ausgeführt hat. Solange es keine eindeutigen schriftlichen oder bildlichen Quellen über die Aufgabenbereiche von Frauen und Männern gibt, müssen die Funde aus Gräbern – und hier idealerweise aus anthropologisch geschlechtsbestimmten Gräbern – zur Bestimmung von „Frauen"- oder „Männertätigkeiten" herangezogen werden. Siedlungsfunde, im Grunde die eigentlichen Zeugen des alltäglichen Lebens, sind demnach für unser Thema nicht ergiebig. Bildliche Darstellungen können zwar herangezogen werden, doch sind diese zum einen nicht sehr häufig; zum anderen ist manchmal auch gar nicht mit Sicherheit zu erkennen, ob es sich bei den abgebildeten Personen tatsächlich um Frauen handelt.

Nach diesem Überblick über die Aussagemöglichkeiten archäologischer Quellen sollen nun einige Aspekte des Lebens von Frauen in der vorrömischen Eisenzeit näher behandelt werden. Zu beachten ist dabei allerdings, daß es für die Eisenzeit insgesamt vergleichsweise wenig anthropologische Untersuchungen gibt. Viele der hier vorgestellten Frauen wurden daher nur aufgrund ihrer Grabausstattungen und nicht aufgrund ihrer Skelettreste geschlechtsbestimmt.

Tätigkeitsbereiche von Frauen nach Grabfunden und bildlichen Darstellungen

Ein in der archäologischen Forschung traditionell mit Frauen in Verbindung gebrachter Bereich ist das Textilhandwerk. Spinnwirtel und Webgewichte werden als „typisch weibliche" Attribute aller prähistorischer Epochen betrachtet. Den damit verbundenen Arbeiten oder auch der damit evt. verbundenen gesellschaftlichen Wertschätzung wird meist keine weitere Aufmerksamkeit geschenkt. Dagegen werden die in einigen Männergräbern gefundenen Hinweise auf bestimmte Tätigkeiten, wie Arztbesteck, Schmiede- und Holzwerkzeug oder Waffen, als Attribute des gesellschaftlichen Ranges dieser Männer gewertet. Aber ist diese Sichtweise gerechtfertigt? Schleicht sich hier nicht auch eine sehr moderne Wertung von „Hausarbeit" versus „Gewerbsarbeit" ein?

Zunächst einmal muß darauf hingewiesen werden, daß Spinnwirtel und Webgewichte zwar in eisenzeitlichen Siedlungen, sehr viel seltener jedoch in Gräbern vorkommen. An den Siedlungsfunden

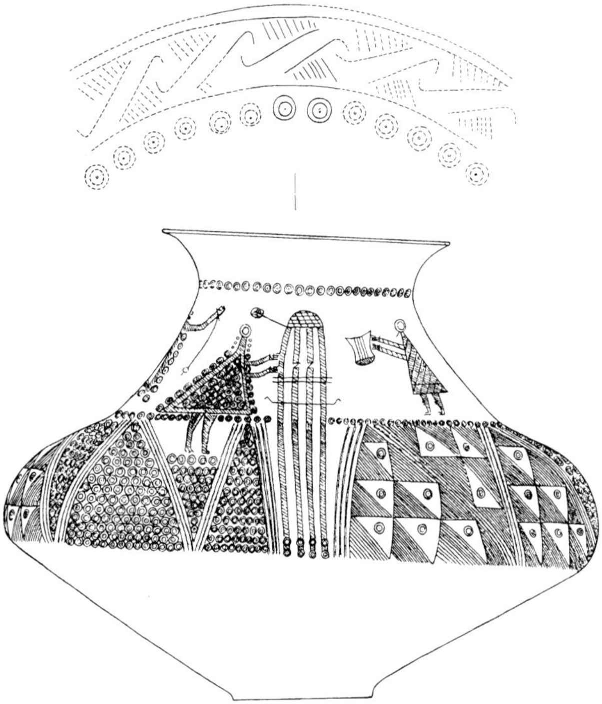

Abb. 2 a. Tonurne von Sopron.

kann jedoch nicht mehr festgestellt werden, wer dort jeweils webte oder spann. Als Grabbeigaben spielen Spinnwirtel nur im Osthallstattkreis eine Rolle, im Westhallstattkreis oder in der Latènezeit jedoch kaum. Zudem sind Spinnwirtel keine ausschließliche „Frauenbeigabe", sondern kommen – zumindest in der Hallstattzeit – auch in Männergräbern vor, wo sie jedoch eher als Amulette oder große Perlen, aber nicht als Spinngerät gedeutet werden. Eine Funktion als glückbringendes oder Unheil abwehrendes Amulett wird aber auch für einzelne Spinnwirtel aus Frauengräbern in Betracht gezogen. So bleibt höchstens festzustellen, daß die Beigabe von Spinnwirteln in eisenzeitlichen Gräbern auf eine entsprechende Tätigkeit hinweisen kann, aber nicht muß.

Die Archäologin Alexandrine Eibner hat sich ausführlich mit der Bedeutung des Textilhandwerkes im Osthallstattkreis beschäftigt. Sie weist darauf hin, daß Spinnwirtel dort offenbar nur Frauen mit einem bestimmten gesellschaftlichen Status ins Grab mitgegeben wurden. Die besondere Bedeutung des Textilhandwerks im Osthallstattkreis wird auch durch bildliche Darstellungen unterstrichen: auf einer Tonurne aus dem Gräberfeld von Sopron in Ungarn ist eine Person abgebildet, die an einem Webstuhl arbeitet; eine zweite hält eine Spindel in der Hand (Abb. 2 a). Weiterhin sind zwei Figuren mit wie zum Gebet erhobenen Armen und ein(e) Leierspieler(in) zu erkennen. Bis auf letztere(n) werden die Figuren aufgrund ihrer Tätigkeiten und auch ihrer Kleidung als Frauen interpretiert. Nach A. Eibner könnte es sich sogar um Göttinnen handeln. Zum Vergleich zieht sie Griechenland heran, wo das Textilhandwerk in jener Zeit eine wichtige gesellschaftliche, wirtschaftliche und auch religiöse Bedeutung besaß. Die Textilverarbeitung war dort vorwiegend Domäne der Frauen der vermögenden Oberschicht. Vor diesem Hintergrund hält sie es für denkbar, daß das Textilhandwerk im Osthallstattkreis eine ähnliche Bedeutung für gesellschaftlich höher stehende Frauen gehabt haben könnte.

Ein Vergleich mit den Verhältnissen in Griechenland erscheint vor dem Hintergrund der kulturellen Beziehungen zwischen den Mit-

Abb. 2 b. Tintinnabulum mit spinnenden und webenden Frauen, Bologna.

telmeerländern und dem eisenzeitlichen Mitteleuropa zwar plausibel. Das Textilhandwerk an sich kann jedoch keineswegs ausschließlich als reine „Frauendomäne" bezeichnet werden. Es gibt durchaus Kulturen, in denen auch bzw. nur Männer web(t)en. So waren selbst in Athen im 5./4. Jahrhundert v. Chr. auch Männer an der gewerblichen Textilherstellung beteiligt. Über das gesellschaftliche Ansehen, das mit dieser Tätigkeit jeweils verbunden war, ist damit zwar noch nichts ausgesagt. Da uns aber schriftliche Quellen fehlen, kann nicht einfach vorausgesetzt werden, daß auch im Osthallstattkreis Spinnen und Weben ausschließlich „Frauensache" war.

Davon abgesehen ist die Deutung der auf der Urne von Sopron dargestellten spinnenden und webenden Figuren als „Frauen" aufgrund ihres Aussehens vergleichsweise spekulativ, wie auch die Archäologin Christine Kleibscheidel betont. Es könnte sich zwar bei manchen der Verzierungen um die stilisierte Darstellung von Kopfschmuck handeln, wie er auch aus Frauengräbern dieser Periode bekannt ist. Aber es ist sehr viel schwieriger, das Geschlecht der abgebildeten Personen am Schnitt, an der Verzierung oder auch an der Länge der Kleidung erkennen zu wollen. A. Eibner stellt der Urne von Sopron zum Vergleich beispielsweise eine kleine Bronzeglocke (ein sog. Tintinnabulum) aus Bologna an die Seite (Abb. 2 b). Die darauf abgebildeten spinnenden und webenden Figuren sind aber allein schon durch ihre Körperform viel eher als Frauen (oder

Abb. 3 a. Darstellungen von Frauen und Männern auf Situlengefäßen.

Göttinnen) erkennbar. Daß Kleidung sehr variabel sein konnte und nicht auf das Muster „weiter Rock = Frau" reduzierbar ist, wird bei einem Vergleich mit den Menschendarstellungen auf hallstattzeitlichen Bronzegefäßen aus dem Ostalpengebiet – sogenannten „Situlen" – deutlich.

Auf diesen Gefäßen sind sowohl Frauen als auch Männer in naturalistisch gestalteten Szenen abgebildet (Abb. 3 a). Gut erkennbar ist die vor allem bei Männern variantenreiche Kleidung, die engere und weitere Gewänder mit oder ohne Gürtel, Umhänge und verschiedene Kopfbedeckungen zeigt. Möglicherweise besteht ein Zusammenhang mit den jeweils dargestellten Tätigkeiten. Die Kleidung von Frauen ist etwas einheitlicher; als charakteristisches Merkmal erscheint ein das Haar bedeckender Schleier. Vor diesem Hintergrund erscheint es fraglich, ob stilisierte Figuren auf Tongefäßen wie der Urne von Sopron aufgrund ihrer Kleidung so eindeutig als Frauen interpretiert werden können. Natürlich können es Frauen (oder Göttinnen) sein, die dort beim Spinnen und Weben abgebildet wurden. Es ist eine sehr plausible Möglichkeit – aber selbstverständlich ist es nicht.

Auf den Situlen werden Frauen hauptsächlich beim Tragen von Lasten und bei Trankspenden gezeigt (Abb. 3 b), wogegen die Tä-

Abb. 3 b. Frauen beim Tragen von Lasten und bei Trankspenden.

tigkeitsbereiche der Männer ungleich vielfältiger dargestellt wurden. Neben lastentragenden und trankspendenden Männern sind Prozessionen bewaffneter Krieger, Boxkämpfer und Festszenen zu erkennen. Ob aber die Tätigkeiten der Frauen mit einer ausschließlich „dienenden Funktion", wie es einmal heißt, angemessen beschrieben sind, sei dahingestellt. Alternativ dazu könnten die Trankspenden evt. eine religiöse Bedeutung gehabt haben und den ausführenden Frauen und Männern möglicherweise eine priesterliche Funktion zugekommen sein. Eindeutig erotische Szenen, die auch auf den Situlen zu sehen sind (Abb. 3 c), werden ebenfalls im Sinne von religiösen Handlungen, im Zusammenhang mit Fruchtbarkeitsriten, gedeutet. Da uns die tiefere Bedeutung der auf den Situlen dargestellten Szenen jedoch verborgen bleibt, könnte es sich ebensogut um „profane" Vorgänge gehandelt haben, etwa um „Gelageszenen" oder Heiratsbräuche. Die daran beteiligten Frauen könnten demnach durchaus eine geachtete gesellschaftliche Position innegehabt haben, genausogut könnte es sich aber tatsächlich um Dienerinnen oder auch Sklavinnen handeln.

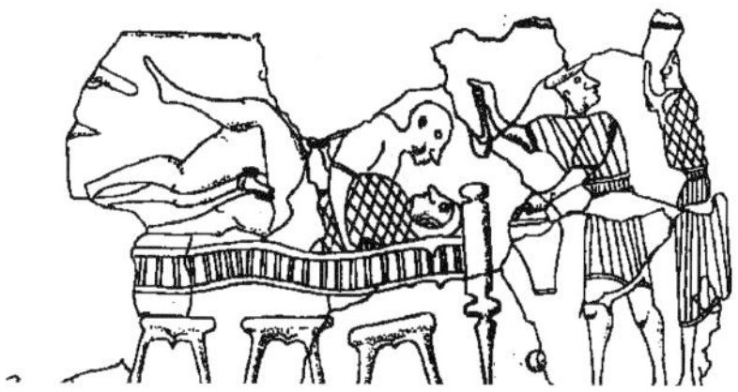

Abb. 3 c. Darstellung einer erotischen Szene auf der Situla von Sanzeno.

Die Vermutung, daß Frauen Aufgaben im religiösen Bereich zu erfüllen hatten, wird in der archäologischen Literatur auch aufgrund bestimmter Grabfunde geäußert. So fanden sich z. B. in zwei reich ausgestatteten Frauengräbern auf dem Dürrnberg bei Hallein in Oberösterreich sog. „Kultstäbe" (Abb. 4). Auf dem Dürrnberg wurde seit der Eisenzeit Salzbergbau betrieben. Neben einer Siedlung, die von der Späthallstattzeit bis in die Spätlatènezeit Bestand hatte, wurden auf dem Dürrnberg über 300 Gräber der Hallstatt- und Latènezeit gefunden. Von den beiden Gräbern mit „Kultstäben" ist eines hallstatt-, das andere latènezeitlich. Obwohl in dem

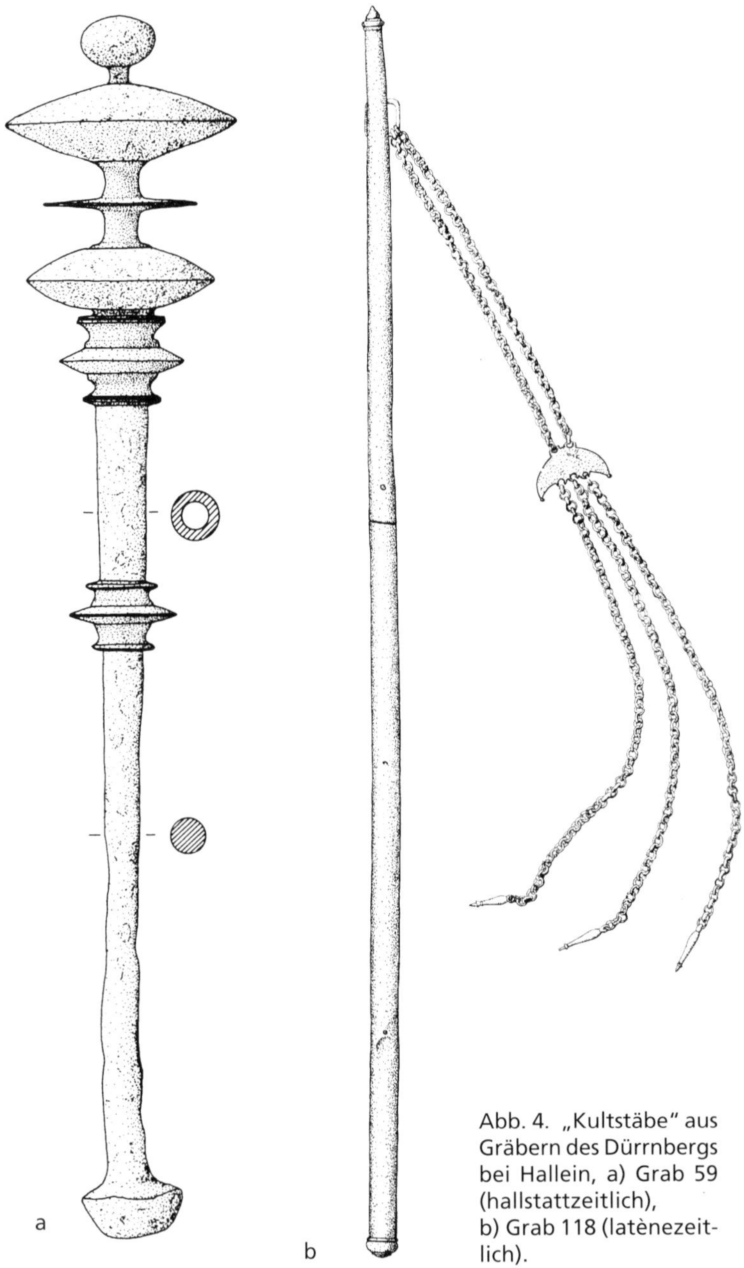

Abb. 4. „Kultstäbe" aus Gräbern des Dürrnbergs bei Hallein, a) Grab 59 (hallstattzeitlich), b) Grab 118 (latènezeitlich).

hallstattzeitlichen Grab der anthropologischen Bestimmung nach eher ein Mann bestattet war, wird es aufgrund der Beigaben als das Grab einer Frau angesehen. Der Bearbeiter Ludwig Pauli deutete die in den beiden Gräbern gefundenen Stäbe als eine Art „Würdezeichen", die eine besondere politische und/oder religiöse Funktion der Trägerinnen angezeigt haben mögen und evt. bei religiösen Feierlichkeiten eine Rolle spielten. Auch der in der späten Hallstattzeit in Vix bei Châtillon-sur-Seine, Ostfrankreich, beigesetzten „Fürstin" wird von manchen AutorInnen aufgrund ihrer Grabausstattung eine priesterliche Funktion zugeschrieben. Diese reiche Frauenbestattung wird weiter unten noch eingehender behandelt.

Ebenfalls aus dem Grab einer Frau am Dürrnberg stammt ein als Schlüssel interpretierter Eisengegenstand. Vielleicht liefert die Beigabe von Schlüsseln einen Hinweis auf die von Frauen ausgeübte „Schlüsselgewalt" über Haus und Hof. Es kann sich dabei aber auch um Schlüssel von Kästchen oder Truhen handeln, die seit der Mittellatènezeit eine charakteristische Beigabe in Frauengräbern darstellen.

Bei der Betrachtung der Rollen und Aufgaben von Frauen in der Eisenzeit ist auch die Frage von Interesse, inwieweit Frauen an den durch schriftliche Quellen zu Genüge bezeugten kriegerischen Auseinandersetzungen teilnahmen. Im Falle der Kelten geben uns die archäologischen Quellen keine Auskunft über die aktive Teilnahme von Frauen an Kämpfen. Weit entfernt vom keltischen Mitteleuropa aber fanden sich in den Steppengebieten von Ukraine, Wolga und Ural zahlreiche Gräber bewaffneter „Kriegerinnen". Die der Kultur der reiternomadischen Skythen und Sauromaten angehörenden Bestattungen stammen aus dem 6. bis 4./3. Jahrhundert v. Chr. Daß diese Frauen tatsächlich gekämpft haben und z. T. auch im Kampf gefallen sind, zeigen die Verletzungsspuren, die man an manchen Skeletten gefunden hat. Interessant ist, daß es dort offensichtlich in allen sozialen Schichten waffentragende Frauen gegeben hat. Es wird daher vermutet, daß es sich bei diesen Frauen nicht um eine eigenständige soziale Gruppe gehandelt hat, sondern daß ein Zusammenhang mit ihrer nichtseßhaften Lebensweise bestand.

Insgesamt entsteht der Eindruck, daß sicher nicht das gesamte Spektrum der von Frauen ausgeübten Tätigkeiten durch Grabfunde oder bildliche Darstellungen repräsentiert ist. Zumindest in den Gräbern der eisenzeitlichen Kulturen Mitteleuropas scheinen eher solche Tätigkeiten symbolisiert zu sein, die mit einem gewissen gesellschaftlichen Rang der jeweiligen Frauen in Verbindung gestanden haben. Keinesfalls sollte daraus auf Frauen aller gesellschaftlichen Schichten geschlossen werden.

Soziale Hierarchien zwischen Frauen anhand von Grabausstattungen

Die archäologischen Quellen deuten sowohl in der Hallstatt- als auch in der Latènezeit erkennbare soziale Unterschiede an. Eine herausragende Fundgruppe stellen die sog. „Fürstinnen- und Fürstengräber" der Späthallstatt- und Frühlatènezeit dar. Da der Begriff „Fürst" zu starke Assoziationen zur mittelalterlichen Feudalgesellschaft hervorruft, wurde häufig versucht, diese Bezeichnung durch neutralere Begriffe wie „Prunkgrab" oder „Adelsgrab" zu ersetzen, was bis heute jedoch ohne nachhaltige Wirkung geblieben ist. Es wird deshalb auch hier von „Fürstinnen- und Fürstengräbern" die Rede sein.

Kostbare Beigaben, aufwendig gestaltete Grabanlagen unter z. T. riesigen Grabhügeln sowie Importe aus Griechenland bzw. Italien, die diplomatische und/oder wirtschaftliche Beziehungen zu den Mittelmeerländern erkennen lassen und damit eine politische Bedeutung der damit bestatteten Personen implizieren – das sind die Kriterien, die ein Grab nach unseren Vorstellungen zu einem „FürstInnengrab" machen. Ganz besonders deutlich läßt sich eine solche, wirtschaftlich und politisch bedeutende soziale Oberschicht im Westhallstattkreis fassen. Aus diesem Gebiet kennen wir befestigte Zentralsiedlungen, sog. „Fürstensitze". Ihnen können jeweils mehrere dieser reich ausgestatteten Bestattungen – in der Mehrzahl allerdings Männer – zugeordnet werden. Anhand der Ausstattung dieser Gräber läßt sich feststellen, daß es offensichtlich auch innerhalb dieser Oberschicht soziale Abstufungen gab, so daß z.B. in Baden-Württemberg regelrecht von „FürstInnengräbern" „erster" und „zweiter Garnitur" gesprochen wird. Vielleicht drückt sich in dieser Abstufung aus, wie groß der Einfluß war, den die Bestatteten zu Lebzeiten besaßen. Zu den wichtigsten späthallstattzeitlichen Fürstensitzen gehören die Heuneburg und der Hohenasperg in Baden-Württemberg und der Mont Lassois bei Châtillon-sur-Seine, Frankreich. Während der frühen Latènezeit verlagerte sich das Zentrum dieser reichen Bestattungen in das Mittelrheingebiet; die „Fürstensitze" des Westhallstattkreises fanden ein z.T. gewaltsames Ende. Über die gesellschaftlichen, wirtschaftlichen und politischen Ursachen dieser Entwicklung kann lediglich spekuliert werden. Möglicherweise hing etwa die in Hunsrück und Eifel nachgewiesene frühlatènezeitliche Eisenverhüttung damit zusammen.

Abgesehen davon, daß es sich in der Mehrheit dieser Bestattungen um Männergräber handelt, wurden die meisten uns heute bekannten hallstatt- und frühlatènezeitlichen „FürstInnenbestattungen" bereits im vorigen Jahrhundert entdeckt, unsachgemäß „ausgegraben" oder schon in der Antike ausgeraubt. Es ist jedoch auch eine nicht unbeträchtliche Anzahl von Frauengräbern dieser Qualität bekannt, daher besteht durchaus die Möglichkeit, in Zukunft noch weitere Bestattungen dieser Art zu finden, mit modernen Mitteln auszugraben und damit auch die Anzahl der reichen Frauenbestattungen weiter zu erhöhen.

In der Mittellatènezeit ist der archäologische Nachweis einer vergleichbaren gesellschaftlichen Oberschicht ungleich schwieriger; die Identifikation entsprechender Gräber wird u. a. durch die nun einsetzende Brandgrabsitte erschwert, bei der nicht nur die/der Tote, sondern ebenfalls Teile ihrer/seiner Grabausstattung auf dem

Scheiterhaufen verbrannt wurden. Erst im letzten Jahrhundert v. Chr., in der späten Latènezeit, kann eine politisch, wirtschaftlich, militärisch und religiöse Oberschicht trotz Brandgrabsitte wieder deutlicher in den Gräbern erfaßt werden, die uns gleichzeitig auch durch die Nachrichten antiker Schriftsteller überliefert ist.

Neben diesen herausragenden, oftmals sehr individuell ausgestatteten Gräbern einer zahlenmäßig kleinen, aber bedeutenden Oberschicht sind auch in den Gräbern der übrigen Bevölkerung sowohl in der Hallstatt- als auch in der Latènezeit soziale Abstufungen erkennbar. Sie lassen sich sowohl anhand der Grabanlagen selber als auch durch Unterschiede in der Beigabenausstattung ausmachen. So können durchaus „vornehme" bzw. „wohlhabende" Frauen von durchschnittlich oder ärmlich ausgestatteten unterschieden werden. Abgesehen davon zeigen sich in Grabbau und Grabausstattungen auch deutliche regionale Gruppierungen. So ist beispielsweise ein Kriterium wie „Reichtum" auch abhängig von der wirtschaftlichen Prosperität und der Bedeutung einer Region. Diese regionalen Unterschiede lassen ebenfalls vermuten, daß sich die Lebenserfahrungen von Frauen während der Eisenzeit unter Umständen deutlich voneinander unterschieden haben. Die nachfolgend aufgeführten Frauenbestattungen aus verschiedenen Regionen und Zeitstufen der Hallstatt- und Latènekultur machen diese Vielfalt deutlich.

Frauen in der Hallstattzeit

Das bekannteste „Fürstinnengrab" der späten Hallstattzeit ist zweifellos das Grab von Vix bei Châtillon-sur-Seine, Côte d'Or, das bereits weiter oben angesprochen wurde. Der Hügel nimmt Bezug auf den späthallstattzeitlichen Fürstensitz auf dem Mont Lassois, in dessen Einzugsbereich sich weitere reich ausgestattete späthallstattzeitliche Grabhügel, ein späthallstattzeitliches Heiligtum, ein bronzezeitlicher Grabhügel mit hallstattzeitlichen Nachbestattungen und ein spätlatènezeitlicher Friedhof befinden.

Die mit ca. 35 Jahren verstorbene „Fürstin" war in einer Grabkammer mit reicher Ausstattung beigesetzt worden. Sie lag auf dem Wagenkasten eines vierrädrigen Wagens, dessen Räder abmontiert entlang der östlichen Kammerwand standen. Das auffälligste der ihr mitgegebenen Schmuckstücke war ein goldener Hals-

Abb. 5. Vergleich einer Frauendarstellung auf einer Situla (links) mit der bronzenen Frauenfigur auf dem Siebdeckel des Kraters von Vix (rechts).

ring mit Kugelenden und kleinen Pegasus-Figuren. In der Nordwestecke der Kammer stand ein großes, 1,64 m hohes Weinmischgefäß, ein sog. Krater, der wahrscheinlich in einer griechischen Werkstatt in Unteritalien hergestellt worden war. Weiterhin enthielt ihr Grab drei etruskische Bronzebecken, zwei griechische Trinkschalen sowie eine Silberschale. Schalen dieser Art wurden im Mittelmeerraum als Gefäße für Trankspenden bei Kulthandlungen verwendet. Es ist möglich, daß die silberne Schale darauf hindeutet, daß die hier bestattete Frau ebenfalls an Kulthandlungen teilnahm. Ein weiterer Hinweis könnte eine auf dem Deckel des Kraters angebrachte bronzene Frauenfigur sein. Die Archäologin Geneviève Lüscher vermutet, daß sie in der ausgestreckten linken Hand einst eine Opferschale hielt und daß es sich – ähnlich wie bei den Situlen – hierbei um die Darstellung einer Priesterin während einer Opferzeremonie handeln könnte (Abb. 5). Auch die in dem nahe gelegenen Heiligtum gemachten Funde könnten dafür sprechen, daß der „Fürstin von Vix" eine besondere religiöse Bedeutung zukam. Im Eingangsbereich des Heiligtums wurden Bruchstücke zweier Kalksteinstatuen entdeckt. Es handelt sich um eine sitzende Frauenfigur mit Halsring und einen sitzenden, bewaffneten Mann. Beiden Statuen fehlte der Kopf, weshalb die Ausgräber ein gewaltsames Ende des Heiligtums am Übergang von Späthallstatt- zu Frühlatènezeit annehmen. Aufgrund der Ähnlichkeit des goldenen Halsringes im Grab der „Fürstin" mit demjenigen der Statue wird vermutet, daß hier möglicherweise die „Fürstin" selbst dargestellt wurde und die Kalksteinfiguren auf einen Ahnenkult hinweisen.

Die Statue von Vix ist bisher die einzige eindeutige Frauendarstellung dieser Art. Ein Ahnen- oder Heroenkult wurde bisher lediglich bei den steinernen Grabstelen vermutet. Diese mehr oder weniger naturalistischen bzw. stilisierten Menschenfiguren waren auf einigen hallstattzeitlichen Grabhügeln aufgestellt (Abb. 6). Bei diesen Grabstelen handelt es sich teilweise eindeutig um Männer, wie etwa bei dem sog. „Krieger von Hirschlanden"; in anderen Fällen kann das Geschlecht nicht festgestellt werden, da die Stelen zu stark stilisiert sind. Die Frau von Vix scheint demnach in mehr als einer Hinsicht außergewöhnlich gewesen zu sein. Es gibt jedoch noch andere bemerkenswerte hallstattzeitliche Frauengräber.

Charakteristisches Merkmal vieler vornehmer Bestattungen ist die Beigabe eines Wagens, wie ihn auch die „Fürstin von Vix" ins Grab bekam. Diese Sitte wird in der Latènezeit weitergeführt, wo-

Abb. 6. Rekonstruktion des hallstattzeitlichen Grabhügels von Ditzingen-Hirschlanden, Baden-Württemberg.

bei es sich dann um kleinere, leichtere, zweirädrige Gefährte handelt, wie sie auch in den antiken Schriftquellen beschrieben werden. Sie wurden u. a. als Streitwagen eingesetzt. In den hallstattzeitlichen Gräbern fanden sich jedoch vierrädrige Wagen. So wurde auf einem hallstattzeitlichen Grabhügelfeld bei Mitterkirchen in Oberösterreich in einem der Hügel die Grabkammer einer Frau mit einem reich verzierten Prunkwagen geborgen, auf dessen Wagenkasten sie bestattet worden war. Auf diesem Friedhof scheinen in der Mehrzahl Angehörige einer gehobeneren Bevölkerungsschicht bestattet worden zu sein. Das gesamte Gräberfeld gehört der Stufe Hallstatt C an. Der Frau aus Mitterkirchen waren neben dem Wagen und einer vergleichsweise reichen Schmuckausstattung eine große Anzahl von Keramikgefäßen sowie große Mengen an Fleisch mitgegeben worden (Abb. 7). In diesem Hügel befand sich noch eine zweite Grabkammer. Dort waren auf einer hölzernen Liege zwei reich ausgestattete Frauen im Alter von ca. 30 und 18 Jahren bestattet. Auch ihnen waren umfangreiche Geschirrsätze und Fleischbeigaben mitgegeben worden. Die ältere der beiden Frauen war u. a. mit einem prunkvollen Mantel bekleidet, auf den unzählige kleine

Abb. 7. Rekonstruktionszeichnung der Grabkammer X/1 aus Mitterkirchen.

Bronzeknöpfe aufgenäht waren. Aufgrund der archäologischen Situation konnte festgestellt werden, daß beide Frauen gleichzeitig bestattet wurden. Ob sie auch beide zur selben Zeit starben und in welcher Beziehung sie zueinander oder auch zu der Frau aus dem Wagengrab standen, kann nicht mehr geklärt werden.

Ähnliche Verhältnisse wurden bei Großeibstadt im bayerischen Unterfranken angetroffen. Hier fanden sich zwei Friedhöfe der Stufe Ha C/D1 in vergleichsweise geringer Entfernung voneinander, auf denen ebenfalls Angehörige einer gehobenen Bevölkerungsschicht bestattet worden waren. Während einer der Friedhöfe ausschließlich reiche Männergräber in großen Grabkammern aufwies, lagen in zwei der sieben auf dem zweiten Friedhof entdeckten, reich ausgestatteten Grabkammern Frauen. Sie waren mit ihrer Schmuckausstattung und Tongeschirr beerdigt worden. Es konnte zwar in beiden Fällen kein Wagen nachgewiesen werden, aber man hatte jeder der beiden Frauen Pferdegeschirr für zwei Zugtiere mitgegeben. Deutlich war auf diesem Friedhof eine Abstufung in der Qualität der Bestattungen zu erkennen. Zwischen den sieben großen, ehemals von Hügeln überdeckten Kammergräbern wurden nämlich einfache, hügellose Brandgräber entdeckt. Eine solche Aufteilung in Hügelgräber und einfache, beigabenarme oder beigabenlose Brandgräber ohne Hügelüberdeckung findet sich häufiger auf hallstattzeitlichen Gräberfeldern. In ihnen werden die Bestattungen der „einfachen" Bevölkerung und/oder von Kindern und Jugendlichen vermutet.

Charakteristisch für die Hallstattzeit und auch noch für die frühe Latènezeit sind Nachbestattungen in bereits bestehenden Hügeln, in denen sich ebenfalls soziale Unterschiede manifestieren. Ein herausragendes Beispiel hierfür ist der Magdalenenberg bei Villingen-Schwenningen in Baden-Württemberg, einer der größten hallstattzeitlichen Grabhügel in Mitteleuropa. Über der bereits in der Antike ausgeplünderten, zentralen fürstlichen Grabkammer war ein Hügel von ursprünglich 10 bis 12 m Höhe aufgeschüttet worden. Kreisförmig um das Hügelzentrum herum waren 126 Gräber angelegt, in denen sich die Überreste von 136, z. T. sehr reich ausgestatteten Frauen, Männern und Kindern fanden. In dem neben der Zentralkammer größten Grab (Nr. 78) des Magdalenenberges war beispielsweise eine ältere Frau mit umfangreicher Schmuckausstattung beigesetzt worden. Direkt darüber befand sich das Grab einer jungen Frau mit eher „bescheidener" Ausstattung. Der Ausgräber Konrad Spindler vermutet, daß hier eventuell eine Herrin und ihre Dienerin bestattet wurden. Zumindest kann ein sozialer Unterschied zwischen diesen beiden Frauen als wahrscheinlich angenommen werden.

Grab 78 und das ebenfalls sehr reich ausgestattete Grab 97 lassen eine weitere interessante Interpretation zu: aufgrund der jeweils weit vom Körper abgespreizten Arme sowie aufgrund des 1,2 m langen Gürtels aus Grab 78 vermutet K. Spindler, daß diese beiden Frauen relativ dick gewesen sein müssen (Abb. 8). Er zieht daraus Schlüsse auf ihren sozialen Status und interpretiert ihre (hypothetische) Körperfülle als Ergebnis „zu guter Ernährung bei zu wenig

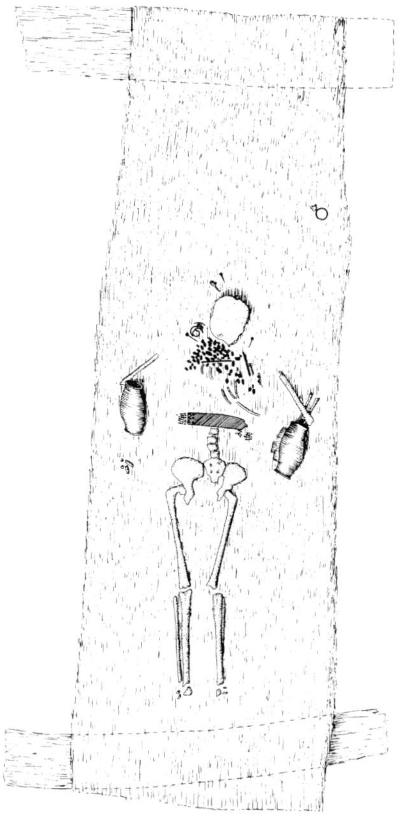

Abb. 8. Magdalenenberg bei Villingen-Schwenningen, Baden-Württemberg, Grab 97.

Abb. 9. Die „Fürstin von Waldalgesheim".

Bewegung". Wenn auch dieser Schluß nicht zwingend erscheint, so ermöglichen diese beiden Gräber doch einen der seltenen Blicke auf die „Körperlichkeit" prähistorischer Menschen, die uns sonst meist verborgen bleibt.

FRAUEN IN DER FRÜHLATÈNEZEIT

Wie bereits erwähnt, verlagert sich das Zentrum der reichen Bestattungen während der frühen Latènezeit von Baden-Württemberg und Ostfrankreich ins Mittelrheingebiet. Dort ist eine unterschiedliche Verteilung reicher Frauen- und Männergräber festzustellen. So kann im Norden zwischen Mosel und Nahe, im Verbreitungsgebiet der sog. „jüngeren Hunsrück-Eifel-Kultur", nur das Latène B1/2-zeitliche Grab von Waldalgesheim, Rheinland-Pfalz, eindeutig als „Fürstinnengrab" angesprochen werden. Die Frau war u. a. mit goldenen Hals- und Armringen, Bronzegefäßen und einem zweirädrigen Wagen bestattet worden (Abb. 9). Frauengräber der Zeitstufe Latène A mit derart qualitätvoller Ausstattung wurden dort bisher nicht gefunden. Südlich der Nahe wurden dagegen mit den Gräbern von Bad Dürkheim und Worms-Herrnsheim, Rheinland-Pfalz, und Reinheim, Saarland, gleich drei extrem reiche „Fürstinnenbestattungen" früherer Zeit erfaßt. Alle drei Gräber enthielten u. a. goldenen Ringschmuck und Bronzegefäße; im Grab von Bad Dürkheim fanden sich ebenfalls Reste eines zweirädrigen Wagens. Die drei Gräber machen ungefähr die Hälfte der bisher in diesem Gebiet entdeckten FürstInnenbestattungen aus.

Diese ungleiche Verteilung sehr reicher Frauengräber erlaubt nach Meinung des Prähistorikers Alfred Haffner vorsichtige Überlegungen zur jeweiligen Sozialstruktur dieser Regionen. Möglicherweise war es für Frauen im südlichen Mittelrheingebiet einfacher, führende Positionen in der Gesellschaft zu erreichen, während dies im Gebiet der jüngeren Hunsrück-Eifel-Kultur fast ausschließlich Männern vorbehalten war. Er vermutet jedoch auch, daß sich die Situation für Frauen gegen Ende der Stufe Latène A dort ebenfalls änderte. So war beispielsweise auf dem Grabhügelfriedhof von Hoppstädten „Hasselt" in Rheinland-Pfalz eine Frau bestattet, die neben mehreren Keramikgefäßen sowie Hals-, Arm- und Beinringen aus Bronze auch einen goldenen Fingerring mit ins Grab bekommen hatte, der sie als Angehörige der Oberschicht ausweist. Der über ihrem Grab aufgeschüttete Hügel war von Kreisgräben und einem Kranz aus Holzpfosten umgeben. Aufgrund von Parallelen zu anderen vorgeschichtlichen Fundplätzen vermutet A. Haffner, daß das Grab dieser Frau möglicherweise ein Ort der Ahnenverehrung gewesen ist. Neben der im Heiligtum von Vix gemachten Beobachtungen wäre dies ein weiterer Fall, in dem die Bestattung einer Frau mit einer Form von Ahnenkult in Verbindung gebracht werden könnte.

Außer dem Grab von Hoppstädten ist eine weitere außergewöhnliche Bestattung der Stufe Latène A aus dem Gebiet der jüngeren Hunsrück-Eifel-Kultur zu erwähnen. Auf dem Hügelgräberfeld von Bescheid „Bei den Hübeln", Rheinland-Pfalz, fand sich die Bestattung eines ca. 8jährigen Kindes. Der Beigabenausstattung nach soll es sich um ein Mädchen gehandelt haben. Ihm war u. a. ein etruskischer Bronzebecher mitgegeben worden, dessen Form bisher nördlich der Alpen unbekannt war. Ein vergleichbares Mädchengrab ist derzeit aus diesem Gebiet unbekannt.

Die beiden Gräber von Hoppstädten und Bescheid könnten am Beginn einer Entwicklung gestanden haben, die es um ca. 330 v. Chr.

der Frau aus Waldalgesheim erlaubte, sich ebenso prunkvoll bestatten zu lassen, wie die Frauen aus Bad Dürkheim, Reinheim und Worms-Herrnsheim etwa ein Jahrhundert zuvor.

Neben den „fürstlichen" und vornehmeren Frauen- und Mädchengräbern der Frühlatènezeit wurden auch im Mittelrheingebiet einfacher ausgestattete Gräber gefunden. Deren Schmuckausstattung unterscheidet sich von dem der „Fürstinnengräber" hauptsächlich in der Qualität des Materials – Bronze statt Gold – und des Dekors, weniger in der Zusammensetzung der Ringgarnituren.

Auf Kontakte dieser mittelrheinischen Oberschicht nach Süden deutet das Frauengrab von Gündlingen im Schwarzwald hin. Hier wurde vor einigen Jahren ein eisenzeitliches Grabhügelfeld entdeckt. Die Frau war in einem Zentralgrab unter einem Hügel bestattet. Ein besonderes Stück ihrer aus Gewandschließen (sog. Fibeln), Arm- und Fußringen bestehenden Schmuckausstattung war ein mit vier bärtigen Männerköpfen verzierter, bronzener Armring. Derartige Ringe sind bisher aus diesem Gebiet unbekannt; die besten Parallelen finden sich in den besagten fürstlichen Bestattungen des Mittelrheingebietes, dort bestehen sie allerdings aus Gold. Aufgrund dieser Ähnlichkeiten wird vermutet, daß auch die Frau von Gündlingen einer Oberschicht angehörte. Außer dem Bronzearmring enthielt ihr Grab jedoch noch weitere interessante Beigaben: neben dem linken Bein fand sich ein Gehänge aus mehreren Stein- und Bronzeanhängern, Bernsteinperlen sowie zwei Hundekiefern. Es wird vermutet, daß es sich bei diesen Gegenständen um Amulette gehandelt hat. Amulette in Form von Anhängern und Perlen zur Abwehr von Unheil, als Glücksbringer oder ähnliches sind v. a. in Kinder-, aber auch in Frauengräbern der Hallstatt- und Latènezeit zu finden. Wie bereits erwähnt, könnten auch Spinnwirtel diese Funktion erfüllt haben.

Im Laufe der Frühlatènezeit wurde die Bestattung in teilweise recht ausgedehnten Flachgräberfeldern, d. h. Gräbern ohne Hügelüberdeckung, üblich. Bekannte Gräberfelder dieser Zeit sind z. B. Nebringen in Baden-Württemberg oder Münsingen in der Schweiz. Herausragende Gräber wie die oben vorgestellten „Fürstinnenbestattungen" finden sich auf diesen Friedhöfen nicht. Trotz des relativ einheitlichen Bestattungsbrauches zeigen sich bei den Beigabenausstattungen der Frauen jedoch auch soziale und regionale Unterschiede. Diese manifestieren sich u. a. in Form und Trageweise der Fibeln oder in der Verwendung eines Halsringes. Die aufgrund des archäologischen Fundmaterials festgestellten regionalen Unterschiede in der Bekleidung mögen stellvertretend für weitere Unterschiede in der Lebensweise dieser Frauen gewesen sein, die wir mit archäologischen Mitteln nicht mehr feststellen können.

Frauen in der Mittel- und Spätlatènezeit

Die in der Mittel- und Spätlatènezeit übliche Sitte der Brandbestattung, bei der die Ausstattung der Toten teilweise auf dem Scheiterhaufen mitverbrannt wurde, erschwert zwar Aussagen über soziale Strukturen erheblich. Trotzdem sind auch aus den archäologischen Funden dieser Zeit Informationen über Frauen zu gewinnen.

So kennen wir, wenn auch in geringerer Zahl als in der vorangegangenen Späthallstatt- und Frühlatènezeit, einige Gräber von Frauen der obersten Bevölkerungsschichten. Aus der Mittellatènezeit ist z. B. das „Fürstinnengrab" von Sinsheim-Dühren, Baden-Württemberg, bekannt, das allerdings nur durch die archäologischen Funde als das Grab einer Frau identifiziert wurde. Der Toten waren u. a. zwei goldene Fingerringe, Fibeln aus Silber, Bronze und Eisen, Glasarmringe und -perlen, ein einheimischer Bronzekessel, mehrere aus Italien importierte Bronzegefäße und zwei Spiegel aus Bronze mitgegeben worden. Spiegel sind eine in vorrömischer Zeit noch sehr seltene Beigabe, die nur Angehörige der Oberschicht als Grabbeigabe erhielten. Der Rang der hier bestatteten Frau wird zusätzlich durch die importierten Gefäße und die Silberfibeln unterstrichen.

Erst in der Spätlatènezeit lassen sich derart reich ausgestattete Gräber mit Berichten griechischer und römischer Autoren in Verbindung bringen. Sie können einer keltischen „Adelsschicht" zugewiesen werden, von der in den antiken Schriftquellen, z. B. bei Caesar, oft die Rede ist. In diesen Schriftquellen werden Frauen jedoch nur selten erwähnt; als politisch Handelnde treten sie – zumindest auf dem keltischen Festland – nicht in Erscheinung. Archäologisch läßt sich jedoch zeigen, daß Frauen offensichtlich, ebenso wie in den vorangegangenen Perioden auch, bedeutende gesellschaftliche Positionen einnehmen konnten.

Bis zur Eroberung Galliens durch Caesar 58–51 v. Chr. bleibt der Wagen als Statussymbol in den Gräbern keltischer Adeliger nachweisbar. Frauengräber mit Wagen aus der Zeit kurz vor den Gallischen Kriegen wurden auf dem spätlatènezeitlichen Friedhof von

Hoppstädten-Weiersbach in Rheinland-Pfalz gefunden. Die hier Bestatteten gehörten dem keltischen Stamm der Treverer an, dessen Siedlungsgebiet laut Caesar zwischen Rhein und Maas lag und Eifel, Hunsrück und Ardennen einschloß. Es scheint sich um einen recht bedeutenden keltischen Stammesverband gehandelt zu haben. Männliche Angehörige des treverischen Adels waren maßgeblich an den Ereignissen während der Caesarischen Eroberung Galliens beteiligt.

Zwei Beispiele für reiche treverische Frauengräber aus der Zeit nach der römischen Eroberung stellen die Gräber aus Wincheringen, Rheinland-Pfalz, und Goeblingen-Nospelt in Luxemburg dar. Die in einer hölzernen Grabkammer bestattete vornehme Frau aus Wincheringen war u. a. mit einem Bronzespiegel, mehreren Fibeln, einer Schere, Messern und den Resten eines geschlachteten Schweins, einem Bronzekessel mit Dreifuß, Resten einer hölzernen Truhe und zahlreichen Keramikgefäßen ausgestattet. Bis vor kurzem war aus dieser späten Zeit kein vergleichbares Frauengrab bekannt. Umso interessanter ist das erst vor wenigen Jahren entdeckte Frauengrab von Goeblingen-Nospelt, in dem eine ähnlich hochgestellte Treverin beerdigt worden war. Die archäologische Untersuchung zeigte, daß sie offenbar eine Position in ihrer Gemeinschaft bekleidet hat, die ihr sogar noch über den Tod hinaus Geltung verschaffte.

Von dem kleinen Adelsfriedhof bei Goeblingen-Nospelt waren bisher nur Männergräber bekannt. Die Gräber dieser Adeligen enthielten nun keine Wagen als Statussymbol mehr, sondern die Ausrüstung von „Reiterkriegern". An der Grabausstattung der vier Männer, die etwa zwischen 50 und 20 v. Chr. bestattet wurden, läßt sich der allmählich zunehmende römische Einfluß auf die einheimische Bevölkerung deutlich erkennen. Das zuletzt entdeckte fünfte Grab ist, den Beigaben nach zu urteilen, das einer Frau. Sie war dort zwischen 20 und 25 v. Chr. in einer Holzkammer unter einem Grabhügel beigesetzt worden. Ihre reiche Beigabenausstattung besteht u. a. aus importierten italischen Metallgefäßen, Keramik, mehreren Fibeln und einem Spiegel. In der Hügelschüttung entdeckte man während der Ausgrabung Opfermünzen, vermischt mit verbrannten Tierknochen. Offenbar war der Verstorbenen dort noch ca. 150 Jahre nach ihrem Tod geopfert worden. Außerdem wurden zwei kleine, tönerne Göttinnenfiguren (sog. Matronen) gefunden. Als die Decke der Grabkammer Mitte des 2. Jahrhunderts n. Chr. unter dem Gewicht des Hügels zusammengebrochen war, hatte man sie in der so entstandenen Vertiefung deponiert. Weiterhin gibt es Hinweise darauf, daß man durch ein großes, in der Hügelschüttung steckendes Gefäß durch den Hügel hindurch Trankopfer dargebracht hat. Hier haben wir möglicherweise neben Vix und Hoppstädten den dritten Hinweis auf einen „Ahnenkult" in Verbindung mit dem Grab einer Frau vor uns.

Doch auch Frauen der übrigen Bevölkerung sind in der Mittel- und Spätlatènezeit auf Brandgräberfriedhöfen repräsentiert, so z. B. auf dem großen Gräberfeld von Wederath im Hunsrück. Hier wurden ca. 2500 Gräber aus der frühen Latènezeit bis zur Römerzeit gefunden. Da dieses Gräberfeld über eine solch lange Zeitspanne hinweg genutzt wurde, läßt sich auch an ihm der unter römischem Einfluß allmählich einsetzende kulturelle Wandel beobachten.

Dieser sich seit der Spätlatènezeit in den archäologischen Quellen manifestierende Kulturwandel betraf nicht von Anfang an alle Bevölkerungsschichten. Vielmehr scheint zunächst die adelige Oberschicht von diesen Kontakten profitiert zu haben, was sich deutlich in den z. T. reich mit Importgegenständen ausgestatteten Adelsgräbern zeigt. Es ist jedoch nicht nur spannend, inwieweit diese „Romanisierung" verschiedene Bevölkerungsschichten in unterschiedlicher Weise betraf, sondern auch, inwiefern sie unterschiedliche Auswirkungen auf Frauen und Männer hatte. Zwar gibt es zu dieser Thematik bereits Untersuchungen, z. B. über Weiheinschriften von Frauen aus dem 1. bis 3. Jahrhundert n. Chr., die andeuten, daß es in der Götterverehrung von Frauen und Männern offenbar Unterschiede gegeben hat. Der Frauen- und Geschlechterforschung bieten sich hier jedoch noch viele weitere Möglichkeiten .

Frauen der keltischen Eisenzeit aus der Sicht griechischer und römischer Autoren

Antike Schriftquellen enthalten insgesamt nur wenig Informationen über keltische Frauen. Gegenüber der Darstellung der „Männerwelt" treten sie stark in den Hintergrund. Wie bei den archäologischen Quellen erfahren wir auch hier mehr über Angehörige der gesellschaftlichen Oberschicht, oder aber der gesellschaftliche Rang der beschriebenen Frauen wird gar nicht erwähnt.

Die meisten Textpassagen, in denen von Frauen die Rede ist, stammen aus der Zeit zwischen dem Ende des 2. Jahrhunderts v. Chr.

und dem 1. Jahrhundert n. Chr. Wir haben also frühestens Aussagen über Frauen der spätlatènezeitlichen Gesellschaft vor uns. Autoren späterer Jahrhunderte griffen z. T. ebenfalls auf Werke dieser Zeit zurück.

Eine der Hauptquellen für die spätlatènezeitliche Gesellschaft sind Caesars Kriegsberichte, „Commentarii de bello Gallico", aus der Mitte des 1. Jahrhunderts v. Chr. Er erwähnt Frauen beispielsweise im Zusammenhang mit politisch motivierten Eheschließungen. Aus seiner Sicht wurden diese Frauen von ihren Brüdern bzw. Söhnen an politische Bündnispartner verheiratet; von einem Mitspracherecht ihrerseits ist dabei nirgends die Rede. Das Selbstverständnis dieser Frauen und ihre Einstellung zu diesen Heiraten ist für uns dadurch nicht nachvollziehbar. In einer weiteren Textstelle beschreibt Caesar die Stellung gallischer Frauen gegenüber ihren Ehemännern: *„Die Männer legen den gleichen Betrag, den sie von ihrer Gattin als Mitgift bekommen, aus ihrem Besitz nach erfolgter Schätzung nochmals hinzu. Diese Gesamtsumme wird gemeinsam verwaltet und der Gewinn zurückgelegt; der überlebende Ehegatte erhält dann beide Teile mit den bisherigen Erträgen."* Diese Textstelle wird oft dahingehend interpretiert, daß den Gallierinnen eine unabhängige Vermögensverwaltung möglich und sie ihren Männern rechtlich gleichgestellt waren. Der direkt daran anschließende Zusatz über die hausherrliche Gewalt des Ehemannes wird dagegen meist weggelassen, was zu einseitigen Interpretationen führt: *„Die Männer haben Gewalt über Leben und Tod ihrer Frauen und Kinder; beim Tod eines Hausvaters aus vornehmer Familie versammeln sich seine Verwandten, und wenn sein Tod Verdacht erregt, unterwerfen sie die Gattin wie eine Sklavin der Folter; findet man sie schuldig, bringen sie diese mit Feuer und allen erdenklichen Qualen ums Leben"* (Caes. Gall. I 53, 4).

In einzelnen, kurzen Passagen werden die Gallierinnen als groß und kräftig oder auch streitlustig beschrieben. Sie waren anscheinend an Kriegsschauplätzen anwesend, so wird z. B. einmal von der Verteidigung einer Wagenburg berichtet, bei der auch Frauen letzten, verzweifelten Widerstand leisteten. Eine direkte Teilnahme von Frauen an Kampfhandlungen ist jedoch nicht nachzuweisen. Von den Gallierinnen wird im Gegenteil berichtet, sie erledigten sämtliche Arbeiten und Aufgaben bis auf den Kriegsdienst, da die Männer es als unmännlich ansähen, Feldarbeit zu leisten. Auch über gallische Herrscherinnen berichten die antiken Schriftquellen nichts.

Im Gegensatz dazu gab es z. B. im 1. Jahrhundert n. Chr. in Britannien zwei Königinnen, Cartimandua und Boudicca, die beide auf unterschiedlichen Seiten in die römische Eroberungspolitik verstrickt waren und Erwähnung in den antiken Texten fanden.

Von Strabo (Strab. IV 4, 3) ist überliefert, daß die Arbeit zwischen Männern und Frauen bei den Kelten genau auf entgegengesetzte Weise verteilt gewesen sei, wie er es aus seiner Heimat kannte. Was er konkret damit aussagen wollte, wird nicht weiter erklärt. Nicht viel deutlicher wird Athenaios in seiner Beschreibung des Goldwaschens bei den Helvetiern: *„Es gibt gewisse Flüßchen, die Goldkörner mit sich führen. Diese werden von Frauen und körperlich schwachen Männern aus dem Sande herausgesiebt, gewaschen"* (Athen. 15). Wollte er damit andeuten, daß diese Arbeit wenig angesehen war? Oder waren es vielleicht SklavInnen oder DienerInnen, die diese Arbeit zu verrichten hatten?

Bisher noch nicht angesprochen wurde der Bereich Frauen und Religion. Caesar beschreibt nur die politisch einflußreichen Druiden, bei denen es sich wohl ausnahmslos um Männer handelte. Über Druidinnen mit vergleichbarem politischen Einfluß berichten die Quellen nichts. Doch gab es z. B. zwei Inseln vor der gallischen Küste, auf denen von anderen Autoren ausschließlich Frauen als Priesterinnen bestimmter Kulte erwähnt werden. Nähere Angaben zu deren sozialer Stellung fehlen jedoch.

Eine Identifikation keltischer Göttinnen in vorrömischer Zeit ist bisher nicht möglich. Gelegentlich werden vereinzelt auftretende Darstellungen von waffentragenden Reiterinnen oder Wagenlenkerinnen auf keltischen Münzen als Abbilder einer keltischen „Kriegsgöttin" gedeutet. Diese Interpretation ist jedoch sehr spekulativ und beruht hauptsächlich auf einem Vergleich mit sehr viel späteren irischen Mythen. Für die gallo-römische Zeit sind die Kulte zahlreicher Göttinnen belegt. Sie wurden entweder allein oder an der Seite eines männlichen Gottes verehrt. Dies allein sagt jedoch wenig über die Stellung von Frauen in einer Gesellschaft aus.

Die hier vorgestellte Auswahl antiker Berichte über Frauen in der keltischen Eisenzeit macht deutlich, wie bruchstückhaft und damit schwer interpretierbar diese Textstellen sind. Es ist schwer, sie mit den Ergebnissen der archäologischen Forschung in Beziehung zu setzen. Man muß sich dabei auch vergegenwärtigen, daß – wie bei allen ethnographischen Berichten – der kulturelle Hintergrund und die Sichtweise des jeweiligen Autors eine wichtige Rolle spielen. So ist es ganz sicher von großer Bedeutung, daß diese Berichte alle von Männern verfaßt wurden, die über Frauen einer ihnen mehr oder weniger fremden Kultur schrieben. Ob sie damit das Selbstverständnis und die Lebenswirklichkeit dieser Frauen tatsächlich erfaßt haben, ist fraglich.

Ausblick

Das Leben von Frauen in der Eisenzeit erscheint vielfältig: In bestimmten Regionen und Zeiten haben einige von ihnen offenbar religiöse Funktionen und damit evt. eine geachtete Stellung innerhalb ihrer Gemeinschaft innegehabt. Ebenso gab es Frauen, die die Position von „Herrscherinnen" oder „Fürstinnen" einnahmen, wobei es hier auf die jeweilige Bedeutung ihrer Stellung ankommt. Die „Fürstin von Vix" kann sicherlich nicht mit einer treverischen Adeligen wie der Frau von Goeblingen-Nospelt oder auch mit einer britischen Königin wie Boudicca verglichen werden. Festzuhalten ist jedenfalls, daß es in jedem Abschnitt der vorrömischen Eisenzeit vornehm ausgestattete Frauengräber und damit Frauen mit einem wahrscheinlich hohen gesellschaftlichen Ansehen gegeben hat. Dies betraf jedoch bei weitem nicht alle Frauen. Obwohl es sich hierbei mit Sicherheit um ein wichtiges Forschungsergebnis handelt, wäre gerade auch eine stärkere Konzentration auf Frauen der anderen Gesellschaftsschichten vonnöten, um ein abgerundetes Bild zu erhalten. Insgesamt bieten sich der Frauen- und Geschlechterforschung noch viele Möglichkeiten, das Leben von Frauen der Eisenzeit zu untersuchen.

Antike Schriftquellen

Caesar (100–44 v. Chr.) Commentarii de bello Gallico (Der gallische Krieg).

Strabo(n) von Amasaia (63 v. Chr.–19 n. Chr.) Geographica, verwendete die Historien des Poseidonius von Apamaia (135–50 v. Chr.).

Athenaios von Naukratis (um 200 n. Chr.) Dipnosophistarum libri (Gelehrtengastmahl), verwendete die Historien des Poseidonius von Apamaia (135–50 v. Chr.).

Literatur

Bittel, K./Kimmig, W./Schiek, S. (1981): Die Kelten in Baden-Württemberg (Stuttgart).

Brandt, H. (1995): Der Topos „Die hohe gesellschaftliche Stellung der keltischen Frau". In: Brandt, H./Fries, J. E./Mertens, E.-M. (Hrsg.), Frauen – Forschung – Archäologie. Bericht über die zweite Tagung des Netzwerks archäologisch arbeitender Frauen vom 23.–24. April 1994 in Tübingen (Münster) 21–52.

Chaume, B./Olivier, L./Reinhard, W. (1995): Das keltische Heiligtum von Vix. In: Haffner, A. (Hrsg.), Heiligtümer und Opferkulte der Kelten. Sonderheft der Zeitschrift Archäologie in Deutschland (Stuttgart) 43–50.

Haffner, A. (1989): Gräber – Spiegel des Lebens. Zum Totenbrauchtum der Kelten und Römer am Beispiel des Treverer-Gräberfeldes Wederath-Belginum. Schriftenreihe des Rheinischen Landesmuseums Trier 2 (Mainz).

Haffner, A. (1992): Die keltischen Fürstengräber des Mittelrheingebietes. In: Hundert Meisterwerke keltischer Kunst. Schriftenreihe des Rheinischen Landesmuseums Trier 7 (Trier) 31–61.

Joachim, H.-E. (1995): Waldalgesheim. Das Grab einer keltischen Fürstin. Kataloge des Rheinischen Landesmuseums Bonn Bd. 3 (Bonn).

Lorenzen, A. (1993): Frauen in keltischer Zeit. In: Dannheimer, H./ Gebhard, R.: Das keltische Jahrtausend. Ausstellungskatalog der Prähistorischen Staatssammlung Bd. 23 (München) 47–53.

Lüscher, G. (1991): Hallstattzeit: Zentren des Reichtums und der Macht. In: Gold der Helvetier. Keltische Kostbarkeiten aus der Schweiz. Ausstellungskatalog des Schweizerischen Landesmuseums (Zürich).

Nebelsick, L. D./Eibner, A./Lauermann, E./Neugebauer, J.-H. (1997): Hallstattkultur im Osten Österreichs. Wiss. Schriftenr. 106/107/108/109 (St. Pölten-Wien).

Prunkwagen und Hügelgrab. Kultur der frühen Eisenzeit von Hallstatt bis Mitterkirchen (1988) Katalog des Oberösterreichischen Landesmuseums N.F. 13 (Linz).

DER TÖNERNE RING VOM VIESENHÄUSER HOF – EIN HINWEIS AUF MEDIZINISCHE VERSORGUNG VON FRAUEN IN DER VORRÖMISCHEN EISENZEIT? *

VON DIANE SCHERZLER

Über die medizinische Versorgung und den Gesundheitszustand von Frauen in der Vorrömischen Eisenzeit weiß man sehr wenig. Überhaupt hat man bis heute nur geringe Kenntnisse über die Medizin dieser Zeit. Schriftliche Quellen, welche diesbezügliche Erfahrungen der Kelten beleuchten könnten, fehlen, so daß archäologische und anthropologische Forschung hierfür die einzige Basis bilden müssen.

Während sich die Fachliteratur eingehend mit Religion, Sozialstruktur, Tracht, Schmuck und Waffen auseinandergesetzt hat, und zahlreiche Arbeiten über Technik, Handwerk und vor allem Grabbrauch geschrieben worden sind, wurden die Skelettfunde, welche die Hauptgrundlage für unsere Kenntnis des damaligen Gesundheitszustandes bilden, immer etwas stiefmütterlich behandelt. Die Zahl der anthropologisch ausgewerteten hallstatt- und latènezeitlichen Gräberfelder ist auch heute noch recht gering.

Vereinzelt zeigen verheilte Verletzungen am prähistorischen Skelettmaterial, daß durchaus von keltischer Chirurgie gesprochen werden kann. So ist beispielsweise aus dem Gräberfeld von Tauberbischofsheim-Impfingen ein Fall bekannt, bei dem ein sehr schwerer Schädelbruch binnen kürzester Zeit steril und medizinisch einwandfrei versorgt wurde, so daß der Patient überlebte.

Einen weiteren Einblick in das damalige medizinische Wissen könnte uns ein Fund aus der Umgebung von Stuttgart ermöglichen,

* Ein vollständiger Abdruck der Arbeit wird in Band 22 der Fundberichte aus Baden-Württemberg (1998) erfolgen.

Abb. 1. Stuttgart-Mühlhausen: Viesenhäuser Hof, Grab 8 – Lage des Skelettes in der Grabgrube.

der zusammen mit ähnlichen Befunden ein neues Licht auf die medizinische Versorgung von Frauen in der Vorrömischen Eisenzeit wirft. Im Rahmen großangelegter Ausgrabungen auf dem Gebiet des Viesenhäuser Hofes, einer lößbedeckten Hochfläche zwischen Stuttgart-Mühlhausen und Kornwestheim, wurde bereits 1982 neben neolithischer auch metallzeitliche Besiedlung nachgewiesen. Zu Beginn der 90er Jahre entdeckte man nun mehrere späthallstattzeitliche Gräber, die alle beigabenlos waren, und deren Fundkontext auf Leichenbeseitigung nach einer Katastrophe (vermutlich einem Brand) hindeutete. Das Skelett des Grabes 8, das den Anstoß zu folgenden Überlegungen gab, lag einige Zentimeter über der Sohle einer noch knapp einen Meter tiefen Grube (Abb. 1). Besonders auffallend war die Lage des Individuums:

Es befand sich in Rückenlage, der Blick war nach Westen gerichtet. Das rechte Bein war aufgestellt. Der Oberschenkel war im Hüftgelenk so stark gebeugt, daß Ober- und Unterschenkel nahezu parallel zueinander ausgerichtet waren. Die rechte Fußsohle stand plan auf dem Boden, die Ferse war vom Beckenausgang gerade noch drei Zentimeter entfernt. Das linke Bein war extrem nach außen abgewinkelt. Auch hier lagen Ober- und Unterschenkel nahezu parallel zueinander.

Der rechte Oberarm lag parallel zur Wirbelsäule; der Unterarm war nach außen abgewinkelt. Der linke Oberarm war nach außen abgewinkelt; der Unterarm war wiederum zum Körper hin angewinkelt. Die linke Hand lag am Brustkorb. Die Finger beider Hände, vor allem die der linken, waren in Richtung der Handflächen stark eingekrallt.

Die ungewöhnliche Lage des gesamten Skelettes ist keinesfalls auf postmortal erfolgte Störungen des Knochenverbandes zurückzuführen, also zum Beispiel auf Grabräuber oder Tiere.

In unmittelbarer Umgebung des Skelettes befanden sich zahlreiche Holzkohlestückchen und größere Bereiche mit angeziegeltem Hüttenlehm. Das Skelett selbst wies keine Verbrennungsspuren auf. Oberhalb des Skelettes durchzogen kompakte Lehmbänder quer die Grube. Darüber war die Grube mit humosähnlichem Material verfüllt.

Das rechte Bein des Skelettes war vermutlich an die Grubenwand angelehnt gewesen. Die Tatsache, daß diese Lage nicht mehr verändert und das linke Bein extrem aus seiner natürlichen Position herausgedrückt wurde, legen es nahe, davon auszugehen, daß die Überdeckung des Leichnams mit Erde kurz nach dessen Einbringung in die Grube erfolgte. Skelett und verbranntes Material wurden rasch mit einer Lehmschicht zugedeckt. Möglicherweise erfolgte die weitere Verfüllung mit humosähnlichem Material erst später.

Zwischen rechtem Oberarm und rechter Hand befand sich ein Stein. Direkt unter der Symphyse (= Schambeinfuge) des Beckens lag ein tönerner Ring (Abb. 2). Im gesamten Umfeld des Skelettes tauchten Tierzähne, grobkeramische Scherben, Hüttenlehm und Steine auf, die vermutlich nicht miteinander in Zusammenhang standen.

Eine genauere zeitliche und kulturelle Datierung des Skelettes erfolgte bislang nur indirekt über die Grubenverfüllung. Das keramische Material läßt auf eine Einordnung nach Hallstatt D oder nach Latène A schließen.

Der eben erwähnte Tonring ist nahezu vollständig erhalten. Die Ringoberfläche ist geglättet und nicht verziert. Es

Abb. 2. Stuttgart-Mühlhausen: Viesenhäuser Hof, Grab 8 – Tonring, M 1:1.

Abb. 3. Le Veuve (Marne) – Tonring, M 1:1.

finden sich keinerlei Spuren, die auf eine ehemalige Aufhängung hindeuten. Der Außendurchmesser des Ringes liegt zwischen 71 und 74, der Innendurchmesser zwischen 37 und 40 mm. Die sogenannte Schnurstärke, also die Dicke des Ringstabs, bewegt sich zwischen 16 und 18 mm. Der Tonring wiegt noch 76,5 g.

Vergleichbare Befunde

Bereits mehrfach waren in späthallstatt- beziehungsweise frühlatènezeitlichen Frauengräbern Süddeutschlands, des Elsasses und des Marnegebietes im Beckenbereich der Skelette tönerne Ringe gefunden worden.

Am längsten bekannt ist der in die Frühlatènezeit datierende Befund von La Veuve (Marnegebiet), der dem eben beschriebenen Befund von Stuttgart-Mühlhausen sehr ähnlich ist. Zu Beginn der 20er Jahre wurde mitten im Becken eines Skelettes ein tönerner Ring entdeckt, dessen maximaler Außendurchmesser 74 mm beträgt. Der Innendurchmesser liegt bei 35 mm. Die Oberfläche des Ringes weist Glättspuren auf. Sein Gewicht liegt bei 122 g (Abb. 3).

Erstaunliche Gemeinsamkeiten finden sich auch bei einem späthallstattzeitlichen Befund aus dem Gräberfeld von Dannstadt (Abb. 5). Das Skelett befand sich in gestreckter Rückenlage. Unterarme und Hände lagen auf dem Becken auf. Der noch erkennbare Holzsarg war mit Knochen oder Geweih beschlagen. An Beigaben fanden sich bronzene Arm- und Beinringe. Der Tonring lag „im Bereich der im Schoß liegenden Hände". Der Außendurchmesser des Dannstädter Tonringes beträgt zwischen 74 und 78 mm. Der Innendurchmesser liegt zwischen 27 und 31 mm. Im Querschnitt ist der Ring rundlich-abgeflacht. Die Schnurstärke bewegt sich im Bereich zwischen minimal 21 und maximal 26 mm. Der Ring wiegt 100 g. An keiner Stelle sind Abnutzungsspuren erkennbar.

Im Hinblick auf ihre zeitliche Stellung, auf die Befundsituation und auf das äußere Erscheinungsbild der Tonringe zeigen die Befunde von La Veuve, von Dannstadt und vom Viesenhäuser Hof offensichtliche Übereinstimmung. Zusam-

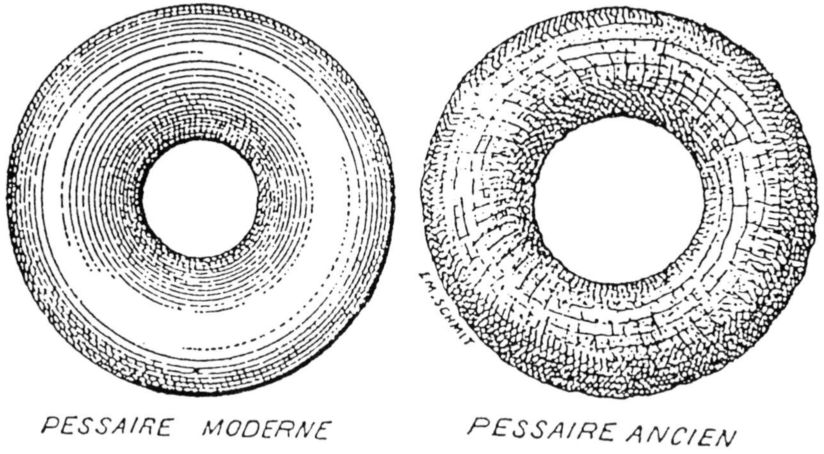

Abb. 4. Le Veuve (Marne) – Tonring und modernes Pessar im Vergleich, kein Maßstab.

men mit anderen Befunden datieren sie in die späte Hallstatt- beziehungsweise in die frühe Latènezeit. Die Tonringe, insgesamt sind es zwölf, lagen ausnahmslos in Gräbern und befanden sich in mehr als vier Fällen mitten im Becken oder in dessen unmittelbarer Umgebung. Die Ringe selbst sind aus Ton, ohne etwaige weitere Ummantelung und haben keinerlei Verzierung.

Bei einigen Ringfunden handelte es sich um Altgrabungen und Lesefunde, deren Fundumstände nicht mehr bekannt sind. Vielfach wurden die Ringe wegen ihres unscheinbaren Äußeren nicht weiter beachtet. Trotz der geringen Anzahl gut dokumentierter Befunde sind doch die Übereinstimmungen so augenfällig, daß eine Zufälligkeit nicht sehr wahrscheinlich ist. Es stellt sich die Frage nach der Bedeutung dieser tönernen Ringe. Im folgenden werden zunächst die bisherigen Ansichten vorgestellt, um dann eine funktional orientierte Deutung, die sich auf einen Vergleich mit modernen, in der heutigen Medizin verwendeten Ringen stützt, auszuführen.

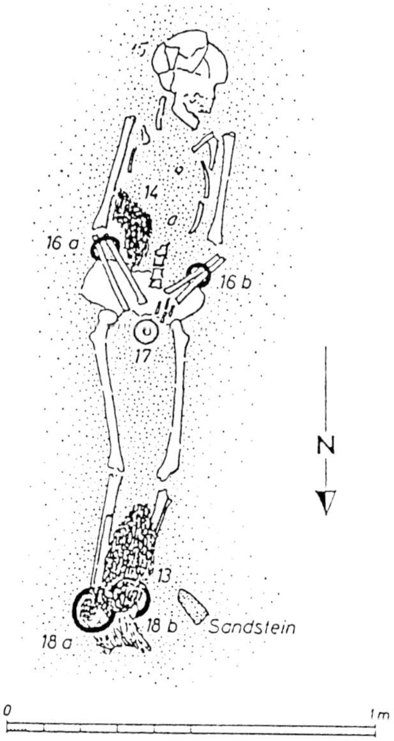

Abb. 5. Dannstadt – Lage des Skeletts und der Beigaben in der Grabgrube.

Die Forschungsgeschichte

In der Juniausgabe des „Bulletin de la Société Archéologique Champenoise“ aus dem Jahre 1926 erschien ein Artikel Emile Schmits, der mitten im Beckenbereich eines Skelettes aus La Veuve (Marne) einen tönernen Ring aufgefunden hatte. Als Apotheker war Schmit medizinisch gebildet und verglich den Tonring mit einem modernen

Pessar in Bezug auf Maße und Gewichte (Abb. 4). In seinen Augen konnte es sich hier nur um ein frühlatènezeitliches Stützpessar handeln. Andere Archäologen griffen diese Interpretation wieder auf, als sie bei Villeneuve-Renneville (Marne) das Grab einer Frau entdeckten, in deren Becken ein tönerner Zylinder lag, der ihrer Auffassung nach ebenfalls nur ein Pessar sein konnte.

In seinen „Untersuchungen zur Späthallstattkultur in Nordwürttemberg" beschrieb Ludwig Pauli 1972 das wiederholte Auftreten durchlochter Gegenstände im Beckenbereich von Frauengräbern. Die bisherige Deutung dieser Gegenstände, so Pauli, *„geht weit an den Realitäten der menschlichen Anatomie vorbei. Selbst wenn man damals in Einzelfällen auf solche absonderlichen Methoden der Empfängnisverhütung verfallen sein sollte, wogegen aber allein die Form und Beschaffenheit dieser Objekte schon spricht, kann eine solche 'Behandlung' nur den Erfolg gehabt haben, daß die Frau daran gestorben ist"*. Pauli ging davon aus, daß die Funktion dieser Gegenstände nicht im realen, faßbaren Bereich gelegen haben könne, sondern daß möglicherweise die Skelette allesamt von im Kindbett verstorbenen Frauen stammten. Drei Jahre später griff Pauli diese Überlegungen wieder auf. Die Zahl der Gräber mit durchlochtem Gegenstand im Becken war mittlerweile auf über acht angewachsen. Auch jetzt deutete Pauli die Gegenstände als Beigaben, die aufgrund ihrer Form und ihrer Lage im Grab keine reale Funktion im täglichen Leben gehabt hätten und *„wohl nur in Verbindung mit der Eigenschaft der Frau als Mutter zu sehen sind"*. Möglicherweise habe es sich um Amulette gehandelt, die man Wöchnerinnen mit ins Grab gegeben hätte. Pauli war sich jedoch klar darüber, mit diesen Gräbern keinesfalls alle im Kindbett verstorbenen Frauen erfaßt zu haben.

1978 war Pauli in seinen Behauptungen schon vorsichtiger geworden. Er sprach jetzt nur noch von Frauen, *„deren Sonderbehandlung irgendwie mit ihrer Eigenschaft als Gebärerin oder Mutter zusammenhängt"*.

Auch Walter Torbrügge war der Überzeugung, die Fundlage der Ringe stünde in Verbindung zu der betreffenden Körperregion, also dem weiblichen Schoß und seiner *„magisch-mythischen Bewertung als besonderer Leibesort"*. Renate Meyer-Orlac führte in ihrer Dissertation Paulis Gedanken zur Amulettbeigabe aus und erwähnte die kleine Gruppe der Frauengräber mit jenen eigenartigen Gegenständen, ohne dieses Phänomen jedoch weiter zu kommentieren. Angelika Sehnert-Seibel ließ sich von Paulis Ausführungen zum Amulettcharakter der durchlochten Gegenstände sogar „überzeugen". Gerd G. Koenig stellte in einem Aufsatz über die merowingische Medizin des südlichen Mitteleuropa auch Betrachtungen über Pessare an. Er wagte die Kombination aller bislang vorgebrachten Deutungen – Prothese und Amulett –, indem er überlegte, ob das Einsetzen von Pessaren in den weiblichen Körper auch magische Hintergründe gehabt haben könnte.

Sowohl unter Studierenden als auch Dozenten waren die „Pessare" Emile Schmits und vor allem die oben zitierte Entgegnung Ludwig Paulis allgemein bekannt. Wie es oft geschieht, wurde der Sache nicht weiter nachgegangen; vielmehr diente sie als Gesprächsstoff für manch heitere Unterhaltung. Jedoch basiert Paulis Erwiderung gegen den von Schmit verwendeten Begriff des Pessars auf einem grundlegenden Fehler: Pauli verstand unter einem Pessar ausschließlich ein Verhütungsmittel und konnte sich eine diesbezügliche Zweckdienlichkeit durchlochter Tonringe und -zylinder nicht denken. Der Terminus „Pessar" stellt aber einen Oberbegriff dar, der neben der Kontrazeption noch andere Funktionen umfaßt, nämlich unter anderem auch die der Korrektur von Lageabweichungen des inneren weiblichen Genitales („Stützpessar"). So wollte ihn Schmit verstanden wissen.

Es stellte sich nun die Frage, ob die Tonringe aufgrund ihrer Maße und ihrer Materialbeschaffenheiten als Stützpessare verwendbar wären, und ob der Befund von Stuttgart-Mühlhausen dies untermauern kann.

Zur Frage der Geschlechtsbestimmung

Für die hier grundlegende Frage nach der Funktion der tönernen Ringe hat die Bestimmung des Geschlechtes besondere Relevanz. Sowohl im Hinblick auf Paulis Deutung wie auch auf eine funktionale Interpretation der Tonringe im Sinne Emile Schmits müssen die jeweiligen Individuen in biologischer Hinsicht weiblich sein.

Es liegen nur das Skelett vom Viesenhäuser Hof und ein Schädel nebst einem Wirbelfragment und wenigen Rippen aus Dannstadt vor. Die Geschlechtsbestimmung der übrigen Skelette erfolgte auf archäologischem Wege, also über die Grabbeigaben und deren Zuweisung zu einem Geschlecht.

Grundsätzlich hat das Geschlecht nicht nur eine biologische, sondern ebenso eine kulturell geprägte Dimension (vgl. Beitrag Kästner). Auch letztere ist eine universal verbreitete, gesellschaftlich bedeutungsvolle Kategorie, die ein vielschichtiges soziales System darstellt. In vielen Völkern müssen biologisches und kulturelles Geschlecht nicht identisch sein. Weiterhin kann sich das soziale Geschlecht einer Person im Laufe ihres Lebens ändern. Archäologische und anthropologische Geschlechtsbestimmung erfassen nun unterschiedliche Aspekte des Begriffes „Geschlecht": Anthropologische Diagnostik klärt die biologische Dimension von Mann oder Frau. Archäologische Geschlechtsbestimmung umreißt das kulturell determinierte Geschlecht. Beide Herangehensweisen können einander ergänzen aber nicht ersetzen.

Im hier vorliegenden Fall ist ausschließlich das biologische Geschlecht von Interesse. Die Geschlechtsbestimmung aller Individuen mit tönernem Ring in der Beckenregion sollte also unbedingt auf anthropologischem Wege erfolgen. Wie oben bereits angeführt, ist jedoch die dafür notwendige Materialgrundlage mehr als spärlich: Sie beschränkt sich auf das Skelett vom Viesenhäuser Hof und wenige Skelettreste aus Dannstadt. Notwendigerweise mußten deswegen archäologische Geschlechtskriterien herangezogen werden, die jedoch gerade hier mit Vorsicht zu betrachten sind.

Zur Geschlechtsbestimmung der Individuen mit tönernem Ring

Das Skelett von Stuttgart-Mühlhausen ist bis auf wenige Fragmente vollständig erhalten. Schädel wie Becken lassen hinsichtlich des *Meatus acusticus internus*, des *Margo supraorbitalis* und der *Incisura ischiadica maior* ebenso wie im Hinblick auf den Gesamthabitus eindeutig auf ein weibliches Individuum schließen.

Aufgrund des Nahtverschlusses am Schädel ist die Frau als frühadult (20 bis 30 Jahre) zu bezeichnen. Zahlreiche krankhafte Veränderungen erschweren allerdings eine präzise und zuverlässige Altersbestimmung. Sicher war das Individuum zum Zeitpunkt seines Todes zwischen 20 und 40 Jahren, wahrscheinlich sogar zwischen 20 und 30 Jahren alt.

In Relation zum Alter der Frau sind degenerative Veränderungen am gesamten Skelett sehr schwer: Arthrosen, Wirbelerkrankungen, Osteoporose und Bandverknöcherungen.

Die stark verkrümmten Schienbeine sowie eine extreme Profilierung der Knochenflächen von Schulterblättern und Darmbeinschaufeln lassen an eine angeborene Wachstumsstörung denken. Dies könnte auch die Schwierigkeiten bei der Altersbestimmung, die ja auf verschiedenen Reife- und Wachstumsindikatoren am Skelett basiert, erklären. Osteophytenbildungen, also von der Knochenhaut ausgehende Knochenneubildungen, legen eine ausgeprägte Bänderschwäche nahe, die vermutlich im Zusammenhang mit der angesprochenen Wachstumsstörung zu sehen ist. Ein Resultat stellen die Arthrosen und krankhafte Veränderungen an der Wirbelsäule dar.

Betrachtet man die pathologischen Veränderungen im Zusammenhang, so kann man neben der Bänderschwäche an eine Systemerkrankung, etwa an eine Osteomalazie (Knochenerweichung), denken. Zystische Veränderungen im Handwurzelbereich können auf ein fortgeschrittenes Stadium der genannten Bänderschwäche hindeuten.

Grübchenartige Veränderungen an den Innenflächen der Schambeine sind als typische geburtstraumatische Veränderungen zu werten. Es handelt sich dabei um Veränderungen der Knochenoberfläche des weiblichen Beckens aufgrund großer mechanischer Belastung während einer Geburt. Ihre Ausgeprägtheit im vorliegenden Fall kann auf eine oder mehrere schwere Geburten zurückzuführen sein, wie sie bei einer Bänderschwäche zu erwarten sind. Die vorliegende Osteomalazie erschwerte eine Geburt zusätzlich.

Der Alltag dieser Frau blieb von ihrer Krankheit nicht unbeeinträchtigt. Sicher litt sie unter Schmerzen in den Gelenken und an der Wirbelsäule. Ihre Bänderschwäche mußte zu andauernden Problemen, wie z. B. Sehnenscheidenentzündungen, führen. Aufgrund der Osteomalazie war das Skelettsystem bei der geringsten physischen Belastung in seiner Statik gefährdet. Einmal gebrochene Knochen konnten nicht mehr richtig heilen, was auch am Skelett zu beobachten ist. Diese Frau litt ständig unter Schwellungen an den Gelenken, ebenso an den Händen. Auf keinen Fall war sie in der Lage, schwere Arbeiten auszuführen.

Aufgrund des Ringfundes geht Schmit beim Grab von La Veuve (Marne) davon aus, daß das Geschlecht der bestatteten Person weiblich gewesen sei. Grabbeigaben erwähnt Schmit nicht. Das Skelett wurde von ihm nicht geborgen. Will man sich nicht der Gefahr des Zirkelschlusses aussetzen, sind somit weder das kulturell geformte noch das biologische Geschlecht des Individuums von La Veuve geklärt.

Vom Skelett aus Dannstadt wurden Schädelteile, Bruchstücke des obersten Wirbels und einige Rippen geborgen. Der Schädel ist heute stark fragmentiert. Aufgrund des Schädelnahtverschlusses und des Zahnzustandes wird das Sterbealter des Individuums zwischen 20 und 30 Jahren gelegen haben. Eine Geschlechtsbestimmung am Schädel führte zu keinem eindeutigen Ergebnis. Um zu einer annähernd zuverlässigen Aussage über das biologische Geschlecht des Skelettes gelangen zu können, wäre es unbedingt notwendig gewesen, auch das Becken aufzubewahren.

Die archäologischen Geschlechtskriterien, nämlich die symmetrisch-beidseitige Trageweise von Bronzearm- und -fußringen, weisen recht eindeutig auf ein weibliches Individuum hin. Aus diesen Gründen scheint es wahrscheinlich, das Dannstädter Grab – wenigstens im Sinne von „kulturellem Geschlecht" – als die Begräbnisstätte einer Frau anzusprechen. Es ist nicht unwahrscheinlich, daß es sich auch in biologischem Sinne um ein Frauengrab handelt.

Leider kann sich nur die Geschlechtsdiagnose des Grabes vom Viesenhäuser Hof auf eine zuverlässige anthropologische Bestimmung gründen. Die anderen Befunde wurden teilweise oder ganz über archäologische Geschlechtskriterien bestimmt.

Kein Befund deutet jedoch mit hinreichender Wahrscheinlichkeit auf ein Männergrab hin. Das läßt an einen Bezug dieser Tonringe zum Geschlecht des bestatteten Individuums denken. Die wiederholte Fundlage mitten im Becken kann als Hinweis auf eine Verbindung zu dieser Körperregion zu werten sein. Im Gegensatz zu Torbrügge und Pauli möchte ich jedoch das weibliche Becken ausschließlich hinsichtlich seiner anatomischen Gesichtspunkte betrachten und untersuchen, ob die tönernen Ringe damit in Zusammenhang stehen könnten.

Die körperliche Belastung von Frauen während der Vorrömischen Eisenzeit

Ebenso wie der Gesundheitszustand der Bevölkerung in der Vorrömischen Eisenzeit wurden in der Forschung Stellung und Rolle der Frau bislang oft nur am Rande behandelt und dazuhin häufig einseitig dargestellt.

Antike Schriftquellen zur physischen Konstitution von Frauen beschreiben diese als sehr kräftig und groß. Jedoch muß davor gewarnt werden, solche Aussagen allzu unkritisch zu übernehmen.

Auf einigen eisenzeitlichen Friedhöfen wurde beobachtet, daß die durchschnittliche Lebenserwartung von Frauen deutlich niedriger war als die von Männern. Dies könnte unter anderem auf das sogenannte „sekundäre Frauendefizit" zurückzuführen sein, also auf ein hohes Sterberisiko von Frauen während Schwangerschaft, Niederkunft und Wochenbett. Die damaligen hygienischen Verhältnisse während der Entbindung mögen für unsere Begriffe sogar akzeptabel gewesen sein (man denke an die eingangs erwähnte schwere Verletzung aus Tauberbischofsheim, deren Heilung eine in keimarmer Umgebung erfolgte chirurgische Versorgung voraussetzte); von einer wirklichen Geburtsleitung, die nicht nur auf Erfahrung, sondern auch auf moderner Medizintechnik basiert, kann jedoch nicht ausgegangen werden. Trotz aller Bemühungen starben zu jener Zeit sicher nicht wenige Frauen unter der Geburt. Ohne fundierte Aussagen über Häufigkeit und zeitlichen Abstand von Schwangerschaften und Geburten machen zu können, glaube ich doch, daß es kaum einer Frau möglich war, nach jeder Entbindung die heute als erforderlich angesehenen sechs bis acht Wochen im Kindbett zu verbringen und sich körperlich zu schonen. Es ist anzunehmen, daß in einer agrarwirtschaftlich orientierten Gesellschaft Frauen ständig sehr hart zu arbeiten hatten und körperlich überlastet waren.

Sicherlich sind dies sehr pauschale Aussagen. Sie sollen jedoch die physischen Bedingungen verdeutlichen, denen Frauen ausgesetzt waren. Im folgenden Abschnitt wird untersucht, welche gesundheitlichen Konsequenzen dies haben mußte. Das Augenmerk richtet sich dabei auf das weibliche Becken, jene Körperregion, in der tönerne Ringe wiederholt gefunden wurden.

Einführung in den medizinischen Hintergrund

Zum besseren Verständnis ist es notwendig, die anatomischen Gegebenheiten und Merkmale der weiblichen Beckenregion, insbesondere die des Genitales, kurz darzustellen. Dessen Lageveränderungen und deren Konsequenzen stellen früher wie heute für sehr viele Frauen ein im Laufe der Jahre immer größer werdendes Problem dar.

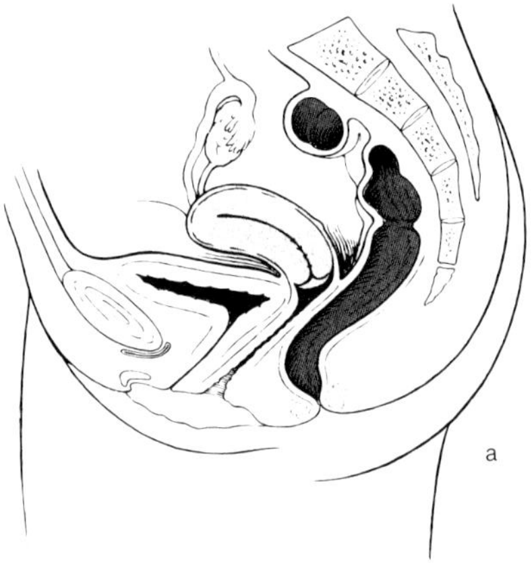

Abb. 6a. Lageveränderung des weiblichen Genitales, Sagitalschnitt durch das Kleine Becken – normale Lage.

Anatomische Grundlagen

Der Einfachheit halber ist das weibliche Genitale hier auf Vagina und Uterus beschränkt. Dessen Lagesicherung, also die Gewährleistung, daß das Genitale sich an der ihm zugedachten Position im Körper befindet, wird durch mehrere, einander ergänzende Systeme gewährleistet (Abb. 6 a):

Dies sind zum einen die Bänder (Ligamente), die für eine den jeweiligen Anforderungen entsprechende Beweglichkeit der Genitalorgane sorgen, sie aber normalerweise immer wieder in die „normale" Ausgangslage zurückbringen.

Weiterhin erfährt das weibliche Genitale aber eine zweite Art der Befestigung, nämlich die Unterstützung durch den Beckenboden, auf dem es aufliegt. Der Beckenboden besteht aus einer Kombination von Muskeln und Bindegewebsplatten. Er hat zum einen die Aufgabe, den Bauchraum nach unten zu verschließen, zum andern aber gleichzeitig den Ausgängen der im Bauchraum gelegenen Organe Durchlaß zu ermöglichen. Bei der Frau kommt eine hohe mechanische Belastung des Beckenbodens bei Schwangerschaft und Geburt dazu. Diese beiden, einander sozusagen entgegengesetzten Aufgaben – Verschluß und Durchlaßfähigkeit – stellen an die Konstruktion des Beckenbodens hohe Anforderungen und erklären auch, warum ein Versagen und die daraus resultierende Lageveränderung des Genitalapparates alles andere als selten sind.

Ursachen der Lageveränderungen

Wird nun das empfindliche Gleichgewicht dieses Haltesystems gestört, kommt es zur Lageanomalie. Deren Ursachen sind ebenso vielgestaltig, wie es die Komponenten sind, welche der Befestigung der Unterleibsorgane dienen. Im wesentlichen können drei Wirkungsmechanismen unterschieden werden: Erstens die Erschlaffung der Ligamente (also des Aufhängeapparates); zweitens kann eine Senkung der Baucheingeweide eine Rolle spielen. Diese können sich infolge einer Bindegewebsschwäche absenken, nach einer Lockerung der Bauchdecken infolge starker Abmagerung, oder aber nach zahlreichen Geburten. Die sich senkenden Eingeweide üben wiederum auf den Beckenboden einen Druck aus. Drittens kann der Senkung des Genitales eine Beckenbodeninsuffizienz zugrunde liegen. Ursächlich für diesen Defekt des Stützapparates sind in erster Linie die Geburtsvorgänge und eine mangelhafte Rückbildung des

Genitales im Wochenbett. So kommt es bei zahlreichen und in zu kurzen zeitlichen Abständen aufeinanderfolgenden Geburten zu Überdehnungen der Beckenbodenmuskulatur. Körperliche Überlastung ist ebenfalls als Ursache von Senkungen anzusehen.

Deszensus und Prolaps

Was geschieht nun genau bei einer solchen Senkung (Deszensus)? Beim weiblichen Genitale sprechen wir dann davon, wenn Teile von diesem weiter nach abwärts sinken, als es ihnen aufgrund ihrer natürlichen Beweglichkeit möglich wäre (Abb. 6 b). Man spricht von einem Vorfall (Prolaps) des Genitales, wenn es sich so weit abgesenkt hat, daß es sich teilweise oder ganz unterhalb des Scheideneingangs befindet, also außerhalb des Körpers liegt (Abb. 6 c).

Das klinische Bild

Die Beschwerden, die Senkungen hervorrufen, sind nicht allein von deren Ausprägungsgrad abhängig, sondern auch vom ganz individuellen Schmerzempfinden der Patientin.

Mit der Senkung des Blasenbodens kommt es unter anderem zu einer Harninkontinenz bei plötzlich auftretenden Belastungen, die mit einer Drucksteigerung innerhalb des Bauchraumes einhergehen. Darunter fallen beispielsweise Husten, Heben, Gehen oder auch Treppensteigen.

Da sich in der abgesenkten Blase immer Urin befindet, sind des öfteren die ableitenden Harnwege entzündet.

Da beim Totalvorfall der sich absenkende Uterus die Vagina vor sich hergeschoben und schließlich nach außen umgestülpt hat, und da die abgesunkenen Organe aufgrund venöser Stauung bis auf Kindskopfgröße angeschwollen sind, *„wird die Scheidenwand verdickt, trocken, lederartig hart ... Sie wird dauernd von Traumen und Schädigungen getroffen, an die sie nicht gewöhnt ist (Herabrinnen des Urins über die vordere Scheidenwand, Scheuern an den Unterkleidern, Reiben an den Oberschenkeln), so daß sich leicht Mazerationen* [Hautaufweichungen]*, Entzündungen, Geschwüre ... und Infektionen herausbilden"*. Diese sind mit starken Schmerzen verbunden, die bei jeder Reibung und damit bei fast jeder Bewegung besonders akut werden. Bei fehlender oder mangelhafter medizinischer Versorgung kann dies alles über Abszesse und eine Blutvergiftung sogar zum Tode der Patientin führen.

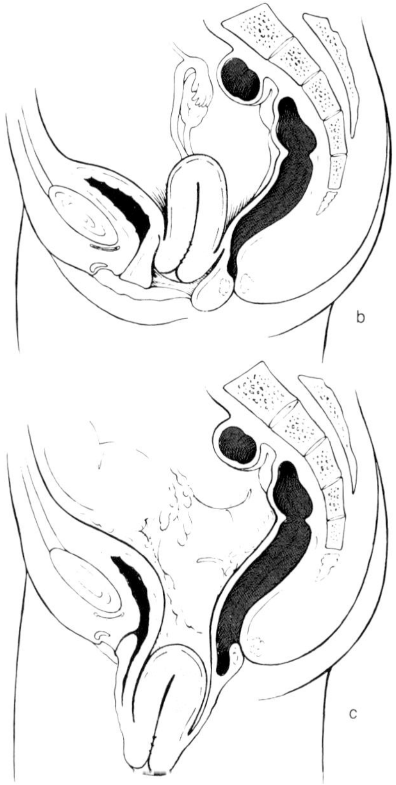

Abb. 6b und c. Lageveränderung des weiblichen Genitales, Sagitalschnitte durch das Kleine Becken – b. beginnender *Descensus uteri et vaginae.* – c. Totalprolaps von Uterus und Vagina.

Häufig werden die Patientinnen in diesem Stadium des Vorfalls aufgrund für sie unerträglicher Schmerzen arbeitsunfähig.

Heutige Behandlungsmethoden

Ein Vorfall oder eine Senkung, die Beschwerden bereitet, werden heute in erster Linie operativ behandelt. Ziel dabei ist es, den ursprünglichen Zustand des Stütz- und Befestigungsapparates wiederherzustellen. Die Vielfalt der Behandlungstechniken wird dominiert von der Uterusentfernung (Hysterektomie) auf vaginalem oder abdominalem Weg, der Straffung der Scheidenwände und gegebenenfalls der Blasenbodenplastik. Überdehnte Muskeln und Bänder werden neu befestigt.

Eine Zeitlang wurde die sogenannte Pessartherapie, die vor der Entwicklung operativer Techniken die einzige Behandlungsmöglichkeit dargestellt hatte, nur noch als Notbehelf und Zusatztherapie angesehen, wenn der Patientin, aus welchen Gründen auch immer, eine Operation nicht zugemutet werden konnte. Begründet wurde jene Haltung damit, daß diese Form der Behandlung nur lindernd wirkt: am zugrunde liegenden Befund ändert sich nichts. Bei entsprechender Fertigkeit leistet die Pessartherapie allerdings Hervorragendes. So wird unter anderem mit ihr die geschwächte Beckenbodenmuskulatur wieder trainiert.

Prolapspessare, meist in Ringform, liegen im Becken leicht schräg, beinahe horizontal, auf dem *Musculus levator ani* auf und stützen sich mit einem Ringsegment auf den *Arcus pubis,* also auf die dem Körperinneren zugewandte Seite des Schambeines (Abb. 7). Die Gebärmutter liegt auf dem Pessar auf. So wird sie rein mechanisch am Absinken gehindert. Das gewählte Pessar darf nicht so klein sein, daß es bei Drucksteigerung innerhalb des Bauchraumes aus dem Körper herausrutscht, aber auch nicht so groß, daß es Beschwerden oder gar Druckgeschwüre hervorruft.

Bei etwa 50% der Frauen, die mehrfach geboren haben, lassen sich im Alter von 30 bis 40 Jahren leichte Senkungsbeschwerden feststellen, die sich im Laufe der Jahre verstärken. Sind diese Frauen 70 bis 80 Jahre alt, so zeigen sich bei nahezu allen Anzeichen einer Senkung der Genitalorgane. Diese Angaben beziehen sich auf ein Land, in dem körperliche Arbeit keine allzu große Rolle mehr spielt (sieht man von den letzten Kriegsjahren und der Nachkriegszeit einmal ab), und in dem der technische Stand der Medizin sehr hoch

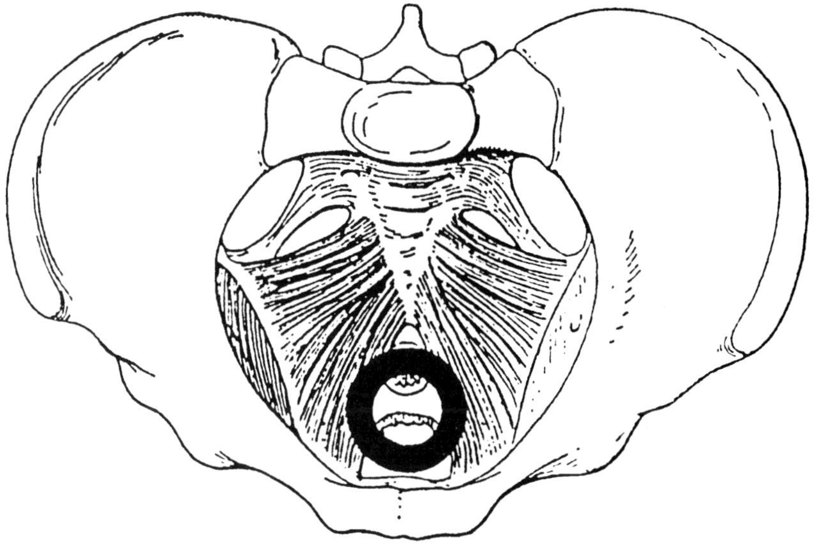

Abb. 7. Auf dem *M. levator ani* aufliegender Ringpessar.

ist. Geburten finden heute nahezu immer im Beisein einer Hebamme und eines Arztes statt. Komplikationen kann meist rechtzeitig begegnet werden.

In der Vorrömischen Eisenzeit war dies nicht so. Vermutlich beschränkte sich Geburtshilfe auf die Erfahrung von Frauen, welche bereits Kinder hatten. Ohne Geburtsleitung mußte die Zahl von Damm- und Scheidenrissen, die Senkungen begünstigen, um ein Vielfaches höher gewesen sein als heute. Ob diese dazuhin fachgerecht genäht werden konnten, ist fraglich. Wenn man weiterhin zahlreiche Entbindungen postuliert, die in relativ kurzem Abstand und ohne hinreichendes Wochenbett erfolgten (und die Frauen darüber hinaus bald nach der Geburt wieder hart arbeiten mußten), so ist davon auszugehen, daß Senkungen des weiblichen Genitales damals recht häufig waren.

Zwischen heute verwendeten Prolapspessaren und den im Becken liegenden, eisenzeitlichen Tonringen sind bereits auf den ersten Blick Ähnlichkeiten offensichtlich, nicht zuletzt aufgrund der übereinstimmenden Lage im Körper. Deshalb werden im folgenden moderne und prähistorische Ringe miteinander verglichen. Schriftliche Quellen sollen im Anschluß daran zu einem Gesamtbild beitragen.

Abb. 8. Porzellanpessar, M 1:1.

DER VERGLEICH MIT REZENTEM MATERIAL: HEUTE VERWENDETE PESSARE

Das Wort „Pessar" bezeichnet in die Scheide bzw. Uterushöhle einzulegende Metall-, Porzellan-, Glas-, Gummi- oder Kunststoffkörper, die hauptsächlich entweder als Kontrazeptivum dienen (gemeint sind Okklusivpessar, Diaphragma, Portiokappe und auch das Intrauterinpessar) oder aber Lageanomalien des inneren Genitales korrigieren sollen. In diesem Zusammenhang – darauf sei nochmals ausdrücklich hingewiesen – sind nur die Stützpessare von Bedeutung, und nur diese werden im folgenden näher besprochen.

Der Vergleich mit heute gebräuchlichem Material erstreckt sich auf das verwendete Material, die Größe und auf das Gewicht der Pessare. Elastische Silikonringe finden im folgenden keine Berücksichtigung, da die tönernen Ringe der Vorrömischen Eisenzeit nicht verformbar sind.

Starre Ringpessare sind heute in den Größen von 50 bis 100 mm Außendurchmesser und einer Schnurstärke von 7 bis 30 mm erhältlich. Die Größenzunahme des Außendurchmessers erfolgt in 5-mm-Schritten, die der Schnurstärke meist in 0,5–1,5-mm-Schritten. Die Innendurchmesser liegen zwischen ca. 22 und 85 mm.

Die heute hergestellten starren Prolapspessare bestehen – von Einzelanfertigungen einmal abgesehen – aus Hartgummi, Porzellan und Glas.

Die Gefahr, daß ein Glas- oder Porzellanring im Körper aufgrund eines Sturzes zerbrechen und der Trägerin innere Verletzungen zufügen könnte, besteht nicht. Die Vorzüge dieses Materials lägen, so beschreibt dies im Jahre 1918 Flatau, in seiner „Unverwüstlichkeit" und „Reizlosigkeit", weswegen man Pessare aus Glas und Porzellan den Hartgummiringen (deren Produktion im ersten Weltkrieg aufgrund des Kautschukmangels eingestellt wurde) auch in Friedenszeiten vorziehen sollte.

Ein Porzellanring trägt die Namenszüge der Firmen Rosenthal und B. Braun, hat einen Außendurchmesser von 70 mm, einen Innendurchmesser von 35 mm, eine Schnurstärke von 17 mm und ein Gewicht von 40 g. Er wurde in Größen von 55 bis 90 mm Außendurchmesser hergestellt und noch bis vor einigen Jahren gefertigt (Abb. 8).

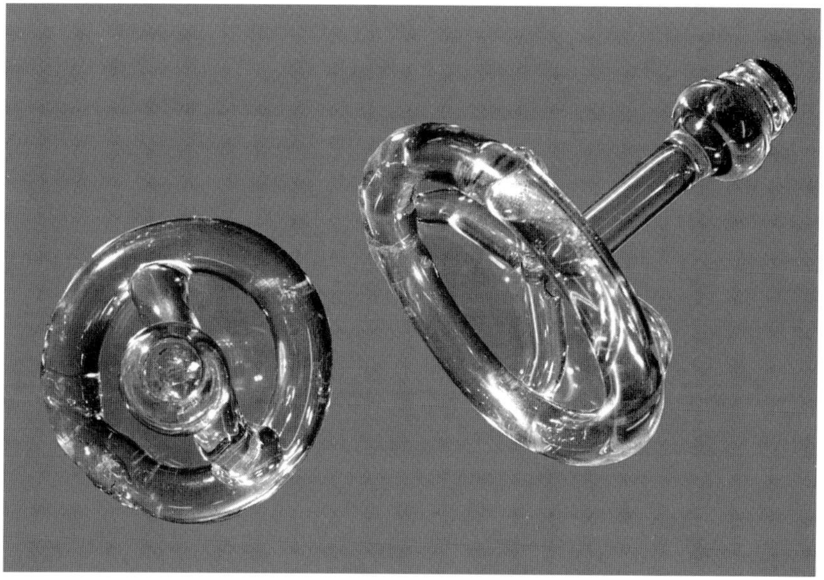

Abb. 9. Glaskeulenpessare, M 1:2.

Ein Glaskeulenpessar (die „Keule" dient dazu, den Ring waagrecht im Körper zu halten und vor dem Verrutschen zu bewahren) hat einen Außendurchmesser von 102 mm, einen Innendurchmesser von 74 mm, eine Schnurstärke von ca. 14 mm und ein Gewicht von 190 g. Glaskeule und Ring sind zusammen ca. 112 mm lang (Abb. 9). Es handelt sich um eine Spezialanfertigung für die Fa. Dr. Arabin. Laut persönlicher Mitteilung von Frau G. Arabin erfordert es erhebliches „handwerkliches Geschick", ein solch großes Keulenpessar in den Körper einzuführen.

Ein Tonkeulenpessar geringeren Ausmaßes findet man noch heute im Repertoire der Fa. Dr. Arabin: Das Pessar ist glasiert. Sein Außendurchmesser liegt bei 62, sein Innendurchmesser bei 42 mm. Die Schnurstärke beträgt 10 in horizontaler und 19 mm in vertikaler Richtung. Mit der Keulenpartie ist das Pessar 65 mm lang; es wiegt 68 g (Abb. 10).

Abb. 10. Keulenpessare aus glasiertem Ton, M 1:2.

Ein handgefertigtes Einzelstück stellt ein glasiertes Tonkeulenpessar (Außendurchmesser: 65 mm, Innendurchmesser: 34 mm, Schnurstärke: 15–19 mm, Gewicht: 118 g) dar, welches in den späten 40er oder in den frühen 50er Jahren dieses Jahrhunderts hergestellt wurde.

Abb. 11. Hartgummipessare, M 1:2.

Hartgummipessare repräsentieren das oben beschriebene Größenspektrum, sind aber deutlich leichter als Ringe aus Porzellan oder Glas. Bei einem Außendurchmesser von 80 mm hat eines dieser Exemplare einen Innendurchmesser von 22 mm und eine Schnurstärke von 28–29 mm. Es wiegt 41,5 g (Abb. 11).

Zusammenfassend kann also gesagt werden, daß der Außendurchmesser starrer Pessare zwischen etwa 50 und 100 mm und der Innendurchmesser zwischen ca. 22 und 85 mm liegt. Die Schnurstärke bewegt sich im Bereich von knapp unter 10 bis etwa 30 mm. Das schwerste der hier genannten Pessare wiegt 190 g.

Die Außendurchmesser der späthallstatt- und frühlatènezeitlichen Tonringe bewegen sich im Bereich von minimal 55 bis maximal 86 mm. Durchschnittlich beträgt der Außendurchmesser 68,6 mm. Der minimale, gemessene Innendurchmesser liegt bei 18, der maximale bei 44 mm. Hier liegt der Durchschnittswert bei 31,4 mm. Das Gewicht liegt zwischen 70 und 142 g (allerdings konnten nicht alle Ringe gewogen werden). Das Durchschnittsgewicht beträgt 100,6 g. Glättspuren waren an drei Tonringen erkennbar. An keinem Ring fanden sich Anzeichen für eine ehemalige Aufhängung oder Verzierung.

Somit unterscheiden sich diese tönernen Ringe hinsichtlich ihrer Maße und ihres Gewichtes nicht von modernen Stützpessaren. Die Oberfläche der prähistorischen Ringe ist allerdings rauher und saugfähig, sofern man von keinem feuchtigkeitsabweisenden Schutzmantel (der sich natürlich nicht hätte erhalten können) ausgeht.

Nach diesen nüchternen Meßwerten sollen im folgenden Abschnitt schriftliche Quellen die Spielbreite von Therapien erfassen, die man (und oft auch „Mann") einem Leiden angedeihen ließ, welches so eng mit weiblicher Intimität verknüpft ist, daß es, sicherlich nicht nur heute, starken Tabus unterliegt.

Schriftliche Quellen

Es mag sich in der Tat so verhalten haben, daß sich das Wissen der Heilkundigen der Vorrömischen Eisenzeit nicht nur aus eigenständiger Tradition generierte, sondern mannigfaltigen Fremdeinflüssen ausgesetzt war, diese aufnahm, den jeweiligen Bedürfnissen entsprechend variierte oder auch ablehnte. An dieser Stelle möchte ich jedoch nicht den Weg etwaigen Wissenstransfers nachzeichnen. Vielmehr soll das zu untersuchende Thema über den Blick in andere, zeitlich und räumlich entfernte Kulturräume zusätzliche Beleuchtung erfahren.

Ludwig A. Emge und R. B. Durfee setzten sich eingehend mit der Behandlung von Senkungen des weiblichen Genitales auseinander. Im folgenden werden ihre Ergebnisse kurz zusammengefaßt:

Bereits im Papyrus von Kahun, der aus der Zeit um 2000 v. Chr. stammt, finden sich drei Hinweise auf den Prolaps weiblicher Genitalorgane. Auch von Kleopatra wurde dieses Leiden beschrieben. Im antiken Griechenland setzten sich zuerst die sogenannten Knidischen Ärzte des 5. vorchristlichen Jahrhunderts eingehend mit Frauenheilkunde und Geburtshilfe auseinander. Euryphon, der Begründer dieser Ärzteschule, behandelte, ebenso wie sein jüngerer Zeitgenosse Hippokrates, einen Prolaps des Uterus mit einem senkrecht stehenden, leiterähnlichen Rahmen, auf den die Patientin mit dem Kopf nach unten gebunden wurde. Dieser Rahmen wurde von Helfern drei bis fünf Minuten lang auf und ab bewegt. Man glaubte, daß sowohl durch die Schwerkraft als auch durch die Schüttelbewegung die prolabierten Organe reponiert würden. Weitaus verbreiteter war jedoch das Blockieren der Vagina durch Schwämmchen

Abb. 12. Hippokratische Methode der Prolapstherapie.

oder halbierte Granatäpfel. Diese mechanischen Barrieren sollten den Uterus und alle anderen beteiligten Organe am weiteren Absinken hindern.

Soranos von Ephesus, um 100 n. Chr. Arzt in Rom, verfaßte das antike Standardwerk über Gynäkologie. Mit ihm hat die antike Frauenheilkunde Höhepunkt und Abschluß erreicht. Sein Werk diente der Medizin im Mittelalter und in der Renaissance als Grundlage. Soranos schlug laut Emge und Durfee vor, die Patientin bei reduzierter Nahrungs- und Flüssigkeitsaufnahme mit zusammengebundenen Beinen und dem Kopf nach unten aufzuhängen (Abb. 12). Führte diese Prozedur nicht zum gewünschten Erfolg, wurde der Uterus massiert und das Aufhängen wiederholt. Die Oberschenkel blieben über einen Zeitraum von drei Tagen zusammengebunden. Die Patientin hatte im Bett zu bleiben, ihr wurden Abführmittel und ein in adstringierende (= zusammenziehende) Flüssigkeit getauchter Tampon, der den Uterus an seinem Platz halten sollte, verabreicht. Weitere therapeutische Maßnahmen stellten Sitzbäder in warmem Wein, zahlreiche Medikamente und die Phlebotomie, also das Durchtrennen von Venen, dar. Operative Methoden nahm Soranos nur dann zu Hilfe, wenn der Uterus bereits abgestorben war. Er betonte, daß dadurch das Leben der Patientin nicht bedroht sei.

Nach Emge und Durfee fand die erste vaginale Hysterektomie (Gebärmutterentfernung) zu Beginn des 16. Jahrhunderts statt: Mit einem kräftigen Faden schnürte J. Berengario da Carpi den prolabierten Uterus ab, der im Laufe von Tagen an dieser Stelle immer dünner wurde bis er durchtrennt werden konnte. Der Stumpf wurde mit einer Mischung aus Wein, Honig und Aloe behandelt. Einige Jahre später empfahl der Lindauer Arzt Caspar Stromayr, daß die bislang als mechanische Barrieren verwendeten eng zusammengerollten, in Wachs getauchten und mit Öl oder Butter bedeckten Schwämme durch Granatäpfel ersetzt werden sollten – eine Methode, die bereits in der Antike angewendet worden war. Gegen Ende des 16. Jahrhunderts erfand Ambrose Paré ovale Stützpessare aus Messing und aus gewachstem Kork. Kurz darauf kam von R. de Castro der Vorschlag, den gesenkten Uterus mit glühendem Eisen zu „erschrecken“, so daß sich dieser von selbst an seinen ursprünglichen Platz zurückzöge.

Nach V. J. Brøndegaard tranken im Norwegen des vergangenen Jahrhunderts Frauen mit gesenktem Uterus einen Absud aus Beifuß *(Artemisia vulgaris)*, dessen Samen oder Blüten man in Bier oder Branntwein gesotten hatte. Überhaupt sei seit dem Altertum unter allen Heilpflanzen der Beifuß „das Kraut der Frauen“.

Am Ende des 18. bzw. zu Beginn des 19. Jahrhunderts verfaßte Johann Gottlob Bernstein eine Lehre des chirurgischen Verbandes, in der er Pessare, die auch als Mutterkränze oder Mutterringe bezeichnet wurden, wie folgt definiert: *„Ein Mutterkranz, Mutter-*

ring ... ist ein aus verschiedenen Materien, als Gold, Silber, Elfenbein, Drath, Holz, Schwamm, Horn, Haaren, Sohlenleder, Leinwand, Kork, Fischbein etc. verfertigter, und zuweilen mit Wachs oder Firniß überzogener Körper ...“ „Am häufigsten werden [die Pessare] *... gegenwärtig von Buxbaum, Birnbaum oder anderem Holz, auch von Kork verfertigt, und mit Wachs oder Firniß überzogen“.* Zu diesem Zweck tauchte man die Kork- und Holzpessare entweder mehrfach kurz *„in eine Mischung, die aus 9 Theilen Wachs und 1 Theil feinem durch ein seidnes Tuch gestäubten Gips besteht“* ein oder ließ sie in diesem Gemisch so lang sieden, bis sie sich vollgesaugt hatten. Bernstein schreibt weiter: *„Ohne diesen Ueberzug schwellen* [die Pessare] *... leicht an, faulen, und sind in der Folge beschwerlich ...“* Diese Methode wurde auch schon im 17. Jahrhundert angewendet.

Daß die Materialien, aus welchen die Pessare hergestellt wurden, nicht immer den an sie gestellten Anforderungen gerecht wurden, zeigt ein Bericht J. M. Kiferles, damals „Wundarzt in Binsdorf“. Kiferle klagt über die Ringe, die *„ein gewisser Bandagist“* angefertigt habe: *„Diese bestehen aus einem je nach der Form des Kranzes* [= Ringes] *zusammengenähten Stücke Wollentuch, welches auf der Aussenseite mit schwarzem Oelfirniss überzogen ist, so daß es den Anschein des Federharzes hat, das Innere ist mit Wolle oder Kälberhaaren ausgestopft.“* Ein solches Fabrikat zersetzt sich binnen kurzer Zeit im Körperinneren. Kiferle rät deswegen dringend von jeder weiteren Verwendung ab. Weiterhin schreibt er: *„Mutterkränze* [= Prolapspessare] *aus Kork sind jenen aus Gyps auch nachzusetzen, weil sie vermöge ihrer Porosität (gleichviel ob sie mit Wachs überzogen sind oder nicht) Feuchtigkeiten auch in sich aufnehmen und so mit der Zeit verderben. Diejenigen aus Gyps verdienen daher vor allen andern den Vorzug, sie sind compact und dabei nicht schwer ...“* Der Gips werde *„in zerflossenes weisses Wachs getaucht, überdiess wird noch ein Firniss dünn aufgetragen“.*

Während des gesamten letzten Jahrhunderts wurden neben den eben beschriebenen Ringpessaren auch Bällchen aus Flachsfasern, Äpfel und Kartoffeln verwendet. Dies kam in Deutschland noch während des Zweiten Weltkrieges vor.

Dieser Abschnitt sollte verdeutlichen, mit welch unglaublicher Phantasie (und nur zu oft auch Grausamkeit) einer Senkung des weibliches Genitales begegnet wurde. Alle geschilderten Versuche, diesem Leiden anders als mittels mechanischer Blockaden beizukommen, waren für die betroffenen Frauen mit großen Qualen verbunden und, von den Ergebnissen der frühneuzeitlichen Operationen abgesehen, auch mehr oder weniger wirkungslos. Die naheliegende Idee, die prolabierten Organe mittels eines in den Körper eingeführten Gegenstandes an ihrem Platz zu halten, taucht wiederholt auf. Bei der Auswahl dieser Dinge hinsichtlich ihres Materials wurden kaum Grenzen gesetzt. Auch wenn diese „Pessare" hinsichtlich ihrer Trageeigenschaften und hygienischen Bedingungen oft alles andere als optimal waren, verursachten sie doch deutlich weniger Beschwerden, als ein untherapierter Prolaps.

Der Großteil aller hallstatt- und latènezeitlichen, in Süddeutschland, dem Elsaß und dem Marnegebiet gefundenen Tonringe stammt aus Körpergräbern der Späthallstatt- und Frühlatènezeit. Mehrfach lagen diese in der Beckenregion von Skeletten, die im Hinblick auf ihr biologisches Geschlecht wiederholt überzeugend als Frauen bestimmt werden konnten.

Ein Befund aus dem Kanton Bern soll an dieser Stelle verdeutlichen, daß trotz all dieser Gemeinsamkeiten keinesfalls simpel verallgemeinert werden darf und ähnliche Befunde durchaus anders zu interpretieren sein können: Ein Tonring stammt aus Grab 6 des Latènegräberfeldes von Münsingen-Rain (Schweiz). Er ist graubraun und quarzgemagert. Der Außendurchmesser beträgt 32–36 mm, die Schnurstärke liegt zwischen 10 und 13 mm. Nach Frank R. Hodson lag er zwischen dem rechten Unterarm und dem Becken eines jugendlichen Frauenskelettes. Für eine prothetische Funktion im Sinne dieser Arbeit ist der Tonring zu klein. Heute verwendete Prolapspessare haben Außendurchmesser von mehr als 50 mm. Jedoch wäre eine den Durchmesser vergrößernde Umwickelung des Ringes aus organischem Material denkbar. Im Hinblick auf das jugendliche Alter des bestatteten Individuums ist es gleichzeitig aber unwahrscheinlich, daß ein Vorfall des weiblichen Genitales, der die Verwendung eines Pessars notwendig gemacht hätte, vorlag. Vermutlich hatte der Tonring aus Münsingen-Rain eine Funktion, die von der in dieser Arbeit versuchten Interpretation abweicht. J. Wiedmer hält den Ring für einen Bestandteil des Gürtelbesatzes, während Steffi Martin-Kilcher von einer Perle ausgeht. Pauli hält den Ring für ein Amulett.

Dieser Befund soll keineswegs die Gleichartigkeit der in dieser Arbeit wesentlichen Befunde relativieren. Ein Ring ist keine so außergewöhnliche Form, daß er nicht zu verschiedenen Zwecken zu gebrauchen wäre. Vielmehr sollte darauf aufmerksam gemacht werden, daß bei allen Übereinstimmungen und Ähnlichkeiten nie leichtfertig interpretiert werden darf, sondern vielmehr alle Aspekte der vorliegenden Sachlage im Auge behalten werden müssen.

Es stellt sich nun die Frage, wie plausibel eine Funktion der späthallstatt- und frühlatènezeitlichen Tonringe als Stützpessare ist, und ob der Befund vom Viesenhäuser Hof diese Hypothese untermauern kann.

Die Interpretation der Befunde mit tönernem Ring

Der Befund von Stuttgart-Mühlhausen unterscheidet sich in zweierlei Hinsicht von den bislang bekannten Befunden, nämlich zum einen im Hinblick auf die krankhaften Veränderungen des Skelettes und zum anderen hinsichtlich seiner besonderen Befundsituation.

Auffallend am Skelett des Viesenhäuser Hofes sind neben der Bänderschwäche die geburtstraumatischen Veränderungen, die auf mindestens eine schwere Entbindung zurückzuführen sind. Damit liegen zwei schwerwiegende Faktoren vor, welche die Senkung von Genitalorganen begünstigen.

Aufgrund der Tatsache, daß sich in der unmittelbaren Umgebung der hallstattzeitlichen Gräber Reste einer Brandschicht fanden, mag man beim Grab 8 des Viesenhäuser Hofes an eine aus rein hygienischen Gründen motivierte Leichenbeseitigung denken. Nimmt man das an, ist es meines Erachtens unwahrscheinlich, den Tonring, der neben einem Stein und wenigen Keramikfragmenten den einzigen, direkt bei dem Skelett befindlichen Gegenstand darstellt, als Amulett anzusprechen, wie es Ludwig Pauli in anderen Fällen getan hat, auch wenn dies grundsätzlich nicht ganz auszuschließen ist. Meinem – natürlich höchst persönlichen – Empfinden vom Umgang mit Verstorbenen folgend, kann ich es mir allerdings nur schwerlich vorstellen, eine Tote erst in eine Grube zu werfen, so daß ihr Körper eine grotesk anmutende Position einnimmt, und ihr im Anschluß daran ein Amulett auf das Becken zu legen. Daß der Tonring zufällig in die Grabgrube geraten sein soll, ist wegen der Zahl vergleichbarer Befunde ebenfalls kaum wahrscheinlich. Aufgrund fehlender Abriebspuren ist nicht von einer direkten Aufhängung, ob am Hals oder am Gürtel, auszugehen. Eine Interpretation als Arm- oder

Fußring ist wegen der zu geringen Innendurchmesser dieses und auch aller anderen Ringe abzulehnen.

Der Tonzylinder aus Villeneuve-Renneville unterscheidet sich in seiner Form deutlich von den tönernen Ringen. Gleichwohl könnte auch er als Stützpessar verwendet worden sein: Johann Gottlob Bernstein beschrieb zylindrische Pessare, die im späten 18. und frühen 19. Jahrhundert bei der Therapie von Senkungen des weiblichen Genitales Verwendung gefunden hätten. Es habe sich um „kanalförmige", also um durchbohrte Zylinder gehandelt; somit hatten diese eine dem Tonzylinder aus Villeneuve-Renneville ähnliche Form. Nach Auffassung von Frau G. Arabin ist in diesem Fall ein gut erhaltener Beckenboden, auf dem der Zylinder aufsäße, vorauszusetzen.

Hinsichtlich ihrer Form, ihrer Größe und ihres Gewichtes eignen sich die Tonringe hervorragend als Stützpessare. Die Lage des Tonringes von Stuttgart-Mühlhausen, der sich genau unter der Symphyse befand, entspricht ebenso wie die Lage der Ringe von La Veuve, Dannstadt und Villeneuve-Renneville exakt der Positionierung moderner Stützpessare.

Wie oben bereits ausgeführt, können die Tonringe im Körper nicht zerbrechen, auch nicht beim Sturz der Trägerin. Es wäre durchaus vorstellbar, daß die Ringe nicht nur geglättet wurden, sondern auch eine Ummantelung, z. B. aus Wachs, dazu diente, die Tragebedingungen zu verbessern bzw. zu verhindern, daß sich der Ring allzu schnell mit Körperflüssigkeit vollsaugte.

Man darf nicht davon ausgehen, daß die Tonringe, sollten sie denn tatsächlich als Pessare verwendet worden sein, zu keinen Komplikationen geführt hätten. So könnte die trotz allem nicht völlig glatte Oberfläche Reizungen des umliegenden Gewebes verursacht haben. Das wäre jedoch weitaus erträglicher gewesen, als die Beschwerden, die ein untherapierter Prolaps hervorrufen kann. Wie aus den Schilderungen vergangener Jahrhunderte zu ersehen ist, mußten Frauen in der Hoffnung auf Linderung ihrer Erkrankung große Strapazen auf sich nehmen, die vielfach nicht zum gewünschten Erfolg geführt haben konnten. Ein Tonpessar hätte bei vergleichsweise erträglichen Beschwerden die Lebensqualität der erkrankten Frauen deutlich verbessert.

Nach Abwägung aller Argumente halte ich eine Funktion der tönernen Ringe als Stützpessare für durchaus möglich. Wenn man bedenkt, daß mit Sicherheit eine große Zahl von Frauen unter

Senkungen der Genitalorgane zu leiden hatten, ist es sogar zu erwarten, daß nach Möglichkeiten gesucht wurde, die Abhilfe schaffen konnten. Keinesfalls kann mit den wenigen Tonringen die erwartungsgemäße Gesamtzahl aller Pessare erfaßt sein. Vermutlich bestand die Mehrzahl der Stützpessare aus organischem Material, wie etwa aus Holz, das sich im archäologischen Befund nicht erhalten konnte.

Das Auftreten solcher Befunde ist räumlich wie zeitlich begrenzt: Möglicherweise ließe sich dies durch das Verschwinden oder den Wandel von medizinischem Wissen in Laufe der Latènezeit erklären.

Die Zahl der anthropologisch untersuchten Friedhöfe der Vorrömischen Eisenzeit ist bislang viel zu gering, um absolute Aussagen über die Verbreitung von Krankheiten und über die Spannbreite der medizinischen Erfahrung der damaligen Bevölkerung treffen zu können. Dazu kommt, daß aufgrund neuer diagnostischer Methoden und Untersuchungstechniken viele Arbeiten der letzten Jahrzehnte veraltet sind und das Skelettmaterial dringend einer – zugegebenermaßen arbeitsaufwendigen – Neubearbeitung bedürfte. Es lassen sich jedoch bereits ein Grundwissen der damaligen Bevölkerung um die Anatomie des menschlichen Körpers und ärztliches Handeln festmachen, sei es an Trepanationen (Schädelöffnungen), an verheilten Schlagverletzungen oder eben an Pessaren.

Es ist zu wünschen, daß der Prähistoriker, der sich auf der Suche nach dem befindet, was den Menschen in vergangenen Zeiten ausgemacht hat, seinen Blick nicht auf Kunst, technische Fertigkeiten oder Handelsverbindungen beschränkt, sondern sich auch dem zuwendet, was dem Individuum unmittelbar zugrunde liegt: seine körperliche Existenz.

Literatur

Bernoth, E./Link, M./Weise, W. (1984): Gynäkologie: Differentialdiagnose und Klinik (Basel/München/Paris/London/New York/Tokyo/Sydney).

Bernstein, J.-G. (1798): Systematische Darstellung des chirurgischen Verbandes sowohl älterer als neuerer Zeiten (Jena).

Czarnetzki, A. (1981): Populationsunterschiede in der Hallstattzeit Südwestdeutschlands. Fundberichte aus Baden-Württemberg 6, 159–165.

Emge, L. A./Durfee, R. B. (1966): Pelvic Organ Prolapse: Four Thousand Years of Treatment. Clinical Obstetrics and Gynecology 9, 997–1032.

Kaiser, R./Pfleiderer, A. (1989): Lehrbuch der Gynäkologie. 16. überar. Aufl. (Stuttgart/New York).

Koenig, G. G. (1982): Schamane und Schmied, Medicus und Mönch: Ein Überblick der merowingischen Medizin im südlichen Mitteleuropa. Helvetia Archaeologica 13, 51/52, 75–154.

Kurz, G. (1994): Zum Abschluß der Ausgrabungen beim Viesenhäuser Hof, Stuttgart-Mühlhausen. Archäologische Ausgrabungen in Baden-Württemberg 1993, 34–38 (Stuttgart).

Pauli, L. (1975): Keltischer Volksglaube. Amulette und Sonderbestattungen am Dürrnberg bei Hallein und im eisenzeitlichen Mitteleuropa. Münchner Beiträge zur Vor- und Frühgeschichte 28 (München).

Sehnert-Seibel, A. (1993): Hallstattzeit in der Pfalz. Universitätsforschungen zur prähistorischen Archäologie, Bd. 10, Institut für Ur- und Frühgeschichte der Universität Kiel (Bonn).

Torbrügge, W.: Die Hallstattzeit in der Oberpfalz I. Auswertung und Gesamtkatalog. Materialhefte zur bayerischen Vorgeschichte . Reihe A – Fundinventare und Ausgrabungsbefunde, Bd. 39 (Kallmünz/Oberpfalz).

Wilson, F. (1992): Baldur Kohm: Verbandsstoffe und Krankenpflegeartikel. Der Pharmazeutisch-technische Assistent 6, 5. neu bearbeitete Aufl. (Stuttgart).

PATRONINNEN, BERATERINNEN, REGENTINNEN UND KAISERMACHERINNEN – RÖMISCHE UND BYZANTINISCHE KAISERINNEN IM SPANNUNGSFELD VON MACHT UND HERRSCHAFT

VON ANJA WIEBER-SCARIOT

Gängige Vorstellungen über die politischen Strukturen Griechenlands und Roms in der Antike legen die Verfassung von Stadtstaaten zugrunde, in denen lediglich männliche Vollbürger an der politischen Entscheidungsfindung teilhatten und Ämter innehatten. So haben auch römische Juristen (Ulpian, Digesten 50, 17, 2) auf die Amtsuntauglichkeit von Frauen hingewiesen (Yan Thomas 1993).

Übersehen wird dabei, daß im Gegensatz zu diesen Vorstellungen nicht die Republik oder Polisverfassung, sondern die Monarchie über weite Phasen der antiken Geschichte die vorherrschende Staatsform war. Das gilt für die altorientalische Geschichte und den Hellenismus genauso wie für die römische Kaiserzeit seit Augustus, und in dieser Periode sowohl für das Römische Reich selbst als auch für viele Anrainergebiete der griechisch-römischen Hemisphäre. Da unter solchen Bedingungen allerdings die Zugehörigkeit zu einer Herrschaftsfamilie sowie die Anwesenheit im Haus dieser Familie (Hof) die wesentlichen Kriterien für die Ausübung der Herrschaft darstellen und ferner die Fortführung der Herrschaft an die folgende Generation des Familienverbandes gebunden ist, kommt automatisch den Frauen jener Familien eine andere Rolle im Herrschaftsgefüge zu.

Im folgenden soll nun die Rolle der Frauen des römischen Kaiserhauses im Rahmen jenes Herrschaftsgefüges vorgestellt werden, der Schwerpunkt wird dabei auf der frühen Kaiserzeit und der Spätantike liegen. Dabei kann auf jüngste Forschungen zum Hof zurückgegriffen werden, die den Hof aus einer kulturgeschichtlichen Betrachtungsweise befreit und in einen politischen Kontext gestellt haben. Einen weiteren Bezugspunkt für die folgenden Überlegungen bilden frauen- und geschlechtergeschichtliche Forschungen, in deren Rahmen zunehmend die Frage nach der politischen Rolle der Frauen in den antiken Gesellschaften gestellt wird.

Mit Beginn der römischen Kaiserzeit kommt dem Haus des Herrschers als dem Zentrum der Macht und politischen Entscheidungsfindung eine entscheidende politische Bedeutung zu, die um so mehr zunimmt, als der Senat an Bedeutung verliert und die Verwaltungsaufgaben immer mehr von einer professionalisierten Hofbeamtenschaft anstelle einer Dienerschaft übernommen werden. Hinzu kommt, daß das römische Kaisertum im Laufe der Jahrhunderte eine immer stärkere Sakralisierung erfährt und damit der Kaiser sowohl aufgrund dieser zunehmenden Identifizierung mit der Sphäre des Heiligen als auch aus praktischen Gründen, da die Ansprechbarkeit einer Einzelperson begrenzt ist, immer mehr abgeschirmt wurde. In der Spätantike schlägt sich diese Entwicklung in einer starken Formalisierung und Hierarchisierung der Audienz beim Kaiser nieder. Freier Zutritt zum Kaiser und Nähe wurden zu einem Privileg. Gerade die Kaiserin und die anderen Frauen des Kaiserhauses verfügten durch ihre Kaisernähe somit über vielfältige höfische Ressourcen.

Daraus ergibt sich für ihre Stellung, daß die Kaiserin zugunsten dritter auf den Kaiser einwirken kann – wir begegnen hier einer der wichtigsten antiken sozialen Verkehrsformen der Antike: der Patronage. Da die ranghöhere Person, in diesem Fall die Kaiserin, im übertragenen Sinne nicht ihren väterlichen, sondern ihren mütterlichen Einsatz für eine andere Person geltend macht, bietet sich die Bezeichnung Matronage an.

Als Beispiel für derartiges Wirken einer Kaiserin kann auf den Fall der Aristokratin Urgulania verwiesen werden. Sie war nämlich, wie Tacitus so trefflich zusammenfaßt, durch die Freundschaft zur Kaiserin Livia über die Gesetze gestellt (Tacitus, *Annalen* 2, 34, 2). Durch die Fürsprache Livias konnte sich Urgulania einer Vorladung vor Gericht entziehen und ein anderes Mal sogar durchsetzen, daß sie als Zeugin nicht im Senat, sondern zu Hause befragt wurde. Daß übrigens diese Unterstützung nicht immer nur unidirektional, also die der Kaiserin für eine Aristokratin, war, sondern auch umgekehrt vonstatten gehen konnte, zeigt ein anderes Beispiel im Bericht des Tacitus (Tacitus, *Annalen* 1, 5): Marcia informiert Livia über die

Kontaktaufnahme des greisen Augustus zu seinem ehemaligen potentiellen Thronnachfolger Agrippa Postumus. Gerüchten zufolge habe die Kaiserin auf diese Bedrohung für die Thronfolge ihres Sohnes Tiberius mit der Ermordung des Augustus reagiert.

Das Machtpotential der Kaiserin erkannte auch der ans Schwarze Meer verbannte Dichter Ovid, der seiner Frau folgende Zeilen schickte, mit der er ihr das wahrscheinlich übliche Verhaltensrepertoire einer Bittstellerin bei der Kaiserin zur Nachahmung empfiehlt:

„*Aber es braucht keinen Tod, kein Gewebe der Ikariotin* (= Penelope)*:*
nur zu der Kaiserin Ohr sollst du erheben dein Flehn,
. . .
Hat sie Dringendes vor, so verschiebe den Schritt, daß du ja nicht,
weil du zu sehr sie drängst, all meine Hoffnung zerstörst!
Wiederum wünsche ich nicht, daß du vorsprichst, wenn sie sich ausruht:
selten genug wird ihr Zeit, um sich zu pflegen, zuteil.
. . .
Ist es dir aber vergönnt, dem Antlitz Junos zu nahen,
sei auf die Rolle bedacht, die du zu spielen gedenkst!
Nicht meine Tat verteidige! Schweig von der bösen Geschichte,
und deine Rede sei nichts als ein bekümmertes Flehn!
Dann laß reichlich die Tränen nur fließen und wirf dich zu Boden,
strecke die Arme nur aus nach dem unsterblichen Fuß!
Bitte nichts anderes, als daß man vom wütenden Feind mich zurückruft."

(Ovid, Epistulae ex Ponto 3, 1, 114 ff.)

Daß die Audienzgeschäfte der Kaiserin und die Herausbildung bzw. Pflege einer eigenen Gefolgschaft (Klientel) dann sogar zum Streitpunkt im Kaiserhaus selbst werden konnten, schildert uns Tacitus für den Fall der Kaiserinmutter Agrippina:

„*Sie* [= Agrippina] *empfing Tribunen und Centurionen leutselig, . . . Davon bekam Nero Kenntnis, und er befahl, daß die militärische Leibwache, die ihr einst als der Gattin des Imperators gestellt und als dessen Mutter gelassen worden war, sowie die Germanengarde, die ihr erst kürzlich ebenfalls als Ehrenwache beigegeben worden war, abgezogen werde. Und damit nicht die Besucher in Scharen bei ihr aus- und eingingen, trennte er ihre Hofhaltung von der seinigen ab und wies der*

Mutter den Palast an, der Antonia gehört hatte; sooft er selbst dorthin kam, war er von einer Schar Centurionen umschirmt und ging nach einem flüchtigen Kuß wieder weg."

(Tacitus, Annalen 13, 18, 2–3)

In den bisher vorgeführten Beispielen setzte sich die Kaiserin für die Begnadigung und Straferleichterung ein oder trat in Konkurrenz zu dem Kaiser durch Aufbau einer eigenen Machtbasis und Einwirken auf die Nachfolge. Daß ihr Wirken darüber hinaus vor dem Todesurteil bewahren und zur Rangerhebung beitragen konnte, wird im 4. Jahrhundert am Beispiel der Kaiserin Eusebia deutlich. Zum einen rettete die Kaiserin den des Hochverrates bezichtigten späteren Kaiser Julian vor der Todesstrafe, zum anderen unterstützte sie seine Ernennung zum Caesar (Unterkaiser des Römischen Reiches). In beiden Fällen betont der spätantike Historiker Ammianus Marcellinus (*Römische Geschichte* 15, 2, 7–8 und 15, 8, 1–3), welches Gewicht der Parteinahme der Kaiserin am Hof zukam.

Es läßt sich also festhalten, daß die Kaiserin über beträchtliche Matronagemöglichkeiten verfügte, die sie zur Anlaufinstanz am Hofe machten und ihr die Gelegenheit gaben, für Klienten in Krisen zu intervenieren oder ihnen Förderung zuteil werden zu lassen.

Ebenfalls aus der Kaisernähe erwächst ein weiterer Handlungsschwerpunkt der Kaiserin: Der direkte Zugang zum Kaiser erlaubte ihr die Beeinflussung von Entscheidungsprozessen am Hofe. So treffen wir in den Quellen z. B. Livia als Beraterin ihres Mannes Augustus an:

„Gespräche mit Einzelpersonen und auch wichtigere mit seiner Gattin Livia führte er nur, nachdem er sie schriftlich in seinem Notizbuch festgelegt hatte, damit er nicht improvisierend zu viel oder zu wenig sage."

(Sueton, Leben des Augustus 84, 2)

Seneca (*Über die Milde* 9) beschreibt, wie Livia Augustus im Konflikt mit dem Verschwörer Lucius Cinna zur Milde rät. Im Anschluß an das direkte Gespräch zwischen Augustus und Livia nennt Seneca sie gar *advocatus* (= Beistand) des Kaisers, während die Kaiserin selbst zuvor ihre Unterstützung als *Frauenrat* bezeichnet hatte. Wir erfahren ferner, daß Augustus als Ergebnis dieses Gespräches den zur

Beratung gebetenen Freunden abgesagt habe, da – so muß man ergänzen – ihm der Rat der Ehefrau genügt habe.

Auch im Fall der Fürsprache der Kaiserin Eusebia für Julian bestand ein essentieller Zusammenhang zwischen der Anwesenheit der Kaiserin bei der Beratung, ihrer Einflußnahme auf kaiserliche Entscheidungen und ihrem Matronagewirken. Frauen des Kaiserhauses steuerten aber auch andere Regierungsmaßnahmen. So schildert Ammianus Marcellinus anschaulich, wie sich die Einflußnahme der Kaiserschwester und Ehefrau des Caesar Gallus, nämlich Constantinas, auf die Hochverratsprozesse von Antiochia im Jahre 354 gestaltete – hinter einem Vorhang sitzend wirkt sie an der Urteilsfällung mit:

„Demnach war der Tag für die unheilvollen Verhöre bestimmt worden und der Magister equitum [= Heermeister] *übernahm als Scheinrichter den Vorsitz unter Hinzuziehung anderer, die bereits im voraus darüber unterrichtet worden waren, was zu tun sei. Von beiden Seiten standen die Notare dabei, die, was gefragt oder was geantwortet worden war, dem Caesar* [= Gallus] *eilends meldeten; auf Ansporn der Königin* [= Constantina]*, die unzählige Male ihren Kopf durch den Vorhang steckte, gingen etliche durch seinen grausamen Befehl zugrunde, ohne die Erlaubnis erhalten zu haben, die Vorwürfe zu entkräften, und ohne sich verteidigt zu haben."*

(Ammianus, Römische Geschichte 14, 9, 3)

Als es im Jahre 532 in Konstantinopel zu dem sogenannten Nikaaufstand kam, bei dem infolge von Unruhen in der Bevölkerung der Ruf nach der Absetzung des Kaisers Justinian laut geworden und Hypatius zum Gegenkaiser gekürt worden war, hatte sich der Kaiser zur Flucht aus der Hauptstadt entschieden. Schließlich gab das Votum der Kaiserin Theodora den Ausschlag, sich dem Konflikt zu stellen. Der byzantinische Historiker Prokop legt ihr folgende Rede in den Mund:

„Ob eine Frau mitten unter Männern das Wort ergreifen darf oder gar, wenn Männer nicht mehr ein und aus wissen, die Mutige spielen soll, darüber jetzt zu streiten ist sinnlos. Wer in höchster Gefahr ist, für den gibt es nur eines, nämlich auf die beste Weise diese Gefahr zu bestehen. Meiner Meinung nach ist eine Flucht jetzt zu diesem Zeitpunkt weniger angezeigt als je, auch wenn sie uns zunächst in Sicherheit brächte.

Wenn es für jeden Menschen, der das Licht der Welt erblickt hat, unmöglich ist, dem Tod zu entgehen, muß es doch für einen, der Kaiser gewesen ist, unerträglich sein, im Exil zu leben. Ich für meine Person will nie von diesem Purpurleben lassen, ich will nicht den Tag erleben, an dem man mich nicht mehr mit „Domina" [= „Herrin" als spätantike Kaiserintitulatur] *begrüßt. Wenn du dich, mein Kaiser, in Sicherheit bringen willst, dann bitte! Dies wirft keine Probleme auf. Wir haben Geld genug, da unten ist das Meer, und da liegen die Schiffe. Aber überlege gut, ob du nicht, wenn du in Sicherheit bist, schließlich doch den Tod einer solchen Sicherheit vorziehen wirst. Was mich betrifft, ich halte mich an die alte Weisheit: Der Purpur ist ein schönes Leichentuch!"*

(Prokop, Kriege 1, 24, 33–37)

Nachdem die Kaiserin in der Krisensituation die Handlungsrichtlinien bestimmt hatte, war sie es auch, die dem Kaiser von der Begnadigung des Usurpators abriet, der immerhin ein Neffe des vorvorigen Kaisers Anastasius war und somit eine potentielle Bedrohung für Justinian darstellte.

Häufig sind die antiken Quellen ungenau, wenn es um die Frage geht, ob die Beratung durch die Kaiserin im engsten Kreise stattfand oder ob sie in offiziellen Gremien (Kaisergericht, Staatsrat etc.) formell oder informell anwesend war. Davon abgesehen ermöglichte jedoch die Monopolisierung der Macht in einem einzigen aristokratischen Haus, nämlich dem des Kaisers, der Kaiserin im Gegensatz zu den republikanischen Aristokratinnen die Einflußnahme vor Ort, während die Frauen der mächtigen Familien der späten Republik in ihrem Hause die Entscheidungen, die ihre Männer im Senate treffen würden, lediglich vorbereiten konnten. Die Kaiserin gehörte zu den Mitgliedern des engen Hofes und bewegte sich somit im Zentrum der Macht.

Es stellt sich nun die Frage, ob das Wirken der Kaiserin unter dem Begriff Herrschaft oder Macht zu fassen ist, wobei Herrschaft auf den institutionellen, Macht auf den persönlichen Aspekt abhebt. Über weite Phasen der römischen Monarchie gab es keine alleinregierende Kaiserin, bei Regierungsunfähigkeit des Kaisers übernahm die Kaiserin jedoch oftmals Herrschaftsstellvertretung. Damit wird das Wirken der Kaiserin häufig zu einer de-facto-Herrschaft. Außerdem ist das Amt des römischen Kaisers – so hat die neuere Forschung gezeigt – weit weniger in einem staatsrechtliche Sinne zu verstehen, wie das für römische Magistrate gilt, als vielmehr mit der soziologischen Kategorie der Patronage: Neben der Tatsache, daß der Kaiser oberster Gesetzesherr und Feldherr ist, ist er als oberster Patron des Reiches auf die Akzeptanz der Bevölkerung angewiesen. Vor diesem Hintergrund erhält auch die Stellung der Kaiserin als oberster Patronin eine andere Wertigkeit.

Die Herrschaftsstellvertretung ist eine Folge des dynastischen Prinzips, das in der römischen Kaiserherrschaft weitestgehend vorherrscht und im Laufe der nachchristlichen Jahrhunderte immer mehr an Bedeutung gewinnt. Die Person des Kaisers wird bei Regierungsunfähigkeit nicht durch Außenstehende ersetzt, sondern durch (oft weibliche) Verwandte oder die Ehefrau repräsentiert. Das war besonders der Fall bei Unmündigkeit des Kaisers. Im 4. und 5. Jahrhundert sind es daher Mütter, Schwestern oder Kusinen, die auf die jeweiligen unmündigen Herrscher Einfluß nehmen und ihn vertreten. Valentinian II. wurde beispielhalber 375 mit vier Jahren römischer Kaiser (des mittleren Reichsteiles des römischen Imperiums) und stand unter dem Einfluß seiner Mutter Justina, die dann von orthodoxer Seite als Urheberin der häretischen Kirchenpolitik Valentinians angesehen wurde.

Auch Valentinians Halbbruder Gratian, der zu diesem Zeitpunkt den Westteil des römischen Imperiums als Kaiser übernahm, war erst 16 Jahre alt. Das veranlaßte den griechischen Geschichtsschreiber Zosimos (*Neue Geschichte* 4, 19), darauf hinzuweisen, daß beide Kaiser nicht selbst regiert, sondern den Rat anderer für die Regierungsgeschäfte befolgt hätten.

Wie die hohe Anzahl der Gesetze aus dem weströmischen Reichsteilen Italien und Nordafrika in der spätantiken Gesetzessammlung, dem Codex Theodosianus, beweisen, hat Galla Placidia in den 13 Jahren ihrer Regentschaft für ihren Sohn Valentinian III. (425–438) u. a. in dessen Namen gesetzgeberische Initiative bewiesen und somit ein männliches Prärogativ (Vorrecht) ausgeübt. Daß Galla Placidia auch noch nach der Verheiratung ihres Sohnes im Jahre 437 zusammen mit der Schwiegertochter Licinia Eudoxia eine beherrschende Position einnahm, brachte Polemius Silvius, der zeitgenössische Verfasser eines Kalenders mit römischer Kaiserliste, mit folgender Feststellung zum Ausdruck:

„Unter deren Regierung [d. h. Theodosius im Ostteil des Reiches, Valentinian III. im Westteil] *ist der Usurpator Johannes ausgelöscht worden, und zusammen mit . . . der Mutter Placidia und der Ehefrau Eudoxia haben diese <alle> als kaiserliche Hoheiten zum gegenwärtigen Zeitpunkt die Herrschaft <über das Reich> inne."*

(Polemius Silvius, Laterculus 523, 83)

Welchen Einfluß Pulcheria am Hofe ihres Bruders, des Kaisers Theodosius II., hatte, wird an einer ungewöhnlichen Quelle deutlich. Im Jahre 431 wurde der Bischof Kyrill infolge von Kirchenstreitigkeiten vom Kaiser Theodosius II. abgesetzt. Daraufhin bot der Bischof riesige Geldsummen auf, um seine Wiedereinsetzung in sein Amt zu erreichen. Dokumentiert wird der gesamte Vorgang durch eine Liste der Bestechungssummen und -güter. Das für unseren Zusammenhang Interessante an dieser Liste ist aber, welche Hofmitglieder bestochen wurden, nämlich der oberste Kammerherr des Kaisers, die Kaiserschwester und ihr Personal. Im folgenden ein Auszug aus dieser Liste:

„Für Paulus, den Oberkämmerer [d. h. der Kammerherr der Pulcheria], *vier größere dickflorige Teppiche, zwei mittlere Teppiche, vier Kissen, vier Tischdecken, sechs größere Gobelins, sechs mittlere, sechs Hocker, zwölf Türvorhänge, zwei größere Wandteppiche, vier elfenbeinerne Lehnstühle, zwei Elfenbeinhocker, vier {???}, zwei größere Tafeln, zwei Strauße, und damit er uns in der Angelegenheit beistehe, außer jenem, was ihm festgeschrieben wurde, 50 römische Goldpfund. Seinem Diener einen dickflorigen Teppich, zwei Teppiche, vier Vorhänge, zwei Bankdecken und 100 Goldsolidi.*

Für die Kammerdienerin Marcella gemäß dem, was dem vorangegangenen (?) bemessen wurde, und (zusätzlich), damit sie durch Ersuchen die Augusta [d. h. Pulcheria] *erweiche, 50 römische Goldpfund. . . .*

Für den Praepositus Chryseros [d. h. der Kammerherr des Theodosius II.], *damit er aufhört, uns zu bekämpfen, sehen wir uns gezwungen, die Geschenke in doppelter Zahl anzusetzen . . ."*

(Auszug aus Acta Conciliorum Oecumenicorum 1, 4, 2, S. 222–225)

Wie wichtig es war, die Kaiserschwester für das Unternehmen zu gewinnen, zeigt zudem das Anschreiben zu dieser Bestechungsliste an den Bischof von Konstantinopel, Maximian, in dem Epiphanius, ein Mitarbeiter Kyrills, schreibt:

„Spute also auch Du Dich, Frömmster, die Herrin Pulcheria Augusta, Dienerin Gottes, anzuflehen, daß sie wiederum ihren Sinn (?) ausrichte für unseren Herrn Christus (ich glaube nämlich, daß sie jetzt nicht hinreichend für unseren frömmsten Bruder Kyrill sorgt)."

(Acta Conciliorum Oecumenicorum 1, 4, 2, S. 223, Z. 13–16)

Diesen Einfluß hatte Pulcheria als Kaiserschwester gewinnen können, da auch Theodosius bereits im Alter von sieben Jahren oströmischer Kaiser geworden war. Man spricht hier von der spätantiken Erscheinung der Kinderkaiser. Daneben gibt es schon seit der frühen römischen Kaiserzeit das Phänomen der jugendlichen Kaiser, die besonders zu Beginn ihrer Regierung unter dem Einfluß ihrer Mütter (Nero, Alexander Severus) bzw. der Großmutter (Elagabal) stehen, wie beim Regierungsantritt im Fall des 17jährigen Nero oder später im 3. Jahrhundert des 14jährigen Elagabal und des gleichaltrigen Alexander Severus. Daß das Phänomen der Kinderkaiser und ihrer weiblichen Anverwandten in der Spätantike so an Bedeutung gewann, läßt sich an den kritischen Äußerungen spätantiker Zeitgenossen erkennen. Der spätere Kaiser Julian kritisiert gerade jenen Alexander Severus in seiner satirischen Schrift über römische Kaiser als von seiner Mutter Mamaea abhängig und nicht herrschaftsfähig:

„Oh, Einfaltspinsel und über die Maßen Tor, ohnmächtig wie du warst, führtest du nicht Regiment über die Deinigen, sondern gabst der Mutter das Geld und warst nicht zu überzeugen, um wieviel besser es wäre, es für die Freunde aufzuwenden als es in der Schatzkammer zu horten."

(Julian, Caesaren 313A)

Derselbe Alexander Severus wird in der anonymen spätantiken Sammlung von Kaiserbiographien, der *Historia Augusta*, in der Art einer Titulatur als *Mamaeas Alexander* bezeichnet (Historia Augusta, *Leben des Aurelian* 42, 4; *Leben des Carus, Carinus und Numerianus* 3, 4). Damit wird die Mutter des Kaisers im relationalen, d. h. rückbezüglichen Genitiv eingeführt, der üblicherweise in antiken

Texten männlichen Individualnamen zukommt, etwa in Verbindungen wie *Ehefrau oder Tochter des X*, während die Frauen diesem Genitiv mit Verwandtschaftsbezeichnungen zugeordnet werden. Hier wird somit die Sprache zum Abbild der umgekehrten Herrschaftsverhältnisse: Die Mutter herrscht, der Sohn folgt.

Neben der Unmündigkeit konnte Krankheit des Kaisers Anlaß für die Regentschaft der Kaiserin sein. Im 6. Jahrhundert übernahm die Kaiserin Sophia 4 Jahre die Regentschaft für ihren wahnsinnigen Mann, den Kaiser Justin II. Zeitweilige Stellvertretung für einen handlungsfähigen Kaiser übte Julia Domna im 3. Jahrhundert aus, die – so der Bericht des Historikers Cassius Dio (79, 4, 2–3) –, während Caracalla Krieg führte, die Korrespondenz für ihren Sohn erledigte.

Aus der zentralen Stellung, die den Frauen des Kaiserhauses am Hofe zukommt, ergibt sich des weiteren ihr Wirken als Kaisermacherinnen. Staatspolitisches Ausmaß nahm das Handeln der weiblichen Mitglieder des Kaiserhauses nämlich an, wenn sie Rangerhebungen selbst vornahmen oder die Kaisernachfolge regelten. In der Kirchengeschichte des Philostorgios (3, 22) wird berichtet, wie Constantina, die Schwester des Kaisers Constantius II., im Jahr 350 Vetranio zum Unterkaiser (Caesar) ernannte, damit dieser gegen den Usurpator Magnentius einschreite. Handelte Constantina hier in Stellvertretung bzw. Ergänzung des regierenden Kaisers, der in einem anderen Reichsteil weilte und daher nicht handlungsfähig war, so war es sonst oft anläßlich des Todes des Kaisers, daß die Kaiserin oder andere Frauen des Kaiserhauses aktiv wurden. Nachdem Theodosius II. 450 gestorben war, heiratete seine Schwester Pulcheria Marcian und ernannte ihn zum Kaiser. Die Kaiserinwitwe Verina krönte zwei Gegenkaiser, nämlich ihren Bruder, den Heermeister Basiliskos (475), und Leontios (485). Beim Tode des Kaisers Zenon 491 schlug der oberste Kammerherr Urbicius dem unschlüssigen Senat vor, die Kaiserinwitwe Ariadne den neuen Kaiser wählen zu lassen. Sie entschied sich für Anastasios. Die Kaiserin Sophia förderte während ihrer Regentschaft für den wahnsinnigen Kaiser Justin Tiberius' Erhebung zum Caesar. Als Tiberius dann Kaiser war, versuchte sie – allerdings vergeblich –, einen Neffen zum Kaiser zu machen. Ungeachtet dieser Unterstützung zur Usurpation blieb Sophia eine Instanz, die der Kaiser Tiberius noch auf seinem Sterbebett nach einem geeigneten Nachfolgekandidaten befragen ließ. Auch im Fall der Kaiserin Sophia schlägt sich die dominante Stellung sprachlich nieder, da Kaiser Justin in einem Gedicht der Anthologia Graeca (*AP* 1, 2, 1) als ihr Ehemann vorgestellt wird.

Als Kaisermacherinnen treten die Frauen des Kaiserhauses auch auf, wenn sie ihre Söhne für die Nachfolge ins Spiel bringen. Agrippina war es gelungen, ihren Ehemann, den Kaiser Claudius, in der Frage der Erbfolge umzustimmen: Anstelle seines leiblichen Sohnes Britannicus ernannte er seinen Stiefsohn, ihren Sohn Nero, zum Nachfolger. Zu Beginn von Neros Herrschaft ließ die Kaiserin dann Münzen ausgeben, auf denen der Sohn im Dativ auf der Rückseite erscheint, sie dagegen im Nominativ als Augusta (= Kaiserin) und als Mutter des Nero Caesar auf der Vorderseite. Damit ist die häufigere Reihenfolge Kaiser auf der Vorderseite der Münze und Kaiserin auf der Rückseite umgekehrt, zudem wirkt Nero der Agrippina durch die Bezeichnung als Caesar nachgeordnet. Ein Bildrelief aus Aphrodisias zeigt, wie eine nach den Gesichtszügen Agrippinas stilisierte Frau einen jungen Mann, nämlich Nero, mit einem Kranz krönt. Da der Auftraggeber für dieses Relief aller Wahrscheinlichkeit nach kein Privatmann war, wird diese Wahrnehmung Agrippinas als Kaisermacherin eine öffentliche Bedeutung gehabt haben.

Die Bedeutsamkeit der Kaiserin bzw. anderer weiblicher Verwandter des Kaiserhauses in der Kaisernachfolge und ihre exponierte Stellung am Hofe hatten aber auch Kehrseiten: Geburt und Mutterschaft konnten körperliche Gefährdung für die Frauen und Verwicklung in höfische Intrigen nach sich ziehen. Wie groß die körperliche Gefährdung für die Frauen war, läßt sich an Zahlen für die Zeit von 300 bis 450 ermessen: Von 24 Frauen des Kaiserhauses starben ein Viertel im Zusammenhang mit der reproduktiven Aufgabe (Schwangerschaft, Fehlgeburt, Behandlungsmethoden gegen Sterilität). Demographische Untersuchungen zum Frühmittelalter haben gezeigt, daß die gesundheitliche Gefährdung durch Schwangerschaft gerade in der Oberschicht für die Frauen zunahm, wenn die Abstände zwischen den Geburten zu gering waren. Die Geburt eines oder besser wegen hoher Kinder- und Säuglingssterblichkeit mehrerer männlicher Erben war dann das Ziel ohne Rücksicht auf die Gesundheit der Mütter. Kindersterblichkeit spielte auch in der römischen Kaiserfamilie eine Rolle. Von den Kaisern von 14–200 n. Chr. hatten nämlich nur Claudius, Vespasian und Marcus Aurelius einen eigenen Sohn. Und auch im byzantinischen Kaiserhaus herrschte ein ähnlicher Nachwuchsmangel: Für den Zeitraum von 401, der Geburt des Theodosius II., bis 590 war Theodosius III. als Sohn des

Kaisers Maurikios der erste purpurgeborene Erbe. So ist einsichtig, welch großer Druck auf den Frauen des Kaiserhauses lastete, der reproduktiven Aufgabe gerecht zu werden.

Zosimos schildert anschaulich, wie weit die Bemühungen gingen. Serena, die Ehefrau des Heermeisters Stilicho und die Nichte Theodosius' des Großen, hegte großes Interesse daran, durch Verheiratung ihrer Töchter (Maria und später Thermantia) mit dem Kaiser Honorius ihre eigene Machtbasis am Hofe zu stabilisieren:

„. . . der Kaiser Honorius aber, dessen Gemahlin Maria nicht lange zuvor gestorben war, wünschte, daß deren Schwester Thermantia ihm zur Ehe gegeben werde. Während Stilicho dagegen <Bedenken äußerte>, setzte sich Serena lebhaft dafür ein und verlangte, daß die Vermählung zustande komme und zwar aus folgendem Grund: Als die Ehe des Honorius mit Maria sich anbahnte, stellte die Mutter fest, daß das Mädchen noch nicht das heiratsfähige Alter habe. Nun wollte sie einerseits die Hochzeit nicht aufschieben, <glaubte> aber andererseits, daß eine vorzeitige Hingabe zum Geschlechtsverkehr ein Verstoß gegen die Natur und nichts anderes sei. Da traf sie auf eine Frau, die sich auf Abhilfe in derlei Dingen verstand und erreichte durch sie, daß ihre Tochter mit dem Kaiser verkehren konnte und mit ihm das Bett teilte, während dieser weder gewillt noch imstande war, seine ehelichen Pflichten zu erfüllen. Inzwischen starb die junge Frau, ohne einer wirklichen Ehe teilhaftig geworden zu sein, Serena aber erstrebte verständlicherweise weiterhin kaiserliche Nachkommenschaft, aus Furcht, es möchte sonst ihr bedeutender Einfluß eine Minderung erfahren. So hatte sie es eilig, Honorius mit ihrer zweiten Tochter zu vermählen; die Ehe kam zustande, doch schon kurz danach hatte die junge Frau das gleiche Schicksal wie die ältere Schwester und schied aus dem Leben."

(Zosimos, Neue Geschichte 5, 28)

Zwar bestätigen andere Quellen nicht die Todesursache Thermantias, aber die Struktur wird deutlich: präpubertäre Frühehe – Maria war wahrscheinlich nicht älter als 13 Jahre bei der Verheiratung – und zweifelhafte medizinische (?) Methoden, um kaiserlichen Nachwuchs zu erhalten. Dabei scheint es auch keine Rolle gespielt zu haben, daß die aktive Ehestifterin gleichzeitig die Mutter war und sie somit ihre eigenen Töchter Gefährdungen aussetzte.

Johannes Chrysostomos hat in einer seiner Kommentierungen der Paulusbriefe auf Ereignisse im Kaiserhaus des 4. Jahrhunderts angespielt, die in eine ähnliche Richtung weisen:

„*Ein anderer* (= Kaiser) *aber sah seine Frau sterben durch Pessare* (= Arzneitampon). *Denn weil sie nicht gebar, hat eine unglückliche und elendige Frau (unglücklich und elendig <war sie> nämlich, die hoffte, das Gottesgeschenk durch eigene Weisheit zu verschaffen) die Kaiserin getötet, indem sie ihr Pessare verabreichte, und sie starb ebenfalls.*"

(Johannes Chrysostomos, Zum Philipperbrief 15, 5 [Patrologia Graeca 62, 295]).

Ob sich diese Kryptopolemik tatsächlich auf die Kaiserin Eusebia, die Ehefrau des Kaisers Constantius II., bezieht oder eventuell auf dessen Schwester Helena, die Ehefrau des späteren Kaisers Julian, läßt sich nicht eindeutig klären. Dessenungeachtet belegt auch diese Quelle, wie ernst das Geschäft der Geburt für die Frauen des Kaiserhauses war. Im vorgeführten Fall sollte ein mit Medikamenten getränkter Arzneitampon gegen gynäkologische Probleme (Sterilität oder Unfruchtbarkeit) Abhilfe schaffen. Die Bedeutung der Fruchtbarkeit der Kaiserin bereits für die frühe Kaiserzeit wird im Bericht des Tacitus deutlich (*Annalen* 12, 2, 3): Anläßlich der Wiederverheiratung des Kaisers Claudius stehen verschiedene Kandidatinnen zur Diskussion. Für Agrippina führt ihr Fürsprecher, der Freigelassene Pallas, u. a. ihre bereits durch die Geburt eines Sohnes erwiesene Fruchtbarkeit als Qualifikation für die Position einer Kaiserin ins Feld. Umgekehrt stigmatisierte Unfruchtbarkeit eine Kaiserin und konnte Nachfolgekomplotte auslösen. In dieser Richtung deutet Ammianus Marcellinus die Ereignisse um den fehlenden Nachwuchs der Kaiserin Eusebia:

„*Unterdessen hatte es damals die Kaiserin Eusebia auf Helena, die Schwester des Constantius, die Ehefrau des Caesars Julian, abgesehen. Helena war nämlich unter dem Schein der Zuneigung nach Rom zitiert worden. Eusebia selbst war, solange sie lebte, unfruchtbar und verleitete jene nun, nachdem sie Gift ausfindig gemacht hatte, durch Betrug dazu, es zu trinken, so daß sie, sooft sie schwanger geworden war, die Leibesfrucht frühzeitig verlor. Denn auch früher schon ließ sie, nachdem Helena in Gallien ein männliches Kind geboren hatte, es durch die List umbringen, daß die Hebamme, mit einer Belohnung bestochen, das Neugeborene tötete, indem sie die Nabelschnur weiter als üblich abschnitt: So weitreichend und gründlich wurde Mühe aufgewandt, damit es keine Nachkommenschaft des tüchtigsten Mannes* [= der spätere Kaiser Julian] *gebe."*

(Ammianus, Römische Geschichte 16, 10, 18–19)

Da Ammian allerdings als einziger von diesen macchiavellischen Handlungen der kinderlosen Kaiserin berichtet und sie hier als Gegnerin des späteren Kaisers Julian auftreten läßt, obwohl er vorher von ihrem zweifachen Matronageeinsatz für eben jenen Julian berichtet hat, sind Zweifel an der Realitätstreue des Berichtes angebracht. Daß aber Frauen des Kaiserhauses sich obskuren Behandlungen unterzogen, um die reproduktive Aufgabe zu erfüllen, muß als sicher angesehen werden. Vielleicht hatte die Kaiserin Eusebia ihrer Schwägerin in gutem Glauben ein Medikament verabreichen lassen wie Serena ihrer Tochter Maria. Auch ist die Säuglingssterblichkeit infolge unsauberer Arbeit der Hebammen beim Durchtrennen der Nabelschnur ein Standardthema der antiken gynäkologischen Literatur, der frühe Kindstod hätte somit keine kriminelle Ursache. Andererseits ist aber auch denkbar, daß die unfruchtbare Kaiserin ihre fruchtbare Konkurrentin ausgeschaltet hat.

Gerade die Rolle der Kaiserin bzw. weiblicher Anverwandter als Kaisermacherinnen enthält aber nicht nur das Moment der Gefährdung, sondern stellt eine nicht zu unterschätzende Machtbasis am Hofe dar. Sowohl als Kaisermutter als auch als Kaiserwitwe verfügen diese Frauen oft im Gegensatz zu den anderen Hofmitgliedern über Kontakt zum zukünftigen Kaiser, der ihnen zudem als Sohn oder von ihnen favorisierter Nachfolger verpflichtet ist. Außerdem besitzen die Kaiserinnen mit verwandtschaftlichen Beziehungen zu einem der vorangegangenen Kaiser und die Kaiserwitwe nach dem Tode ihres kaiserlichen Ehemannes ein dynastisches Charisma, das sich aus der Vergangenheit speist. Das Privileg der Kaisernähe erhält somit neben der aktuellen Dimension, eben dem Kontakt zum regierenden Kaiser, auch noch eine Option auf Vergangenheit und Zukunft. Diese besondere Spielart der Kaisernähe und des dynastischen Charismas ist es dann aber auch, die der Kaiserin neben dem Aufbau einer Machtbasis teilweise die Ausübung von Herrschaftsfunktionen und die Beeinflussung von Herrschaftsprozessen ermöglicht.

Quellen:

Acta Conciliorum Oecumenicorum, ed. E. Schwartz/J. Straub, Straßburg/ Berlin 1914 ff.; deutsche Übersetzung des Textes von Wieber-Scariot.

Ammianus Marcellinus, Römische Geschichte, Lateinisch und Deutsch und mit einem Kommentar versehen von Wolfgang Seyfarth, Bd. I/II: 5. Aufl. Darmstadt 1983; III/IV: 2. Aufl. Berlin 1978; deutsche Übersetzung des Textes von Wieber-Scariot.

Anthologia Graeca, ed. Beckby, München 1957.

Cassius Dio, Römische Geschichte, übers. von Otto Veh, 5 Bde., Zürich/ München 1985–1987.

Historia Augusta. Römische Herrschergestalten, eingel. und übers. von Ernst Hohl, bearb. und erläut. von Elke Merten, Alfons Rösger, Nicole Ziegler, Vorwort von Johannes Straub, 2 Bde., Zürich/München 1976–1985.

Joannis Chrysostomi Opera Omnia, Patrologia Graeca 62; deutsche Übersetzung des Textes von Wieber-Scariot.

The Works of the Emperor Julian, ed. and transl. by Wilmer Cave Wright, 3 Vols., Vol. I: London 1962 (Wiederabdruck von 1913), Vol. II: London 1959 (Wiederabdruck von 1913), Vol. III: London 1961 (Wiederabdruck von 1923); deutsche Übersetzung des Textes von Wieber-Scariot.

Ovid, Briefe aus der Verbannung. Tristia. Epistulae ex Ponto, übers. von Wilhelm Willige, eingel. und erl. von Niklas Holzberg, Frankfurt a. M. 1993 (Wiederabdruck von München/Zürich 1990).

Polemius Silvius, Laterculus, in: Chronica Minora. Saec. IV.V.VI.VII, ed. Theodorus Mommsen, Bd. I, Berlin 1961 (Wiederabdruck von 1892), S. 511–551; deutsche Übersetzung des Textes von Wieber-Scariot.

Prokop, Kriege; deutsche Übersetzung nach Hans-Georg Beck, Kaiserin Theodora und Prokop. Der Historiker und sein Opfer, München 1986, S. 39.

L. Annaeus Seneca, De Clementia. De Beneficiis – Über die Milde. Über die Wohltaten, hg., übers. und eingel. von Manfred Rosenbach, Darmstadt 1989.

Gaius Suetonius Tranquillus, Leben der Caesaren, übers. von André Lambert, München 1980 (Wiederabdruck von München/Zürich 1955).

Tacitus, Annalen I–VI, übers., eingel. und komm. von Walther Sontheimer, Stuttgart 1991 (Wiederabdruck von 1964).

Tacitus, Annalen XI–XVI, übers., eingel. und komm. von Walther Sontheimer, Stuttgart 1991 (Wiederabdruck von 1967).

Zosimos, Neue Geschichte, übers. und eingel. von Otto Veh, erl. von Stefan Rebenich, Stuttgart 1990.

LITERATUR

Garlick, B./Dixon, S./Allen, P. (eds.) (1992): Stereotypes of Women in Power. Historical Perspectives and Revisionist Views (New York/Westport/ London).

Dixon, S. (1983): A Family Business: Women's Role in Patronage and Politics at Rome 80–44 B.C., C&M 34, 91–112.

Eck, W. (1993): Agrippina – die Stadtgründerin Kölns. Eine Frau in der frühkaiserzeitlichen Politik (Köln).

Fischler, S. (1994): Social stereotypes and Historical analysis: The Case of the Imperial Women at Rome, In: Archer, L. J./Fischler, S./Wyke, M. (eds.): Women in Ancient Societies „An Illusion of the Night" (London) 115–133.

Flaig, E. (1992): Den Kaiser herausfordern. Die Usurpation im Römischen Reich (Frankfurt a. M.).

Holum, K. G. (1982): Theodosian Empresses. Women and Imperial Dominion in Late Antiquity (Berkeley/Los Angeles/London).

Perkounig, C.-M. (1995): Livia Drusilla – Iulia Augusta. Das politische Porträt der ersten Kaiserin Roms (Wien/Köln/Weimar).

Späth, T. (1994): 'Frauenmacht' in der frühen römischen Kaiserzeit? Ein kritischer Blick auf die Konstruktion der 'Kaiserfrauen', In: Dettenhofer, M. H. (Hrsg.): Reine Männersache? Frauen in Männerdomänen in der antiken Welt (Köln/Weimar/Wien) 159–207.

Thomas, Y. (1993): Die Teilung der Geschlechter im römischen Recht, In: Schmitt Pantel, P. (Hrsg.): Geschichte der Frauen, Bd. 1, Antike, editorische Betreuung d. dt. Ausg. von Beate Wagner-Hasel (Frankfurt a. M.) 105–171.

Wieber-Scariot, A. (1997): Zwischen Polemik und Panegyrik – Frauen des Kaiserhauses und Herrscherinnen des Ostens in den *Res gestae* des Ammianus Marcellinus, Diss. Bochum.

Winterling, A. (1997): „Hof". Versuch einer idealtypischen Bestimmung anhand der mittelalterlichen und frühneuzeitlichen Geschichte, In: Winterling, A. (Hrsg.): Zwischen „Haus" und „Staat". Antike Höfe im Vergleich (München) 11–25.

IST DIE FRAU STÄRKER ALS DER TOD?

VON GERT KAISER

ZUSAMMENFASSUNG

Die Begegnung der Todesgestalt mit dem Menschen ist ein weitverbreitetes Vergänglichkeitsmotiv. Es findet sich in zahlreichen Kulturen durch die Zeiten hindurch, und es findet sich in zahlreichen Künsten, der Literatur, der bildenden Kunst und der Musik. Der Leser, Betrachter und Hörer soll auf die Vergänglichkeit des irdischen Lebens hingewiesen werden, und er soll möglichst seinen Lebenswandel ändern. Das ist die konventionelle Didaktik, und sie reicht in Europa von der Antike bis in die unmittelbare Gegenwart.

Aber: eine besondere Bedeutung entfaltet sich dort, wo der Tod einer schönen Frau begegnet. Es entsteht eine Art erotischer Spannung zwischen Tod und schöner Frau.

Das heißt: Die Begegnung von schöner Frau und Tod ist dort, wo es wirklich aufregend wird, nicht bloß ein Vergänglichkeitsmotiv. Wo Vergänglichkeit dargestellt wird, also etwa: der Tod holt auch die schöne Frau!, da ist das Motiv eher langweilig und öde.

Spannend ist das Motiv dort, wo zwischen schöner Frau und dem Tod eine erotische Beziehung stattfindet.

Wieso erotische Beziehung? Ist das Lust an der Dekadenz und Morbidität?

Nein: das Motiv ist in Wahrheit die Grundbotschaft der Evolution, der Entwicklung von höherem Leben überhaupt. Die moderne Evolutionsbiologie weiß, daß die beiden Grundvoraussetzungen für Entwicklung von Leben einerseits die Sexualität und andererseits der Tod sind.

Sexualität, damit in der Fortpflanzung immer wieder die Karten neu und unvorhersehbar gemischt werden – nur so ist der Erfolg der Fortpflanzung langfristig zu sichern. Und Tod, damit die vorhergehenden Generationen den nachfolgenden auch Platz machen.

Abb. 1. Edvard Munch, Das Mädchen und der Tod.

Die schöne Frau und der Tod sind die alten und immer wieder neuen Bilder für diese Spannung von Sexualität und Tod.

Denn das Ungeheuerliche ist dies: in vielen dieser Begegnungen ist die schöne Frau der Sieger über den Tod, bisweilen offen, bisweilen verhüllt. Das heißt: die schöne Frau als das Symbol dauernder, unendlicher Fruchtbarkeit überwindet eben durch diese Fruchtbarkeit den Tod. Natürlich ist die einzelne Frau sterblich, aber die Gattung der Frauen siegt über den Tod durch immerwährendes Gebären von neuem Leben. Deshalb ist das auch kein Vergänglichkeitsmotiv, sondern ein Kampf- und Siegesmotiv der Frau und damit der menschlichen Gattung.

Dieser Sinn der Begegnung von schöner Frau und Tod ist die bisweilen geheime, meist offene Botschaft gerade in den Höhepunkten der künstlerischen Werke.

I.

Eine Ikone des Themas ist die berühmte Radierung von Edvard Munch aus dem Jahre 1894 (Abb. 1).

Sie ist eine der anrührendsten und zugleich rätselhaftesten Darstellungen: Tod und Mädchen im Liebesakt. Das Mädchen schlingt seinen Arm um den Hals des Gerippes, ist im Kusse des Totenschädels versunken und preßt seinen Körper dem Tod entgegen. Der zieht mit beiden Armen ihren Unterleib an den seinen.

Es ist offenkundige künstlerische Absicht, eine reale Liebesvereinigung darzustellen. Anders sind die Samenfäden am rechten und linken Bildrand und die embryonalen Köpfe an der unteren Bildleiste nicht zu verstehen.

Hier wird das alte Motiv vom Tod und dem Mädchen auf unerhörte Weise radikalisiert. Die junge, fruchtbare Frau ist der Inbegriff für Fortpflanzung – und damit Inbegriff für die menschliche Gattung überhaupt. Die Botschaft ist nicht der individuelle Tod des Mädchens. Die Botschaft ist vielmehr – und das bekräftigt dieser vielsagende Bildrand –, daß die *Gattung* Mensch nicht auszurotten ist.

Das Bild macht einen weiteren Aspekt sichtbar, den wir nicht erwartet haben: die offensichtlich lustvolle Hingabe des Mädchens, die starke erotische Stimmung: sie drängt sich ja an das Skelett, sie zieht den Totenschädel an ihren Mund.

Abb. 2. Basler Totentanz, Jungfrau.

Eros und Sexualität also im Verhältnis von schöner Frau und Tod? Ist das Ausdruck der komplizierten Verhältnisse zu Frauen in Edvard Munchs Leben? Oder ist es der Zeitgeist, die Lust am Morbiden und an der dämonischen Frau, wie das fin de siècle sie liebte? Oder ist es doch mehr, ist womöglich durch die Zeiten hindurch in dem Motiv angelegt? Wir werden der Spur nachgehen.

Abb. 3. Berner Totentanz, Jungfrau.

II.

Werfen wir einen kurzen Blick darauf, wie das fromme Mittelalter diese merkwürdige Begegnung darstellt.

Das Motiv dieser Begegnung ist erfunden worden in der Gattung der sogenannten Totentänze. Das sind – meist lebensgroß auf Klostermauern gemalt – grausige Ermahnungen an alle Stände, daß der Tod einem jedem nahe ist. Die knochige Todesgestalt zieht den Papst und den König ebenso in seinen Tanz wie den Bauern und den Bettler, den Kardinal und den Herzog ebenso wie den Mönch und den Bäcker, aber auch die Kaiserin, die Gräfin, die Bürgerin, die Nonne. Um die völlige Gleichheit vor dem Tode zu demonstrieren, werden nicht nur ständische Repräsentanten und Berufe in diesen Tanz gezogen, sondern auch die Lebensalter, der Greis, die Mutter, der Jüngling, das Kind – und eben auch das Mädchen.

Ein frühes Beispiel stammt aus dem sogenannten „Basler Totentanz" Ende des 15. Jahrhunderts (Abb. 2).

Das ist noch ganz konventionell, ganz gerichtet auf die Grundbotschaft: Denke daran, daß du sterben mußt.

In dem nur wenig jüngeren „Berner Totentanz" aber beginnt sich der Motivgehalt anzureichern (Abb. 3).

Er stammt von dem großen Maler Niklaus Manuel, Zeitgenosse Albrecht Dürers, und ist eine farbenprächtige Todesrevue von 41 Großszenen, zusammen etwa 80 m lang auf die Kirchhofsmauer des Dominikanerklosters gemalt.

Blickfang ist offensichtlich die Begegnung des Todes mit dem Mädchen: Das Mädchen ist schöner als in sonstigen Totentänzen, was natürlich auch mit der künstlerischen Kraft Manuels zu tun hat. Zum Totentanz-Wandbild aber gehört wesentlich der Text, meist unmittelbar daruntergeschrieben. Ohne ihn ist das Bild unvollständig, fast überflüssig. Dieser Text hält das Verwesungs- und Vergänglichkeitsmotiv fest, das das Grundmotiv des Totentanzes ist. So spricht der Tod das Mädchen an:

„Dochter jetzt ist schon hie din Stund,
Bleich wird werden din roter Mund;"

und dann, in bösen kurzen Worten, wird dieser Leib der Verwesung überantwortet:

„Din Lyb, din Angsicht, din Har und Brüst
Mus alles werden ein fuler Mist."

Leib, Gesicht, Haare, Brüste werden zu faulem Mist. Das ist der Sinn des Totentanzbildes, und der Text läßt niemanden aus dieser Bedeutung.

Niklaus Manuel hat das Motiv vom Tod und dem Mädchen noch einmal aufgegriffen – dann aber in einer bestürzend anderen, einer „modernen" Sehweise (Abb. 4). Das halbverweste Gerippe umarmt das Mädchen, küßt es und greift ihm mit der Linken zwischen die Schenkel; das Mädchen scheint ihm dabei noch behilflich; von Abwehr oder Entsetzen keine Spur – eine Darstellung, die die schockierende Konfiguration von Tod und Mädchen offensichtlich genießt, wenn auch mit ein wenig angenehmem Ekel.

Natürlich ist das Bild deutbar als Warnung: Die schöne junge Frau ist durch die Kniebänder, das tiefe Dekolleté und das üppige Kleid als putz-, gefall- und vergnügungssüchtig gekennzeichnet. Deshalb haben die schockierten Kunsthistoriker der Neuzeit auch schon bald in dem Mädchen ein Freudenmädchen erkennen wollen. Dann nämlich taugt es sogar noch als Abschreckung für die eigenen Töchter und hat die pädagogische Botschaft: Wer sich den erotischen Ausschweifungen hingibt, vor denen das Bild eindringlich warnen will, wird immer schon vom Tod geküßt.

Abb. 4. Niklaus Manuel, Tod und Mädchen, Einzelblatt (1517).

Mit diesem Bild emanzipiert sich das Motiv aus seinem religiös-erzieherischen Kontext. Das ästhetische Reizpotential ist gelöst von der einstigen Vorgabe, Schrecken und Todesfurcht zu erregen.

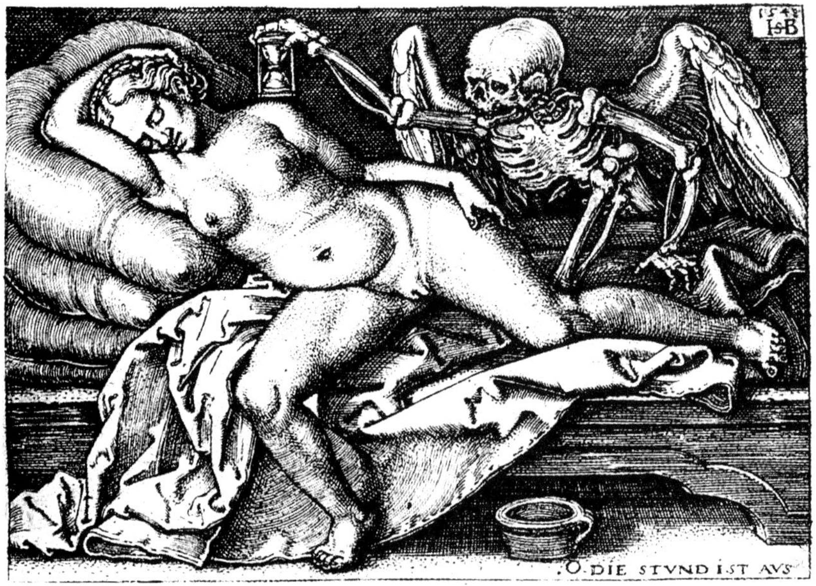

Abb. 5. Hans Sebald Beham, Der Tod und das schlafende Weib (1548).

Emanzipation bedeutet in diesem Falle also, daß sich das Motiv aus seinem ursprünglichen Zusammenhang, dem Totentanz, gelöst hat, daß seine Bildidee den Vergänglichkeits-Rahmen sprengt und eine eigene, deutlich erotische Ausstrahlung gewinnt. Die Augen- und Sinnenlust an der schönen Frau, die Lust am gewagten Motiv tritt in den Vordergrund. Man könnte zwischen diesen beiden Manuelischen Bildern den Graben zwischen mittelalterlicher und neuzeitlicher Kunstauffassung ziehen.

Und sogleich werden die neuen Möglichkeiten auch genutzt – etwa durch den großen Hans Sebald Beham (Abb. 5).

Provozierend ist das Blatt durch die Darstellung der Frau. Es zeigt sie schlafend in unschuldig-schamloser Pose, während das geflügelte Gerippe über das Bett zu ihr herankriecht, die Sanduhr hochhebend. Unschuldig, weil schlafend, aber schamlos die Pose, weil sie offenkundig zum Zwecke der Bloßstellung gewählt ist. Es fällt schwer, sich jemanden schlafend vorzustellen mit halb zum Sprung angewinkeltem rechten Bein.

Stilistisch wird das Moment der Bloßstellung verstärkt durch den Gegensatz zwischen völlig geschlossenem Torso, hervorgerufen durch die eng an Kopf und Körper angewinkelten Arme, und der breiten

Spreizung der Schenkel. Darunter dann allerdings der „rettende" Vergänglichkeits-Sinnspruch:

O DIE STVND IST AVS

Natürlich spekuliert das Bild auf voyeuristische Instinkte des Betrachters. Aber was an Bildern dieser Art drastisch ist, das ist die Drastik von Sexualität und Tod. Und das hat nicht unbedingt mit gutem Geschmack zu tun. Das werden uns die zeitgenössischen Arbeiten wiederentdecken. Die Künstler der Moderne setzen auf ähnliche Weise wie Beham den Schock als bewußtes Kunstmittel ein und illustrieren damit, was das Thema an Tabuverletzungen ermöglicht.

III.

Ich habe schon angedeutet, daß auch die Naturwissenschaften sich des Verhältnisses von Sexualität und Tod angenommen haben – freilich auf ihre Weise und ohne um die künstlerische Vor- und Ausprägung des Motivs von Tod und schöner Frau zu wissen.

Ein maßgeblicher Vertreter der naturwissenschaftlichen Evolutionsbiologie ist der französiche Forscher Jacques Ruffié:

„Unter anderem ist die Dynamik der Evolution auf zwei Voraussetzungen angewiesen. Zunächst einmal verlangt sie eine Fortpflanzungsweise, die die vorhandenen genetischen Kombinationen in Frage stellt. Diese 'Neuverteilung der Karten' ist eine Grundbedingung der Evolution. Sie erlaubt jeder Generation, sich unter den neuen Kombinationen die Gen-Ausstattungen auszuwählen, die für die Nutzung des Milieus am besten geeignet sind. Diese Fortpflanzungsweise, die für eine ständig erneuerte Vielfalt im Erbgut der Individuen sorgt, ist ohne Sexualität nicht möglich."

(J. Ruffié, Lieben und Sterben. Zur Evolution von Sexualität und Tod, Hamburg 1990: 23)

So ist Sexualität also bei allen höheren Lebewesen die Voraussetzung für eine – im Sinne genetischer Vielfalt – wünschenswerte Wahl des Geschlechtspartners; denn Sexualität überspringt immer wieder die Regeln und Vorschriften der Partnerwahl, die die Menschen aufrichten. Sie ist damit evolutionsbiologisch die Voraussetzung für erfolgreiche Anpassung und für das Überleben der Gattung.

Hinzu kommt eine weitere elementare Notwendigkeit: *„Die zweite Bedingung, die die Evolution braucht, um ihren Weg verfolgen zu können, ist die Verdrängung der älteren durch die neuen Generationen."*

Das heißt: es besteht ein enger Zusammenhang zwischen Sexualität und Tod.

Diese evolutionsbiologische Grundlegung heißt für uns nicht mehr und nicht weniger: unser Motiv vom Tod und der schönen Frau ist gerade dort, wo das Thema Sexualität oder Erotik hereinspielt, das künstlerische Gewand für die beiden Pole von Leben und Evolution überhaupt. Die Begegnung von schöner Frau und Tod ist die kulturelle Ausprägung, die künstlerische Verkleidung des biologischen Spannungsfeldes von Sexualität und Tod, also der Grundgegebenheit aller höheren Lebewesen.

Das gibt dem Motiv eine neue Bedeutung. Es ist nicht etwa die Erfindung eines dekadenten Zeitgeistes. Es reicht offenbar in frühe Schichten der Evolution von Leben überhaupt; jetzt läßt sich verstehen, warum das anscheinend so ausgefallen-morbide Thema durch die Kulturgeschichte hindurch stets präsent bleibt.

IV.

Im 18. und 19. Jahrhundert finden wir den Tod immer wieder als Tänzer, vor allem auf großen Bällen und Gesellschaften, oder als Verführer in den Boudoirs der Damen. Besonders viel öffentliche Sympathien hat die Todesgestalt dann, wenn sie etwa eine liederliche junge Mutter, die ihr krankes Kind zu Hause gelassen hat, auf einem Tanzvergnügen erwischt. Da wird dann stets ein strenges Strafexempel statuiert.

Der Lieblingstanz des Todes ist der Walzer – nach Meinung der Sittenwächter der Zeit ohnehin der Tanz der Sünde. Die entrüsteten und eifernden Urteile über den Walzer sind nicht zu zählen. Er ist eine Art Totentanz des 19. Jahrhunderts, denn er ist, so eine zeitgenösische englische Quelle, *„a thinly-veiled occasion* (eine kaum verhüllte Gelegenheit) *for sexual gratification in public, even to the point of orgasm".*

Nur zwei Beispiele dafür, daß das 19. Jahrhundert die dämonische Kraft des Tanzes, die das Mittelalter so erschreckt hatte, wiederentdeckt hat: Max Slevogt hat das Motiv vom Walzertanz auf dem

Abb. 6. Max Slevogt, Totentanz.

Maskenball gültig ins Bild gesetzt: in seinem Gemälde „Totentanz" von 1896 (Abb. 6).

In dem Gemälde scheint sich die Frau aus einer Tanzbewegung herauszudrehen und packt mit der Rechten das Kostüm ihres Tänzers, um ihn mitzureißen in den offenkundigen Höhepunkt: die Demaskierung. Ihre Larve ist ihr schon vom Gesicht gerutscht. Sie ahnt noch nicht oder will nicht wissen, was der Betrachter schon sieht: daß der Tod ihr Tänzer ist.

Eros und Tod, der letzte Augenblick der Täuschung und Selbsttäuschung und vor allem: Tanz und Tod. Es sind die sparsamen Mittel, die malerische Konsequenz, die das Gemälde zum großen Kunstwerk machen.

Es gibt eine geheime Verwandtschaft zwischen der Vorstellung des dämonischen Tanzes im ausgehenden 19. Jahrhundert und der Erregtheit des späten Mittelalters angesichts der unkontrollierbaren Wirkungen des Tanzes. Um die sexuelle Sprengkraft vor allem des damals neuerfundenen Paartanzes in einer Welt christlicher

Sexualmoral zu erahnen, müssten wir eigentlich den Sittenpredigern der Zeit zuhören. Sie führen in großer Detailtreue aus, wie es beim Tanzen über die Männer und vor allem über die Frauen kommt. Diese Texte freilich kann man nicht zitieren, ohne sich demselben Verdacht auszusetzen, den wir zu Recht gegen diese lustvoll-eifernden Prediger hegen.

Das 19. Jahrhundert hat die Sprengkraft des dämonischen Tanzes in die Nähe gebracht zu dem faszinierenden männlichen Angstkonstrukt der „femme fatale". Das garantiert seinen Reiz auf Dauer.

Eine extreme Ausgestaltung der Motivkette Sexualität, Tod, Tanz ist der „Salomé"-Stoff. Die biblische Vorlage verdeckt noch, was die Romantik schließlich herausarbeitet: daß die ekstatische Sexualität tötet, was sie gewalttätig begehrt.

Der Stoff findet in Oscar Wildes Drama diejenige Ausprägung, die sich in unsere Gehirne eingegraben hat.

Die Begegnung des vor Verlangen brennenden Mädchens mit dem Tod findet bestürzend real statt: Salome wird den Totenkopf, das abgeschlagene Haupt des Johannes, auf den Mund küssen.

Eine zwanghafte, ja somnambule Atmosphäre liegt schwer über dem Geschehen: zunächst der Begegnung der Salome mit dem schrecklichen, im Wissen seiner Prophetie versteinerten Propheten. Als das Mädchen Salome ihn aus seinem Zisternen-Gefängnis heraufholen läßt, sieht sie ihn so:

Salome: *„Seine Augen sind von allem das Schrecklichste. . . . Sie sind wie die schwarzen Höhlen, wo die Drachen leben, die schwarzen Höhlen Ägyptens, wo die Drachen hausen. Sie sind wie schwarze Seen, aus denen irres Mondlicht flackert . . ."*

Sie sieht also einen Totenkopf. Und sie entbrennt in brünstiger Liebe zu ihm. Und der Prophet ist voller Angst um seine Reinheit und wehrt sich gegen das Mädchen mit aller biblischen Abscheu, die ihm zu Gebote steht:

Jochanaan: *„Zurück, Tochter Babylons! Komm dem Erwählten des Herrn nicht zu nahe! . . . Durch das Weib kam das Übel in die Welt. Sprich nicht zu mir. Ich will dich nicht anhören. Ich höre nur auf die Stimme des Herrn, meines Gottes."*

Doch das Mädchen preist und verflucht zugleich seinen weißen Leib, sein schwarzes Haar, preist und verflucht zugleich seinen roten Mund – und mündet schließlich in das Begehren:

„Laß mich ihn küssen, deinen Mund, Jochanaan!"

Darauf der Prophet: *„Niemals! Tochter Babylons! Tochter Sodoms! Niemals!"*

In dem Augenblick, als Herodes mit seinem Gefolge auf die Terrasse heraus ins Mondlicht tritt, gewinnt der Mond auch über ihn Gewalt:

Herodes. *„Wie der Mond heute nacht aussieht! Es steckt Seltsames in ihm. Ist es nicht ein seltsames Bild? Er sieht aus wie ein wahnsinniges Weib, ein wahnsinniges Weib, das überall nach Buhlen sucht. Es stellt sich nackt am Himmel zur Schau, wie ein betrunkenes Weib, das durch die Wolken taumelt . . ."*

Und dann das entscheidende Wort eines zwischen Lüsternheit und Langeweile schwankenden Königs:

Herodes. *„Tanz für mich, Salome. . . . Wenn du für mich tanzest, kannst du von mir begehren, was du willst, ich werde es dir geben . . . und wärs die Hälfte meines Königreichs".*

Und Salome tanzt vor dem König und der Hofgesellschaft den Tanz der sieben Schleier. Und die Reaktion des Herodes darauf ist entzückte Banalität:

Herodes. *„Ah! Wundervoll! Wundervoll! Komm her, Salome, komm her, du sollst deinen Lohn haben. Ah! Ich zahle denen königlichen Preis, die mir zur Lust tanzen wollen! Ich will dich königlich belohnen. Ich will dir alles geben, was dein Herz begehrt. Was willst du haben? Sprich!"*

Salome knieend. *„Ich möchte, daß sie mir gleich in einer Silberschüssel . . ."*

Herodes lachend. *„In einer Silberschüssel? Gewiß doch, in einer Silberschüssel! Sie ist reizend, nicht? Was ist es, das du in einer Silberschüssel haben möchtest, o süße, schöne Salome, du, die schöner ist als alle Töchter Judäas? Was sollen sie dir in einer Silberschüssel bringen? Sag es mir! Was es auch sein mag, du sollst es erhalten. Meine Reichtümer gehören dir. Was ist es, das du haben möchtest, Salome?"*

Salome steht auf. *„Den Kopf des Jochanaan."*

Herodes reagiert irritiert, dann abwehrend, dann beschwichtigend und schließlich bereit, von seinen Schätzen herzuschenken, was ihm das Liebste ist, wenn sie nur abstehe von diesem einen Wunsch. Doch siebenmal fährt Salome in die Suada des Stiefvaters: *„Gib mir den Kopf des Jochanaan!"*

Gegen das kühle Ritual dieses Begehrens kann Herodes nur immer neue Juwelen und Kostbarkeiten setzen – vergeblich.
Schließlich die makaber-hocherotische Prozedur mit dem Haupt des Jochanaan: *Salome. „Ah! Du wolltest mich deinen Mund nicht küssen lassen, Jochanaan. Wohl! Ich will ihn jetzt küssen. Ich will mit meinen Zähnen hineinbeißen, wie man in eine reife Frucht beißen mag. Ja, ich will ihn küssen, deinen Mund, Jochanaan. . . . Du wolltest mich nicht haben, Jochanaan! Du wiesest mich von dir. Du sprachst böse Worte gegen mich. Du benahmst dich gegen mich wie gegen eine Hure, wie gegen ein geiles Weib . . . Ah! Jochanaan, Jochanaan, du warst der Mann, den ich allein von allen Männern liebte."*

Als schließlich eine große Wolke den Mond verhüllt und die Bühne dunkel wird, hört man nur noch die Stimme der Salome: *„Ah! Ich habe deinen Mund geküßt, Jochanaan; ich hab ihn geküßt, deinen Mund. Es war ein bitterer Geschmack auf deinen Lippen. Hat es nach Blut geschmeckt? . . . nein; doch schmeckte es vielleicht nach Liebe . . . Sie sagen, daß die Liebe bitter schmecke. . . . Doch, was tuts, was tuts? Ich habe deinen Mund geküßt, Jochanaan, ich hab ihn geküßt, deinen Mund!"*

Nur wenige Begegnungen zwischen dem Mädchen und dem Tod haben so viel Sexualität und Gewalt zugleich in sich. Hier wird der Liebestrieb buchstäblich zum Todestrieb – und deshalb ist Salome eine Urszene für die Dialektik von Eros und Thanatos, von Liebe und Tod.

Die zugehörigen Illustrationen von Aubrey Beardsley stammen aus dem Jahre 1904. Sie sind gerade durch ihre Kühle und formale Glätte eine kongeniale Übersetzung von Wildes Dichtung. Freilich, mir scheint, daß erst durch diese künstlerische „Übersetzung" Beardsleys die kindliche Erotomanin Salome nun zur Femme fatale wird. Für Beardsley ist sie das schöne, kaum kultivierte Sinnentier. Dazu tragen vor allem die pflanzlich-dekorativen Stilmittel bei, deren Naturhaftigkeit zugleich die surreale und zwanghafte Atmosphäre verstärkt (Abb. 7).

Abb. 7. Aubrey Beardsley, Salome und Jochanaan.

Abb. 8. Aubrey Beardsley, Salomes Tanz.

Die Begegnung zwischen Salome und Jochanaan ist hier die Begegnung zwischen zwei schönen Menschen, ganz so wie Salome es sieht. Auf Beardsleys Bild beugt sich die neugierige Prinzessin fragend vor, der Prophet ist stumm, abwehrend. Das Bild illustriert die unbefangene, freilich hochdekorative Erotik des Mädchens. Die Ablehnung Jochanaans ist hier indessen ungleich edler als im Text, wo sie fanatisch und deshalb getrieben von heimlicher Angst ist.

Dann der Tanz der sieben Schleier (Abb. 8). Dieser Tanz vor dem lüsternen König und seinen Männern ist wahrlich ein Todestanz. Beardsley macht es durch die – ganz in der Tradition der Totentänze stehende – Todes- oder Teufelsfigur als Musikant deutlich. Salome steht nun in betonter Nacktheit vor ihrem Ziehvater und will den Preis dafür.

Dem viktorianischen England, das sich entsetzt an dem Bild delektierte, wurde es zum Skandal vor allem dadurch, daß offenbar ein Bauchtanz dargestellt ist. Er galt als Gipfelpunkt von Verworfenheit. Die kreisende Bewegung des Unterleibs wird in ihrer Wirkung verstärkt durch die Perspektive, in die der Betrachter genötigt ist. Er muß – wie Herodes – zu Salome aufblicken.

Das grausige Geschehen danach hat Beardsley ins Makaber-Schöne veredelt (Abb. 9).

Das Blut ist weiß geworden, ebenso wie die schwarzen Haare des Getöteten nun zu weißen Schlangenornamenten werden.

Es ist eine glanzvolle Idee, das Mädchen Salome mit dem Haupt des Jochanaan – gleichsam entschweben zu lassen. Das ist einerseits ein ironisches Bild eines eigenwilligen Mädchens mit seiner Puppe, andererseits ist es eine Ikone der letztlichen Vereinigung des Mädchen mit dem Toten und dem Tod zugleich. Auf der Erde bleibt das Blut des Propheten zurück, und es wächst daraus eine vieldeutig schwellende Flora.

Abb. 9. Aubrey Beardsley, Salome küßt das Haupt des Jochanaan.

V.

In der Literatur hat das Motiv vom Tod und den schönen Frauen seine große und gültige Ausformung in Thomas Manns „Zauberberg" gefunden. Es gibt da ein eigenes Kapitel „Totentanz", aber das Motiv ist in diesem großen Roman überall gegenwärtig. Die Begegnung von Hans Castorp mit der schönen Clawdia Chauchat ist immer wieder vor dem Hintergrund der Anziehung von Tod und schöner Frau erzählt. Das ist ein eigenes Kapitel, das ich hier aus Platzgründen nicht ausführen kann. Auch muß ich mir versagen, einen Blick zu werfen auf die zahlreichen Werke der europäischen Literatur, in denen Tod und schöne Frau einander begegnen, sei es in den giechischen Göttermythen, sei es im mittelalterlichen Artusroman oder im Don Quijote des Miguel de Cervantes. In der Neuzeit ist Heinrich Heine dem Motiv verfallen ebenso wie Gottfried August Bürger, auch Goethe, Rilke, Strindberg – und in unsere Gegenwart hinein reicht das kürzlich verfilmte Drama des Argentiniers Ariel Dorfmann mit dem Titel „Der Tod und das Mädchen", eine aufwühlende Begebenheit einer jungen Frau, die ihrem Folterer wiederbegegnet.

Übergehen muß ich auch die zahlreichen Zeugnisse in der bildenden Kunst und der Musik gerade um die Wende zu unserem Jahrhundert. Nur ein kurzes berühmtes Gedicht darf ich Ihnen in Erinnerung rufen, jenes schlichte Gespräch zwischen dem Tod und dem Mädchen, das uns Matthias Claudius geschenkt hat und das durch Franz Schuberts Vertonung unsterblich wurde:

Das Mädchen

„Vorüber! Ach vorüber!
Geh wilder Knochenmann!
Ich bin noch jung, geh Lieber!
Und rühre mich nicht an."

Der Tod

„Gib deine Hand, du schön und zart Gebild!
Bin Freund, und komme, nicht zu strafen.
Sei guten Muts! Ich bin nicht wild,
Sollst sanft in meinen Armen schlafen!"

Wer genau hinhört, erkennt sogar hier eine leise erotische Tönung, etwa in der Anrede des Mädchens an den Tod: „geh, Lieber!"

Schubert greift das musikalisch durch eine bedeutsame Pause auf. Aber darauf kann ich nicht weiter eingehen.

VI.

Eine rätselhafte Begegnung will ich Ihnen nicht vorenthalten. Sie stammt von Salvador Dalí (Abb. 10).

Zwischen der üppigen, fast ironisch-üppigen Mädchengestalt und dem reitenden Tod herrscht eine starke sinnliche Beziehung, die gerade deshalb so stark wirkt, weil die Distanz zwischen ihnen so groß ist. Distanz ist hier auch gezeichnet: der Rückenakt im Vordergrund, das reitende Gerippe im Hintergrund. Die gestische Beziehung stellt sich her durch die aufreizende Pose des Mädchens und durch den mit der Gitarre winkenden oder grüßenden Tod. Ob das Mädchen die Hand zum Gruß erhoben hat oder ob sie sich in einer lockenden Geste die Haare zurückstreicht, läßt sich nicht entscheiden. Die Blickrichtung des Mädchens hin zum Tod entspricht den Strahlen, die von der Wolke oder der Sonne über dem Tod in Richtung Mädchen ausgehen und ihren Kopf und Körper berühren. So wie die roten Strahlen aus den Wolken- oder Sonnenkreisen über dem Tod das Mädchen berühren, so berühren die roten Blumen zu Füßen des Mädchens die Wolke, auf der der Tod reitet – eine ebenso innige Verbindung wie diejenige zwischen der Lockenpracht des Mädchens und dem fülligen Schweif des Pferdes. Die Todesgestalt zu Pferd freilich scheint vorbeizureiten, sie erwidert das einladende Korpersignal der jungen Frau, aber sie bleibt fern.

Die dritte Gestalt ist gleichfalls ein offenkundiges Todesmotiv, wie die lange Trompete und das sensenförmige Gerät zeigen.

Das Bild ist von scheinbar großer Direktheit: sinnliche Frau und der Tod grüßen einander. Und doch ist eine rätselvolle Unentschiedenheit in der Szene. Warum reiten die Todesfiguren vorüber? Warum kommt es nur zu einer grüßenden Begegnung aus der Ferne? Sind am Ende Tod und Frau einander vertraut, womöglich im selben Gewerbe tätig?

Ist es eine Variante des Motivs von der lockenden Frau, die den Tod bereithält? Die todbringende Frau grüßte ihren vorbeireitenden Meister mit einer schamlosen Geste? Dann wären es drei Todesgestalten, die auf dem Bild einander begegnen, eine im Vordergrund (das Mädchen), eine größere und eine kleine im Hintergrund – so wie die drei roten Blumen zu Füßen der Frau, eine voll erblühte im Vordergrund, eine größere und eine kleine im Hintergrund.

Abb. 10. Salvador Dalí, Der Tod und das Mädchen (1967).

Man muß in der Deutung nicht so weit gehen. Es genügt festzuhalten, was die Komposition offenbar macht, nämlich eine Lockung der jungen schönen Frau an den vorüberziehenden Tod, eine sinnverwirrende bildliche Gestaltung des Geheimnisses von Sexualität und Tod.

Abb. 11. Tomi Ungerer, Der Tod und das füllige Weib.

VII.

Auch Tomi Ungerer hat immer wieder den Tod und die Frau gezeichnet. Er ist ein Zeichner, der mit Stift und Feder alles kann. Vielen seiner Zeichnungen wohnt ein spielerisches *déjà vu* bei.

Unbefangen wählt Ungerer das Medium der Karikatur der Kunst (Abb. 11). Die Totengestalt hat eine füllige, nackte Schöne zu sich emporgehoben und macht einen großen Ausfallschritt, während sie selig lächelt. Die Zeichung ist ein offenkundiges und boshaftes Zitat von Edvard Munchs „Der Tod und das Mädchen". Hier schiebt der Tod seinen skelettierten Oberschenkel noch heftiger zwischen die Frauenschenkel; während bei Munch der Tod seine Hände um die Hüfte des Mädchens legt, faßt Ungerers Tod kräftig ans Hinterteil der Frau; genau wie bei Munch – nur seitenverkehrt – hebt sich Brust und Leib der Frau scharf gegen das dunkle Totengerippe ab; das innige Lächeln und die geschlossenen Augen der vollschlanken Schönen bei Ungerer korrespondieren mit dem im Kuß versunkenen Gesicht und mit den geschlossenen Augen des Mädchens bei Munch.

Boshaft natürlich auch der Büstenhalter, die Strümpfe und die hochhackigen Schuhe der Dame. Was man sich an ironischer Perfidie zu Munch ausdenken kann, hier ist es umgesetzt.

Ungerers Arbeiten zum Tod und der jungen Frau sind immer wieder beherrscht von seiner monströsen Mythisierung des Weibes (Abb. 12).

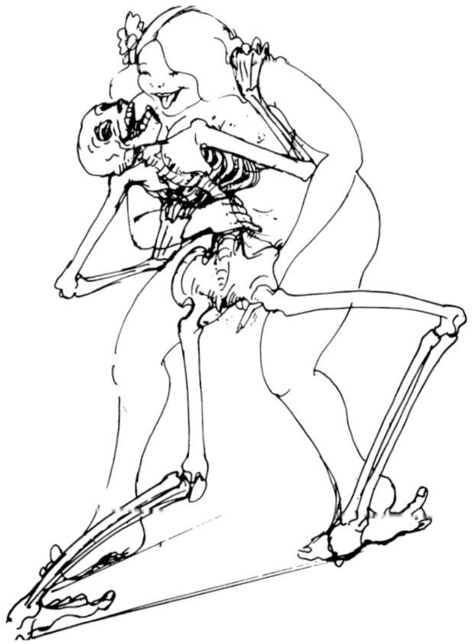

Abb. 12. Tomi Ungerer, Das dicke Mädchen und der Tod.

Das nackte dicke Mädchen, ein Kind noch fast, ist von solch obszöner Lust und Gewalt, daß sie dem armen Tod fast das Kreuz bricht. Sie hat eine unbefangen-lüsterne Freude am Spiel mit diesem alten Thema vom Tod und dem Mädchen. Während sie ihn mit der Rechten an eben der Stelle packt, wo in Munchs Litho der Tod hinfaßt, macht sie mit dem kleinen Finger der linken Hand eine obszöne Geste: ebenfalls eine drastische Karikatur von Edvard Munchs Ikone.

Die Frauen spielen mit dem Tod – das ist eines der privaten Mythologeme von Tomi Ungerer. Denn Frauen sind stärker, weil ihre Körperlichkeit unbesiegbar ist (Abb. 13).

Abb. 13. Tomi Ungerer, Frau und Tod im Ringkampf.

Die schönen Frauen und der Tod finden in der Moderne zahlreiche große Künstler, finden Jean Tinguely ebenso wie Paul Wunderlich und Joseph Beuys, um nur die berühmteren zu nennen.

Eine besonders faszinierende Ausgestaltung der Begegnung ist in der schönen Radierung von Ernst Fuchs festgehalten (Abb. 14).

Das Bild erzählt zunächst die brutale Geschichte einer Knochengestalt, die mit einem rohen Griff das rechte Bein der schönen Frau hochreißt, fast als wolle er sie zerteilen. Der Frauenkörper indes erzählt eine andere Geschichte: Er bleibt in dieser gewalttätigen Umarmung schön und kräftig, steht mit dem linken Bein fest auf dem Boden; ihr Oberkörper ist anmutig zurückgebeugt und läßt sich offensichtlich von der langen Knochenhand am Rücken stützen. Das Gesicht der Frau ist entspannt, wie schlafend, und befindet sich dadurch in unmittelbarem Gegensatz zu der dramatisch-heftigen Körperbewegung. Einen Augenblick glauben wir, ein Traumbild vor uns zu haben, ein Bild für die professionelle Traumdeutung.

Dann aber sehen wir den linken Arm entlang, der sich hinter den Totenschädel hochreckt – und wir sehen die junge Frau das Hahnrei-Zeichen machen: „La mort cocue" – der gehörnte Tod, der Titel des Bildes. Das ist wieder eine andere Geschichte: die Verhöhnung der Todesgestalt durch die träumerisch in sich ruhende schöne Frau. Das ist zum einen das immer neue Thema von der jungen Frau und dem alten Hahnrei – und assoziiert damit zweitausend Jahre Schwanktradition. Zugleich steht es in der Tradition jener schönen siegreichen Frauen, die sicher zu sein scheinen, daß der Tod nichts gegen sie vermag.

Es bleibt dem Bild ein rätselhafter Zug – eben in dem Nebeneinander von Gewalt, Dramatik der Bewegung, dem träumerischen Ausdruck des schönen Frauengesichts und der schwankhaft-frivolen Geste.

VIII.

Eines der erstaunlichsten Phänomene aber ist, daß im Zeitalter der elektronischen Massenmedien der Tod und die schönen Frauen nicht mehr nur in der Hochkultur zu Hause sind. Sie erobern die Volkskultur, genauer: sie erobern sie *wieder*. Schließlich kommen sie ja aus der Sub- und Populärkultur der Totentänze. Von dort waren sie „aufgestiegen" zur Kultur der Gebildeten und blieben dennoch drastisch und oft an der Grenze des guten Geschmacks.

Abb. 14. Ernst Fuchs, La mort cocue.

Und vor allem das heikle, oft burleske Thema der Erotik zwischen Tod und der schönen Frau ist heute lebendiger denn je.

Eine meiner aufregendsten Entdeckungen der letzten Zeit war, als ich bemerkte, daß das Motiv vom Tod und der schönen Frau in höchst vitaler Weise in der Volkskultur der Gegenwart weiterlebt. Und zwar in einer Art Modernisierung, die ihre Wurzeln schon im 18. Jahrhundert hat, nämlich in der Begegnung von schöner Frau und Vampir.

Um das verständlich zu machen, muß ich nachtragen, daß sich schon im 18. Jahrhundert ein kräftiger Seitentrieb des Motivs vom Tod und der schönen Frau herausgebildet hatte: eben in der Begegnung des Vampirs und der schönen Frau. Die zwanziger und dreißiger Jahre des 18. Jahrhunderts sind der Beginn einer gesamteuropäischen Vampirhysterie. Vor allem deutsche Universitäten nehmen sich in aufklärerischem Ernst dieses Phänomens an und verschaffen ihm so eine Bedeutung diesseits des Aberglaubens. Es werden Fälle von Vampirismus aus Serbien und Ungarn berichtet, deren Seriosität dadurch bestätigt ist, daß die Behörden sich der Untersuchung annehmen. Die „wissenschaftliche" Aufarbeitung führt rasch zu zuverlässigen Handbüchern dieser bedrohlichen Erscheinung. In der Welt der hohen Literatur treten die Wiedergänger ihren Siegeszug an mit Bürgers „Lenore" (1773), die Vampire werden hoffähig in Goethes „Braut von Korinth" (1797) und gehören von da an zum romantischen Inventar.

Nun sind Vampire – glaubt man den Manifestationen der Vampirliteratur – im Hinblick auf ihre Opfer nicht wählerisch. Sie nehmen, was ihnen vor die auffallend weißen Zähne kommt – und gleichen darin der mittelalterlichen Todesgestalt. Manche Romane bescheinigen ihnen eine gewisse Vorliebe für Familienmitglieder. Auch gibt es eine stattliche Reihe weiblicher Vampire. In der zweiten Hälfte des 19. Jahrhunderts hat man sogar mehr weibliche als männliche Vampire gezählt, und sie werden ihren Weg machen bis hin zum „Vamp" noch der fünfziger Jahre unseres Jahrhunderts.

Eine große Zahl von Vampiren freilich ist besonders auf junge Frauen aus. Sie sind darin eine – in der Neuzeit höchst erfolgreiche – Spezialisierung der Todesgestalt, gleichsam eine durchgreifende Modernisierung des Motivs von der Begegnung des Mädchens mit dem Tod.

In dem Augenblick, in dem sich die bewegten Bilder des Themas bemächtigen, gibt es offenkundig eine zunehmende Vorliebe des Vampirs für junge, schöne Frauen. Die Weichen dafür werden in dem Kultbuch des Vampirismus gestellt, in Bram Stokers (1847–1912) „Dracula" aus dem Jahre 1897.

Eine der erfolgreichsten Vampirserien der Gegenwart stammt von der amerikanischen Autorin Anne Rice, allen voran der Titel „Interview mit einem Vampir" (1976). Er ist zu einem neuen Kultbuch einer Generation von Vampirkennern geworden. In distanzierter Selbstverständlichkeit schildert Rice die nächtlichen Verpflegungsbedürfnisse von drei nicht unsympathischen Vampiren aus dem Süden der USA.

Aus der Dreiergemeinschaft wird bald ein Dreiecksverhältnis, und der dominante Alt-Vampir wird von seinen beiden Geschöpfen auf ausführlich-barbarische Weise umgebracht. Danach gehen die beiden in gut amerikanischer Manier auf eine Europa-Reise, um die Orte ihrer Herkunft zu besichtigen. Über Transsylvanien, wo es nur bäurisch-ungeschlachte Vampire gibt, gelangen sie nach Paris und finden dort eine richtige Vampir-Gemeinde, die ironischerweise das Pariser Publikum mit einem Vampir-Theater unterhält und zum Teil auch aussaugt.

Erstaunlich bleibt, daß eine sehr altmodische Erzählkultur – bisweilen an den Briefroman des 18. Jahrhunderts erinnernd – mit diesem Genre offenbar ein Millionenpublikum erreicht.

Dazu gehört eine gänzlich neue Art der Kommunikation der Leser. In den sogenannten „News groups" von Internet findet ein weltweiter intensiver Erfahrungsaustausch statt. Wahrscheinlich Hunderttausende von Internet-Benutzern beteiligen sich daran. Es ist zum Teil ein durchaus seriöser Diskurs, zum Teil Geschwätz. Die Grenze zwischen Jux, Ernst und Starkult bleibt stets fließend. In der Rubrik „Vampire" habe ich allein über die Weihnachtsfeiertage 1994 über sechshundert Mitteilungen gezählt, darunter Fragen nach dem besten Selbstschutz vor Vampiren (zumal der Nachbar seit einigen Wochen sehr verdächtige Vampirzeichen erkennen läßt), aber auch selbstverfertigte Gedichte, Hinweise auf Bars, Clubs und Kleidung – und immer wieder ernstklingende Hilferufe. Eine ganze Vampirkultur hat sich hier etabliert und kommuniziert jetzt stündlich rund um den Erdball.

Das epochale Ereignis für das Motiv vom Zusammentreffen von Tod und schöner Frau vollzieht sich erst in unserem Jahrhundert. Es ist ein Medienereignis im Sinne des Wortes. Die filmischen und elektronischen Medien sind der eigentliche Glücksfall für das Motiv. Zwar ist die Flut von Videos und Filmen über Vampire, Untote und schöne Frauen ästhetisch meist alles andere als ein Glücksfall – aber sie sind das genuine Medium dafür.

Die neuen Medien eröffnen gänzlich neue Darstellungen und Wahrnehmungen. In ihnen finden die Tagträume, aber auch die Alpträume einer ganzen Generation ihren Ausdruck. Das Moment der Flüchtigkeit vor allem, des vergehenden – und eben nicht des festgehaltenen – Augenblicks, ist ja gleichsam eine Erlösung für das Prekäre der Begegnung von Tod und schöner Frau. In diesem flüchtigen Medium kann das Motiv wieder hinabtauchen ins Halbbewußte, kann am Rande unserer Wahrnehmung sein Wesen und Unwesen treiben, und sucht uns von dort in schutzlosen Stunden heim.

Literatur:

Kaiser, G. (1995): Der Tod und die schönen Frauen. Ein elementares Motiv der europäischen Kultur (Frankfurt a. M./New York).

Kaiser, G. (1996): Der tanzende Tod. Mittelalterliche Totentänze (Frankfurt a. M.).

Guthke, Karl (1997): Ist der Tod eine Frau? Geschlecht in Kunst und Literatur (München).

AUTORINNEN UND AUTOREN

Bärbel Auffermann, geb. 1964. Studium der Urgeschichte, Ethnologie und Geologie in Münster und Tübingen. Promotion 1996. Seit 1995 Mitarbeit an der Konzeption und Realisierung des Neanderthal Museums. Wissenschaftliche Mitarbeiterin am Neanderthal Museum.

Helga Brandt, geb. 1966. Studium der Ur- und Frühgeschichte, Prähistorischen Anthropologie, Mittelalterlichen Geschichte, Mediävistik und Geologie in Tübingen und Kiel. Promoviert über Geschlechterrollen in der Latènezeit und ist derzeit angestellt in einem Forschungsprojekt der Deutschen Forschungsgemeinschaft zur Romanisierung.

Winfried Henke, geb. 1944. Studium der Biologie, Anthropologie, Geowissenschaften, Pädagogik und Philosophie in Kiel und Braunschweig. 1971 Promotion zum Dr. rer. nat. an der Christian-Albrechts-Universität Kiel. Seitdem am Institut für Anthropologie der Johannes Gutenberg-Universität Mainz tätig, seit 1993 als Akademischer Direktor. 1990 Habilitation im Fach Anthropologie, 1996 Ernennung zum apl. Professor. Hauptarbeitsgebiete: Paläoanthropologie und Prähistorische Anthropologie, Biologie und Demographie rezenter Populationen.

Sibylle Kästner, geb. 1967. Studium der Urgeschichte, Vor- und Frühgeschichte sowie Ethnologie in Tübingen und Berlin. Mitbegründerin des „Netzwerks archäologisch arbeitender Frauen" und Mitorganisatorin mehrerer Tagungen des Netzwerks. Verfasserin verschiedener Beiträge über Feministische Archäologie. Derzeit Planung einer Dissertation über Frauen als Jägerinnen.

Gert Kaiser, geb. 1941. Rektor der Heinrich-Heine-Universität Düsseldorf, Präsident des Wissenschaftszentrums Nordrhein-Westfalen, Inhaber des Lehrstuhls für Ältere Germanistik der Heinrich-Heine-Universität Düsseldorf, Vorsitzender der Stiftung Neanderthal Museum.

Sigrun M. Karlisch, geb. 1967. Soziologin, Mitbegründerin des „Netzwerks archäologisch arbeitender Frauen" 1991, seither feste und danach freie Mitarbeiterin. Fachliche Schwerpunkte sind Wissenschaftstheorie, Feministische Archäologie und die Vermittlung von archäologischen Inhalten.

Ariane Kemkes-Grottenthaler, geb. 1961. Studium der Sozialwissenschaften an der San Diego State University, San Diego, Kalifornien, USA sowie der Anthropologie, Vor- und Frühgeschichte, Ethnologie und Biologie an der Johannes Gutenberg-Universität, Mainz. Promotion 1993 über das Thema „Kritischer Vergleich osteomorphognostischer Verfahren zur Lebensalterbestimmung Erwachsener". Seit 1993 wissenschaftliche Mitarbeiterin am Institut für Anthropologie, Mainz. Forschungsschwerpunkte: Prähistorische Anthropologie, Forensische Anthropologie, Gender Studies.

Almuth Lemke, geb. 1969. Ausgebildete Bibliothekarin. Studium der Afrikanistik, Ethnologie, Politologie und Soziologie in Köln und London. Forschungsschwerpunkt Geschlechterbeziehungen (Konstruktion von Männlichkeit und Weiblichkeit).

Hansjürgen Müller-Beck, geb. 1927. Studium der Ur- und Frühgeschichte, Völkerkunde und Geologie in Heidelberg, Bern, Fribourg und Tübingen. Dort Promotion 1955 mit einer paläolithischen Arbeit. Ab 1956 Museums- und Forschungsassistent in Bern. Nach Habilitation 1963 in Freiburg/Breisgau Universitätsdozent. 1969 bis 1995 Ordinarius für Urgeschichte, Jägerische Archäologie und Quartärökologie an der Universität Tübingen. Seit 1995 Fortsetzung der wissenschaftlichen Arbeit als Emeritus.

Linda R. Owen, geb. 1952. Studium der Urgeschichte, Völkerkunde und Linguistik an der State University of New York at Buffalo und der Universität Tübingen. Seit 1982 Lehrbeauftragte am Institut für Ur- und Frühgeschichte der Universität Tübingen. Sie arbeitet an einer Habilitation über „Geschlechterrollen und Arbeitsteilung im

Jungpaläolithikum Europas". Sie ist außerdem die Autorin mehrerer Artikel über die Geschlechterrollen und zweier Prähistorischer Wörterbücher.

BRIGITTE RÖDER, geb. 1961. Studium der Ur- und Frühgeschichte, der Provinzialrömischen Archäologie und der Völkerkunde in Freiburg i. Br. und Aix-en-Provence. Promotion 1993. Tätigkeit in der Denkmalpflege, bei Museen sowie als Dozentin in der Erwachsenenbildung und als Lehrbeauftragte der Universität Freiburg. 1994-1995 wissenschaftliche Leiterin eines Forschungsprojektes, in dem das Buch „Göttinnendämmerung. Das Matriarchat aus archäologischer Sicht" (München 1996) erarbeitet wurde. Seit 1995 freiberufliche Archäologin.

HARTMUT ROTHE, geb. 1944. Studium der Anatomie, Anthropologie, Biologie, Chemie, Geologie, Meereskunde, Paläontologie und Physiologie an den Universitäten Saarbrücken und Kiel. Leiter der Arbeitsgruppe Primatenethologie und der Ethologischen Station Sennickerode des Instituts für Anthropologie der Universität Göttingen. Hauptarbeitsgebiete: Stammesgeschichte der Primaten einschließlich des Menschen, Verhaltensbiologie nicht-menschlicher Primaten.

DIANE SCHERZLER, geb. 1970. Studium der Vor- und Frühgeschichte, Geologie und Prähistorischen Anthropologie in Tübingen. Langjährige Ausgrabungstätigkeit. Forschungsschwerpunkte „Vorgeschichte und Medizin" und „Archäologie und Gesellschaft". 1996 Mitbegründung der gemeinnützigen Organisation COURAGE Culture Care e.V., Stuttgart, als deren Vorsitzende sie tätig ist. Außerdem Öffentlichkeitsarbeit der Kulturbereiche des Süddeutschen Rundfunks.

GISELA SCHULTE-DORNBERG, geb. 1958. Ausgebildete Physiklaborantin und Mathematisch-technische Assistentin. Langjährige Tätigkeit als EDV-Systementwicklerin. Seit 1993 Studentin der Ur- und Frühgeschichte, Ethnologie und Geologie an der Universität Köln. Mitfrau im „Netzwerk archäologisch arbeitender Frauen".

GERD-C. WENIGER, geb. 1953. Studium der Ur- und Frühgeschichte, Ethnologie und Biologie in Münster und Tübingen. Ausgrabungs- und Forschungstätigkeit im In- und Ausland. Privatdozent am Institut für Ur- und Frühgeschichte der Universität Köln. Direktor des Neanderthal Museums.

Anja Wieber-Scariot, geb. 1961. Studium der lateinischen und griechischen Philologie, Geschichte und Pädagogik in Bochum. 1997 Promotion in Alter Geschichte/Latein zum Thema „Zwischen Polemik und Panegyrik – Frauen des Kaiserhauses und Herrscherinnen des Ostens in den Res gestae des Ammianus Marcellinus". Seit 1991 Lehrbeauftragte am Seminar für Alte Geschichte der Ruhr-Universität Bochum, daneben freiberufliche Tätigkeiten. Interessenschwerpunkte auf dem Gebiet der antiken Frauen- und Geschlechtergeschichte und der Rezeptionsgeschichte, Publikationen zum höfischen Leben in der Antike und Mitarbeit an Schulbüchern für den Geschichtsunterricht.

ABBILDUNGSNACHWEIS

Bildquelle – Umschlag

Reader, J.; Science Photo Library, Focus.

Bildquellen – Brandt et al.

Abb. 1: aus Pasero, U./Braun, F. (1995): Konstruktion von Geschlecht. Frauen . Männer. Geschlechterverhältnisse.
Abb. 2: Musée du Malagre-Tout, Treignes.
Abb. 3: Schweizerische Gesellschaft für Ur- und Frühgeschichte, Basel; Clarys, B.
Abb. 4: Museum Wettolsheim; Jeunesse, C.

Bildquellen – Henke & Rothe (1)

Abb. 1: aus Alberts, B. et al. (1994): Molecular Biology of Cell.
Abb. 2: aus Singer, S./Hilgard, H. R. (1978): The Biology of People.
Abb. 3: aus Passarge, E. (1994): Taschenatlas der Genetik.
Abb. 4: aus Silbernagel, S./Despoloulos, A. (1991): Taschenatlas der Physiologie.
Abb. 5: aus Drews, U. (1993): Taschenatlas der Embryologie.
Abb. 6: aus Drews, U. (1993): Taschenatlas der Embryologie.
Abb. 7: aus Silbernagel, S./Despoloulos, A. (1991): Taschenatlas der Physiologie.
Abb. 8: aus Kimura, D. (1992): Weibliches und männliches Gehirn. Spektrum der Wissenschaft, Spezial: Gehirn und Geist, S. 66-75.

Bildquellen – Schulte-Dornberg

Abb. 1: nach Schiebinger, L. (1993): Schöne Geister. Frauen in den Anfängen der modernen Wissenschaft.
Abb. 2: aus Schiebinger, L. (1993): Schöne Geister. Frauen in den Anfängen der modernen Wissenschaft.
Abb. 3: aus Laquer, T. (1996): Auf den Leib geschrieben. Die Inszenierung der Geschlechter von der Antike bis Freud.
Abb. 4: aus Laquer, T. (1996): Auf den Leib geschrieben. Die Inszenierung der Geschlechter von der Antike bis Freud.
Abb. 5: aus Schiebinger, L. (1993): Schöne Geister. Frauen in den Anfängen der modernen Wissenschaft.
Abb. 6: aus Schiebinger, L. (1993): Schöne Geister. Frauen in den Anfängen der modernen Wissenschaft.
Abb. 7: Städelsches Kunstinstitut, Frankfurt a. M.

Bildquelle – Lemke

Abb. 1: Berliner Missionswerk

Bildquellen – Kemkes-Grottenthaler

Abb. 1: aus Linck, G. (1988): Frau und Familie in China.
Abb. 2: aus Hrdy, S. B. (1990): Sex bias in nature and history: A late 1980s reexamination of the "biological origins" arguement. Yb. Phys. Anthrop. 33., S. 25-37.

Bildquellen – Henke & Rothe (2)

Abb. 1: aus Hemmer, H. (1986): Anmerkungen zur intellektuellen Höherentwicklung des Menschen im Plio-Pleistozän). Quartärpaläontologie 6, S.75-81.
Abb. 2: aus Smuts, B. B./Cheney, D. L./Seyfarth, R. M./Wrangham, R. W./Struhsaker, T. T. (eds.) (1986): Primate Societies.
Abb. 3: aus Foley, R. (1995): Humans before Humanity.
Abb. 4: Barnes, S.
Abb. 5 a, b: aus Goodall, J. (1988): Schimpansen. In: Grzimek's Enzyklopädie, Bd. 2, S.463-485.
Abb. 6: aus Lethmate, J. (1990): Evolutionsökologie und Verhalten der Hominoiden.
Abb. 7: Neanderthal Museum
Abb. 8: aus Jones, S./Martin, R. D./Pilbeam, D. (eds.) (1992): The Cambridge Enzyclopedia of Human Evolution. Cambridge University Press.
Abb. 9: aus Blumenshine, R. J./Cavallo, J. A. (1992): Frühe Hominiden – Aasfresser. Spektrum der Wissenschaft 12, S.88-95.

Bildquellen – Karlisch

Abb. 1: Reader, J., Science Photo Library, Focus.
Abb. 2: Karlisch, S.
Abb. 3: Pieper-Verlag, München 1982.
Abb. 4: aus Jelinek, J. (1989): Primitive Hunters.
Abb. 5: aus Gould, S. J. (1993): Das Buch des Lebens.
Abb. 6: Michael, B.
Abb. 7: aus Halstead, B. (1994): Dinosaurier und Frühgeschichte.
Abb. 8: Reader, J.

Bildquellen – Owen

Abb. 1: National Geographic Society, Washington D C. : 33438-A
Abb. 2: Royal British Columbia Museum, Victoria: PN 4854
Abb. 3: British Columbia Archives and Records Service, Vancover: D-08314
Abb. 4: British Columbia Archives and Records Service, Vancover: D-8262
Abb. 5: American Museum of Natural History, New York: 4126
Abb. 6: American Museum of Natural History, New York: 12134
Abb. 7: Canadian Museum of Civilization, Hull, Quebec: 51571

Abb. 8: National Museum of Natural History, Smithsonion Institution, Washington D. C.: 418612
Abb. 9: siehe Auffermann Abb. 8
Abb. 10: American Museum of Natural History, New York: 337173

Bildquellen – Auffermann

Abb. 1: Naturhistorisches Museum, Wien.
Abb. 2: Naturhistorisches Museum, Wien.
Abb. 3: Moravské Museum, Brno.
Abb. 4: Archeologicky ústav, Brno.
Abb. 5: Musée d'Aquitaine, Bordeaux.
Abb. 6: Réunion des Musées Nationaux; Berizzi, J.-G.
Abb. 7: Römisch-Germanisches Zentralmuseum Mainz, Forschungsstelle Altsteinzeit, Neuwied.
Abb. 8: Römisch-Germanisches Zentralmuseum Mainz, Forschungsstelle Altsteinzeit, Neuwied.
Abb. 9: aus Müller-Beck, H./Albrecht, G. (Hrsg.) (1987): Die Anfänge der Kunst vor 30000 Jahren.

Bildquellen – Kästner

Abb. 1: Griffin, B. P.
Abb. 2: aus Goodale, J. (1971): Tiwi Wives. A Study of the Women of Melville Island, North Australia.
Abb. 3: Walters Art Gallery, Baltimore.
Abb. 4: aus Fisher, E. (1979): Woman's creation. Sexual Evolution and Shaping of Society.
Abb. 5: Det kongelige Bibllothek, Copenhagen: Egede 1741:38
Abb. 6: Karlisch, S.

Bildquellen – Müller-Beck

Abb. 1: Leskov, A./Müller-Beck, H.
Abb. 2: Leskov, A./Müller-Beck, H.
Abb. 3: Leskov, A./Müller-Beck, H.
Abb. 4: Leskov, A./Müller-Beck, H.
Abb. 5: Leskov, A./Müller-Beck, H.
Abb. 6: Leskov, A./Müller-Beck, H.
Abb. 7: Leskov, A./Müller-Beck, H.
Abb. 8: Leskov, A./Müller-Beck, H.
Abb. 9: Fitzhugh, W. W./Crowell, A.

Bildquellen – Röder

Abb. 1: Pfeifroth, B.
Abb. 2: Landesmuseum für Vorgeschichte, Halle/Saale.
Abb. 3: Jeunesse, C.

Abb. 4: Landesdenkmalamt Baden-Württemberg.
Abb. 5: Bayerisches Landesamt für Denkmalpflege.
Abb. 6: Hessisches Landesmuseum, Darmstadt.
Abb. 7: Burgenländisches Landesmuseum, Eisenstadt, Österreich.

Bildquellen – Brandt

Abb. 1: Prähistorische Staatssammlung München.
Abb. 2a: Prähistorische Staatssammlung München.
Abb. 2b: aus Wickert-Micknat, G. (1982): Die Frau. Archaeologica Homerica. Die Denkmäler und das frühgriechische Epos, Bd. III.
Abb. 3a: aus Nebelsick, L. D./Eibner, A./Lauermann, E./Neugebauer, J.-W. (1997): Hallstattkultur im Osten Österreichs, Wiss. Schriftenreihe NÖ 106-109. Nach Eibner, A./Schlette, F.
Abb. 3b: Prähistorische Staatssammlung München.
Abb. 3c: aus Luke, W./Frey, O.-H. (1962): Die Situla von Providence (Rhode Island). Ein Beitrag zur Situlenkunst des Osthallstattkreises, Römisch-Germanische Forschung 26.
Abb. 4a: aus Moosleitner, F./Pauli, L./Penninger, E. (1974): Der Dürrnberg bei Hallein. Katalog der Grabfunde aus der Hallstatt- und Latènezeit II.
Abb. 4b: aus Pauli, L. (1978): der Dürrnberg bei Hallein III/2. Auswertung der Grabfunde.
Abb. 5: Schweizerisches Landesmuseum, Zürich.
Abb. 6: aus Spindler, K. (1983): Die frühen Kelten.
Abb. 7: Oberösterreichisches Landesmuseum; Pertlwieser, M.
Abb. 8: Copyright Neckar-Verlag.
Abb. 9: Rheinisches Landesmuseum, Bonn.

Bildquellen – Scherzler

Abb. 1: Landesdenkmalamt Baden-Württemberg.
Abb. 2: Landesdenkmalamt Baden-Württemberg.
Abb. 3: Musée Municipal de Châlons-sur-Marne.
Abb. 4: aus Schmit, E. (1926): Découverte d'un Pessaire dans une Sépulture d'un cimetière à facies Hallstattien-Champenois à La Veuve (Marne). Bulletin de la Société Archéologique Champenoise 20/2, S.56-58.
Abb. 5: Landesamt für Denkmalpflege, Speyer.
Abb. 6 a-c: aus Kaiser, R./Pleiderer, A. (1989): Lehrbuch der Gynäkologie.
Abb. 7: ausWeibel, W. (1943): Lehrbuch der Frauenheilkunde. Urban+ Schwarzenberg.
Abb. 8: Scherzler,D.
Abb. 9: Scherzler, D.
Abb. 10 a,b: Scherzler, D.
Abb. 11: aus Emge, L. A./Dufee, R. B. (1966): Pelvic Organ Prolapse: Four Thousand Years of Treatment. Clinical Obstetrics and Gynecology 9, S. 997-1032.

Bildquellen – Kaiser

Abb. 1-14: Verwertungsgesellschaft Bild-Kunst, Bonn.